新文科建设教材
人力资源管理系列

LABOR RELATIONS MANAGEMENT

企业劳动关系管理

谢玉华　刘春雷◎主编

清华大学出版社

北京

图书在版编目（CIP）数据

企业劳动关系管理 / 谢玉华，刘春雷主编. -- 北京 ：清华大学出版社，2025.4.
(新文科建设教材). --ISBN 978-7-302-68468-8

Ⅰ . F272.92

中国国家版本馆 CIP 数据核字第 2025TQ7808 号

责任编辑：徐永杰　　朱晓瑞
封面设计：李召霞
责任校对：王荣静
责任印制：宋　林
出版发行：清华大学出版社
　　　　　网　　　址：https://www.tup.com.cn，https://www.wqxuetang.com
　　　　　地　　　址：北京清华大学学研大厦 A 座　　　　　邮　　编：100084
　　　　　社 总 机：010-83470000　　　　　　　　　　　邮　　购：010-62786544
　　　　　投稿与读者服务：010-62776969，c-service@tup.tsinghua.edu.cn
　　　　　质 量 反 馈：010-62772015，zhiliang@tup.tsinghua.edu.cn
印 装 者：三河市君旺印务有限公司
经　　销：全国新华书店
开　　本：185mm×260mm　　　　印　张：15.75　　　字　　数：353 千字
版　　次：2025 年 4 月第 1 版　　　　　　　　　　　印　　次：2025 年 4 月第 1 次印刷
定　　价：55.00 元

产品编号：100582-01

前　言

改革开放以来，我国经济飞速发展，取得了举世瞩目的成就。这一方面归因于我国改革开放的制度创新解放了生产力；另一方面归因于我国劳动力要素被激活，充分发挥出人口大国的人力资源优势。随着我国经济迈向高质量发展新阶段，劳动力优势要向人才优势转变，我国要"加快建设国家战略人才力量，努力培养造就更多大师、战略科学家、一流科技领军人才和创新团队、青年科技人才、卓越工程师、大国工匠、高技能人才"。规范企业劳动关系管理，形成良好的"劳动尊严"氛围，是人才培育和成长的土壤。党的二十大报告提出，"健全劳动法律法规，完善劳动关系协商协调机制，完善劳动者权益保障制度"。企业劳动关系管理，既关系到民生的落实，也关系到我国国家社会治理体系的重要组成部分——劳动关系治理体系和治理能力现代化的实现。

本书遵循这一思路，力争将劳动关系管理的基本知识与我国企业实际相结合。首先，本书选择的案例基本来自我国企业实践中的真实事件，而且大多数是人力资源社会保障部、最高人民法院、中华全国总工会等发布的指导性案例。其次，本书的理论既包括企业劳动关系管理的基本理论，又吸纳我国的创新实践。比如，我国《劳动合同法》等法律法规确立的劳动关系协调机制，我国的集体协商制度及企业的实践创举，我国企业职工民主参与的特色渠道与机制，我国抗疫与复工复产中的劳动关系处理，我国新就业形态中的劳动关系，等等。再次，本书尽量将全球视野与家国情怀、职业素养相结合。劳动力市场是全球要素市场的重要组成部分，我国越来越多的企业走向世界，成为跨国公司，这些企业的劳动关系管理就必须国际化。因此本书尽量对国际劳工规则及世界主要国家的劳动关系模式做简要介绍；同时挖掘我国企业和劳动者关系管理的案例，诠释其中的法理和管理意义。随后，本书将宏观的劳动关系协调机制与微观的企业劳动关系管理相结合。构建和谐劳动关系是我国的国家战略，中央宏观层面制定劳动法律，出台协调劳动关系的大政方针。省、市等地方层面制定地方法规和政策，贯彻落实国家各项协调劳动关系的施政方针。企业则是落实国家和谐劳动关系战略的最主要的微观组织。因此，本书尽量将政府劳动关系协调机制及劳动关系各个主体的相关理论分析清楚；在此基础上重点分析企业劳动关系的各个模块，解析微观劳动关系运行。最后，本书尽量体现劳动关系学科的综合性。劳动关系学科既涉及协调劳动关系的国家治理与公共政策，又涉及劳动法理与具体的法律法规，还涉及劳动关系各个主体的运行模式和企业劳动关系的运作机制，本书尽量将劳动关系涉及的相关学科知识融入其中。

只要发展市场经济，就有劳动关系，就有企业劳动关系管理。劳动关系的研究与教学有几百年的历史。我国发展市场经济，更是提出了很多新的研究话题，企业劳动关系管理的教学和研究任重道远。

从事劳动关系研究和教学 20 余年，深感我国企业劳动关系管理日新月异；在给湖南大学本科生、研究生（MBA）授课过程中，深知劳动关系管理在企业越来越重要；对每一个身在职场的劳动者，劳动关系不仅是职业素养的组成部分，也是与企业维护良好关系、维护权益的必要知识技能。2014 年，谢玉华开始与湖南大学 MBA 企业导师刘春雷合作讲授企业劳动关系管理课程，刘春雷一直在上市公司从事企业人力资源、劳动关系管理工作，遇到过各种企业劳动关系管理的"疑难杂症"。多年零散的思考、感悟、实践，需要提炼，而编写教材是对自己教学思考的最好鞭策，也是最好的总结方法。

本书的大纲、思路由谢玉华提出；全书统稿由谢玉华完成；第 1、2、3、4、7、11 章及第 9 章部分内容，由谢玉华编著；第 5、6、8、9、10 章由刘春雷编著。

本书在编写中，吸纳了劳动关系管理的经典理论，借鉴了大量前人的研究成果；也吸纳政府、法学界、企业、劳动者的实践创新，引用了大量案例。在此，向前辈学术大师们致敬！向实践创新者致敬！向劳动者致敬！

想到莘莘学子将教材作为学习、背诵、考试的主要工具，作者诚惶诚恐，但学海无涯，难免纰漏。本书不周之处，敬请读者诸君反馈。您的阅读是我们不断完善的动力，致敬读者！

谢玉华　刘春雷

2024 年 11 月 30 日

目　录

第 1 章

绪　　论

　　劳动关系是雇主与雇员在工作场所形成的用工关系。劳动关系是劳动者、企业、政府、社会都密切关注的最重要的社会关系之一。对于劳动者来说：人的一生三分之一的时间在工作中度过；工作不仅是获得物质财富的主要手段，也是实现个人价值和社会地位的途径。对企业来说，建立合作的劳动关系，是企业实现其经济目标和社会目标的基础。对于政府和社会来说，和谐劳动关系是社会稳定的重要组成部分。

　　本章介绍劳动关系基本含义、主体、本质、特征，劳动关系理论学派，劳动关系发展历史。学习本章，可以掌握劳动关系及劳动关系管理的基础理论和基本框架。

1.1　劳动关系及劳动关系管理含义

1.1.1　劳动关系含义

　　"劳动关系"（labor relations）是雇员（劳动者）与雇主（用人单位）之间在劳动过程中形成的社会经济关系。劳动关系中的"雇员"是指劳动力的提供者，也称为"劳动者""劳工""工人""受雇者"。

　　劳动关系概念包含以下 3 方面的内容。第一，劳动关系的主体包括雇员（劳动者）一方、雇主（用人单位）一方，还包括雇员和雇主的组织。第二，劳动关系是一种社会经济关系，是整个社会经济关系的重要组成部分。第三，劳动关系是在劳动过程中形成的关系，实现劳动者与生产资料结合并完成劳动过程，是劳动关系主体的主要目的。

　　劳动关系有不同的称谓，如劳资关系、雇佣关系、产业关系、劳工关系、劳使关系等。这些不同的称谓表达的内涵大同小异，但反映不同的价值取向[①]。

　　劳资关系（labor-capital relations）是劳动与资本的关系，劳资主体明确、关系清晰，且体现劳资之间的对立。按照马克思理论，在资本主义经济体制中，拥有生产资料的是资本家，不拥有生产资料、靠出卖劳动力为生的是劳动者，劳资是对立关系。"二战"后，发达资本主义国家实行所有权和经营权分离，"资本家"逐渐被职业经理人取代；劳动者通过工会持股，而且股份社会化，大量劳动者购买股份成为股东，劳资的分野和对立削

---

　　① 程延园. 劳动关系[M]. 4 版. 北京：中国人民大学出版社，2016：3.

弱，甚至用"管理者"与"员工"关系取代"劳资关系"。

劳工关系与劳动关系是同一概念，中文概念中，劳工关系更强调以劳动者为中心，强调工会、集体谈判等与雇主的互动。

产业关系（industrial relations）又称为工业关系，是指单个工人、工人团队和他们的工会（或协会）与雇主及其组织和环境的相互关系[①]。从这一定义来看，产业关系包含内容很广泛。有的学者认为：产业关系与传统产业、蓝领工人、集体谈判等相联系；随着工会和集体谈判的衰落，雇佣关系更能将无工会的雇佣制度和广大的白领劳动者包含进来，更具有适应性。

雇佣关系（employment relations）是指雇员通过提供体力和脑力劳动来换取雇主所提供的报酬的经济、社会和政治，甚至心理关系[②]。

劳使关系（labor-user relations）是源自日本的概念，是指劳动者与劳动力使用者之间的关系，区别于劳资关系的对立涵义，劳使关系体现中性、温和、技术性涵义。

1.1.2　劳动关系的层级结构

劳动关系就其构成形态来说，可以分为个别劳动关系和集体劳动关系。

个别劳动关系是劳动者个人与雇主之间的被雇佣和雇佣关系，通过书面或口头劳动合同，确定和规范双方的权利和义务。个别劳动关系是劳动关系最直接、最本质、最基础的构成形态。

集体劳动关系是指作为劳动者代表的工会或工人代表与雇主或雇主组织之间的关系。集体劳动关系通常是团体与团体的关系，一方是工会或工人代表，另一方为雇主或雇主组织，劳资双方的组织就工资、劳动条件等进行集体谈判，确立企业、行业、地区、国家劳动基准。集体劳动关系形成的规则指导个别劳动关系。个别劳动关系的运行规则：一是以国家劳动法律为基础；二是以劳动者所处的地区、行业、企业所签订的集体协议为基础。二者的关系如图 1-1 所示。

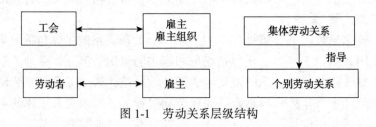

图 1-1　劳动关系层级结构

1.1.3　劳动关系管理

劳动关系管理包括宏观、中观、微观 3 个层次。

---

① 哈里·C.卡茨，托马斯·A.科钱，亚历山大·J.S.科尔文，等. 集体谈判与产业关系概论[M]. 李丽林，吴清军，译. 大连：东北财经大学出版社，2010：1.

② 菲利普·李维斯，阿德里安·桑希尔，马克·桑得斯，等. 雇员关系：解析雇佣关系[M]. 高嘉勇，等译. 大连：东北财经大学出版社，2005：1.

1. 劳动关系治理

劳动关系的宏观、中观层次，是以劳方、资方和政府以及其他利益相关者在互动过程中形成的以协调关系为基础的劳动关系治理体系（labor relations governance）。宏观层面包括国家劳动关系治理及国际劳动关系治理，涵盖国家劳动标准立法、国际劳工标准参与和跨国劳动问题综合治理等。中观层面包括地区、行业劳动关系治理，涵盖区域、行业集体协商，区域性和行业性劳动标准确立，三方机制与社会对话等，参与主体既有劳方、资方组织、政府，还有价值链上的利益相关者。

2. 企业劳动关系管理

微观层面的劳动关系是指企业内部雇主与雇员在劳动过程中形成的以自治为基础的劳动关系管理体系（labor relations management）。这个层面的劳动关系管理涵盖所有工作场所内雇主与雇员之间关系的管理和协调，包括劳动合同管理、劳动用工规章制度管理、员工参与管理、劳动冲突及员工申诉管理、集体协商管理、新就业形态劳动管理等。劳动关系管理层次如图 1-2 所示。

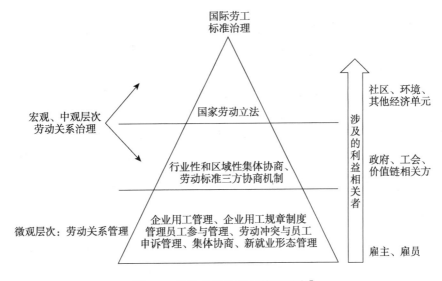

图 1-2　劳动关系治理与管理层次[①]

1.2　劳动关系的主体

劳动关系主体是指劳动关系的参加者。狭义地说，劳动关系主体包括雇员及其组织（如工会）雇主及其组织（如雇主协会）。广义地说，劳动关系主体还包括政府，政府通过立法介入和影响劳动关系，发挥调整、监督和干预的作用。

---

① 唐鑛. 企业劳动关系管理[M]. 北京：中国人民大学出版社，2019：13.

1.2.1　雇员及其组织

雇员（employee）又称员工、劳动者，是指就业组织中，具有劳动权利能力和行为能力、由雇主雇佣并在其管理下从事劳动并获取劳动报酬的劳动者。雇员不具有经营决策权，在劳动过程中处于被支配地位。雇员具有 4 个特征：①雇员是被雇佣的人员。②雇员是在雇主管理下从事劳动，其劳动是雇主的业务组成部分。③雇员以获取劳动报酬为目的。④雇员的确认通常由国家劳动法律决定。比如，有的国家规定公务员、军人、家庭佣人、农民、企业高层管理者等不属于雇员。

雇员包括体力和脑力劳动者，但不包括自雇者、自由职业者。传统的雇员概念强调"被雇佣"，但随着平台经济的发展，出现了大量在平台上工作的"自雇者"和"自由职业者"。他们与平台并没有雇佣关系，但接受平台的管理，其工作也是平台的业务组成部分；他们以获取劳动报酬为目的。这些劳动者成为"新就业形态"中的一种。对此，我们将在相关章节进行详细分析。

1.2.2　雇主及其组织

雇主又称企业方（或企业主）、资方，是指雇佣他人为其工作并支付劳动报酬的法人或自然人。雇主的重要特征是拥有经营决策权，尤其是对雇员的劳动请求权和指示命令权。鉴于此，一些国家规定，企业高层管理者拥有经营决策权，因而属于雇主。雇主包括雇佣员工的企业，也包括企业经营负责人和处理有关劳动事务的人。

雇主组织是雇主依法成立的组织或协会，以行业、地区或贸易联系为纽带。雇主组织的主要作用是与工会或工人代表进行集体谈判，确立国家、行业、地区的劳动标准；在劳动争议程序中向其成员提供支持；参与与雇佣关系有关的政治活动、影响劳动关系政策。

1.2.3　政府

政府是劳动关系中的重要主体，其作用是代表国家运用法律法规和政策对劳动关系进行宏观调控。政府是劳动关系的规制者、监督者、协调者、仲裁者。政府通过立法，确立一个国家劳动关系的基本规则，为劳动者的结社权、集体谈判权、争议权提供法律依据和保障；通过干预、监督劳动关系法律政策的执行，维护一国劳动关系的稳定平衡，为经济发展提供保障，也确保劳动领域的社会公平；政府还为一国劳动关系平稳发展提供公共服务，如对劳资双方进行培训，为劳资双方的集体谈判提供信息指导及纠纷解决机制。政府还是公共部门的雇主，以雇主身份直接参与和影响劳动关系。

1.3　劳动关系本质与特征

劳动关系是人类社会最基本的社会经济关系之一，正确理解其特征和本质有重要意义。

1.3.1　劳动关系的本质

劳动关系到底是合作还是冲突？这历来是劳动关系领域争论的学术问题。对此我们进行初步梳理。

1. 合作论

劳动关系合作论认为：劳动关系中劳方与资方（企业方）共同生产产品和服务，做大企业"蛋糕"对双方都有利；双方共同商讨一套制度和规则，以维护企业运行和劳资共处的秩序。

资本主义早期，劳资对立、对抗是主要表现形态。"二战"后，发达资本主义国家都加强了对经济的干预，也增强了对劳动关系的调整。企业管理进行改良，实行人本管理和参与型人力资源实践；工会也调整策略，寻求与管理方协调利益。合作型劳动关系理论认为，劳动关系的最高形式是劳资合作。合作型劳动关系形成的基础是工会与管理方之间建立相互信任，彼此尊重对方。管理方相信工会愿意与雇主合作，降低生产成本；管理方也愿意让工会代表参与企业的经营管理活动。工会则鼓励雇员提高劳动生产率，争取更多有形或无形的福利。总之，双方共同解决生产过程中出现的问题，不断提高企业的经营效率。劳资合作的优劣，如表 1-1[①]所示。

表 1-1　劳资合作的潜在收益与成本

	管　理　方	工　　会
潜在收益	①提高劳动生产率 ②提高产品和服务质量 ③改善与顾客的关系 ④减少生产浪费与返工 ⑤减少管理成本 ⑥增进与雇员的沟通 ⑦改善与雇员的关系 ⑧减少抱怨与惩戒 ⑨减少缺勤、怠工，降低雇员流动率 ⑩增强雇员的奉献精神	①会员获得经济实惠 ②参与管理决策 ③增进与管理方的沟通 ④减少集体协商的争议
潜在成本	①劳资合作所需要的培训 ②丧失权利与权威 ③调换管理者的工作岗位 ④经常开会	①被管理方同化 ②丧失雇员支持 ③调换雇员工作 ④削弱集体谈判的力量

2. 冲突论

冲突论认为，劳动关系在劳动过程中主要表现为：劳方在资方的支配下使用资方提供的生产工具从事劳动，以此从资方那里获得报酬。报酬可分为物质报酬和非物质报酬。劳方和资方之间的关系是一种特殊的交换关系：即劳方以在资方的支配下从事劳动为代价，换取资方支付的报酬；或者说，资方以支付报酬为代价，换取劳方在自己的支配下

---

① 李贵卿，陈维政. 合作型劳动关系的理论演进及其对我国的启示[J]. 当代财经，2008(6): 54-59.

从事劳动。在这种交换过程中，劳资双方对各自的权利与义务的理解充满了不确定性，双方（尤其是劳方）都容易以为对方没有很好地履行其应尽的义务、自己没有得到应得的权利而产生不满或不公正感，因此，劳资冲突是不可避免的[①]。

基于冲突论：一派理论站在劳方的角度研究劳方产生不满或不公正感并进而抗争的原因、抗争的表达形式等问题；另一派站在资方的角度研究资方如何管理、控制和剥削劳方，如何缓解、化解工人的不满，如何调控工人释放不满的方式等问题。马克思主义理论提出，只有推翻资本主义建立共产主义，才能从根本上解决劳资冲突。

冲突论认为，资本主义早期，劳资矛盾尖锐，冲突是其主题。即使"二战"后劳动关系和企业管理的一系列改良，仍旧没有改变冲突的本质。一是劳动本身决定，雇主为了实现劳动者人均产出的最大化，必定要实行劳动成本最小化和对工人的控制最大化，工人的过度紧张、超负荷、附属于机器，产生劳动的异化。二是工作场所充满着不平等，包括性别、年龄、资历、职位、垄断与非垄断部门之间的不平等。三是社会环境导致劳动者的不平等：失业率上升降低劳动者生活质量；工会和集体谈判覆盖率降低使劳动权益保护受阻；贫富悬殊加大劳动者的社会不公平感。

劳动冲突最激烈的表现是罢工，还有怠工和各种反生产行为。微观层面看，冲突表现在企业与工会目标的差异上，如表 1-2 所示。

表 1-2　企业与工会目标

企 业 目 标	工 会 目 标
生存与保持竞争力	维持工会生存和吸引力
提高利润率	确保会员获得公平的报酬
提高人力资源效率	确保会员工作安全和工作机会
通过集体谈判获得劳动管理决策权	通过集体谈判确保会员的权利
从工会获得承诺：集体谈判期间不得罢工	从管理方获得承诺：集体谈判期间不得闭厂

1.3.2　劳动关系的特征

劳动关系具有以下特征。

1. 法律上的平等性

雇主和雇员都是劳动关系的主体，在劳动力市场上，双方都是自由、独立的主体；双方都要遵循一国的法律，以平等自愿、协商一致的原则订立劳动合同、缔结劳动关系。因此，劳资（雇）双方在法律上是平等的，都要履行各自的义务、享有相应的权利。

2. 实力上的差异性

雇主通常是一个组织，而雇员是个人。雇主通常拥有比雇员更强大的经济实力、社会影响力，个体劳动者通常难以抗衡作为一个组织的雇主在管理和法律上的优势地位，在关于工资和工作条件等方面的讨价还价中处于劣势地位，被动接受雇主提供的工资和工作条件。

---

① 冯同庆. 劳动关系理论[M]. 北京：中国劳动社会保障出版社，2009：86.

3. 关系上的混合性

劳动关系首先具有经济性。劳动者以劳动获取雇主支付的劳动报酬；雇主则需要将劳动与资本等其他要素结合变成产品和服务，获取企业利益。同时，劳动关系具有社会性。劳动力不是商品，劳动者是作为人参与劳动过程的，具有人所拥有的尊严、归属感，因此各国要立法，保护劳动者作为人的基本权利，劳动法律要保证劳动交换过程中的公平正义。

1.4 劳动关系理论学派

劳动关系的研究已有几百年历史，形成了比较有代表性的五大学派，按照从政治趋向上的"右翼"（保守）到"左翼"（激进）的顺序排列为：新保守派，管理主义学派，正统多元论学派，自由改革主义学派，激进派。这些学派观点的相似之处在于，都承认劳动关系双方之间存在目标和利益的差异。其主要区别体现在：①对雇员和管理方之间的目标和利益差异的重要程度，认识各不相同。②在市场经济中，对这些差异带来的问题提出了不同的解决方案。③对双方的力量分布和冲突的作用持不同看法，尤其是对冲突在劳动关系中的重要程度，以及雇员内在力量相对于管理方是否存在明显劣势这两个问题存在明显分歧。④在工会的作用以及当前体系所需的改进等方面各执一词。劳动关系各个学派的特征如表 1-3[①]所示。

表 1-3　各学派的劳动关系主要观点

特征	学派				
	新保守派（美国）	管理主义学派（日本）	正统多元论学派（德国）	自由改革主义学派（瑞典）	激进派（西班牙蒙特拉贡）
主要关注的问题	效率最大化	雇员忠诚度的最大化	均衡效率和公平	减少不公平和不公正	减少体系内的力量不均衡
主要研究的领域	劳动力市场	管理政策和实践	工会、劳动法和集体谈判	雇员的社会问题	冲突和控制
对双方力量差异的重要性认识	不重要——由市场力量救济	若管理方接受进步的管理方法，就不很重要	一般重要	相当重要；其差异是不公平的主要来源	非常重要；体现了体系内劳动和资本之间力量不均衡
所设想的内部冲突的程度	根本没有——由市场力量弥补	若管理方接受进步的实践，则冲突就很少	一般；受到公众利益为中心的局限	依情况而定：在"核心"低；在"周边"高	尽管是依雇员力量而变化，却是基础性的
对工会在集体谈判中的影响的评估	对经济和社会产生负面影响	持矛盾心理；取决于双方合作的愿望	正向的"社会"效应，中性或正向的经济效应	在"周边"无效；在"核心"有有限效用	在资本主义社会，工会的效率具有内在局限性
改进雇员与管理方之间关系的办法	减少工会和政府对市场的干预	推进进步的管理实践，增强劳资双方合作	保护工人集体谈判权；最低劳动标准立法	增加政府干预和增强劳动法改革	激进的制度变化；雇员所有和员工自治

---

① 程延园. 当代西方劳动关系研究学派及其观点评述[J]. 教学与研究, 2003(3): 57-62; 程延园. 劳动关系[M]. 4 版. 北京：中国人民大学出版社，2016：26.

1.4.1　新保守派

　　新保守派也称新自由派或新古典学派，基本由保守主义经济学家组成。这一学派主要关注经济效率的最大化，研究分析市场力量的作用，认为市场力量不仅能使企业追求效率最大化，而且能确保雇员得到公平合理的待遇。新保守派认为，劳动关系是具有经济理性的劳资双方之间的自由、平等的交换关系，双方具有不同的目标和利益。从长期看，供求双方是趋于均衡的，供给和需求的力量保证了任何一方都不会相对处于劣势地位。雇员根据其技术、能力、努力程度，获得与其最终劳动成果相适应的工作条件和待遇，而且在某些企业，雇员也可能获得超过其他雇主所能提供的工资福利水平。雇主之所以提供高于市场水平的工资，是因为较高的工资能促使雇员更加努力地工作，提高效率。雇主也可以采取诸如激励性的奖金分配等方法，达到同样目的。因此，假如市场运行和管理方的策略不受任何其他因素的干扰，那么劳资双方都会各自行使自己的权利和履行自己的义务，从而实现管理效率和生产效率的最大化。资方获得高利润，雇员获得高工资、福利和工作保障，形成"双赢"格局。

　　由于劳动力市场机制可以保证劳资双方利益的实现，所以劳资双方的冲突就显得微不足道，研究双方的力量对比也就没有什么意义。若雇员不满，可以自由地辞职，寻找新工作；若资方不满，也可以自由地替换工人。新保守派认为，工会所起的作用是负面的，工会实际形成的垄断制度，干扰了管理方与雇员个人之间的直接联系，阻碍了本来可以自由流动的劳动力市场关系，破坏了市场力量的平衡，使管理方处于劣势地位。在政府劳动关系政策上，新保守派主张减少政府的收支规模，强调要减少税收，尤其是经营税收以及针对管理者和技术工人的税收。减少限制管理权力的法律法规，尤其是减少劳动法对管理方的限制。新保守派认为，理想的劳动法应该使工人难以组织工会，或者即使有工会，其权力也很小。这样，劳动和资源的配置才会更加灵活，也才能提高劳动生产率。在奉行新保守派思想的国家中，以美国模式最为典型，加拿大和爱尔兰的主流思想也是新保守主义。

案例 1-1　美国劳动关系特征

1.4.2　管理主义学派

　　管理主义学派认为，员工同企业的利益基本是一致的，劳资之间存在冲突的原因在于雇员认为自己始终处于被管理的从属地位，管理与服从的关系是员工产生不满的根源。如果企业能够采用高绩效人力资源管理模式，冲突就可以避免，并且会使双方保持和谐的关系。这种高绩效的管理模式的内容包括高工资高福利、保证员工得到公平合理的待遇、各种岗位轮换制度和工作设计、员工参与等。若这些管理政策得到切实实施，那么生产效率就会提高，员工辞职率和缺勤率就会降低，工作中存在的其他问题也会迎刃而解。

　　该学派对工会的态度是模糊的。一方面认为，由于工会的存在，威胁到资方的管理权力，并给劳动关系带来不确定性，甚至是破坏性的影响，所以应尽量避免建立工会；

但另一方面，该学派也相信，在已经建立工会的企业，管理方应该将工会的存在当作既定的事实，同工会领导人建立合作关系，并不断强调，传统的、起"破坏作用的"工会主义已经过时，只有那些愿意与管理方合作的工会才有可能在未来生存。

管理主义学派认为，政府不应该直接干预经济，但支持政府间接地介入，扶持那些对国家经济发展具有特殊战略优势的产业，增加对人力资源培训和开发的支持力度，并且为提高企业参与国际竞争能力提供服务。在劳动关系和人力资源管理方面：管理主义学派主张采用新的、更加弹性化的工作组织形式；强调员工和管理方之间的相互信任和合作；工会只有以一种更为认同的"伙伴角色"来代替传统的"对立角色"，才能更好地发挥作用。

自20世纪70年代后期起，日本劳动关系模式成为该学派主张的典范，直到20世纪90年代中期经济遇到困难，这一模式的影响力才开始减弱。"终身雇佣""年功序列""企业工会"是日本劳动关系的突出特点。管理主义学派认为，这种和谐劳动关系产生的原因，是管理者自身处于与雇员同样的薪酬支付体系中，相对而言，他们不那么容易压低员工工资。因为雇员被认为是企业的"成员"，更有义务维持企业的长期发展，因此他们也愿意接受相对比较低的工资增长率。

案例 1-2 日本劳动关系特征

1.4.3　正统多元学派

正统多元学派认为：就业组织是由目标不同、相互独立的群体组成的，是利益多元化的联合体；管理方与雇员之间存在矛盾是合理的。这些矛盾源于劳资双方不同的角色、不同的目标；劳资双方的这些矛盾不是不可以协调的。在劳资关系中，可以建立一套能为双方所接受的程序和方法，比如：通过集体谈判达成一致；雇员有理由结成各种各样的团体如工会，以表达自己的意愿，寻求对管理方的政策施加影响，达到雇员的目的。正统多元学派主张通过劳动法和集体谈判保障公平与效率，这是建立最有效的劳动关系的途径；支持政府在经济结构调整和教育培训方面发挥更加积极的作用，主张在由雇员、雇主、地方级或国家级政府三方组成的经济管理体系中，三方都有权对与劳动关系有关的公共问题施加影响，平等地制定决策。

德国是实施正统多元论学派政策最典型的国家，德国模式也是该学派最为推崇的现实模式。德国模式的特色是强势劳动法、雇员参与制度、工人委员会制度、政府为工会提供信息咨询服务和共同决策权等制度。德国企业被视为"社会机构"而不仅是一个"赢利机构"，是社会绩效和经济绩效产生的基本单位。雇员享有广泛的参与管理权，企业的工人委员会对任何涉及雇佣关系的问题拥有共同决策权。集体谈判主要在产业层面上进行，覆盖率高，雇主可以自愿地通过雇主协会同工会在产业层面上谈判；工会在产业层面上有调整劳动关系的能力，对全国范围内的社会经济政策具有广泛的影响力。集中化的集体谈判

案例 1-3 德国劳动关系特征

结构、工人委员会及工人代表参与管理委员会制度，大大缓解了劳动冲突，德国成为罢工率很低的国家。

1.4.4 自由改革主义学派

自由改革主义学派认为，劳动关系是一种不均衡的关系，管理方凭借其特殊权力处于主导地位。现存的劳动法和就业法不能为工人提供足够的权利保护，因为公正、平等地对待工人往往不符合管理方的利益，也不是管理方凭借其自身能力所能实现的。因此，该学派积极主张变革，关注如何减少或消灭工人受到的不平等和不公正待遇。该学派将经济部门划分成"核心"和"周边"两个部门。"核心"部门是指规模较大、资本密集且在市场上居于主导地位的厂商；"周边"部门则是规模较小、劳动密集且处于竞争性更强的市场上的厂商。核心部门由于经济实力强，更能消化和转移附加成本，并且在核心部门工作的雇员具有更多的关系力量。所以，与周边部门相比，核心部门能够为雇员提供更优厚的劳动条件，采用更进步的管理方式。而周边部门的工作岗位相对"不稳定"，甚至是临时性的、非全日制的，容易受到裁员政策的影响。对结构不公平的研究说明，工会的存在和集体谈判的开展是非常必要的。

自由改革主义学派主张加大政府对经济的干预；支持强有力的劳动法和各种形式的工人代表制度；主张强势工会和集体谈判，工会应该比以往更加关心更为广泛的社会问题和事务。但恰恰在周边部门，工会又是最无效的。该学派还关注更广泛的经济社会政策：认为政府应该限制和改变市场经济所产生的经常性的负面影响，反对市场化，尤其是自由贸易协议；支持政府增加对企业和高收入群体的赋税，降低失业率，增加教育和培训支出，减少贫困，加强对妇女、儿童、少数民族以及因被裁员和工厂关闭而失去工作的弱势群体的保护，加强健康和安全法规的执行力度等。

案例 1-4 瑞典劳动关系特征

福利国家瑞典模式是自由改革主义学派观点最具代表性的实例。

1.4.5 激进派

激进派关注劳动关系中双方的冲突以及对冲突过程的控制，认为这是资本主义经济体系本身所固有的问题，在经济中代表工人的"劳动"的利益，与代表企业所有者和管理者的"资本"的利益，是完全对立的。"资本"希望用尽可能少的成本获得尽可能多的收益，而工人由于机会有限而处于一种内在的劣势地位。由此，这种对立关系在劳动关系中比在其他地方都表现得更明显。冲突不仅表现为双方在工作场所的工资收入、工作保障等具体问题的分歧，而且扩展到"劳动"和"资本"之间在宏观经济中的冲突。只要资本主义经济体系不发生变化，工会的作用就非常有限。尽管工会可能使工人的待遇得到某些改善，但这些改善是微不足道的。

案例 1-5 西班牙蒙特拉贡合作制

该学派主张建立雇员集体所有制。前南斯拉夫建立的工人自治制度，西班牙巴斯克地区的蒙特拉贡合作社，曾受到该学派的特别关注。

1.5 劳动关系的发展历史

劳动关系是随着资本主义生产方式的产生而出现的，其产生于资本主义工业革命，发展历程与资本主义生产方式变化和技术革命同步。

1.5.1 自由竞争时期的劳动关系

18 世纪中期兴起的以蒸汽机的发明为标志的工业革命，从英国开始，席卷欧洲、美洲，英国率先完成工业化，成为第一个完成工业化的国家。全球进入一个新的时代：资本主义工业化时代。机器取代手工工具，大大提高了生产效率，推动了生产发展和社会进步，工业生产逐渐取代农业生产，占据经济发展的主导地位，市场经济取代小农经济。

工业革命的直接成果便是工厂制度的产生。资本家拥有资本和生产资料，大批劳动者离开土地，依靠出卖劳动力成为工厂工人。资本与劳动的结合，促使现代雇佣制度产生。

这一时期，自由竞争理论盛行，各国政府主张自由放任。1776 年，亚当·斯密发表《国民财富的性质和原因的研究》，标志着古典政治经济学的诞生。斯密提出市场和竞争"看不见的手"对经济的调节作用，政府仅仅是"看门人"，不干涉市场供求和经济发展。劳动是国民财富的源泉；劳动创造的价值是利润的源泉，工资越低，利润就越高。

受自由竞争的影响，早期的工厂极力追求利润，通过延长劳动时间、提高劳动强度、压低工人工资来降低成本。早期的工厂制度类似于军队式的严密组织，资本家雇佣各种监工，监工通过鞭打、罚款、解雇等强迫工人服从；工人则捣毁机器表达抗争。在资本与劳动的对抗中，资本处于强势地位，劳动者处于弱势地位。政府信奉自由竞争，很少对劳动保护进行立法。

18 世纪末 19 世纪初，西欧各国爆发了各种工人反抗斗争，包括破坏机器、烧毁工厂、罢工游行等，要求雇主提高工资、改善劳动条件。这些抗争多半是自发的、无组织的，大多数以失败告终。抗争中，工人逐渐组织起来，产生了早期的工会。雇主对工会进行了激烈的抵制；政府也立法限制工人的结社、罢工和游行示威。英国 1799 年颁布的《结社法》和法国 1791 年颁布的《夏勃里埃法》就是代表，政府甚至动用军队对付工人的罢工。政府也对劳动力市场进行一些基本规范。1802 年，英国议会通过了世界上第一部劳动法——《学徒健康与道德法》，禁止纺织厂使用 9 岁以下的学徒，并规定工作时间每日不得超过 12 小时，同时禁止做夜班。美国工会的产生不同于西欧，是技术工人和半技术工人组成的同业工会，如鞋匠工会。同业工会提出最低工资、限制雇主雇佣非同业工会工人。政府限制同业工会的发展，判定其为"阴谋犯罪"[①]，但劳工骑士团之类的秘

---

① 哈里·C.卡茨，托马斯·A. 科钱，亚历山大·J.S.科尔文，等. 集体谈判与产业关系概论[M]. 大连：东北财经大学出版社，2010：35.

密组织仍旧活跃。

总之，自由竞争时期的劳动关系是对抗的、不稳定的。雇主处于优势地位，用尽各种方法剥削工人、降低成本提高利润。工人通过捣毁机器、罢工等进行抗争，这些抗争是分散的、局部的，大多以失败告终。工人在抗争中产生了早期的工会；政府对劳动关系采取自由放任的态度，甚至立法限制工人的团结和抗争。

1.5.2 垄断时期的劳动关系

19 世纪中叶到 20 世纪初，资本主义经济由自由竞争走向垄断。1873 年的世界经济危机，标志着资本主义制度开始由自由竞争阶段向垄断阶段过渡。19 世纪最后 30 年发生的技术革命，以及由此引起的以重工业为中心的经济巨大发展，为实现向垄断资本主义过渡奠定了物质基础。这一期间，以电力的发明和使用为主导，诞生了一系列新技术和新设备，使原有的重工业部门如冶金、采煤、机器制造等加速发展起来，新兴重化工业兴起，促进了工业生产的迅速增长。垄断时期，财富两极分化严重，1870—1913 年劳动者工资增长 50%，但资本利润增长 400%[①]。每次经济危机，都导致大批企业倒闭、工人失业，危及政治稳定。

随着技术革命和流水线作业为基础的生产的发展，新的劳动组织和管理体系产生，即"泰罗制"。"泰罗制"由美国工程师弗雷德里克·泰罗（Frederick Winslow Taylor）创造：通过科学分析人在劳动中的动作，研究出最经济而且生产效率最高的"标准操作方法"，严格地挑选和训练工人，制定出生产规程及劳动定额；实行差别工资制，不同标准使用不同工资率，达到标准者奖，未达到标准者罚；实行职能式管理，建立职能工长制，按科学管理原理指挥生产。泰罗的科学管理本质在于："确定目的、设定目标，然后努力去实现它；合理、高效、清晰地组织工作；详细规定每一个细节，使每个人都明确知道必须完成的工作；计划、组织，以及控制、控制、再控制"[②]。泰罗制用科学的管理方法代替旧的经验管理，大大提高流水线生产效率，劳动控制也随之增强；期待管理人员和工人在精神上、思想上合作而不是对抗，双方将注意力放在提高盈利上，提高效率降低成本的同时提高工资。

这一时期，工会得到迅速发展。1886 年，美国劳动工人联合会（American Federation of Labor，简称劳联，AFL）成立，它是一个以熟练工人为主的在不同职业基础上组织起来的全国性总工会。1905 年，世界产业工人联合会在美国芝加哥成立。19 世纪末，工会在西欧各国比较普遍。政府改变自由放任的做法，对经济进行干预，对劳动关系进行调整，废除禁止结社的法律。1871 年英国颁布《工会法案》：使工会的法律地位得以确认，废除工人为仆人的法律；规定雇主和工人破坏合同的行为均应免除刑事犯罪的判罚。1860 年，诺丁汉织袜业频繁罢工，名叫蒙德拉的雇主提出了集体谈判的建议并与工会达成集体协议；此后，煤矿、钢铁、制鞋制靴、化工等行业纷纷效仿。但是，英国的集体谈判是君子协定，1871 年的《产业关系法》还规定集体协议不具有法律效力，这是英国罢工

---

① 威廉·阿瑟·刘易斯. 增长与波动：1870—1913 年[M]. 北京：中国社会科学出版社，2014：27.
② Morgan, G. (1986) *Images of Organization*, Newbury Park, CA, Sage PP.33.

较多的原因。1904 年新西兰出现《集体合同法》，集体谈判制度得到法律的承认和保护。

总之，这一时期劳动关系的特点是：工人运动继续发展，工会组织广泛建立；雇主改进管理，试图建立劳资合作关系；劳资冲突仍旧存在，但激烈对抗状况有所缓和、集体谈判开始实行；政府干预劳动关系，出台《工会法》，赋予劳动者结社权、集体谈判权。

1.5.3 "二战"前后的劳动关系

"二战"前后，是建立现代劳动关系时期。

20 世纪上半叶，世界经历了两次世界大战和最严重的世界经济危机。战争期间，各国经济遭到严重破坏，民族矛盾上升到第一位，劳资矛盾退居次要地位。1929—1933 年的经济危机，大量企业破产、工人失业，各国爆发了以政治要求为目的的大规模罢工。战后，为迅速恢复经济，各国加大了对经济的干预，社会保障制度逐步建立并全面覆盖，出现了瑞典等福利国家。这大大促进了社会稳定和劳动关系的协调。西欧社会民主主义思潮出现，社会民主党甚至登上执政舞台。20 世纪三四十年代以来，一批新兴技术开始兴起，原子能技术、空间技术、电子计算机技术、激光技术等以科学为基础的技术，掀起了第三次技术革命，新兴的"知识工业"部门的产生，引起产业结构的新变化。这一系列因素促进了战后经济的迅速发展。

1924—1932 年，美国哈佛大学教授梅奥（Mayo，George Elton）主持的在美国芝加哥郊外的西方电器公司霍桑工厂所进行了一系列实验。霍桑实验发现，工人不是只受金钱刺激的"经济人"，而个人的态度在决定其行为方面起着重要作用。霍桑实验引起了管理变革，行为科学产生。行为科学认为：人是"社会人"，单纯用金钱奖惩、对劳动过程进行严格管理控制，不能真正激发人的积极性；而要注重心理、精神的满足。随着经济的发展和科学的进步，有着较高文化水平和技术水平的工人逐渐占据了主导地位，体力劳动也逐渐让位于脑力劳动，行为科学对企业管理的变革被很多大企业接受。在此基础上，还产生了"Y 理论"，由 1957 年美国社会心理学家、管理学家 D.麦格雷戈在《企业中的人性面》提出。"Y 理论"与基于"经济人"的人性假设，将人性假设为厌恶工作、逃避责任的"X 理论"相对。"Y 理论"认为：人本性不是厌恶工作，如果给予适当机会，人们喜欢工作，并渴望发挥其才能。因此：激励的方式是扩大工作范围；尽可能把工作安排得富有意义并具挑战性；使工作能满足劳动者的自尊和自我实现的需要，达到自我激励。此外，还有各种管理理论学派产生，如管理过程学派、经验或案例学派、人类行为学派、社会系统学派、决策理论学派、数学学派等，被美国管理学家哈罗德·孔茨（Harold Koontz）称为管理理论的丛林。这充分说明，组织创新和企业管理实践在经济发展和繁荣中的发展。

这一时期，政府对劳动关系的干预加强，各国立法赋予劳工三权：结社权、集体谈判权、团体劳动争议权。1935 年，美国产业工人联合会（Congress of Industrial Organizations，简称产联，CIO）成立，形成与劳联并存、竞争局面。美国在 1935 年颁布的《国家劳工关系法》即《瓦格纳法》，规定工人有组织工会、工会有代表工人同雇主订立集体合同的权利。1938 年又颁布了《公平劳动标准法》，规定了工人最低工资标准和最高工作时间限额，以及超过时间限额的工资支付办法。英国于 1932—1938 年间，先后颁布了缩短劳动时间，实行保留工资、年休假以及改善安全卫生条件的几项法律，对工会权力进行规范和限制。德国颁布了《工作时间法》，明确规定对产业工人实行 8 小时工作制，还颁布了《失业救济法》《工人保护法》《集体合同法》等。劳动者结社权、集体谈判权、团体劳动争议权的确立，建立了现代劳动关系制度基础。各国还建立了协调劳动关系的三方机制，政府、雇主组织和工会就与劳动关系相关的社会经济政策和劳动立法以及劳动争议处理等问题进行沟通、协商、谈判和合作，代表不同利益的三方之间实行三方权利分享、共同协调，决定一个国家、地区的劳动关系政策，解决劳动争端。这一时期是工会的黄金时期，工会覆盖率大大提高。20 世纪 70 年代，美国工会覆盖率曾高达 35%。英国 1979 年工会会员人数达到 1320 万，为历史最高水平，占被雇佣者的 57%[①]。

总之，这一时期是现代劳动关系的形成时期，也是工会、劳动关系的黄金时期。政府干预劳动关系，通过一系列劳动立法使劳动关系制度化、法治化，劳动者结社权、集体谈判权、团体劳动争议权得以确立。雇主不断改进管理方式，促进劳资合作。工会获得极大发展，工会覆盖率提高。劳资冲突虽然仍旧存在，但工会、集体谈判、三方协商机制的劳动关系协调架构，为劳动关系的稳定提供了基本制度保障。

1.5.4　全球化时期的劳动关系

20 世纪 80 年代开始，经济全球化对劳动关系产生重大影响。经济全球化使商品、技术、信息、服务、货币、人员、资金、管理经验等生产要素跨国、跨地区流动，世界经济成为紧密联系的一个整体。首先，全球化改变了政府、资方、劳方之间的权力平衡。全球化使市场范围由一国扩展到多国（和地区），资本逐利的本性使得其总是流向利润高的国家和地区。以往政府通过与国内主要企业巨头的联盟来制定产业政策，面对进入的跨国大公司，政府的影响力显然下降。工会对跨国公司的影响力也大大下降，资本的逐利竞争，变成对世界劳动力的"逐底竞争"。大量资本流向劳动力更低廉的发展中国家，发达国家的工会覆盖率降低。2000 年：英国工会会员占被雇佣者的比例下降至 29%；美国低至 10%。其次，集体谈判的层次降低。由于工会的影响力降低：行业层面、国家层面的集体谈判逐渐被企业层面的集体谈判取代；甚至个别劳动关系取代集体劳动关系，个体劳动契约取代集体协议。再次，非正规就业人员大量涌现。全球化使竞争加剧，为降低劳动力成本，大量企业使用临时工、短期工、劳务派遣工等非正规就业人员。信奉终身雇佣和职员忠诚度的日本，也加大了非正规就业人员的比例，达到 30%左右。非正规就业劳动者没有就业保障、没有社会保险，劳动权益保护层次低。

知识经济的兴起，使传统的产业工人队伍萎缩，拥有知识的劳动者和拥有资本的雇主之间的劳动关系，不同于传统的劳动关系。互联网经济的飞速发展，带来劳动关系的新问题，平台企业将过去由"雇员"执行的任务，以商业合作方式"众包"给劳动者，

---

① 菲利普·李维斯，阿德里安·桑希尔，马克·桑得斯，等. 雇员关系:解析雇佣关系[M]. 大连：东北财经大学出版社，2005：121.

使雇佣与被雇佣的传统劳动关系消失。

总之，这一时期的劳动关系受到巨大挑战，传统的以工会、集体谈判、三方机制为基础的劳动关系调整模式受到冲击。工会、集体谈判影响力下降；新的就业形式的涌现也给劳动关系治理提出挑战。

西方劳动关系发展历程如表 1-4 所示。

表 1-4 西方劳动关系发展历程

阶段	自由竞争时期的劳动关系	垄断时期的劳动关系	"二战"前后的劳动关系	全球化时期的劳动关系
时间	18 世纪中叶到 19 世纪中叶	19 世纪中叶到 20 世纪初	"一战"/"二战"到 20 世纪八九十年代	从 20 世纪八九十年代始
经济技术社会背景	产业革命	第二次技术革命	二次世界大战和经济大危机战后黄金阶段第三次技术革命	经济全球化知识经济时代
管理理念	亚当·斯密的管理思想	泰勒等科学管理理论	行为管理理论管理理论的丛林	新的管理理论
劳动关系的特征	雇主通过强硬手段剥削利润；政府不干涉；工人的冲突和斗争分散	政府出台立法；雇主改进管理；工人形成了工会组织；集体谈判制度建立	政府干预产业发展实施宏观调控；雇主逐渐关心员工的社会性；三方协商机制建立劳动关系实现了制度化、法制化；劳资矛盾总体趋于缓和、合作成为主流	传统劳资政格局被打破工会集体谈判覆盖率下降新就业形态出现

复习思考题

1. 什么是劳动关系？什么是劳动关系管理？
2. 如何理解劳动关系的层级结构？
3. 劳动关系的主体有哪些？
4. 如何理解劳动关系的本质和特征？
5. 劳动关系的理论学派有哪些？各自的代表国家的劳动关系有哪些特征？
6. 从劳动关系的发展历史，你得到哪些启示？

第 2 章

雇主与雇主组织

本章分析雇主及雇主组织的含义及范围、特征；分析雇主的权利与义务；探索工会化和非工会化情景下的雇主劳动关系模式及雇主对待工会、集体谈判的策略，探讨我国企业的工会和集体协商策略；分析劳动关系与人力资源管理的发展历程及其关系。

◆ 引导案例

2021 年福布斯全球最佳雇主排行榜 TOP100

2021 年 10 月，福布斯发布了 2021 全球最佳雇主榜单。榜单显示，位列前 10 的分别为三星电子、IBM、微软、亚马逊、苹果、Alphabet、戴尔、华为、奥多比、宝马。虽然工程和制造业公司是榜单中最具代表性的，但前 10 名中以科技公司为主。福布斯与市场研究公司 Statista 合作，对 58 个国家在跨国公司和机构工作的 15 万名全职和兼职员工进行了调查，要求被调查者从形象、经济足迹、人才发展、性别平等和社会责任等方面对这些公司进行评级。总分最高的 750 家公司进入了最终榜单。榜单上有 236 家美国企业、91 家德国企业、57 家中国企业。华为、腾讯、京东分别位列榜单第 8、45、82 位。

表 2-1 2021 福布斯全球最佳雇主 TOP 100

排名	公司	行 业	国家/地区	排名	公司	行 业	国家/地区
1	三星电子	企业集团	韩国	7	戴尔	半导体、电子、电气工程、技术硬件和设备	美国
2	IBM	半导体、电子、电气工程、技术硬件和设备	美国	8	华为	电信服务、电缆供应	中国
3	微软	IT、互联网、软件和相关服务	美国	9	奥多比	IT、互联网、软件和相关服务	美国
4	亚马逊	IT、互联网、软件和相关服务	美国	10	宝马	汽车（汽车及供应商）	德国
5	苹果	半导体、电子、电气工程、技术硬件和设备	美国	11	开市客	零售和批发	美国
6	Alphabet	IT、互联网、软件和相关服务	美国	12	可口可乐	食品、软饮、酒精和烟草	美国

排名	公司	行　业	国家/地区	排名	公　司	行　业	国家/地区
13	思科	半导体、电子、电气工程、技术硬件和设备	美国	40	Intuit	IT、互联网、软件和相关服务	美国
14	阿迪达斯	服装、鞋帽和运动装备	德国	41	诺德斯特龙	零售和批发	美国
15	西门子	工程、制造	德国	42	耐克	服装、鞋帽和运动装备	美国
16	美国西南航空	交通与物流	美国	43	LG	企业集团	韩国
17	空客	航空航天和国防	荷兰	44	劳诗曼	零售和批发	德国
18	欧特家博士	零售和批发	德国	45	腾讯	IT、互联网、软件和相关服务	中国
19	达索系统	航空航天和国防	法国	46	3M	企业集团	美国
20	达美航空	交通与物流	美国	47	大众集团	汽车（汽车及供应商）	德国
21	宜家	零售和批发	瑞典	48	KB 金融集团	银行及金融服务	韩国
22	家得宝	零售和批发	美国	49	Facebook	IT、互联网、软件和相关服务	美国
23	福特汽车	汽车（汽车及供应商）	美国	50	通用汽车	汽车（汽车及供应商）	美国
24	彪马	服装、鞋帽和运动装备	德国	51	农心	食品、软饮、酒精和烟草	韩国
25	塔吉特	零售和批发	美国	52	信实工业	企业集团	印度
26	迪卡侬	零售和批发	法国	53	飞利浦	工程、制造	荷兰
27	洛克希德·马丁	航空航天和国防	美国	54	Ace Hardware	零售和批发	美国
28	法拉利	汽车（汽车及供应商）	意大利	55	Terna	公用事业	意大利
29	贝宝	银行及金融服务	美国	56	赛诺菲	制药和生物技术	法国
30	博世	汽车（汽车及供应商）	德国	57	卡尔·蔡司（基金会）集团	工程、制造	德国
31	爱茉莉	包装商品	韩国	58	雅马哈	工程、制造	日本
32	德国电信	电信服务、电缆供应	德国	59	赛峰	航空航天和国防	法国
33	本田汽车	汽车（汽车及供应商）	日本	60	eBay	IT、互联网、软件和相关服务	美国
34	德龙	工程、制造	意大利	61	斯沃琪集团	工程、制造	瑞士
35	百事	食品、软饮、酒精和烟草	美国	62	Fielmann	零售和批发	德国
36	甲骨文	IT、互联网、软件和相关服务	美国	63	凯宾斯基酒店	旅游、休闲	瑞士
37	戴姆勒	汽车（汽车及供应商）	德国	64	喜力啤酒	食品、软饮、酒精和烟草	荷兰
38	美国航空集团	交通与物流	美国	65	印度工业信贷投资银行	银行及金融服务	印度
39	AutoZone	零售和批发	美国	66	韩国国家石油公司	建筑、石油和天然气业务、采矿和化工	韩国

续表

排名	公司	行业	国家/地区	排名	公司	行业	国家/地区
67	劳力士	包装商品	瑞士	84	霍尔马克	媒体、广告	美国
68	辉瑞	制药和生物技术	美国	85	阿玛尼	服装、鞋帽和运动装备	意大利
69	英特尔	IT、互联网、软件和相关服务	美国	86	欧莱雅	包装商品	法国
70	多伦多道明银行	银行及金融服务	加拿大	87	DM	零售和批发	德国
71	万豪国际酒店集团	旅游、休闲	美国	88	强生	制药和生物技术	美国
72	美国合众银行	银行及金融服务	美国	89	摩根大通	银行及金融服务	美国
73	Wayfair	零售和批发	美国	90	HCLTechnologies	专业服务	印度
74	达能	食品、软饮、酒精和烟草	法国	91	AntarChile	企业集团	智利
75	NEXON	媒体、广告	日本	92	万都	汽车（汽车及供应商）	韩国
76	通用动力	航空航天和国防	美国	93	德信集团	银行及金融服务	加拿大
77	HDFC 银行	银行及金融服务	印度	94	大都会人寿	保险	美国
78	Bonduelle	食品、软饮、酒精和烟草	法国	95	Insight Enterprises	IT、互联网、软件和相关服务	美国
79	Naver	IT、互联网、软件和相关服务	韩国	96	亚胜	保险	美国
80	三菱电机	工程、制造	日本	97	沃尔沃集团	工程、制造	瑞典
81	拜耳	建筑、石油和天然气、采矿和化工	德国	98	惠普	IT、互联网、软件和相关服务	美国
82	京东	零售和批发	中国	99	凯悦酒店	旅游、休闲	美国
83	不倒翁	食品、软饮、酒精和烟草	韩国	100	诺华制药	制药和生物技术	瑞士

资料来源：中商情报网[EB/OL]. (2021-10-14). https://baijiahao.baidu.com/s?id=1713567505369767294&wfr=spider&for=pc.

2.1　雇主与雇主组织概述

2.1.1　雇主

1. 雇主及其范围

雇主是劳动关系主体的一方，雇主又称企业方（或企业主）、资方，是指雇佣他人为其工作并支付劳动报酬的法人或自然人。雇主的重要特征是拥有经营决策权，尤其是对雇员的劳动请求权和指示命令权。

雇主到底是哪些组织和个人呢？各国的法律规定不同。国际劳工组织提出，雇主是指雇佣和解雇工人的人或组织。美国《国家劳资关系法》规定：雇主包括直接或间接代表雇主利益的任何人或机构，但不包括公共机构、劳工组织（作为雇主身份时除外）或以劳工组织负责人或代理人名义出现的任何人。日本《劳动基准法》规定：雇主指企业主、企业经理人或代表企业主处理企业中有关工人事宜的人或组织。总之，雇主是指给予雇员劳动的机会，管理、监督雇员完成劳动并赋予劳动报酬的个人或法人。

雇主是一个发展的概念。西方国家在工业化发展过程中，经历了所有权与经营权的分离，雇主的身份也随之变化。早期的雇主主要是工厂的所有者，即资本家，当时企业规模小、生产水平低，资本家既是投资者也是经营者，集财产所有权、决策权、管理权、监督权于一身。19世纪中期后，随着资本原始积累，企业规模扩大，所有权与经营权开始分离，产生了受雇于资本家的经理阶层。企业的权力结构发生改变，资本家通过所有权管理企业，具体的经营管理职能则由职业经理人行使，职业经理人承担雇佣、管理工人的职能。职业经理人也成为雇主。随着股份公司的出现，股份分散化、社会化，企业所有者除少数大股东外，都是社会分散的小股东。股东通过行使股权对企业施加影响，雇佣员工、管理员工、分配工资的实际权力都由经营者来实施，经营者才是代表企业行使雇佣权的名副其实的雇主。正因为如此，一些国家规定：雇主包括雇佣员工的企业，也包括企业经营负责人和处理有关劳动事务的人。

现代产业关系教材和著作中，将"管理方"概念代替"雇主"概念。管理方是指负责实现雇主及其组织的目标的个人或团体，包括：①一个组织的所有者和股东。②高管人员和部门经理。③专门处理与雇员和工会的关系，从事产业关系和人力资源工作的人员。管理方在集体谈判和执行一个企业的产业关系政策和实践上扮演着关键角色[1]。

2. 我国用人单位及其范围

在我国，雇主称之为用人单位。用人单位是指具有用人权利能力和用人行为能力，运用劳动力组织生产劳动，且向劳动者支付工资等劳动报酬的单位。根据我国《劳动法》《劳动合同法》，用人单位是指中华人民共和国境内的企业、个体经济组织、民办非企业单位等组织。广义地说，用人单位是指依法成立的企业、个体经济组织、事业单位、国家机关、社会团体等；狭义地说，雇主主要是指各类企业。作为劳动法律关系主体的用人单位，也应具有相应的主体资格，即同时具有用人权利能力和用人行为能力。用人权利能力是用人单位依法享有的用人权利和承担用人义务的资格或能力；用人行为能力是指用人单位能够以自己的行为依法行使用人权利和履行用人义务的能力。用人单位的用人权利能力和用人行为能力的范围取决于法律法规的规定及用人单位的用人需求。

我国在计划经济时代没有"雇主"的概念。新中国成立后，我国对农业、手工业和资本主义工商业三个行业的社会主义改造即"三大改造"，实现了把生产资料私有制转变为社会主义公有制，劳动者都成为"主人"。改革开放后，我国实行以公有制为主体的多种所有制并存的经济结构。私营企业、乡镇企业、外资企业、个体经济快速发展，在这些经济形式中，存在雇佣关系；国有企业改制，掀起了一股以"破三铁"为中心的企业劳动、工资和人事制度的改革热潮。"三铁"是指"铁饭碗""铁工资"和"铁交椅"：计划经济时代劳动用工制度的计划化和固定化，形成了"铁饭碗"；工资分配制度的统一化

---

① 哈里·C.卡茨，托马斯·A.科钱，亚历山大·J.S.科尔文，等. 集体谈判与产业关系概论[M]. 大连：东北财经大学出版社，2010：3.

和刚性化，形成了"铁工资"；企业人事制度的资历化和终身化，形成了"铁交椅"。1994年我国颁布的《劳动法》提出："在中华人民共和国境内的企业、个体经济组织（以下统称用人单位）和与之形成劳动关系的劳动者，适用本法。国家机关、事业组织、社会团体和与之建立劳动合同关系的劳动者，依照本法执行。"这从法律上确立了用人单位与劳动者之间的劳动关系。2008年颁布的《劳动合同法》，进一步完善了劳动合同制度。此后，劳动合同制度在我国全面推进，在不同用人单位就业的劳动者，身份差异越来越小。因此，有学者主张，我国应使用"雇主"概念，雇主的概念应该泛指一切雇佣他人为自己执行事务的主体，包括企业法人、非企业法人、国家机关、其他经济组织、个体工商户、农村承包经营户、普通自然人等[①]。

2.1.2 雇主组织

1. 雇主组织的作用及特征

雇主组织是雇主依法成立的组织或协会，以行业、地区或贸易联系为纽带。雇主组织的主要作用是与工会或工人代表进行集体谈判，确立国家、行业、地区的劳动标准；在劳动争议程序中向其成员提供支持；参与与雇佣关系有关的政治活动、影响劳动关系政策。

雇主组织的作用有很多。首先是参与谈判。雇主组织的主要作用就是代表雇主与工会进行集体谈判。一般来说，行业或区域的雇主组织与工会签订的集体协议，其成员企业都遵守。但20世纪80年代以来，集体谈判的层次降低，全国性的雇主组织更受其成员纷纷退出的影响，集体谈判的作用降低。

其次是解决纠纷。当劳资双方对全国性或地区性集体协议的解释出现分歧，而企业内部的申诉处理机制又无法解决这些争议时，劳资双方即雇主组织和工会都可以采取调解和仲裁的方式来解决纠纷。

再次是帮助建议。雇主组织有义务为会员企业提供处理劳动关系事务的一般性帮助和建议，为企业招聘雇员、教育和培训、绩效管理、行业人工成本、劳动法律法规等方面提供咨询和建议。

最后是代表和维护。雇主组织代表会员企业利益和意见，通过公共宣传、游说等，向政府、工会、社会公众表达和维护会员企业的利益和意见。

雇主组织（雇主协会）具有其特征。首先，雇主组织是社会组织，不同于纯粹的经济性行业协会。纯粹的行业协会主要负责行业规范，协商行业的竞争合作规则；游说政府采取对行业有利的政策。因此，行业协会因经济利益结成的组织演变而来，主要是协调行业内企业的经济利益，多数国家将其归类为经济组织。雇主协会因劳资关系而结成的组织演变而来，因此一般归类为社会组织。

其次，雇主协会是由一定数量的法人而不是自然人自愿组成的协会。工会通常是由作为自然人的工人组成的；而雇主协会通常是由行业或区域的企业组成的，而且应该达到一定数量，具有行业或区域的代表性。雇主协会是为增强其成员即雇主们的集体谈判

---

① 刘记福. 关于完善我国雇主责任制度的思考[J]. 政治与法律，2008(8)：145-148.

力量服务的。

再次，雇主组织是独立于雇主之外的法人组织。雇主组织拥有法人资格，其收入来源于为雇主服务而取得的服务性收入；实行独立核算；其组织机构为决定重大事项的会员大会和处理日常事务的理事会。

最后，雇主组织的职责为协调劳动关系。雇主组织主要处理劳动关系，与行业（或国家层面、地区层面）工会进行劳资集体谈判。但雇主组织不得制造困难阻止雇员加入工会和参加工会活动；不得干涉工会事务，不得破坏工会组织的罢工，不得拒绝按照法定程序开展的集体谈判。

2．雇主组织类型

雇主组织是随着工会、集体谈判等制度的产生而发展的。早期的雇主组织是一些自发性的"俱乐部"或"行会"，主要关注贸易和税收等问题。由于工人运动高涨，工会日益壮大，集体谈判普及，政府干预加强，西方国家的雇主组织得到发展。

雇主组织有很多类型。按照层级来分，可以分为国际层级、国家层级、地区层级、行业层级等。

1）国际雇主组织

国际雇主组织（International Organization of Employers，IOE）是国际上在劳动和社会事务方面代表雇主利益的民间组织。

国际雇主组织成立于1920年，并随着各国雇主组织的发展而发展。国际雇主组织的目的是在国际场合，尤其是在国际劳动关系方面促进和捍卫雇主利益，保证国际劳工和社会政策有利于企业的生存，并为企业发展营造有利氛围。1919年国际劳工组织成立后，需要在国际上统一各国雇主组织的立场和观点，在国际上代表雇主组织来协调与工会的关系。欧洲15个国家的雇主组织在伦敦发起成立国际雇主组织。发展至今，国际雇主组织已有150多个会员，均为世界各国的雇主组织。

国际雇主组织的主要职责有：①在国际上维护雇主利益。在国际社会政策和劳工政策制定中充分表达雇主立场，以确保国际社会政策不损害企业的生存和发展。②参与国际劳动关系活动。作为三方机制的一方，代表雇主组织及雇主立场，参与有关活动。与国际劳工组织协调、合作，就共同关心的劳工等方面问题，开展协商和合作，维护各自的利益主体。③加强各国雇主组织的交流与合作，特别是在有关的立法、政策和信息上加强交流与合作。协调各国雇主组织的立场，共同维护各国雇主的共同利益。④与各国政府建立积极的良好关系，为各国雇主组织的建立和开展活动创造良好的条件。

2003年6月2日，国际雇主组织总理事会一致通过决议：接受中国企业联合会（以下简称中国企联）为该组织正式会员，并确认中国企联作为国际雇主组织的中国唯一代表；并作为中国雇主组织的唯一合法代表与人力资源社会保障部、中华全国总工会一道，组成我国"三方代表团"出席国际劳工大会，参与有关国际劳工标准、国际劳工公约的制订及修订工作，在国际上维护中国企业和企业家的利益。

2）国家级雇主组织

国家级雇主组织是指一些全国性的雇主联合会，如德国的雇主联合会，是由不同地区和不同行业的雇主协会组成的。北欧国家劳资集体谈判的层次一般在国家层面进行，国家级的雇主组织起着重要作用。

中国企联（原中国企业管理协会）与中国企业家协会（China Enterprise Directors Association，CEDA），两块牌子一套班子，是我国全国性的企业和企业家联合组织。中国企业管理协会成立于1979年3月；中国企业家协会成立于1984年3月；1999年4月24日中国企业管理协会更名为中国企业联合会。中国企联的宗旨是"发挥桥梁纽带作用，更好地为企业和企业家服务"。根据《中国企业联合会章程》，中国企联主要职责有：①维护企业、企业家（雇主）的合法权益，代表企业、企业家（雇主）协调劳动关系。②推动各地区、各行业企业联合会、企业家协会建立健全"三方机制"和参加劳动关系协调工作。③根据授权，代表企业、企业家（雇主）参加由中华人民共和国人力资源和社会保障部、中华全国总工会、本会及中华全国工商业联合会组成的国家协调劳动关系三方会议。④积极参加国际劳工组织和国际雇主组织有关活动，发展与其他国家雇主组织及国际机构的交流与合作。⑤反映企业、企业家（雇主）的意见和要求，为国家制定与企业相关的法律、法规和政策提供建议，承担国家及其有关部门委托的工作。⑥开展与国外、境外企业团体和企业的交流与合作，组织有关企业团体和企业开展与国外、境外有关组织及企业间的交流与合作。⑦引导企业、企业家（雇主）遵纪守法，规范自身行为，推进企业社会责任；开展企业改革和现代企业管理的理论研究，促进企业现代化建设和管理创新；推进企业家队伍建设、企业文化建设，为企业、企业家提供培训、咨询、信息、课题研究、新闻出版、资质评价等智力服务。

中华全国工商业联合会（All-China Federation of Industry and Commerce，ACFIC）是我国非公有制经济组织的全国雇主联合会，简称全国工商联，又称中国民间商会，成立于1953年。工商联是中国共产党领导的以非公有制企业和非公有制经济人士为主体，具有统战性、经济性、民间性有机统一特征的人民团体和商会组织，是党和政府联系非公有制经济人士的桥梁纽带，是政府管理和服务非公有制经济的助手。工商联以促进非公有制经济健康发展和非公有制经济人士健康成长为工作主题，其工作对象主要包括私营企业、非公有制经济成分控股的有限责任公司和股份有限公司、港澳投资企业等，私营企业出资人、个体工商户、在内地投资的港澳工商界人士等。截至2018年年底，全国共有县级以上工商联组织3416个，各级工商联所属商会共有48916个，已形成覆盖全国的组织网络。全国工商联同世界上100多个国家和地区的400多个组织、机构、商会等建立了广泛联系和友好合作。全国工商联作为雇主组织之一，是我国三方机制的组成部分，即"三方四家"：人力资源社会保障部代表政府；总工会代表职工；中国企联和中国工商联共同代表企业。

国家级的雇主组织还有由某一行业企业组成的单一产业的全国协会，如英国的滑雪工业协会，其直属会员企业达160多家。西方国家的这些行业性全国雇主协会作用很大，在集体谈判中有很大影响力。我国的工业与经济联合会是全国工业行业协会的联合组织，拥有全国性工业行业协会会员单位178家。

3）地区雇主组织

地区级的雇主组织，是一个地区雇主的联合会或协会，如英国的西英格兰毛纺织业雇主联合会，在历史上有过重要影响。我国在地方层级上，实行工业与经济联合会、企业联合会、企业家协会"三会合一"。例如，湖南省企业和工业经济联合会由湖南省工业经济联合会、湖南省企业联合会、湖南省企业家协会（简称省"三会"）整合更名后成立。其前身为于 1982 年成立的湖南省企业管理协会（2009 年 4 月更名为湖南省企业联合会），1992 年 7 月与新成立的湖南省工业经济协会（2000 年 11 月更名为湖南省工业经济联合会）合署办公，2006 年 9 月与湖南省企业家协会（成立于 1985 年 7 月）合并，实行三块牌子合署办公。于 2009 年 4 月召开省"三会"会员代表大会，选举产生理事会，实行"三会"合一，三个名称、一个章程、一个理事会、一个法人代表、一个秘书处。省"三会"是由湖南省境内企业、企业家（雇主）和企业团体自愿组成的非营利性的省级联合社团组织，行业主管部门是湖南省经济和信息化委员会，是中国工业经济联合会、中国企业联合会、中国企业家协会的团体会员，并接受其业务指导，具有独立的法人资格。

2.2　雇主的权利和义务

雇主的权利和义务有广义和狭义之分。广义的雇主权利与义务是指雇主所拥有的所有权利与义务，包括生产经营活动中与各类社会主体如企业、政府、社会团体、个人交往中的法定权利和义务。狭义的雇主权利和义务是指劳动法律中雇主相对于雇员而言的权利和义务。我们从狭义的角度来分析。

雇主的权利和义务，并不一定采取法定主义原则。劳动法律只能对双方的基本权利和义务进行规定，更多的事务由劳资双方当事人根据"意思自治"原则进行商议约定。雇主和雇员作为劳动关系双方当事人，其权利和义务是对等的，一方的权利就是另一方的义务。但是从劳动关系实践来看，雇主在劳动关系中处于相对强势地位。

2.2.1　雇主的权利

各国法律不同，对雇主的权利规定也有差异，但基本权利是相同的。

1. 用工权

雇主可以根据生产经营的需要，在法律规定的基础上，自主决定招聘、录用劳动者。招聘时间、方式、数量、条件等，由雇主决定。当劳动者经过试用证明不符合公司要求时，企业有权不录用；当劳动者违背企业劳动纪律时，企业可以依法解除劳动关系；当劳动者的行为造成企业损失时，企业不但可以依法解雇，还可以要求劳动者赔偿。

2. 劳动管理权

雇主拥有对劳动过程的管理权。雇主招用劳动者后，在企业（组织）内自主决定劳动者如何与其他生产要素合理配置以发挥最大效用；制定劳动过程规则、劳动纪律、操作规程，要求劳动者执行；对劳动者的劳动过程进行监督，以最大限度提高劳动效率。

3. 分配权

雇主拥有工资等劳动报酬分配制度的制定权，通过制定工资、奖金、股权激励等分配政策，构建企业的分配机制。雇主的分配权虽然受集体谈判的制约，但企业决定制度框架。雇主还通过奖惩权：对遵守企业制度规范且绩效优秀的员工进行奖励；对违背企业制度或绩效较差的员工进行惩罚，进一步影响员工的收入。

4. 集体谈判权

雇主拥有与工会或工人代表就工资、劳动条件进行集体谈判的权利。雇主既可以向工会发出集体谈判要约。当集体谈判破裂时，雇主拥有闭厂权。闭厂权是雇主抗衡劳动者罢工权的一个重要权利。

5. 其他权利

各国法律规定的其他权利。

2.2.2 雇主的义务

雇主的基本义务就是遵守国家劳动法律法规，执行国家劳动政策、劳动标准；雇主的所有劳动用工管理都必须在国家法律基础上进行。

1. 平等雇佣义务

雇主不得因性别、年龄、种族、宗教信仰等对应聘者和职工进行就业歧视。我国《劳动法》规定："劳动者就业，不因民族、种族、性别、宗教信仰不同而受歧视。"我国尤其关注女性平等就业问题，《劳动法》第十三条规定："妇女享有与男子平等的就业权利。在录用职工时，除国家规定的不适合妇女的工种或者岗位外，不得以性别为由拒绝录用妇女或者提高对妇女的录用标准。"

2. 支付报酬义务

首先，雇主有支付雇员劳动报酬的义务。雇主雇佣劳动者，购买雇员的劳动力，与其他生产要素结合，完成生产经营，雇主必须支付劳动报酬。这是雇主与雇员在劳动力市场进行等价交换的体现。我国《劳动合同法》规定："用人单位应当按照劳动合同约定和国家规定及时足额发放劳动报酬。用人单位拖欠或者未足额发放劳动报酬的，劳动者可以依法向当地人民法院申请支付令，人民法院应当依法发出支付令。"其次，雇主有对劳动者实行同工同酬的义务。我国《劳动合同法》特别提出：对未签订书面劳动合同或约定的劳动报酬不明确的劳动者，企业应该根据同工同酬原则支付报酬；"被派遣劳动者享有与用工单位的劳动者同工同酬的权利。"最后，雇主有为雇员购买社会保险的义务。福利和社会保险属于广义劳动报酬。"二战"后，各国纷纷建立和完善社会保障制度，养老、医疗、失业、工伤、生育等社会保险成为强制性保险，由雇主与雇员共同承担，以维护劳动者人身安全、再生产劳动力、维持社会稳定和持续发展。我国《劳动法》第七十二条规定："用人单位和劳动者必须依法参加社会保险，缴纳社会保险费。"

3. 依法用工义务

首先，雇主不得违法招用不具有就业资格的人，如童工、非法移民等。我国《劳动法》第十五条规定："禁止用人单位招用未满十六周岁的未成年人。"其次，雇主要保障劳动者的休息休假权利，不得随意延长工作时间。我国《劳动法》第三十六条规定："国家实行劳动者每日工作时间不超过八小时、平均每周工作时间不超过四十四小时的工时制度。"《劳动合同法》第六十八条规定："非全日制用工，是指以小时计酬为主，劳动者在同一用人单位一般平均每日工作时间不超过四小时，每周工作时间累计不超过二十四小时的用工形式。"最后，雇主应保证劳动者的职业安全与健康，提供符合要求的劳动条件。我国《劳动法》规定："用人单位必须建立、健全劳动安全卫生制度，严格执行国家劳动安全卫生规程和标准，对劳动者进行劳动安全卫生教育，防止劳动过程中的事故，减少职业危害。""劳动安全卫生设施必须符合国家规定的标准。""用人单位必须为劳动者提供符合国家规定的劳动安全卫生条件和必要的劳动防护用品，对从事有职业危害作业的劳动者应当定期进行健康检查。"

4. 培训员工义务

员工培训可以再生产劳动力，提升劳动者技能和素质，提高企业效率。因此各国都将培训员工作为雇主的一项义务。我国《劳动法》第六十八条规定："用人单位应当建立职业培训制度，按照国家规定提取和使用职业培训经费，根据本单位实际，有计划地对劳动者进行职业培训。"

5. 集体谈判义务

首先，雇主不得控制或干涉工会的组建及活动。成立或参加工会，是集体谈判的前提，员工有自由组建工会或加入工会的权利，雇主不得阻挠员工组建工会或参加工会活动；不得操纵工会选举；不得通过提供资金或物质帮助控制工会。其次，雇主有集体谈判义务。集体谈判既是雇主的权利，也是雇主的义务。集体谈判要约通常是劳方向资方（雇主）发出的，雇主或雇主组织不得拒绝集体谈判。我国《集体合同规定》第三十二条规定："集体协商任何一方均可就签订集体合同或专项集体合同以及相关事宜，以书面形式向对方提出进行集体协商的要求。一方提出进行集体协商要求的，另一方应当在收到集体协商要求之日起 20 日内以书面形式给以回应，无正当理由不得拒绝进行集体协商。"再次，雇主应该提供员工民主参与的制度。企业不仅是雇主的企业，也是员工等利益相关者的企业，员工有参与管理、参与决策、参与分享的权利。对此，一些国家法律确定员工参与的权利。例如，德国要求雇员 5 人以上的企业，要成立由雇主、雇员组成的企业委员会，与股东、管理层和工会等利益相关方共同决定职工的劳动时间、劳动安全、医疗以及相应保护措施等与职工利益切实相关问题；企业内设立劳动争议调解委员会，由雇主及其管理方、雇员共同组成，调处雇主雇员的分歧。我国 2012 年颁布的《企业民主管理规定》详细列举了职工民主参与的权利，企业有保证职工民主参与实行的义务。

6. 其他法律规定的义务

各国法律规定的其他义务。通常，法律规定的雇员权利，就是雇主的义务。

2.3　雇主的劳动关系策略

雇主的劳动关系策略受国际经济政治社会环境和一国劳动关系法律政策的影响，也受雇主的企业发展战略的影响。

2.3.1 劳动关系管理模式

企业层面的劳动关系管理模式可以分为工会化和非工会化两种情景。企业是否工会化影响其劳动关系管理，如表 2-2 所示。

表 2-2　劳动关系管理模式

	非工会化模式			工会化模式		
政策	家长制	科层制	人力资源制	斗争式	新政式	员工参与式
规则	非正式	正式的	灵活的	刚性的	正式的	灵活的
管理模式	资方全权决定	规则约束	浓厚的合作文化	好斗的	对抗性的	参与决策
申诉制度	没有	有	有专人负责	无限期拖延	有	重视申诉
工作组织	低技能的	职位分类很细	团队	职位分类很细	职位分类很细	团队
薪酬制度	计件工资	岗位工资	技能工资与结构工资	标准化工资	标准化工资	技能工资与结构工资
工作保障	临时性	受周期影响	注重职业发展	不稳定	裁员时考虑资历	就业保障
员工与管理者关系	上下级个人关系	上下级关系	个人关系	敌对关系	有距离的关系	角色重叠

资料来源：哈里·C.卡茨，托马斯·A.科钱，亚历山大·J.S.科尔文，等. 集体谈判与产业关系概论[M]. 大连：东北财经大学出版社，2010：96.

非工会化的企业，管理方希望本组织非工会化。非工会化管理模式主要有以下几种。

1. 家长制

在家长制模式中，企业管理倾向非正式管理，管理人员有很大的决策自由，员工的雇佣条件会因不同的工厂、车间、工作团队而有很大差别。这些企业通常由家庭所有，由家庭成员主导人事政策；存在上下级关系但比较随意和个性化。管理者害怕因工会代表员工利益而使他们丧失对企业的控制。因此，避免工会出现通常是他们的主要任务。这种模式一般在小的零售、服务企业，或小的制造公司。

2. 科层制

科层制的特征是正式的制度和程序管理雇员，采用标准化和科层化的人事政策，对员工的工资、休假、晋升、劳动纪律等有明确的成文规定。企业的岗位分类通常很细且正式，根据岗位评估来决定工作职责和工资。组织内部有明确的上下级关系；员工工作相对有保障但受经济周期影响。科层制通常是上了规模的企业采用，尤其是生产大批量产品、生产成本低的制造企业。

3. 人力资源制

20 世纪 70 年代开始，一些企业采用一种新式的人事政策。一方面不断提高企业的灵活性和成本上的竞争优势；另一方面维持企业的非工会化。这就是人力资源管理模式。它像科层制一样，依赖正式的政策，但与传统的非工会化企业的政策又不同。例如，以团队方式组织工作；实行技能工资或根据一个人的受教育程度决定工资水平；精心设计一个沟通制度和申诉制度；注重员工培训和职业发展，实行相对稳定的雇佣保障，但是20世纪80年代以来受全球化影响，企业会劝退员工离职。人力资源管理模式企业同样极力避免企业工会化。他们极力使员工认识到，员工的利益与企业利益是一致的；培育浓厚的企业文化来营造合作氛围；增强管理的灵活性和上下级之间的个人沟通，共同解决工作中的问题；企业甚至成立员工委员会，吸纳员工参与企业管理。

采用人力资源管理模式的企业很多，最著名的有惠普、IBM、太阳计算机公司、宝洁公司、达美航空公司、柯达公司、英特尔公司、摩托罗拉公司、杜邦公司、米其林轮胎公司、万豪酒店、希尔斯·罗巴克公司。采用人力资源模式的企业通常面临技术和市场的迅速变化，需要建立灵活性、适应性强的工作组织；雇用了大量技术人员；有一支训练有素的人力资源管理队伍；企业高增长、高利润、大规模。一些以市场为导向、生产多种多样产品、产品质量要求严格的中小型制造企业，也倾向于采用人力资源管理模式。

4. 斗争式

斗争模式中：雇主和雇员为保护各自利益和基本权利彼此争斗、对抗，甚至经常发生罢工；或出现雇员怠工、旷工等行为。劳资双方斗争的核心是工会代表权，尤其在企业试图将工会化转向非工会化时，或者工会试图在非工会化的企业实行工会化时，斗争尤为激烈。斗争模式中，劳资冲突频发，给雇主和雇员带来高额成本，企业生产率和产出降低，员工收入降低，形成不稳定的就业。

案例 2-1　美国职业棒球大联盟的劳资斗争

5. 新政式

罗斯福"新政"，美国干预劳动力市场，建立以集体谈判为核心的劳动关系调整制度。新政式的特征是：劳资双方签订非常详细而正式的集体合同；设立一个员工不满的申诉制度；对岗位和职位进行详细分类；工资支付标准化；根据资历决定裁员顺序，保护资历老的员工。这种模式的优点在于提供稳定的劳工关系，尤其是企业设立的正式的员工申诉程序，使员工的不满有提出的渠道，保护了员工的权益，也促进了劳资之间的沟通。20世纪80年代之前，美国工会化的企业基本采用这种模式。

6. 员工参与式

员工参与模式创造了一套员工参与企业管理和决策的机制，员工直接参与解决生产问题，如通过质量圈、团队会议深化管理人员与员工的讨论与合作，员工直接参与控制废品率、提高生产效率、改进技术的企业决策中。这种模式以团队为基础组织工作；雇员就业有保障；实行业绩工资制度，即团队薪酬与公司业绩挂钩；重视员工沟通，设立申诉制度；与工会沟通合作，吸纳其参与企业人事政策制定。美国航空公司、西南航空公司运用这种模式都取得了较大成功。

2.3.2　雇主的劳动关系策略

雇主的劳动关系策略受采用的劳动关系管理模式影响。雇主的策略主要为对待工会化的策略和集体谈判策略。

1. 雇主对待工会化的策略

纵览西方劳资关系的发展历史：一方面劳动者为组织工会、加入工会而进行持续艰苦的斗争；另一方面，雇主想方设法阻挠雇员参加工会，进行反工会活动。二战以后，各国劳工立法加强了干预，流血冲突事件减少，但雇主的反工会策略一直存在，甚至愈演愈烈、越来越狡猾。

雇主反工会的策略通常有两种。一种是直接反对工会的策略，即采取措施拒绝工会的组织活动，如有敌视工会的政治环境存在，或者企业面对的是低工资、低技能劳动者且相对过剩、劳动者谈判能力低的用工环境，企业处于低利润且竞争激烈的产业中。这些情况下，企业极可能采用直接反对工会的策略。另一种反工会策略是间接的工会替代策略，以消除员工参加工会的动机。一方面，企业通过成立"同事审查会""同事评议""人权委员会"等内部渠道，由管理方和员工共同组成劳动争议调解机构，解决员工抱怨和申诉。另一方面，企业通过实行高绩效人力资源系统，使员工和企业目标统一、利益一致。

案例 2-2 沃尔玛因员工组建工会而关闭加拿大、德国连锁店

各国法律规定，雇主不能阻挠雇员加入工会，不得因为参与工会活动、罢工而解雇员工。但企业仍然存在非法解雇参与工会的员工的案例。美国 1960—1975 年，国家劳工委员会受理的雇员因参加工会（组织工会）而被雇主非法解雇的案例增长了 10 倍。21 世纪以来，支持工会的工人，20 人中有 1 人因试图组织工会而被非法解雇[①]。一些大型集团，有的业务部门已经工会化，有的没有被工会覆盖。20 世纪 70 年代以来，这种工会化与非工会化并存的企业中，非工会化部门越来越多；经济全球化加速了这种趋势。

2. 雇主对待集体谈判的策略

在西方国家，工会化的企业，雇主必须实行集体谈判。通常，企业内劳动关系政策的决策集中程度都较高，集中在公司层面，一般由首席劳工关系执行官或首席执行官负责决策。首席劳工关系执行官的职责是：负责集体谈判或推荐谈判者，起草最终的集体谈判协议，对工会的集体谈判要求做出分析，为集体谈判进行背景调查，对工会的组织活动做出相应对策。

公司首席执行官监督集体谈判并对关键性决策做出批示；对核心问题负有首要责任，如设置资方集体谈判代表的权限；批准最后集体谈判协议。当企业面临财务危机时，首席执行官责任更大，更多地参与到与劳方的沟通和让步协议谈判中，他们甚至设立电话和邮件直接沟通方式，欢迎员工随时直接提出意见建议。

大多数企业设立了劳动关系专员。美国的调查显示，每个大企业平均有 13.4 个劳动

---

① 哈里·C.卡茨，托马斯·A.科钱，亚历山大·J.S.科尔文，等. 集体谈判与产业关系概论[M]. 大连：东北财经大学出版社，2010：102.

关系专员，一个劳工关系专员对应着 200～400 个规划雇员[①]。随着工会覆盖率下降，劳工问题管理权力有下降趋势，由公司的劳工关系专员向部门经理和人力资源管理专家转移。劳工关系专员的职责是维持稳定、保持产业和平、预防劳动争议。现在，企业更主要的任务是规避工会、控制成本、用工灵活化，因此，这不仅仅是劳工关系专员能单独应对的，需要发挥部门经理更多的作用。一些企业成立了劳工关系服务战略规划部门，一些企业采用跨部门的团队提出集体谈判建议。

3. 我国的雇主劳动关系策略

我国和谐劳动关系的定位，决定我国的用人单位（雇主）采用合作型劳动关系策略。我国要求企业必须建立工会，并推动企业建立集体协商制度。2010 年中华全国总工会提出"两个普遍"的"彩虹计划"：依法推动企业普遍建立工会组织；依法推动企业普遍开展工资集体协商。全国总工会提出目标：2011—2013 年，全国企业法人建会率达到 90%以上。其中，10 人以上外商、港澳台商投资企业、私营企业建会率达到 95%以上。世界 500 强等跨国公司在华企业法人建会率达到 95%以上。将农民工、劳务派遣工在内的广大职工吸收到工会组织中。从 2011 年起用 3 年时间，到 2013 年年底已建工会组织的企业 80%以上建立工资集体协商制度，基本实现已建工会企业普遍开展工资集体协商，其中实现世界 500 强在华企业全部建立工资集体协商制度。自此，我国工会和集体协商覆盖率大大提高。2014 年国家协调劳动关系三方会议研究决定，2014—2016 年，在全国范围内推进实施集体合同制度攻坚计划，提出到 2015 年年末集体合同签订率达到 80%，2016 年继续巩固和提高；着力提升集体协商质量、增强集体合同实效。2020 年疫情期间，我国再次强调要发挥工会作用，用集体协商方式处理企业抗疫及复工复产中的劳动关系问题。因此，我国企业的劳动关系策略，首要任务是按照政府部署，完成工会和集体协商任务。

经济飞速发展中，我国企业非常注重人力资源管理而忽视劳动关系管理。劳动关系的和谐本应成为人力资源管理的基本目标，但缺乏劳动关系体制压力的中国人力资源管理长期忽视劳动关系的调整，低成本战略强化了这种状况[②]。构建和谐劳动关系的战略目标，要求我们对这一状况进行改变。

2.4　劳动关系与人力资源管理

劳资关系（我国习惯称"劳动关系"）起源于工业革命，工业革命通过自有的劳动力市场和大规模工业组织，创造出现代劳资关系，涉及雇主和雇员的权利义务及相关事宜。

现代意义的劳动关系、人力资源管理产生于 1910—1920 年的美国。此时的劳动关系（产业关系 industrial relations）概念涵盖了与工作生活相关的所有领域，反映了传统制造业中高工会组织率下的体力劳动者与雇主之间的关系。劳工关系（labor relations）与

---

① 哈里·C.卡茨，托马斯·A.科钱，亚历山大·J.S.科尔文，等. 集体谈判与产业关系概论[M]. 大连：东北财经大学出版社，2010：104.

② 常凯，陶文忠. 人力资源管理与劳动关系调整[J]. 中国人力资源开发，2006(8)：4-9.

人事管理都是产业关系的组成部分。劳工关系主要从劳动者的视角考虑产业关系中的问题，关注的重点是劳动者的目标和需求，希望通过组建工会、开展集体谈判来谋求雇员与雇主力量的平衡。人事管理则是从雇主的角度考虑产业关系中的问题，关注的重点是员工的招聘、考核、晋升、流动等用工管理[1]。

20 世纪 60 年代之后，出现了两个明显的变化。一个是人力资源和人力资源管理概念的兴起及其对人事管理概念的取代。另一个是劳动关系（产业关系）的概念变窄。以前，劳动关系（劳资关系）都明确包含了市场、法律与工会的劳工问题以及企业中的人力资源管理问题。但此后，狭义的劳动关系定义被很多人使用。研究重点在工会、集体谈判、劳工政策；对微观层面的企业制度、非工会企业的研究较少。

这样就出现了两种解释：一种认为，劳动关系是人力资源管理的一部分；另一种认为二者是不同的概念。这两种观点的背后，实际上存在重大理论争论和方法论的差异。

工作场所雇佣关系的管理，要回答 4 个关键问题：①劳动力是不是商品？②雇主和雇员是不是劳动力竞争市场中的平等主体？③雇主与雇员之间是否存在利益冲突？④雇员参与权和发言权是否重要。对这 4 个问题的回答不同，就形成了雇佣关系管理的 6 种模式：市场竞争、独立雇员代表制、政府监管或规定、工人主导、人力资本经营、传统人力资源管理。市场竞争模式就是将雇佣关系管理交给劳动力市场"看不见的手"决定。独立雇员代表制是指劳动者选出代表行使雇员参与权。政府监管或规定是指依靠政府法律及行政干预促使企业妥善处理雇主雇员关系。工人主导是指由工人掌控企业，甚至所有权、管理控制权全部由工人掌握。人力资本经营是指雇主主导、雇员充分参与的管理模式。传统人力资源管理是以科学管理和流水线作业为基础的科层制管理模式。独立雇员代表制和政府监管或规定可以归入战略劳动关系管理，体现多元论思想；人力资本经营和传统人力资源管理可以归入广义人力资源管理，体现一元论思想；工人主导则是激进主义思想的体现。如图 2-1 所示。

雇佣关系的目的在于效率、公平与发言权。效率是资本的目标，公平与发言权是劳动者的目标。鉴于此，雇佣关系的研究应该建立一个包容性的框架，即人力资源与劳资关系（human resources and industrial relations，HRIR），包含多元论的劳资关系、一元论的人力资源管理和激进主义的批判性劳资关系[2]。一方面，在发达市场经济国家，工会和集体谈判覆盖率下降，传统产业关系主要关注工会和集体谈判，显然已经不适应变化了的雇佣关系。另一方面，全球化使资本在全球寻求最适合投资的场所、最便宜的劳动力市场，出现"逐底竞争"，而劳动关系治理的全球化远远没有跟上。即使在发达市场经济国家，大量新兴的雇佣关系问题需要解决。因此劳动关系的研究依旧重要，但需要扩展工会和集体谈判的传统框架。HRIR 就是对工作场所的用工关系进行协调和管理。企业要绩效，员工要报酬，HRIR 就要在组织绩效和员工报酬之间寻找平衡。我国工会、集体协商制度还不健全，过分追求效率的人力资源管理带来了很多问题，甚至造成劳资冲突。用包容性的思路来研究工作场所的问题，是我国人力资源、劳动关系共同面临的问题。

① 唐镳、刘兰. 企业劳动关系管理[M]. 北京：中国人民大学出版社，2017：1.

② 约翰·W·巴德. 人性化的雇佣关系：效率、公平与发言权之间的平衡[M]. 解格先，马振英，译. 北京：北京大学出版社，2007：273.

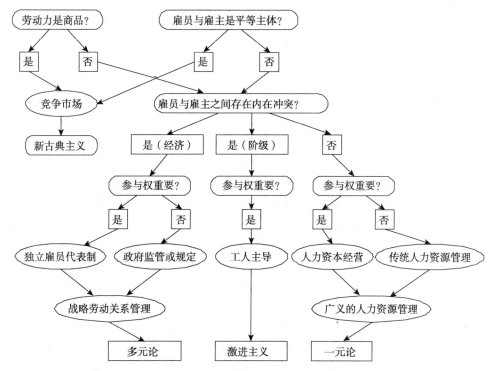

图 2-1 劳动关系与人力资源的关系及工作场所雇佣关系管理模式①

复习思考题

1. 哪些人或组织属于雇主？我国用人单位包含哪些？
2. 雇主有哪些权利和义务？
3. 企业层面劳动关系管理模式有哪些？
4. 如何理解劳动关系与人力资源管理的关系？

案例分析题

D 公司的劳资恳谈会

D 公司创立于 2004 年，位于广州市黄阁镇丰田汽配园，属日资全资企业，是以生产汽车发动机控制系统为主的企业，主要向广州本田、广州丰田及通用汽车等厂供货。

D 公司 2005 年投产时，只有 3 条生产线，100 多名工人；转眼 5 年间，生产线扩张到 30 条，工人 1200 多人。2009 年，纯利润就超过 2 亿元人民币。电装在汽配行业中属于高利润产品，但工人的工资在汽配园中居于末端，甚至接近"地板工资"。2010 年员工 1200 多人，其中管理及技术人员约 400 人（日方管理层 29 人），一线工人约 800 人。车间员工每天分白班、夜班两个班运作（个别班组实行三班两倒），中方一线员工基本工资 1310 元。

---

① 唐鑛. 战略劳动关系管理[M]. 上海：复旦大学出版社，2011：7.

2009 年，D 公司新上任总经理。原来的总经理近 60 岁，亲和力强；而新上任总经理亲和力不如原总经理。公司正处于高速发展扩张阶段，新的总经理全力抓生产，人事工作依赖人事课长（中方雇员）处理。2009 年下半年公司增加了 7 条生产线，进而改革人事管理制度，但员工的人数没有增加，工资福利未得到任何改善。人事课长按照公司日方高层的意图改革人事制度，缺乏与员工的沟通，不顾员工的利益，被员工称作"汉奸"。生产线流程复杂，员工上班像机器一样工作，工作压力大，致使新生代员工非常不满，每月都有 80～90 名员工因此而自动辞工。但没有引起公司及人事课长的重视，相反，公司认为集团公司在全球是最大的汽车零部件生产商，员工待遇及公司的管理都较为先进。2010 年 4 月，汽配系列丰爱公司给每位员工每月加薪 200 元，其他公司也陆续提高基本工资，使 D 公司一线员工的薪资水平在整个汽车城明显下降；至 5—6 月，在员工宿舍区，其他汽车配件企业公司宿舍都安装了空调，D 公司的员工向工会反映，要求与公司高层交谈，但公司方面仍以无此预算为由拒绝。

2010 年 5 月 17 日南海本田发生停工事件并持续一个多星期。这一事件影响全国汽车、汽配行业。6 月 20 日，D 公司发生停工事件。日本管理人员向员工发威胁信息："现在你们在外面吗？保全的人很多在工作，工机的 Y 也工作的，你想怎样？你不来的话我以后不要了。"总经理也在停工第一天面对工人强硬表态。

持续停工造成巨大损失。D 公司停工造成 6 个一级汽车配件厂停工；D 公司停产一天能导致 3600 个可变气门正时（VCT）系统无法生产，即少生产 3600 台汽车；丰田公司为此关闭两条生产线，D 公司面临客户的巨额违约罚款。这迫使资方态度转变；而且 D 公司的最大客户——广汽集团总经理出面，既给资方施压，又帮资方化解冲突。停工发生后，工人提出的诉求之一就是要求公司开除人事课长；对威胁员工的日方管理人员，被要求向员工检讨后回国。

在地方总工会和广汽集团工会指导下，D 公司进行劳资集体协商。D 公司的这一届工会是 2009 年组成的，为企业的第二届工会。南沙区推行企业工会主席民主选举，D 公司工会选举由企业工会出方案，区总工会指导。第一届工会主席因为与人事课长是老乡，经常一起联络，"忽悠工人"，贯彻公司的人事政策。因此第二届选举时就没选上。新当选的工会主席 K 为生产一课课长，"因为生产一课有 300 多名员工，人多，所以选工会委员时就将我选上了"。"我当时觉得工会就是个摆设，没想到会把我选上"；"我当时想，选上就当工会的文体委员吧，反正我善于搞员工活动"，但"11 个选上的委员再投票选工会主席，由于我职务级别最高，就被选为主席了"。"我就这么稀里糊涂当选为工会主席"。

新一届工会主席委员都是兼职，只有一名专职干事，但没有专门办公室，干事就跟着工会主席在生产一课办公。新一届工会成立后，开展了一些文体活动。2010 年年初，工会向人事课反映，要提高工人工资，调整人事制度，但人事课和公司都没有采纳。4 月，公司与工会进行工资集体协商（公司一直有集体协商，日本"春斗"制度的延伸），但形式化，实际上是公司单方面提出涨 3%～4%，告之工会。员工知道后很不满。在随后的一次公司 30 多名班组长培训会中，大家议论，认为工会没有为员工争取利益，要罢免工会主席。6 月的停工，员工绕开企业工会。如果没有后来的停工事件，D 公司工会可能如同所有外资企业工会一样，在资方强势的管理面前碌碌无为。

停工事件发生后，工人不信任区政府、区总工会等外面来的调停人。政府工作组改变方法，由企业工会出面，让工会委员到各自所在班组去沟通，收集员工意见；工会提出员工选举方案、组织员工选举产生集体协商代表（26名集体协商代表都是停工时的代表，没有工会委员）。最后企业工会和工人代表组成集体协商劳方代表，与资方进行集体协商。企业工会对周边企业进行工资调查。集体协商时，劳方代表提出：为体现公司工资水平竞争性，确保员工薪酬福利处于同行业最高水平，建议员工工资在现有基础上再上涨800元，其中增加的400元为基本工资，另外400元为住房生活补贴及全勤奖；加班费和年底奖金都以新的基本工资计算；加薪从6月开始实施；停工期间照常计发工资；不追究员工的任何责任；工资以外的问题在2个月内妥善解决；年底奖金不低于4个月工资。

集体协商中劳方代表据理力争，最后达成较满意的结果，签订工资集体协议；工会主席作为首席代表在协议上签字。据此，企业工会被激活，改变了"无为"形象。D公司建立了集体协商制度，每年年初协商工资增长，年底协商奖金发放。

D公司一改过去等级森严的管理制度，建立员工参与制度。建立了总经理信箱、工会主席信箱；企业工会创办了《工会新闻》刊物，公布工会活动、工作计划、集体谈判情况、员工对总经理和工会信箱反映的问题及答复。企业每个月进行一次劳资恳谈会，企业高管直接面对员工，听取员工意见（参见案例附录材料）。工会每个月组织一次工会小组长会议，听取小组长收集的员工意见并处理、反馈；工会委员会成员每月至少一次例会，商讨工会工作，集中反映员工意见；工会每月还组织来自不同部门的员工代表会议（10人左右），听取员工意见。公司职工代表大会每年至少开两次。企业建立了多种沟通渠道、畅通的沟通机制，让工人的意见随时可以表达，劳资沟通也能随时进行。这既能让资方随时了解员工诉求；也能向资方施加压力，不能无视员工诉求。

D公司的集体协商和员工参与制度不断完善，成为广州市总工会推广的模范企业。2022年，D公司运用总工会发布的《2022年广州市主要行业职工薪酬福利集体协商参考信息》，有效推进公司的集体协商工作。公司将《2022年广州市主要行业职工薪酬福利集体协商参考信息》作为第三方数据引入集体协商，获得公司行政高度认可；劳资双方协商更顺利，实现员工工资合理增长。

案例附录材料　D公司劳资职场恳谈会部分内容摘录

****年1月

公司领导与员工通过在劳资职场恳谈会上交流，促进了劳资和谐，对于员工现场提出的意见，公司领导也一一进行了回答，并得到了员工的理解。为了让更多的员工了解公司的回复内容，现将部分信息向大家展开如下。

会议记录全部在工会宣传栏进行揭示，拜托大家及时关注。

提出1	女更衣室的空调全部设置在左边，因左右两边的距离较远，风吹不到右边，所以右边较热，导致更衣柜在右边的员工每天上班回到更衣室都满头大汗，希望公司在右边追加空调
回答	关于女更衣室只有一侧有空调的情况，目前正在和保全部检讨增加空调或电风扇，同时因为增加空调或电风扇的话，电路负荷将增加，因此也需要对女更衣室的电路负荷情况进行确认，预计7月改善完成

追加回答	对女更衣的电路状况进行确认后，7月内完成工事报价及决裁，8月高温假期间施工，高温假结束后正式稼动日开始可投入使用
提出2	旅游使用的实际费用低于公司提供的 900 元时仍需按照 900 元缴纳个人所得税，员工认为这种做法非常不合理，建议公司按照实际使用费用缴税
回答	确实疏忽了，对此表示抱歉，会拜托人事在 7 月的工资中关于税后增加的部分补回。今后会在月结的时候增加确认部分，也会在员工交报销单的时候确认清楚
提出3	因为公司男员工的增加，导致目前男更衣室空间很小，换衣服的时候也很不方便，更加无法通行，存在安全隐患，担心造成安全事故，希望公司调整男更衣室布局或扩大更衣室面积
回答	门野 B 也有使用男更衣室，确实感觉到空间比较窄。由于目前增员的新男员工比较多，所以需要增加更衣柜的数量进行对应，导致目前更衣室比较拥挤。但因为受到面积的限制，对更衣室的改善也比较困难。刚才公司的报告事项中提到三期工场的扩建，公司也会在扩建时充分考虑男女比例，希望能够为大家提供一个舒适的更衣室环境，请大家理解。另外也希望大家在使用更衣室时能够一起去整理好更衣室的环境，比如捡起地上掉落的东西等，共同努力维护好更衣室的环境
追加提出	因为三期工场扩建对男更衣室的改善还需要 1 年左右的时间，但在这期间可以预见公司的男员工还会不断增加，希望了解公司将如何解决这个问题
回答	现在确实可以预见男员工将不断增加，虽然不清楚具体能够对应的数量，但目前男更衣室还有空余可以摆放更衣柜进行对应，所以希望拜托大家在现有的情况下一起努力，共同渡过难关
提出4	《工会法》规定，工会大部分经费需上缴给上级工会，导致工会大部分活动被迫取消（例如文体活动方面的游泳比赛、乒乓球比赛、广播体操比赛、乐器培训、啦啦队舞蹈培训；福利方面的女性孕婴用品发放取消等），为了能够继续丰富员工业余文化生活，增强团队凝聚力，建议以公司出资，工会组织运作的形式继续开展活动
回答	公司也认为这些活动属于员工的一项福利，因此能够做到的地方也会尽量做到。之前有跟中神总经理商量，之后也会与工会进行检讨，在双方将视线调整到同一水平后，检讨哪些活动是公司能够继续开展的。如果有一部分在修计时可以调整的话，在修计时再调整，但可能做不到100%，请大家理解
提出5	公司旅游规定都在高温假前一周公布，导致在高温假想出游的人员无法实现，希望公司将旅游规定提前到6月前公布
回答	以往的旅游都是以一个年度为周期到8月31日结束，次年从9月1日开始，但由于考虑到高温假员工出游的情况，因此将旅游开始的时间从9月1日提前到8月1日。今年也是同样的考虑方向，但现在有员工提出希望将开始的时间提前，公司也会在明年检讨时考虑提前一点开始
提出6	关于商业保险，因为对报销的内容不太清楚，但没有对应窗口咨询，所以希望公司增设咨询的窗口或公开保险公司的相关热线
回答	目前咨询途径有 4 种，请员工根据需要选择合适的途径：①咨询医务室的护士。②到医务室领取《员工商业保险手册》供参考。③每周一中午在食堂商业保险理赔资料提交处向保险公司业务员咨询。④每季度有举行"商业保险说明会"解答员工疑问，下次预定于10月7日举行，请留意公司的通知（全员邮件及宣传栏张贴通知）
提出7	女职工产后回公司上班报销医疗保险中的生育保险时，对可报销和不可报销的内容不清楚，希望公司或医疗保险机构可以将相关项目向员工公开
回答	如果在本地分娩的是不需要报销医疗费用的，直接由医院划账。只有在异地分娩时才会涉及报销医疗费。目前，在医疗费用报销结果提供给公司后，人事都会将金额向员工说明，并签字。但对于可报销与不可报销的项目医疗机构是不会提供的，所以公司也无法提供，但我们今后将会将《广州市生育保险医疗费用结算单》提供给员工，以供参考
提出8	女职工生育后可以拿到营养补贴，但每个人的营养补贴不同，所以员工想了解营养补贴的详细内容，向公司咨询是否可以提供相应明细时，公司回复不提供，因此希望公司能够将相关项目向员工公开

续表

| 回答 | 一次性分娩营养补助费是由生育保险核算的，每个人的情况不同，生产方式不同，一次性分娩营养补助费也是不一样的。具体的计算公式如下，供参考。
（1）正常产、满7个月以上流产：上年度市职工月平均工资×25%；
（2）难产、多胞胎：上年度市职工月平均工资×50%。
员工可以按照计算标准进行核查，如果计算有问题的，也可以向人事咨询。另外，人事将此类报销的流程、提交的资料等做成指引，并列为本年度的重点业务课题 |

资料来源：谢玉华. 集体协商与集体谈判：类型比较与形成机制[M]. 长沙：湖南大学出版社，2019：113-118.

案例思考题：

1. D公司管理方的策略为何发生转变？

2. D公司的劳资恳谈是什么雇主策略？劳资恳谈有何作用？

3. 进一步完善D公司的劳资恳谈，你有何建议？

第 3 章

劳动者与工会

本章分析劳动者的含义、特征及其权利义务；探讨工会的产生发展及其策略；分析我国工会的职能和结构等。学习本章，可以对劳动关系的重要主体——劳方，即劳动者及其组织工会有全面深入的理解。

◆ 引导案例

"隐婚入职被开除"合法吗？

林某于 2017 年 4 月 7 日入职甲公司，岗位为人事行政专员，双方签订了书面劳动合同。2017 年 6 月 14 日，甲公司解除与林某的劳动关系，并向林某邮寄送达了《辞退通知书》，辞退理由为：林某在应聘时提交的《应聘信息登记表（A 面）》及《新员工入职申请表》中"婚姻状况"所填写的内容与事实不符，严重违背相关法律法规及《应聘信息登记表（A 面）》及《新员工入职申请表》中关于资料真实性的约定条款。同日林某签收了该《辞退通知书》。

2017 年 6 月 15 日，林某申请劳动仲裁，要求甲公司支付解除劳动关系赔偿金 20 万元，仲裁裁决，驳回林某的仲裁请求。林某不服仲裁裁决，诉至一审法院。

一审法院另查明，林某于 2017 年 4 月 23 日在广州中医药第一附属医院检验，确认已怀孕，于 2017 年 6 月 9 日在广东省人民医院进行超声检查，检查提示宫内妊娠约 13+周（胎儿存活）。

庭审中，林某称其于 2015 年 9 月 28 日办理结婚登记手续，由于个人认知偏差，以为摆酒后才算结婚，故在《应聘信息登记表（A 面）》及《新员工入职申请表》中"婚姻状况"一栏填写未婚，婚姻状况属于个人隐私，林某没有告知甲公司的义务，林某分别于 2017 年 5 月 17 日、5 月 27 日告知甲公司怀孕状况，可甲公司于 2017 年 6 月 14 日强行辞退林某，为此林某提交了入职通知、工作证、医院检查报告、聊天记录、辞退通知书、中国邮政邮寄单、仲裁裁决书等证据证实。

一审法院认为：林某在应聘时提交的《应聘信息登记表（A 面）》及《新员工入职申请表》中"婚姻状况"所填写的内容与林某已婚的事实不符。林某入职过程中未如实填写自己的个人信息，该行为是不妥当，其在以后的工作生活中应恪守诚信。《新员工入职申请表》中虽有"个人申明"：若有不实，愿无条件接受公司处罚甚至辞退。可林某从事的是人事行政工作，婚姻状况不是其工作能力的影响因素，也不是林某从事人事行政工作的必需条件，且甲公司未提交公司章程证明林某隐瞒已婚的事实属于严重违反公司管理制度的情形，也未提交其他确切的证据证实林某隐瞒已婚的事实不符合法律规定试用期录用的条件，故甲公司以林某《应聘信息登记表（A面）》及《新员工入职申请表》中"婚姻状况"所填写的内容与事实不符为由辞退林某，不符合《中华人民共和国劳动合同法》第二十一条、第三十九条、第四十条中用人单位可以解除劳动合同的情形，现甲公司解除林某与甲公司签订的劳动合同，属于违法解除劳动合同，甲公司应向林某支付解除劳动合同赔偿金。

依据《中华人民共和国劳动合同法》第四十七条、第八十七条规定，林某于 2017 年 4 月 7 日入职甲公司处，于 2017 年 6 月 14 日离职，林某离职时尚属于试用期，试用期月工资为 3500 元，故甲公司应支付林某解除劳动合同赔偿金 3500 元（3500 元/月×1/2×2）。

判后，甲公司不服，提起上诉。

二审法院认为：《中华人民共和国劳动合同法》第八条规定，用人单位有权了解劳动者与劳动合同直接相关的基本情况，劳动者应当如实说明。依照上述规定，劳动者的告知义务是附条件的，只有在用人单位要求了解的是劳动者与劳动合同直接相关的基本情况时，劳动者才有如实说明的义务。劳动者与劳动合同直接相关的基本情况一般应包括健康状况、知识技能、文化程度、工作技能、工作经历、职业资格等，劳动者不如实说明就可能构成重大误解，甚至构成欺诈、构成对用人单位知情权的侵害。但用人单位不能为了解情况而侵害劳动者的隐私，劳动者对于那些与工作无关且侵害个人隐私权的问题，有权拒绝说明。对于与劳动合同没有直接联系的信息，劳动者即使未如实说明，也不能认定为构成欺诈。对于实践中用人单位"若有不实处，愿无条件接受公司处罚甚至辞退"的规定，应理解为劳动者对与劳动合同直接相关的基本情况如健康状况、学历、专业、工作经历、教育背景等的填写如有不实的，用人单位可解除劳动合同。对于与劳动合同没有直接联系的信息，如身高、体重、婚姻状况、血型等信息的填写，除非用人单位在招聘时已对某项信息作出明确的要求，否则，即使劳动者填写有不实之处，用人单位也不能以此为由解除与劳动者的劳动合同。

本案中，甲公司未举证证明其在招聘时对林某的婚姻状况有明确要求，且本案林某应聘的岗位为人事行政，婚姻状况不是其工作能力的影响因素，也不是林某从事人事行政工作的必需条件，甲公司也未提交公司的规章制度等证明林某隐瞒已婚的事实属于严重违反公司管理制度的情形。故甲公司以林某入职时"婚姻状况"所填写的内容与事实不符为由辞退林某，不符合法律规定的甲公司可以解除劳动合同的情形，属于违法解除劳动合同，应向林某支付解除劳动合同赔偿金。驳回甲公司的上诉请求。

资料来源：中国裁判文书网，一审案号（2018）粤 0111 民初 2396 号；二审（2018）粤 01 民终 12990 号。

思考： 如何理解劳动者劳动能力？

3.1 劳 动 者

劳动者是劳动关系主体的重要一方，对其进行界定，是劳动关系研究的基础。

3.1.1 劳动者概念

各国对劳动者的称谓不同，有劳动者、劳工（labourer），工人、职工（worker），员工（personnel），雇员（employee），工薪收入者（wage worker），雇佣劳动者（employed labourer），等等。

不同学科由于其研究视角不同，对劳动者的定义不同。

（1）劳动社会学视角下的劳动者，是指具有一定劳动能力，遵循一定劳动规范，占据一定劳动岗位，参与实际劳动过程的人[①]。据此，凡是参与实际的社会生产劳动过程的人都可以称为劳动者，工人、农民、商人、知识分子、企业经营管理者，甚至政府官员都可以看作劳动者，因为他们所从事的工作都是社会生产劳动过程的一个具体构成部分。劳动社会学视角下的劳动者概念是最宽泛的。

（2）劳动经济学视角下的劳动者，是指：拥有并可以自由支配自己的劳动力；不占有生产资料只得受雇于他人以实现与生产资料相结合的生产过程；在生产过程中处于被管理和被支配地位；以获取劳动报酬为目的。劳动经济学视角的劳动者是指雇佣劳动者。

（3）马克思主义政治经济学视角下的劳动者，是指："因丧失生产资料而被迫把劳动力作为商品出卖给资本家的无产者。他们在资本家的监督下为资本家生产剩余价值。"[②]

（4）劳动关系学科视角下的劳动者，是指在现代产业社会中受雇于他人，以劳动工资收入为基本生活来源的体力和脑力工作者。劳动关系的本质是社会权力结构，是资本所有者对雇佣工人体力和智力的占有与支配，表现为一种支配的从属关系[3]。劳动从属性和有偿性是其根本特性。劳动者受雇于个人或机构，接收雇主指令完成工作并获得劳动报酬。因此，现代产业社会劳动关系就是现代经济社会中的雇佣关系。农民、个体生产者、自由职业者、官员、军人、企业主以及代表资产所有者并对其负责的企业管理人员，都不属于劳动者。

我国在法律上没有对劳动者做出明确解释。《劳动法》第二条界定的劳动者为与中华人民共和国境内企业、个体经济组织形成劳动关系的劳动者，以及与国家机关、事业组织、社会团体形成劳动合同关系的劳动者。强调劳动者需为劳动关系或劳动合同关系中的主体，该界定虽然对用人单位做出了封闭式的列举规定，但对劳动关系并没有给出定义。《劳动合同法》将用人单位改为了开放式列举的方法，为中华人民共和国境内的企业、个体经济组织、民办非企业单位等组织（统称为用人单位），劳动者则界定为与用人单位订立、履行、变更、解除或者终止劳动合同的劳动者，即须为劳动合同的当事人，使劳动者成为一个内涵不确定但外延开放的概念。各种教科书中关于劳动者的概念，往往也是将其作为劳动法律关系的主体进行介绍；理论和实务中也一直将劳动关系的认定标准作为劳动者的判断标准，认为有劳动关系就称合同主体为劳动者[④]。

① 袁方. 劳动社会学[M]. 北京：中国劳动出版社，1992：10.
② 许涤新. 政治经济学辞典[M]. 北京：人民出版社，1980：408.
③ 李锦峰. 作为社会权力现象的劳动关系[J]. 社会科学，2014(6)：41-49.
④ 叶欢. 劳动基准保护的劳动者研究[J]. 财经科学，2019(12)：67-77.

3.1.2　劳动者特征

各国对于劳动者的法律规定不同。日本法律规定："劳动者，是指不问其职业为何，以工资、薪俸或其他相当于工资、薪俸的收入为生活来源者。"韩国劳动法规定："工人是指以工资为目的而从事向企事业或工作场所提供劳动服务的任何职业的人。"加拿大法律规定："职工，表示任何被雇佣以从事熟练的或不熟练的、立体的、办公室的、技术的或经营工作的人。"[①]

根据劳动者的定义，劳动者的特征包括以下几个方面。

（1）劳动者具有劳动权利能力和劳动行为能力。劳动者的权利能力和行为能力是法律上劳动者主体资格的基本要求，即劳动者是自由的、可以支配自己的劳动力，具有劳动能力的。独立自由性是劳动者的基本特征。

劳动权利能力，是指公民依法享有劳动权利和承担劳动义务的资格，它表明公民依法可以成为哪些劳动权利的享有者和哪些劳动义务的承担者。劳动行为能力是劳动权利能力的逻辑补充，是指公民依法能够以自己的行为行使劳动权利和履行劳动义务的资格[②]。劳动权利能力是静态的，只表明劳动者法律上的平等地位，具备劳动权利并不意味着具有实际劳动的能力。劳动者只有拥有成熟的理智、相适应的行动能力等条件，才能在劳动活动中承担自己行为的后果。

（2）劳动者在雇主管理下从事劳动。劳动者只有在被雇佣，并在所有者、经营者的指挥和管理下完成一定工作，才能获得报酬。雇佣性、从属性是劳动者的典型特征。美国《国家劳资关系法》规定：雇员"不包括具有独立承包商地位的任何人或被雇为监管人员的任何人。""监管人员"，是指任何为了雇主的利益，有权代表雇主雇佣、转移、中止、临时解雇、召回、提升、解雇、分配、奖励或惩罚其他雇员的任何人，或指负责指挥或调整雇员的不满或有效地建议采取这些行动的人，如果他在行使上述权利时不仅仅是照章办事或具有秘书性质的而是需要独立作出判断的。[③]由此，广义地说，经营管理者也是受雇者，其他学科认定经营管理者也是现代市场经济中的劳动者。但从劳动关系学科的角度，经营管理者是直接行使经营管理权，决定雇佣条件，直接管理和支配劳动者的人员。在雇佣关系中，他是代表资产所有者行使雇佣权利的一方，是与劳动者相对应的劳动关系中的另一方，因此不是劳动关系理论中的劳动者。此外雇佣劳动者与个体劳动者也有区别，个体劳动者是劳动者，但不是劳动关系中的劳动者[④]。个体劳动者是自雇者，不是被雇佣者。

（3）劳动者以工资等作为劳动报酬。劳动者被雇佣，从事劳动的目的是获取劳动报酬，有偿性是劳动者的另一个特征。

案例 3-1　再就业的退休人员是劳动者吗?

---

① 常凯. 劳动关系学[M]. 北京：中国劳动社会保障出版社，2005：154.

② 王全兴. 劳动法[M]. 北京：法律出版社，2017：89.

③ 罗伯特·A. 高尔曼. 劳动法基本教程[M]. 北京：中国政法大学出版社，2003：688/33.

④ 常凯. 劳动关系学[M]. 北京：中国劳动社会保障出版社，2005：153-155.

3.1.3　劳动者的权利与义务

劳动者作为劳动关系的主体，既享有权利，又承担一定义务。劳动者的权利和义务由各国的法律规定，但反映共同特征。

1. 劳动者权利

劳动者权利本质上是一种经济权利，是与劳动过程紧密相连的、参与劳动过程并在劳动过程中实现的一种经济权利。劳动者权利可以从个别劳权和集体劳权两个角度分析。

1）个别劳权

个别劳权是个别（个体）劳动者的权利，体现个体劳动者与劳动力使用者之间的法律关系，主要涉及劳动者的就业条件和劳动条件等。我国《劳动法》第三条规定："劳动者享有平等就业和选择职业的权利、取得劳动报酬的权利、休息休假的权利、获得劳动安全卫生保护的权利、接受职业技能培训的权利、享受社会保险和福利的权利、提请劳动争议处理的权利以及法律规定的其他劳动权利。"

（1）劳动就业权。劳动就业权是个别劳权的基础和前提，只有实现就业，劳动者的其他劳动权利才有可能在具体的劳动关系中实现，劳动者的其他权利也是以就业权为基础展开的。劳动就业权包含：一是劳动者有劳动或不劳动的自由选择权，任何人或组织不能对劳动者实行强迫劳动。二是有平等就业权，雇主不能对劳动者进行就业歧视。

（2）劳动报酬权。劳动报酬权是劳动者在劳动关系中享有的基本和核心权利，是劳动者因付出劳动而获得的以工资为基本形式的物质补偿，体现雇佣劳动的有偿性。劳动报酬权既是劳动者生存权的表现，又是雇主购买劳动者劳动力的价格体现。

（3）休息休假权。休息休假是劳动者恢复和增强劳动能力的必要活动，休息休假时间是必要时间。限制劳动时间、法定休息休假时间是劳动者休息休假权的体现。

（4）劳动安全卫生保护权。劳动安全卫生保护权是指劳动者在劳动过程中，为保证自己的生命和身心健康，获得在工作场所的职业安全和卫生保护的权利。劳动安全卫生权包括：劳动者有权获得符合劳动安全卫生标准的劳动条件；接受劳动安全卫生教育；拒绝用人单位安排的违章作业任务；有权要求定期健康检查；发生劳动安全卫生危险事件时采取紧急避险措施，等等。对于职业灾害一般采取"非过失责任"原则，如对于工伤的认定，出于保护职工的目的，世界普遍的归责原则都是无过错原则，即无论职业伤害的责任在于用人单位、他人还是自己，受害者都应得到必要的补偿；这种补偿是无条件的，而不管劳动者个人是否有过错。"非过失责任"原则有利于保护劳动者、敦促雇主改善劳动条件提高劳动安全卫生保护。

（5）职业技能培训权。职业技能培训权是指劳动者在准备上岗和上岗过程中享有为提高个人技术技能而参加国家和企业举办的各种职业培训的权利。劳动者职业培训是一个国家、一个企业提升劳动力队伍素质的基本途径，也是政府和雇主承担的义务。

（6）社会保险权。社会保险权是指劳动者由于年老、疾病、失业、工伤、生育等原因失去劳动能力和劳动机会而没有收入时，通过国家社会保险制度获得物质帮助的权利。社会保险权是社会保障权的重要组成部分，包括养老保险、医疗保险、失业保险、工伤保险、生育保险等，雇主有为职工缴纳社会保险金的义务。

（7）提请劳动争议处理权。提请劳动争议处理权是指劳动者在发生劳动争议时，享有申请调解、仲裁、诉讼的权利。这是一项程序权利，也称劳动诉讼权，它确立了劳动者是劳动诉讼的独立主体，保证劳动者的合法权利可以通过公法救济的渠道得到保障。

劳动者的权利由各国法律规定。各国法律不同，劳动者还享有所在国法律规定的其他权利。

2）集体劳权

集体劳权是劳动者的集体权利，是由劳动者集体享有并通过工会来行使的权利。集体劳权在维护劳动者权益和平衡劳资力量中作用非常重要。因为个别劳动者无法与企业平衡劳动关系，劳动者无法凭借个人的力量来抗衡一个组织，只有组织起来才能与雇主相对平衡力量。集体劳权是实行个别劳权的基础和保障。

我国《劳动法》第七条规定："劳动者有权依法参加和组织工会。工会代表和维护劳动者的合法权益，依法独立自主地开展活动。"第八条规定："劳动者依照法律规定，通过职工大会、职工代表大会或者其他形式，参与民主管理或者就保护劳动者合法权益与用人单位进行平等协商。"第三十三条规定："企业职工一方与企业可以就劳动报酬、工作时间、休息休假、劳动安全卫生、保险福利等事项，签订集体合同。集体合同草案应当提交职工代表大会或者全体职工讨论通过。集体合同由工会代表职工与企业签订；没有建立工会的企业，由职工推举的代表与企业签订。"《劳动合同法》进一步对"集体合同"进行了详细规定，第五十四条规定："依法订立的集体合同对用人单位和劳动者具有约束力。行业性、区域性集体合同对当地本行业、本区域的用人单位和劳动者具有约束力。"第五十六条规定："用人单位违反集体合同，侵犯职工劳动权益的，工会可以依法要求用人单位承担责任；因履行集体合同发生争议，经协商解决不成的，工会可以依法申请仲裁、提起诉讼。"

集体劳权包括团结权、集体谈判权、集体争议权、民主参与权等。

（1）团结权。团结权是指劳动者为保护劳动权益而结成的暂时性或永久性的团体并使其运行的权利。团结权是一种特定的结社权：一是主体特定，只能是社会劳动关系中的劳动者；二是结社目的特定，只能是为了保护劳动者权益；三是形式特定，通常是工会。对于劳动者个体来说，劳动者既有组织和参加工会的权利，也有不参加或退出某个工会的权利。团结权是劳动者用组织起来的方式抗衡雇主的权利，因此雇主是团结权的主张对象，是劳动者团结权的义务主体，承担不作为义务，即不得妨碍劳动者依法组织和参加工会活动。

（2）集体谈判权。集体谈判权是指为保障自己的权益，劳动者集体，通常是通过工会或其代表与雇主就工资和劳动条件进行协商谈判并签订集体合同的权利。集体谈判权是工会运动的直接结果，也是现代产业关系和劳工立法的核心内容。集体谈判制度的建立，确立了劳资谈判、博弈的机制，避免了劳资无序的血腥冲突，奠定了产业文明的基础。

（3）集体争议权。集体争议权是指劳资双方在集体劳动关系中为实现自己的主张和要求，依法采取罢工或闭厂等阻碍企业正常运营的手段进行集体对抗的权利，也称集体行动权或工业行动权。在劳动者一方来说，主要是指罢工、集体怠工、占领工厂、设置纠察线等，其中罢工是最主要形式。集体争议权是集体谈判权的保障，当集体谈判陷入僵局、劳资发生集体纠纷时，使用集体争议权这一压力手段，促进集体谈判。

（4）民主参与权。民主参与权是指劳动者参与企业和社会管理的权利。其微观表现是，劳动者参与企业管理，是对资本经营管理权的一种介入和分享，也促进劳资双方的共同利益和劳资合作。宏观层面的民主参与，通常是通过工会参与制定劳工立法活动，参与政府社会经济政策制定和其他相关社会组织活动。

2. 劳动者义务

各国劳动法对劳动者义务也作了相关规定。我国《劳动法》第三条规定："劳动者应当完成劳动任务，提高职业技能，执行劳动安全卫生规程，遵守劳动纪律和职业道德。"劳动者的义务有以下 4 个方面。

（1）完成劳动任务的义务。劳动者应当在约定的时间和地点，遵守劳动力使用者的指示完成约定的工作任务。企业通常通过劳动合同约定劳动者完成劳动任务的义务，但该约定应该遵守法律、劳动基准、集体合同等规定。

（2）提高职业技能的义务。劳动者负有不断提升劳动能力、业务水平的义务，这要求劳动者在实践中不断学习、总结，同时参加业务培训，持续提升技能。

（3）执行劳动安全卫生规程义务。执行劳动安全卫生规程既是用人单位的责任，也是劳动者的义务。这要求劳动者提高自身劳动安全卫生意识，避免违章作业，自觉维护工作场所的安全卫生。

（4）遵守劳动纪律和职业道德义务。劳动者应当遵守职业道德，服从企业指示；遵守劳资双方协商制定的劳动纪律；对企业承担保密义务，等等。

3.2　工　　会

工会是劳动者的组织。劳动者加入工会，更有利于劳动权益的保护。

3.2.1　工会概述

工会是伴随着工业生产而出现的社会组织，是维护和保障劳动者利益的组织。

1. 工会概念

早期的工会是指具有共同技艺或技术劳工的联合。技术手工艺人工会实际上是通过"限制产量的设计"来控制市场；工会通过保护特定的职业领域，排除外人进入行业。

最经典的定义是西德尼·韦伯（Sidney Webb）与比阿特丽斯·韦伯（Beatrice Webb）夫妇在《工会史》一书中做出的，"工会是由工人组成的旨在维护并改善其工作条件的连续性组织"。这里的工人（wage earners），是指技术工人或一般体力劳动者，他们的工资按小时结算，区别于那些以年为计算单位领取薪酬（salary）的职员或脑力劳动者[1]。该定义强调工会组织的连续性及其构成，把职业协会（professional association）排除在工会范畴之外。职业协会是由专职雇员组成的。这些雇员从事脑力劳动，在执行工作任务过

---

① Sidney Webb & Beatrice Webb, The History of British Trade Unionism,Second Edition,Lodon,Longmans Green and Co., 1920, p.1.

程中拥有相当的自主权，他们受教育程度相对较高，包括医生、律师、教授、工程师、演员等[1]。

詹姆斯·坎尼森（James Cunnison）认为，工会是"工人的垄断性组织。它使个体劳动者能够相互补充。由于劳动者不得不出卖自己的劳动力从而依附于雇主，因此，工会的目标就是要增强个人在与雇主谈判时的力量。"[2]还有一些学者从工会职能、作用、活动方式等方面对工会进行定义，认为："工会是雇员建立的旨在改善其地位、工资水平与就业条件的组织"[3]；"工会是雇员建立的协会，通过集体谈判改善雇员的工作条件，提高雇员的经济和社会地位"[4]；"工会不仅是实现谈判力量转变为会员工资与就业条件改善的'引擎'，而且是资本主义自由民主制衡体制中不可缺少的主要组成部分"[5]。

随着工会的发展，工会的定义也更广义。英国《工会与劳资关系条例》定义工会为："全部或主要由工人组成的组织，这一组织的主要目的是形成劳资双方的行为规范。"美国《国家劳资关系法》则认定"'劳工组织'是指职工参加的任何种类的任何组织，或任何代理机构，或职工代表委员会或计划，其存在的全部或部分目的是就各种申诉、劳资争议、工资、待遇等级、工时、工作条件等问题同雇主进行交涉。"日本《劳动组合法》规定："工会是指以劳动者为主体，以维护和改善劳动条件，提高其经济地位为主要目的而自主地组织起来的团体或其联合团体"[6]。国际劳工公约第 87 号公约第 2 条规定，工人和雇主应毫无区别地不经事先批准建立和参加他们自己选择的组织，其唯一条件是遵守有关组织的规章。第 3 条规定，工人组织和雇主组织应有权制定其各自组织的章程和规则，充分自由地选举其代表，自行管理与安排活动，并制定其行动计划。公共当局应避免限制这种权利或妨碍其合法行使权利。第 98 号公约第 2 条规定，工人组织和雇主组织均应享有充分的保护，以防止在组织的建立、运转和管理等方面发生一方直接或通过代理人间接干涉另一方的任何行为。特别是意在促使建立受雇主或雇主组织操纵的工人组织的行为，或者通过财政手段或其他方式支持工人组织以期把它们置于雇主或雇主组织控制之下的行为，应被认为构成本条所称的干涉行为。国际劳工组织还强调组织工会的目的性，把雇员组织工会的权利与集体谈判权及罢工权作为一个整体来看待；特别主张工人依法组建工会的自由，工会不受雇主或其他组织的干涉。

综合以上定义，可以发现：①工会是由雇员自愿组织并代表会员利益。工会的自愿性包括：自主自愿地依法组建工会；当已经有工会时，雇员自主自愿选择加入某个工会；当出现选择的分歧时，按照一国法定程序保障雇员的民主选择权。②工会以维护会员利益为主要职能。工会首要职能在于通过集体谈判为会员谋求工资、就业、劳动条件、安全保障等经济利益的经济职能。在此基础上，工会具有：通过集体谈判、民主参与等途

① 程延园. 劳动关系[M]. 4 版. 北京：中国人民大学出版社，2016：86.

② James Cunnison, Labour Organization, London, Sir Isaac Pitman & Sons, 1930：13.

③ ACAS, Industrial Relations Handbook, HMSO, 1980：39.

④ W. Hirsh-Weber, quoted in Mark Vande Vall, Labor Organizations, London, Cambridge University Press, 1970：53.

⑤ Brian Towers, "Trends and Developments in Industrial Relations：Derecognising Trade Unions：Implications and Consequences," *Industrial Relations Journal*, Vol. 19, No. 3, 1988：184.

⑥ 常凯. 劳动关系学[M]. 北京：中国劳动社会保障出版社，2005：179.

径促进劳动者产业民主权利实现的民主政治职能；通过三方机制等社会对话渠道建立社会伙伴关系的社会整合职能；在特定历史环境下作为阶级解放手段的阶级动员职能。③工会因劳动冲突而产生，是劳动关系制度化的产物。发展市场经济，就有劳资冲突。工会是市场经济中劳动关系矛盾冲突的产物。冲突的内容在于特定工作场所中劳动与资本的分配关系与管理关系，而冲突的根源在于个别劳动关系双方的不平衡。工会是作为与资本相对抗的组织和力量产生和存在的，其作用正在于平衡劳资关系双方的力量，目的在于使冲突的解决走向制度化。因此工会因劳动关系冲突而产生，是劳动关系在市场经济下制度化运行的产物①。

综合以上观点，工会是在市场经济条件下由雇员组成的组织，旨在通过集体谈判等方式维护雇员在工作场所的利益，进而维护会员在整个社会中的利益。

2. 工会类型

根据工会的组织结构，可以分为职业工会、行业工会、企业工会、总工会4种类型。

1）职业工会

职业工会（occupational union）是将具有某种特殊技能、从事某种特殊职业的所有雇员组织起来的工会，而不考虑这些雇员所处的行业。在这种组织原则下，雇员所从事的工作以及他们在工作等级中所处的位置就构成了他们团结在一起的内在力量，即共同利益。由于职业工会的成员广泛分布于许多行业，因此它具有明显的横向特征。同行工会（craft union）、半技术与非技术工人工会（semi-skilled/unskilled union）、白领工会（non-manual or white collar union）都属于这一类。同行工会是最早的工会组织形式，以那些未受过学徒训练且属于体力劳动者的技术工人为吸收对象，这些技术工人的技术是在从业过程中摸索得到的，他们沿着内部晋升路线从最低的技术等级上升到最高技术等级。同行工会对会员进行职业保护，对非会员具有排他性。19世纪末出现的"新工会主义"主张将没有加入技术工人工会的半技术及非技术工人组织起来建立工会，成立半技术与非技术工人工会。

2）产业工会

产业工会（industrial union），也称行业工会，是将在某一特定行业中从事工作的所有工人都组织起来的工会，而不考虑这些雇员的技术、技能以及所从事的职业。由于行业工会力图吸纳全行业各阶层的劳动者，因而它具有明显的纵向特征。

3）企业工会

企业工会（enterprise union）是依企业原则形成的工会，以企业为单位将企业内所有的会员都组织在一个工会内。企业工会带有产业工会性质，与产业原则组建的工会的区别在于这类工会不受产业工会的直接约束，享有组织和活动的完全自主权。

4）总工会

随着工会的发展，还出现了总工会（general union），其组织原则就是对会员招募不加任何限制，既不考虑职业因素，也不考虑行业因素，从而体现了对职业工会和行业工会分化现象的一种修正，如美国的劳联-产联。

---

① 常凯. 劳动关系学[M]. 北京：中国劳动社会保障出版社，2005：180.

区域性（或地方性）工会（regional union）是依地域原则形成的工会，将同一地域范围内的不同职业、产业类型的会员组成为一个基层工会或以基层工会为成员的联合会。早期的区域性工会带有职业工会性质；后来区域性工会打破职业、产业界限，带有地区总工会性质。

一般而言：美国的工会是职业结构与产业结构并存；英国的工会以职业结构为基本形式，也有少量产业结构形式；法国的工会以职业原则为主；德国的工会以产业原则为主；日本的工会则以企业原则为主。

3.2.2 工会的产生与发展

工会是工业化和工人运动的产物。工会运动从 18 世纪 90 年代至今已经有 200 多年的历史。工会的产生和发展大致经历了 3 个时期，即早期职业工会时期、产业工会时期和总工会时期[①]。

1. 早期职业工会时期（18 世纪 90 年代至 20 世纪 30 年代）

早期的工会是在熟练工人（如制鞋工人、裁缝、印刷工人）中自发形成并发展起来的，如美国 1794 年成立的费城鞋匠工会（Philadelphia Shoemakers）等。早期工会在性质上都是同行工会，对非会员排斥；多数是由技术工人建立的，而非技术工人和半技术工人基本上处于无组织状态。在范围上都是地方工会，只限于一个工厂、一个城镇或一个城市。早期工会寿命都很短暂，工会围绕某个问题进行斗争，一旦问题解决，组织随即解散。工会缺乏固定的资产、活动场所和工作人员。早期工会经济影响力比较小，主要活动是通过丧葬费、疾病补贴和其他类似方式向成员提供相互救济，而不是就工资、工时或就业条件与雇主进行集体谈判。

随着产业范围的扩大、公司所有制形式的发展、交通与通信手段的改进，19 世纪 50 年代后，在地方工会的基础上开始建立全国性工会，如美国从 1850 年印刷工人组成全国性工会开始，先后在排版工人、制模工人、石匠、精制帽工、机器工人和火车司机等职业建立了全国性工会。为了从更广泛的工会组织中获得经济和政治利益，19 世纪 60 年代工会运动开始在全美国范围把各种类型的工会组织合并起来，如 1886 年成立的美国劳联，以熟练工人为主，主张工联主义（business unionism），回避社会变革，工会化的方向是向雇主争取劳动报酬和工作条件的改进，为成员追求经济利益。

2. 产业工会时期（20 世纪 30 至 50 年代）

劳联本质上还是职业工会的联合，它只吸收有技术的工人，排斥没有技术的工人。随着工业化的发展，工厂规模的扩大，生产流水线的普及，钢铁、汽车、电机、电气等大规模工业对工人的技术要求越来越低，半技术、非技术工人的比例越来越大，逐步形成了以产业而非职业为基础组织的工会，如 1938 年美国成立的产联。

3. 总工会时期（20 世纪 50 年代至今）

总工会是在职业工会与行业工会的基础上逐渐发展形成的。如 1955 年美国劳联和产

---

① 程延园. 劳动关系[M]. 4 版. 北京：中国人民大学出版社，2016：88-89.

联完成合并，形成劳联-产联（AFL-CIO）。1956 年，加拿大两大工会——加拿大行业和劳动者联盟与加拿大劳工联盟，合并组成加拿大劳工大会。

以老牌资本主义国家英国和新兴资本主义国家美国为例，能较好探索工会的发展历程。

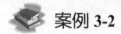

案例 3-2

英国的工会

英国是工会组织出现最早的国家之一。英国工会的起源可追溯至 17 世纪末，当时随着工业的发展，中世纪的行会开始衰落，劳工开始组织起来与雇主订定该行业所应该得到的合理工资。这种最初的劳工组织称为礼拜堂，起初是一种类似俱乐部的社交组织，后来发展为与雇主对抗的工会组织。英法战争时期，工会组织与政治激进主义联合起来，形成一股强大的力量，1800 年政府出台《结社法》限制工人非法组织的发展。直到 1824 年《结社法》被取消，结社才成为工人的合法权利。到 19 世纪中后期英国工会开始了大规模的发展，1868 年，英国第一个全国性的工会联盟——工会联合会宣告成立，它的成立表明英国工人在全国范围内形成了一股有组织并且举足轻重的力量。第二次世界大战后英国工会呈现出三阶段的发展态势。

（1）1945—1978 年鼎盛发展时期。第二次世界大战后，英国政府致力于福利国家建设，凯恩斯的需求管理思想被政府接受，维持尽可能高的就业水平成为政府的经济政策之一。议会通过诸多法案给工人就业、工资谈判等提供了各种制度和法律化的权利。 1965 年工党政府通过《工会争议法》，给予工会领导人以充分的法律保障，使他们在就业合同受到撕毁威胁时能够采取行动。工党政府推行大规模国有化措施，全员入会制的实施极大促进了工会会员数量的增长，壮大了工会势力。1948—1968 年，工会会员人数增长明显，会员从 930 万人增加到 1020 万人，但这种增长滞后于就业增长；此阶段会员率保持在大约 43%。20 世纪 70 年代，很多工人，尤其是白领雇员先后加入工会。工会会员人数从 1968 年的 1020 万人增长到了 1979 年的 1340 万人，工会会员率也达到了 55%空前的水平。这一阶段，在一系列有利政策的影响下，工会的势力和影响力大大增长，工会为增加工资及各种工作福利进行了广泛的罢工活动。与工人力量增强形成鲜明对比的是英国劳动生产率的下降，此时的英国被称作"欧洲的病人"。到 20 世纪 60 年代中期，工会已在英国政治生活中占据支配地位，劳动关系问题成为举国上下关注的焦点。工会改组了国家的政治力量，成为"三伙伴关系"中的重要一极。不管哪一个政党执政，都要与工会就相关的政策实行协商。从某种意义上说，各届政府的有关政策能否顺利执行，乃至执政党本身能否在大选中取得胜利，都有赖于工会的支持与合作。1971 年执政的保守党政府颁布《劳动关系法》，希望借用美国的方式来规范集体谈判、工会代表权和罢工行为，这一法案遭到工会的强烈反对，保守党也由于 1974 年对矿工罢工的镇压继而在大选中失败。工会的强势力量由于随后执政党工党对这项法案的废除而得以维续。

（2）1979—1997 年逐渐衰退时期。1978 年冬至 1979 年春，英国公共部门爆发了一系列罢工，被称作"不满的冬天"，大众对工会权利的质疑程度加深，对工会特权的攻击成为 1979 年保守党赢得大选的关键之一。1979 年保守党撒切尔夫人上台执政后，大力推行非国有化，把私有化作为其经济政策的核心。撒切尔政府认为工会力量过于强大是企业提高经济效益的障碍，于是放弃了过去政府对工会采取的协商、谈判和妥协的方针，政府与工会不再是平等的"伙伴关系"。政府采取强硬政策，削弱工会力量，取消全员入会制，先后通过《就业法》《工会法》，废除工会享有的普遍法律豁免权，压制工人罢工，限制工会领导的行动能力，缩小劳资冲突合法性的范围。20 世纪 80 年代中期矿工大罢工失败，使得工会名声扫地，公共部门私有化后，工会几乎无法进入政府。到 20 世纪 80 年代末，英国工会已不再像往日那样对国家政治生活产生举足轻重的影响。

这一阶段，英国工会的发展处于低潮和困难时期。工会会员人数大幅减少，1979—1997 年，英国工会会员总人数减少到了 715 万人，减少了 40% 以上；会员率从 55% 降到大约 29%。工会的认可度直线下降，根据工作场所雇员关系的系列调查，1980 年认可工会的工作场所（拥有 25 名雇员以上）比例为 64%，到 1998 年这一比例下降至 42%。私营部门对工会认可的下降尤为明显，1980 年半数的私营部门认可工会，而到了 1998 年仅有 25% 的私营部门认可工会。在工会认可下降的同时，一些雇佣组织开始撤销对工会的认可，试图将工会从劳动关系的管理中排挤出去。管理方一是以工会会员人数下降或者工会活动已经不存在为理由撤销对工会的认可；二是采取渐进策略使得弱工会在组织中逐渐衰落下去，同时调整强工会组织，特别是在组织生产过程中居于重要战略地位的工会，从而最终撤销工会。调整的方法包括组织重构裁员、引入激励措施来鼓励雇员签署个人合同、减少雇员对集体谈判的需求等。为了阻止工会的衰退，在整个 20 世纪 80 年代和 90 年代，工会发起了一系列旨在提高会员人数的运动，并将运动的目标锁定于那些工会没有很好代表其利益的群体。招募新会员是工会应对会员人数下降的一条重要措施，尽管工会会员总数下降，但一些工会仍然招募到了大量新会员。英国当时最大的工会——运输和普通工人工会仅 1988 年就招募了 245000 名会员。工会除了在自己的传统区域招募会员，还试图到新区域招募会员，通过提供一些新的服务来增强工会吸引力、抵制撤销认可的企图、订立单一工会协议或者是进行工会合并。工会联合会在 1992 年的年会上提出了争取实现"社会伙伴关系"的目标，工会在力求实现高工资的同时，为经济增长、劳动生产率的提高而努力，并积极支持提高工人的技能水平。

（3）1998 年至今寻求复兴阶段。经济全球化和科技革命的深入发展，重塑了资本和劳动之间的权利平衡关系。在劳资双方力量对比发生重大改变的背景下，新执政的工党布莱尔政府在 1998 年劳动关系改革计划中强调劳动关系调整的目标是实现雇主和员工之间的伙伴关系。1999 年 1 月起草的《雇佣关系法》提出建立立法程序使工会得到雇主的承认，实现二者之间的集体谈判。工党上台后并没有废除保守党执政期间制定的约束工会的劳动法规和政策。布莱尔政府采取增加劳工个人法律权利而不是加强工会集体权利的形式调整劳动关系。对待罢工，布莱尔政府和保守党政府一样进行严格限制，唯一不同的是布莱尔政府为那些参加合法劳资行动的人提供了更多的立法保护。

虽然布莱尔政府对撒切尔主义基本上采取了继承的态度，但是工会的状况比起保守党执政期间仍然有了一定的改善。工党上台后在实行国家法定最低工资、给工会法定的发言权以及英国加入欧盟社会宪章方面实现了对工会的承诺。1999 年的《雇佣关系法》引入了认可工会的法律规定，规定自 2000 年 6 月 6 日起实施。传统的认可路径是工会去征求雇主的认可，雇主对工会的认可是自愿的，既可以接受对工会的认可也可以拒绝对工会的认可。《雇佣关系法》通过法定的程序使雇主认可工会，工会可以向政府提出申请，并进行注册。工会拥有了被认可的主动权，有利于获得与雇主相抗衡的力量，实现劳资双方力量的均衡。随着2000年6月法定认可工会法规的实施，雇佣组织认可工会的比率明显上升。在被认可的案例中，94%是自愿达成的全面认可协议。该协议包括了对有关工资、工作时间、节假日、员工代表以及因工会事务而缺勤等一系列问题的集体谈判的认可。这一法规的引入促进了双方自愿达成的认可协议的增加。

这一阶段的英国工会，积极探索实现复兴的道路。工会继续在有可能提高会员密度的产业、雇佣部门或是职业中组织大量的招募工作，一些工会如英国皇家护理工会，甚至能够一反1979—1997年间会员人数下降的整体趋势，增加其会员人数。在前一阶段社会合作伙伴关系的基础上，工会提出了更具操作性的合作协议。合作协议被认为是促进工会发展、提高工会会员人数的有效方法。这种合作建立在管理方和工会双方都愿意承诺为雇佣组织的成功发展而作出努力的基础上。工会联合会认为，通过这种与雇佣组织合作的方式，工会的会员人数状况和工会的认可状况都能得到有效改善。工会联合会专门建立了一个合作协议研究所来帮助推广工作场所的合作关系。为了帮助雇主和工会了解这一方法的理论基础，工会联合会还确定了合作协议的6条核心原则：对企业成功的共同承诺、明确各自的合法利益、对雇佣安全的承诺、关注工作生活质量、透明和信息共享、共同收益和增加价值。合作协议特别强调共同的收益，这一特点使它不同于传统的工会认可和集体代表方式。

2021年，英国工会会员人数只剩644万人，占全国劳动力总人数的23.1%，比最高峰时减少了一半。而且大部分会员年龄超过了35岁，几乎一半的人则已经在同一家公司工作了10年或更长时间。为此，英国工会正在试图招揽更年轻的工人。根据英国劳工联合会议（TUC）统计，英国30岁以下的中低收入人群中，近90%在私营部门工作，而这些部门大多没有工会。

从目前体制看，英国工会可以分为同业工会、总工会、行业工会和白领工会。但随着一些工会合并、会员的增多，这种分类仅仅是大致的，各类工会之间的界限已经变得模糊。根据是否限制特殊产业、特殊的行业或特殊职业的招募，可以把工会分为"封闭的"或"开放的"。1920年，英国有记录的工会有1384个。由于合并整合，到2002年时仅有199个。其中有22个工会拥有超过5万名会员（占工会总会员数的87%），工会会员高度集中在几个大工会。

英国企业一级工会力量比较薄弱。英国雇主对工会基本上是抵制态度，认为工会是对雇主管理权的挑战。而在地区层面和行业层面，雇主的抵制力不太强大，政府的立法又对工会有利，因此作用比较突出。

英国工会具有三个方面的主要职能。第一，在工会的历史上，工会的首要职能是在工人遇到困难时提供服务。早期的工会服务包括提供一系列的社会福利，如失业救济、疾病救济等。这些服务后来被政府的社会保障制度所覆盖，之后工会所提供的主要服务是为工人提供法律建议和法律援助。第二，代表工作场所的工人，包括代表个人和代表集体两种形式。个体代表是指为在工作中遇到问题的工人提供支持；而集体代表是指代表工人进行集体谈判或就裁员问题与雇主进行协商。第三，通过集体谈判规制劳动条件，或者说服政府进行相关的立法，包括最低工资立法、工作时间立法、健康和安全立法等。

英国工会与政党的关系较为密切。不像大多数欧盟国家，英国仅有一个主要的工会联合会——英国工会代表大会（the Trade Union Congress/TUC），该组织成立于1868年。2000年，它代表约85%的英国工会会员的75个工会加入了工会代表大会。另有15个工会隶属于工党，工党仍然在资金上依赖于工会的支持。英国工党对工会代表大会的政策是温和的。英国工会比较积极地参与社会政治，他们与政党的关系很密切，甚至有人把是否隶属于工党列为工会定义的内容之一。

英国工会代表大会在集体谈判中没有直接的作用，该组织首要的作用是游说政府议员。在第二次世界大战期间和之后，工会代表大会的政治影响得到增强，它参加了许多三方性和准政府的机构。1974—1979年的工党政府时期，工会代表大会的作用达到了顶峰。1979年后，会员人数的下降减少了该组织的收入，迫使它削减支出。1979—1997年保守党政府时期，工会代表大会被排除在"权利走廊"（corridors of power）之外。它对政府的游说效用降到了自20世纪30年代之后的最低水平。1997年工党的重新执政预示着工会代表大会作为政府的社会伙伴将发挥更大的作用，虽然事实证明，它不及与先前的工党政府联系紧密。

资料来源：刘彩凤. 英国劳动关系的发展：工会、集体谈判与劳动争议处理[J]. 当代经济研究，2010(3)：57-63；石美遐. 劳动关系国际比较[M]. 北京：中国劳动社会保障出版社，2010：220-224.

思考：英国工会有哪些特征？英国工会的发展历程对我们有哪些启示？

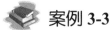 **案例 3-3**

美国工会发展历程

美国工会与产业关系大事年表

1794 年	在费城成立了美国第一个工会——鞋匠工会：早期技术工人短缺，雇主规定严格纪律，工人联合与雇主抗争
1806 年	1804 年费城鞋匠工会拒绝与非协会成员的工人一起工作并提高了工资，雇主上诉至法院，当时多数法庭对劳工组织的集体行动持反对态度。该案工会被判阴谋犯罪、侵犯合同自由并处罚款
19 世纪早期	工会联盟增多；纽约部分工厂实行 10 小时工作制；19 世纪 40 年代欧洲移民增加，出现乌托邦集体组织，乌托邦社会改革家霍勒斯·格里利（Horace Greely）主张社会资源共有，对工人有吸引力
1842 年	联邦政府诉亨特一案中，判定工会本身并不是阴谋犯罪，但要看工会是否侵犯了工人和私有财产者的权利。此后成立工会不受限制，但限制罢工、罢工纠察和抵制雇主权利
19 世纪 60 年代	发生很多暴力冲突。基金的爱尔兰矿工秘密组织莫里帮（Molly Maguires）成立，帮助矿工抵制雇主削减工资；其他秘密团体领导了一系列钢铁、铁路、收割机行业的暴力罢工
1869 年	全国性劳工组织劳工骑士团成立。随着运输网络扩大到全国，全国性工会组织需求增加
19 世纪 80 年代	劳工骑士团一半是同业互组会，一半是工会，跨越了职业界限；主张建立合作社实现劳动与资本共享；以仲裁等合法手段代替罢工。全盛时 70 万会员；1886 年甘草市场（Haymarket）事件警察打死工会示威游行者，劳工骑士团受重创后衰落。 其间出现过激进的世界产业工会，目标是推翻政府和现有制度
1886 年	美国劳工联合会成立。1924 年前由塞缪尔·龚帕斯（Samnel Gompers）担任主席，主张争取物质利益的工联主义

1892 年	卡内基（Carnegie）钢铁公司的赫姆斯蒂工厂罢工，公司解散工会
1893 年	普尔门汽车厂罢工，工厂雇人枪杀罢工工人，工人求助美国铁路工会引发铁路系统罢工
1908 年	美国制帽工人联合会号召消费者抵制罗意威（Loewe）公司及其商业伙伴公司以争取公司对工会的承认，法院裁决工会违背《反垄断法》而赔偿相当于公司损失 3 倍的金额
1914 年	《克莱顿法案》（Clayton Act）虽然宣称劳动力不是商品，但限制罢工、设置纠察线和抵制雇主权利
一战期	劳动力市场紧张促进了工会的发展，大公司设立人事部，福特 5 美元/天；小企业原始管理；"不满意就辞职"仍是主要管理理念，反对工会挑战管理权威
20 世纪 20 年代	科学管理兴起，大公司推行非工会措施：发展由公司控制的工会；扩大福利、利润分享、将工会组织者和罢工者列入黑名单、私立武装破坏罢工，导致工会衰弱
20 世纪 30 年代	劳联以职业建立工会难以获得针对企业、行业的罢工胜利；需要在一个产业中建立所有工人加入的工会，产联成立；大萧条产生新政，工会复兴《诺里斯-拉瓜地亚法》（Norris-La Guardia Act）取缔劳工禁令
1935 至二战前	《国家劳工关系法案》赋予雇员组织工会权利，为工会选举确立标准；列举雇主不当行为；劳联以自愿加入工会为主；产联组织动员工人加入，工会发展迅速；集体谈判制度确立
二战期	成立美国战时劳工委员会（三方机制），调解劳资纠纷，培训人员促进集体谈判
1946 年	二战后罢工频繁，工会成员达到顶峰（35.5%）
1947 年	共和党议会通过了《塔夫脱-哈特莱法》（Taft-Hartley Act）走向保守，修改《国家劳工关系法》：限制工会抵制雇主权利、控制工会谈判职责、政府对构成国家紧急状态罢工干预
20 世纪 50 年代	美国工会全盛期，工会化程度超过 30%，"劳联""产联"合并成立"劳联-产联"；集体谈判在钢铁、煤矿、橡胶、运输、肉制品生产等关键经济部门普及；谈判由工资到福利等
1959 年	国会听证会突出了卡车司机工会等工会腐败问题，《兰德勒姆-格里芬法》（Landrum-Griffin Act）出台，设立工会财务与信息披露，明确工会成员权利；规定工会领袖工作职责和方式
20 世纪 60—70 年代	经济高速增长与社会政治骚乱包括民权运动、城市暴乱、反越战抗议，工人提出更高要求常举行野猫式罢工；公共部门的工会发展；新技术行业使白领员工增加，人力资源影响力提升；工会会员并没有随雇员队伍增加而增加，但工会成员工资增长率高于非工会成员
20 世纪 80 年代	经济衰退促使雇主回避甚至废除集体谈判；高度工会化部门出现大规模临时解雇，使工会成员减少、让步性集体谈判出现，几大工会的成员数量减少；新的员工参与出现，工人与管理层实行更直接沟通，这挑战工会
20 世纪 90 年代	经济复苏，集体谈判和收入两极分化：高技术知识员工收入高，新技术和全球化使低教育程度工人收入降低；工会和集体谈判关注就业保障；员工参与深化，也出现对立的劳资冲突；非工会化在私营部门发展，通过外包和劳务派遣应对工会组织活动
21 世纪以来	雇佣多样化，非工会化部门增加，2005 年工会成员人数占 12.5%；高技术人员个人谈判能力强、高流动、高收入；劳联-产联加大工会复兴，"变革求胜"工会联盟成立；经济全球化促使工会朝着全球化努力

根据《集体谈判与产业关系概论》（哈里·C.卡茨，托马斯·A.科钱，亚历山大·J.S.科尔文著. 集体谈判与产业关系概论. 大连：东北财经大学出版社，2010：15-41）第二章整理。

思考：从美国工会发展历程，得到哪些启示？

3.3 工会的策略

工会的策略包括组织雇员策略、集体谈判策略、劳资合作策略等。

3.3.1 工会的组织雇员策略

雇员主要考虑能否在工资福利、晋升机会和工作安全等方面获得提高，是否愿意通过支持工会来实现与工作有关的目标和需要，工会能否提供实现这些目标的方法和手段。如果雇员认为工会能够帮助他们达到目标，则可能在选举中投票支持工会的组建和随后的行动；反之则不会支持工会。

工会为获得雇员支持，要进行一系列的争取雇员投票的竞选活动。如果工会投入大量人力、物力及财力，任用有经验的工会组织者，并且最大限度地使所有雇员都参与到工会组织运动中，工会组织运动就可能获得成功。工会通常通过3种有效方式来影响雇员投票支持工会：一是努力向雇员宣传工会的好处；二是说服雇员投票支持工会化，对管理方在工会组建运动期间作出的陈述和主张进行反击；三是支持雇员的个人和集体行为。

工会有时面临雇主强烈的反工会策略：雇主通常聘用律师等专业人员实施反工会，他们游说工人不要加入工会，企业的管理可以解决大家的加薪晋升等问题；如果工人投票加入工会，企业工会化后将开展集体谈判，工资将提高50%，那么可能导致裁员一半。但是雇主不能威胁工人不准工人加入工会。工会面对雇主的强烈反工会策略，就要动用一切力量进行博弈。

工会争取工人投票加入工会的步骤有：首先确定潜在目标成员，初步接触判断雇员是否支持加入工会；接着获取潜在成员的薪酬水平和工作条件的相关数据，搭建组织平台拟定活动议程；向目标群体传达工会的信息，对雇主的反工会措施进行反驳；在国家劳资委员会的监督下进行是否加入工会的秘密投票；处理选举后的相关事宜。

3.3.2 工会的集体谈判策略

一旦工会化，集体谈判就是工会的主要任务。集体谈判是工会与雇主交涉、协商，确定工资及工作条件等劳动关系事务，是工会争取会员利益的最直接方式。

工会的主要目的就是通过集体谈判确保工人的工资随企业的增长而增长。但是工资增长又伴随失业效应。伴随失业效应是指，工资增长带来成本增加，导致产品价格上涨、需求减少，雇主或通过裁员来维持经营，或使用机器代替人工，劳动密集型向资本密集型转变，二者都导致失业增加。工会的历史表明，凭借它在劳动力市场上拥有的卖方垄断力量，通过集体谈判确定的工资水平，工会成员总是高于在完全竞争的劳动力市场中由市场供给和市场需求决定的市场工资水平。相应地，工会追求的工资水平所对应的就业人数比市场决定的工资水平所对应的就业人数要少。因此，工会要避免出现过大的伴随失业效应，就要在工资增长与就业保障方面保持平衡，采取各种措施来消除或减少这种效应的消极影响。这些措施包括：一是工会游说政府部门，主张提高关税或降低进口配额，以减少外国低成本商品大量流入本国对国内企业造成的冲击。二是工会采取一致行动，在同行业内一次性同时提高工资水平和福利待遇，从而消除某企业工会单方面行动导致该企业在本行业内所处的竞争劣势。三是开展公共宣传活动，鼓励消费者购买工会化企业制造的产品。四是通过订立就业保障条款，限制管理方采用节约劳动的技术和用机器设备替代劳动。

3.3.3 工会的劳资合作策略

劳资合作策略是指工会为提升劳资双方的利益而采取的协商和参与策略。20 世纪 80 年代以来,全球化使竞争更激烈;新技术应用于生产中越来越多,劳动力市场结构发生变化,传统的零和博弈式的集体谈判遇到挑战,这些都需要劳资双方开展合作。劳资合作既是工会的策略,也是雇主(管理方)的策略。

劳资合作要求在企业经营管理中,管理者主动接受工会或员工的意见,而员工或工会在劳资关系上扮演更加主动的合作人角色。劳资双方致力于探讨更宽广的领域及一些基本的问题,如产品品质提升、技术运用等。管理者不仅要肯定员工的参与权利,而且要积极地鼓励及回报此项参与行动。同样,员工不但要认同和支持企业在投资上获取适当报酬的权利,而且要强调此项投资报酬的必要性。因此,劳资合作模式下:企业组织经营的整体责任由资方与劳方共同承担,将对抗的相对力量转化为组织的总力量,劳资关注共同长远利益;劳资合作须借助员工参与实现,劳资有良好的沟通机制;劳资合作带来的成果公平分享,资方遵守国家劳动法律。

根据雇员是否直接参与企业利润分享,可以将劳资合作分为利润分享计划与非利润分享计划。利润分享计划是企业(雇主)将企业利润的一部分甚至全部按照贡献或股权等方式分享给劳动者,包括斯坎隆计划、拉克计划、收益分享计划。非利润分享计划包括质量圈、劳资联合委员会、工作生活质量计划、自我管理工作团队等(参见第 9 章)。最高形式的劳资合作是共同所有、共同经营、共享收益,如西班牙蒙特拉贡合作制。

3.4 我国的工会制度

党的二十大报告提出,加强人民当家作主制度保障,"深化工会、共青团、妇联等群团组织改革和建设,有效发挥桥梁纽带作用"。我国的工会制度具有中国特色,既具有市场经济条件下劳动者权益代表的特征,又具有中国的制度特色。

3.4.1 我国工会的历史及职能

我国工会的职能与其历史有关。新中国成立前,中国共产党通过工会把工人阶级组织起来。1920 年成立第一个革命工会——上海机器工会。1921 年 7 月,中共一大通过的《中国共产党的第一个决议》明确规定党成立后的中心工作是领导、组织和推进工人运动,基本任务是"成立产业工会"。1921 年在上海建立中国劳动组合书记部并于 1922 年组织召开第一次全国劳动大会。1925 年在广州成立中华全国总工会,领导各级地方工会和各产业工会的工人运动。

新中国成立后,我国工会发展经历了两个阶段:计划经济阶段和市场经济阶段。在计划经济时期,1950 年颁布实施的《工会法》:明确工会有代表工人同企业订立集体合同和维护工人切身利益的广泛权利;有组织、教育工人拥护人民政府政策法令、积极搞好生产、发挥工人阶级领导作用的职责。1953 年,中国工会制定了"以生产为中心,生产、生活、教育三位一体"的工会工作方针。市场经济时期，1992年《工会法》将工会基本职能界定为维护、建设、参与、教育，将"维护"职能即维护职工权益明确规定为工会的职能。1995年开始实施的《劳动法》明确规定："工会代表和维护劳动者的合法权益。"1998年的《中国工会章程》进一步规定："中国工会是中国共产党领导的职工自愿结合的工人阶级群众组织，是党联系职工群众的桥梁和纽带，是国家政权的重要社会支柱，是会员和职工利益的代表。"《中国工会章程》对维护、建设、参与、教育职能规定得更清晰。"中国工会的主要社会职能是：维护职工的合法利益和民主权利；动员和组织职工积极参加建设和改革，完成经济和社会发展任务；代表和组织职工参与国家和社会事务管理，参与企业、事业和机关的民主管理；教育职工不断提高思想道德素质和科学文化素质，建设有理想、有道德、有文化、有纪律的职工队伍。"

3.4.2　我国工会的组织结构

我国工会实行产业工会和地方工会相结合的组织领导原则。

同一企业、事业单位、机关、社会组织中的会员，组织在一个工会基层组织（通常称为"基层工会"）中。我国《工会法》规定："用人单位有会员二十五人以上的，应当建立基层工会委员会；不足二十五人的，可以单独建立基层工会委员会，也可以由两个以上单位的会员联合建立基层工会委员会，也可以选举组织员一人，组织会员开展活动。"同一行业或性质相近的几个行业，根据需要建立全国的或地方的产业工会组织。大多数产业工会实行以地方总工会领导为主、同时接受上级产业工会领导的体制；少数行政管理体制实行垂直管理的产业，实行产业工会和地方总工会双重领导、以产业工会领导为主。

县以上行政区域建立地方各级总工会。地方总工会是当地地方工会组织和产业工会地方组织的领导机关。《工会法》规定："企业职工较多的乡镇、城市街道，可以建立基层工会的联合会。"

全国建立统一的中华全国总工会。中华全国总工会是各地方总工会和产业工会全国组织的领导机关。基层工会、地方各级总工会、全国或者地方产业工会组织的建立，必须报上一级工会批准。各级工会组织设立经费审查委员会和女职工委员会。

中华全国总工会的最高领导机关是工会全国代表大会和它所产生的执行委员会。中华全国总工会执行委员会闭会期间，由主席团行使执行委员会职权。主席团下设书记处，书记处主持中华全国总工会的日常工作。中华全国总工会下辖全国产业工会、中央级机关工会、中央级企业工会、各省（自治区、直辖市）总工会。以此类推，省级总工会下辖省级产业工会、省级机关工会、省级企业工会、省内地市级总工会。

我国工会实行民主集中制组织原则。工会各级代表大会的代表和委员会选举产生。地方各级总工会及工会基层委员会、常务委员会和主席、副主席以及经费审查委员会的选举结果，报上一级工会批准。

总之，政府层级的工会称之为"总工会"，企事业单位的工会称之为"基层工会"。地方各级总工会参与地方涉及劳动者利益的政策法律制定，是地方劳动关系三方机制的劳方代表，与政府和企业方共同研究解决劳动关系方面的重大问题。地方各级总工会还指导所辖基层工会工作，"为所属工会和职工提供法律服务"。

我国工会组织结构如图 3-1 所示。

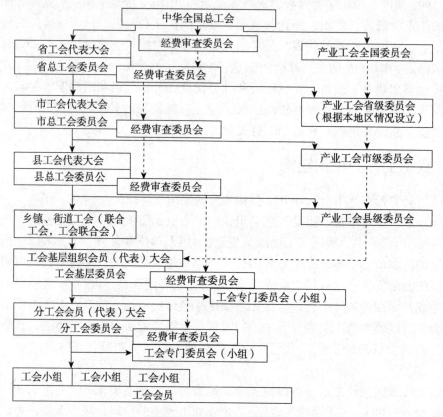

图 3-1　全国工会组织系统图

（说明：图中实线表示垂直领导关系，虚线表示业务指导关系，部分产业工会实行垂直领导。

资料来源：常凯. 劳动关系学[M]. 北京：中国劳动社会保障出版社，2005：190.）

3.4.3　我国工会的权利与义务

1. 工会对用人单位的权利和义务

工会对用人单位的权利主要有以下 5 个方面的内容：①代表职工利益和反映职工要求的权利。工会可以代表职工方与用人单位就签订集体合同进行协商谈判；工会也可以就有关职工切身利益的事项提出建议，同单位协商处理。②监督用人单位遵守劳动法的权利。用人单位违反劳动法，侵犯职工合法权益，工会有权要求及时纠正，或要求有关部门进行处理，或相互协商解决；用人单位在做出开除、除名职工的决定时，应事先将理由通知工会，若处分决定违反劳动法规定和劳动合同，工会有权要求重新研究处理；工会发现企业行政方面克扣工资、违背劳动安全卫生法律、随意延长工作时间、侵犯女职工和未成年工特殊权益等侵犯职工劳动权益的事项，有权提出改进意见。③组织职工进行民主参与的权利。我国《工会法》规定："工会依照法律规定通过职工代表大会或者其他形式，组织职工参与本单位的民主选举、民主协商、民主决策、民主管理和民主监督。"④处理劳动争议的权利。我国《工会法》第二十八条规定："企业、事业单位、社会组织发生停工、怠工事件，工会应当代表职工同企业、事业单位、社会组织或者有关方面协商，反映职工的意见和要求并提出解决意见。对于职工的合理要求，企业、事业单位、社会组织应当予以解决。工会协助企业、事业单位、社会组织做好工作，尽快恢复生产、工作秩序。"这说明工会有处理集体劳动争议的权利；工会还"参加企业的劳动争议调解工作"，调解企业个体劳动争议。⑤要求提供工作保障的权利。工会有权要求用人单位为工会办公和开展活动提供经费和必要的物质条件；按规定为工会工作人员支付工资等各项物质待遇；支持工会依法开展工作。我国《工会法》第十八条规定："工会主席、副主席任期未满时，不得随意调动其工作。因工作需要调动时，应当征得本级工会委员会和上一级工会的同意。罢免工会主席、副主席必须召开会员大会或者会员代表大会讨论，非经会员大会全体会员或者会员代表大会全体代表过半数通过，不得罢免。"第十九条规定："基层工会专职主席、副主席或者委员自任职之日起，其劳动合同期限自动延长，延长期限相当于其任职期间；非专职主席、副主席或者委员自任职之日起，其尚未履行的劳动合同期限短于任期的，劳动合同期限自动延长至任期期满。但是，任职期间个人严重过失或者达到法定退休年龄的除外。"第五十一条规定："阻挠职工依法参加和组织工会或者阻挠上级工会帮助、指导职工筹建工会的，由劳动行政部门责令其改正；拒不改正的，由劳动行政部门提请县级以上人民政府处理；以暴力、威胁等手段阻挠造成严重后果，构成犯罪的，依法追究刑事责任。"第五十二条规定："违反本法规定，对依法履行职责的工会工作人员无正当理由调动工作岗位，进行打击报复的，由劳动行政部门责令改正、恢复原工作；造成损失的，给予赔偿。对依法履行职责的工会工作人员进行侮辱、诽谤或者进行人身伤害，构成犯罪的，依法追究刑事责任；尚未构成犯罪的，由公安机关依照治安管理处罚法的规定处罚。"

工会对用人单位的义务主要有：①帮助、指导职工与单位签订劳动合同。②在调解劳动争议时，协调职工意见；在企业发生停工、怠工事件时，会同企业行政方面或有关方面，协商解决职工提出的合理要求，尽快恢复正常生产秩序。③协助用人单位办好集体福利事业，做好工资、劳动保护和劳动保险工作。④会同用人单位组织开展业余文化、技术学习和职工培训，提高职工的文化、业务素质；组织职工开展文娱、体育活动。

2. 工会对政府的权利和义务

工会对政府的权利主要包括以下内容：①县级以上各级政府制定国民经济的社会发展计划，省会、自治区首府所在市和国务院批准的较大的市以上的政府研究起草法律或法规、规章，对涉及职工利益的重大问题，应当听取同级总工会的意见。②县级以上各级政府及其有关部门在研究制定工资、物价以及劳动保护、劳动保险等重大政策、措施时，应当有同级总工会参加研究，听取同级总工会意见。③地方劳动争议调解组织应当有同级总工会代表参加。④工会有权参加职工伤亡事故和其他严重危害职工健康问题的调查，并向有关部门提出处理意见，有权要求追究有关部门领导人和有关责任人员的责

案例 3-4　任期未满遭遇违法解聘 惠州三级工会倾力助企业工会主席维权

任。⑤各级政府应当为工会办公和开展活动提供必要的物质条件。⑥各级政府应当保护工会的合法权益不受侵犯。

工会对政府的义务，主要是协助政府开展工作，动员、教育、组织职工贯彻执行政府的政策、规章，完成政府提出的各项任务。

一些地方总工会建立了工会主席维权风险补偿金，如江苏盐城市总工会针对少数基层工会主席在帮助职工维权中存在担心"惹火烧身"的现象出台了《关于建立工会主席维权风险补偿金制度的实施意见》，对工会主席在维权中自己权益受到侵害时积极帮助其维权，该给予经济补偿的给予如数的经济补偿，需要法律援助的免费提供法律援助，如被免职、降职或调整岗位的，切实予以纠正，解决工会主席帮助职工维权的后顾之忧①。

复习思考题

1. 如何理解"劳动者"的概念？劳动者有哪些权利和义务？
2. 如何从工会的发展历史来理解工会的职能？
3. 工会有哪些策略？
4. 我国工会有哪些职能？工会有哪些权利和义务？

案例分析题

福耀的《美国工厂》

福耀玻璃工业集团股份有限公司（以下简称福耀）1987年在福州注册成立，是一家生产汽车安全玻璃和工业技术玻璃的企业，由民营企业家曹德旺创立。2007年，福耀在中国市场的占有率已达60%，稳坐国内汽车玻璃生产的头把交椅，但全球市场占有率才3%，扩大海外市场成为一种必然选择。2012年福耀的大客户通用汽车提出要求福耀在美国建工厂，这成为曹德旺出海寻找投资工厂的契机。

2013年，在考察了美国阿拉巴马、田纳西、肯塔基和密歇根等州后，曹德旺最终看上了俄亥俄州代顿市莫瑞恩区一座通用汽车废弃的巨大厂房，占地上百英亩。2014年3月福耀汽车玻璃生产基地成立。

从奥巴马到特朗普，美国试图恢复制造业大国的地位。莫瑞恩政府承诺，只要曹德旺雇用的美国员工超过1500人，政府就从第三年（2017）开始每年给福耀发20万美元补贴，五年至少100万～180万美元。俄亥俄州政府更大方，只要福耀解决1500人以上的就业，就五年给他发1300万～1500万美元，雇得越多发得越多。此外，莫瑞恩政府还免去了福耀办公楼15年的产权税，这又让福耀少花近800万美元，几项优惠加起来总价值近3000万美元。当地甚至将工厂前方的道路都改名为"福耀大道"（Fuyao Ave），对新工厂寄予厚望。

---

① 刘蕾蕾. 维权风险补偿金 让工会主席大胆维权[N]. 江苏工人报，2021-11-15.

2016 年 10 月 7 日，福耀在代顿市投资的全球最大汽车玻璃单体工厂正式竣工投产，总占地 675 亩（1 亩＝666.67 平方米），厂房约 17 万平方米。工厂采用了先进的设备，集合了世界一流的技术及各种不同的工艺来满足各大汽车厂商的需求。工厂具有夹层玻璃、钢化玻璃、包边和汽车玻璃售后维修更换（Aftermarket Replacement Glass，ARG）的生产能力，计划年产逾 450 万套汽车玻璃，为美国汽车市场提供四分之一的玻璃配套需求。福耀设定了 2017 年盈利 2 亿美元的目标。在这个人口只有近 6000 人的小镇，福耀能够提供 2000 个工作岗位。

然而，工厂运营后，就遇到一系列的劳资冲突。

首先是解雇高管的冲突。2016 年 11 月，福耀解雇两位美国高管——总裁约翰.高蒂尔（John Gauthier）和副总裁戴维·伯罗斯（David Burrows）。戴维·伯罗斯此前一直都是福耀代顿工厂的副总经理。2017 年 1 月，伯罗斯向法院提起诉讼，罪名包括欺诈、违约、诽谤和歧视，除控告福耀违约外，伯罗斯还声称曹德旺的声明（他们不尽职，浪费我的钱）给他的职业生涯带来了极大的不利影响，给他带来了"嘲讽和耻辱"，还说自己走人的原因是——自己不是中国人！他索赔至少 44.2 万美元。

其次来自员工对福耀管理的不适应引起的冲突。"在福耀的车间里，已经出现了很大的文化冲突，一些工人质疑该公司是否真的想按照美式监督和美国标准来经营。"员工抱怨工作条件、工作环境、职业安全，甚至提起诉讼。人力资源总监瓦内蒂表示，福耀并没有为了实现生产目标而牺牲安全。但他承认，"中国人和美国人之间的根本区别在于，中国人偏重速度，美国人喜欢分析事情，从各个角度把它想清楚。"员工说，他们称我们为老外。我们希望觉得自己是在美国工作，而不是走进大门，就离开美国到了中国。而中国管理方认为，美国员工效率低。

最后是工会冲突，这是最大的冲突。福耀工厂开业时，俄亥俄州议员谢罗德布朗（Sherrod Brown）在开业演讲时提到："这里的很多工人正在努力组成工会，俄亥俄州有着悠久的工会历史。"曹德旺直言："我们不愿意看到工会在这里发展，因为工会影响劳动效率，直接造成损失。工会进来，我关门不做了。"曹德旺认为，欧美工会已经不适应制造业，通用汽车就是死在工会上面。

全美汽车工人联合会（UAW）是美国最大的独立工会，该工会被称为"世界上最具战斗力的工会"。UAW 成立于 1936 年，此后组织了一系列罢工活动，最终通过与三大汽车公司（美国的福特、通用、克莱斯勒）谈判，为工人争取了一系列权利，如加班工资、带薪假期、医疗保险等。UAW 积极谋划在福耀的莫瑞恩工厂成立工会，2015 年开始接触工人，2016 年公开活动，游说工人将为他们争取更好的工作条件、工作保障和更高工资。

福耀也进行了一系列的活动。联合共和党议员，邀请国会议员迈克·特纳到工厂与高管会晤；打感情牌，2017 年 9 月举办员工答谢会，邀请员工亲人参加；提高工人工资，2017 年 4 月份，福耀宣布对代顿工厂员工集体涨薪，涨幅约为 14%～15%。此前福耀美国工人的时薪为 17 美元。这一标准虽然仍旧比原通用汽车工厂低，但比当地最低工资高 3 美元/小时。

2017 年，福耀聘请了在中国生活了 26 年、美国生活了 27 年的华人刘道川做总经理。刘道川一方面强调，可以将员工福利搞好，不需要工会。另一方面邀请反工会的咨询机构做工人工作，并开除一些刺头工人。此后，认为"工会不能当饭吃"的工人们越来越多，有人明确表示："工会是烂员工的避难所，它只会让好员工在'大锅饭'中随波逐流。"福耀还组织代顿工厂的美国中层管理人员到福耀（中国总部）学习，让他们参观公司文化：唱公司歌，参加班前会、员工团队训练等；参观工厂，感受中国工人的服从、奉献、高效，中国工人的熟练快速操作能力让他们叹服。

2017年11月9日，福耀代顿分厂的工人们就是否加入UAW的问题进行了投票，最终以868票反对、441票赞成的结果，拒绝了这一提议。UAW则表示，他们还将继续游说工人推进工作。

2018年，福耀的美国工厂开始扭亏为盈，并增长迅速。同时福耀加大机器人的投入。

2020年，以曹德旺在美国俄亥俄州代顿市开办工厂拍摄的纪录片《美国工厂》获第92届奥斯卡最佳纪录长片，福耀的美国工厂获得世界关注并引发大量讨论。曹德旺对影片拍摄和播放持坦诚、开放、包容的态度，认为可以让美国人了解中国企业；他也一直教导集团委派出国的管理员工，注意代表中国形象。获奖后曹德旺对影片导演的祝贺感言："……我知道你们（两位导演）用你们的创作手法没有少批评我，但我还是很感谢你们，我会很客观地接受你们的批评。因为我将来继续在美国开办工厂时，这些批评对我用什么样的方式和态度把工厂做得更美国化很有帮助。"

根据新闻报道及福耀公司网站信息改编：侯润芳，程泽，徐子林. 专访曹德旺：讲述《美国工厂》幕后故事[N]. 新京报，2019-09-16；侯润芳，王宇，危卓.《美国工厂》获奥斯卡奖，"男主"曹德旺：很骄傲拍摄中公开一切[N]. 新京报，2020-02-10.

案例思考题（建议先观看影片《美国工厂》）：

1. 福耀美国代顿工厂如何应对工会问题？
2. 你认为福耀的应对策略有哪些经验教训？
3. 福耀美国工厂案例对中国企业走出去有哪些启示？

第 4 章

政府及其劳动关系调控

政府是劳动关系的主要主体。政府的治国理念和经济调控政策对劳动关系有重要影响。本章分析政府在劳动关系中的角色、劳动关系调整模式和调控方式、劳动关系三方协商机制。学习本章可以对以上问题进行全面了解。

◆ 引导案例

德国联邦政府对抗新冠疫情援助措施

新冠疫情在德国暴发以来，德国联邦政府采取了多种国家援助措施，以应对疫情影响。

联邦财政部稳定计划相关预算达 4500 亿欧元，联邦政府和州政府也将向企业提供近 8200 亿欧元的额外担保。此外，欧盟启动了一项针对医疗保健行业、中小企业和员工支持的新冠病毒应对投资计划（CRII），总额约 370 亿欧元。

1. 针对小微企业、自营职业者和初创企业

（1）联邦政府 500 亿欧元紧急援助（soforthilfe）：个体经营者、自由职业者和小型企业可以向所在州申请一笔为期 3 个月的补贴，以度过流动资金紧张时期（注：小微企业、个体经营户、自由职业者，包括音乐人、摄影师、理疗和护理人员等，这些没有其他收入来源、又不太可能得到贷款的企业和个体，只要证明 2020 年 3 月之前经营正常，3 月 11 日之后因疫情影响现金断流，便可得到资助，资助时间 3 个月，用于支付场租、贷款、月供以及其他支付义务）。拥有不超过 5 名雇员的企业可以获得最多 9000 欧元，拥有不超过 10 名雇员的企业可以获得最多 15000 欧元。各州还有补充政策。

（2）各联邦州推出财政计划进行不同程度补充。

（3）75 亿欧元用于自雇员工的基本安全保障。

（4）德国复兴信贷银行（KfW）低息贷款，联邦政府担保。

（5）联邦政府 20 亿欧元初创企业资金。

2. 针对中型和大型企业

（1）德国复兴信贷银行低息贷款。

（2）KfW 快速贷款：11~49 名员工的企业最高 50 万欧元，50 名员工以上最高限额为 80 万欧元，由联邦政府承担违约风险。

（3）联邦政府经济稳定基金（WSF）：其中 1000 亿欧元用于资本措施和股权投资，另外 4000 亿欧元作为流动性担保。

3. 针对雇员

（1）联邦劳动局（BA）根据申请发放短时工作津贴（kurzarbeitergeld）（注：这一政策在 2008 年金融危机爆发时推出，对避免企业大规模裁员、引发失业浪潮，证明行之有效）、简化并放宽申请条件：前 3 个月补助金额通常为损失的统一固定工资净额的 60%。如果家中至少有一个子女，补助金额为损失的统一固定工资净额的 67%。第 4~6 个月，短时工作津贴上涨至 70%（有子女的为 77%），第 7 个月开始为 80%（有子女的为 87%）。

（2）除儿童补助金外，简化基本保障的获取流程，无须进行财务审核。

（3）疫情期间因育儿造成的收入损失的部分补偿。

（4）减免因新冠危机而产生的奖金税额，最高达 1500 欧元。

（5）重要职业的父母津贴月可以推迟。

4. 针对卫生系统（注：医院每增加一个带呼吸机的重症监护病床，可以一次性得到 5 万欧元资金；预留一个重症监护床位，每天可以得到 560 欧元补贴；每收治一名患者，将得到 50 欧元防护用品补助金）

（1）集中采购医疗防护设备。

（2）约 20 亿欧元用于部署医院重症监护病床和购置通风装备。

（3）28 亿欧元用于补偿延迟治疗。

（4）另有 550 亿欧元正在计划中（具体举措尚未明确）。

此外，此轮救助计划还包括对线上教育的补助。据《明镜》报道，目前德国绝大多数学校都处于关闭状态，5 月初将开始逐步恢复上课。联邦政府计划对网络授课补助 5 亿欧元，以帮助他们改善上网课所需的电脑设备。有需要的学生每人能够获得 150 欧元的资助，以购买所需设备。另外，学校用于线上授课的设备也会得到改善。

资料来源：德国联邦政府对抗新冠疫情援助措施（mofcom.gov.cn），http://www.mofcom.gov.cn/article/zwjg/zwdy/zwdyoz/202009/20200902999006.shtml；此外参考了：叶婷婷，德国政府推出新援助计划：提高短时工补贴，5 亿欧元补助网课，澎湃新闻，2020-04-23，https://baijiahao.baidu.com/s?id=1664763692981677720&wfr=spider&for=pc，2023 年 1 月 28 日浏览。

思考：德国政府对抗新冠疫情的措施对劳动关系会产生怎样的影响？

4.1　政府在劳动关系中的角色和作用

政府在劳动关系中承担重要角色，其重要作用为大家共同认可。

4.1.1　政府的角色

政府在劳动关系中的角色受劳动关系理论学派及国家经济体制的影响。以美国为代表的新保守学派主张减少工会和政府对市场的干预；而以瑞典为代表的自由改革主义学派主张增加政府干预和增强劳动法改革。因此，学者们提出了不同观点。迈克·利特

（Mike Leat）赋予政府的 4 种角色是：立法者；市场管理者；雇主；调解者和仲裁者[①]。迈克尔·萨拉蒙（Michael Salamon）赋予政府的四种角色是：市场规制者；雇主；立法者；协调者[②]。罗恩·比恩（Ron Bean）赋予政府的 5 种角色是：第三方管理者；法律制定者；调解者和仲裁者；公共部门的雇主；收入调节者[③]。迈克尔·普尔（Michael Poole）认为[④]，政府作为劳动关系的第三方，在劳动关系中发挥重要而特殊的作用，其重要性体现在以下 3 个方面：①政府有权制定和修改劳动关系的各项制度。政府起草并由议会通过的各项法律，反映了政府对于公平与公正、权力与权威和个人主义与集体主义等的主观价值判断，这为劳动关系的最终形成奠定了基本框架。②政府可以通过直接和间接的方式控制许多公共部门，包括负责提供健康、教育、消防、警察、监狱等服务的政府机构，通信、交通、电力等公用事业单位，以及在航空、汽车、钢铁、银行等行业中与私人部门竞争的国有企业。政府不仅控制这些部门的劳动就业人数，而且公共部门的劳动关系成为私人部门劳动关系的"样本"，因为它代表政府的偏好。③政府针对不同经济或社会问题采取的方针、政策和行动为管理方和工会之间的集体谈判创造了宏观环境。

无论哪种理论、哪种模式，政府在劳动关系中的主要角色基本可以归纳为保护者、促进者、调停者、规划者、雇佣者，即 5P 角色[⑤]，如表 4-1 所示。作为保护者和规划者，政府应该积极、主动地推进；作为促进者和调停者，政府主要采取中立、不干预的态度，引导劳资双方；作为雇佣者，政府应该作为企业的表率，合法、遵循契约、推进员工参与的民主管理。当然，政府在劳动关系中的角色与国家协调劳动关系的模式相关，在强干预的模式中，政府对工会组建、集体谈判、劳动争议处理等也有较多直接干预而不仅仅是中立、间接引导。

表 4-1　政府在劳动关系中的 5 种角色

序号	角　色	具 体 内 容	政府应采取的态度
1	保护者（protector）	劳动合同 劳动标准 劳动保险 劳工福利 劳动教育 职业安全与健康 劳动监察	积极 主动
2	促进者（promoter）	工会组织 集体谈判 雇员参与 入股分红	中立 不干预

① Mike Leat. Exploring Employee Relations, Butterworth-Heinemann, 2001.
② Michael Salamon. Industrial Relations: Theory and Practice, 3rd ed. Prentice Hall, 1998.
③ Ron Bean. *Comparative Industrial Relations: an Introduction to Cross-national Perspectives*, 2nd edition, London:Routledge, 1994: 102-103.
④ Michael Poole. Industrial Relations: Originns and Patterns of National Diversity, London Boston: Routledge & keganPaul, 1986: 99.
⑤ 程延园. 劳动关系[M]. 4 版. 北京：中国人民大学出版社，2016：112.

序号	角色	具体内容	政府应采取的态度
3	调停者（peace-maker）	劳动争议处理	中立 不干预
4	规划者（planner）	职业培训 就业服务 失业保险 人力资源规划	积极 主动
5	雇佣者（public sector employer）	公共部门雇员的雇佣	合法化 企业化 民主化

4.1.2 政府对劳动关系的调控作用

政府在劳动关系中的作用与其角色紧密相连。

1. 政府促进劳动力市场完善

发展市场经济就要形成和维持劳动力市场。劳动力市场的形成是市场经济的前提，因此，主要发达市场经济国家早期都通过对公民迁徙自由、择业自由的保障，促进劳动力市场形成。政府对劳动力市场的干预受经济模式的影响：如德国、日本、瑞典、新加坡对劳动力市场有较多干预；美国、英国信奉自由放任主义，反对管制劳动力市场。而且在不同时期，政府干预劳动力市场面临的重点不同。当失业问题很严重时，政府主要倾向于扩大就业，对劳动力市场的管制可能适当放松；当收入分配问题很严重时，政府主要倾向于规范劳动力市场并对劳动力价格进行干预；有时二者同时兼顾。

劳动力市场的完善则需要通过就业服务、职业培训、失业救助等进行。

（1）就业服务。政府的就业服务通常有创造公平的就业环境、进行人力资源规划、提供就业信息和劳动力市场价格信息、建立失业预警监测等。政府有责任创造公平的就业环境，在国际市场上，跨国公司倾向于利用各国劳动力市场的差别，在低劳动力成本的国家开设子公司，将本国就业机会转移到国外，形成国际劳动力市场的"逐底竞争"。对此，各国政府通过国际合作共同管制劳动力市场，比如世界贸易组织及区域组织欧盟、东盟等，都要求会员国执行最低劳动标准。在国内市场上：政府建立统一劳动力市场，打破城乡分割、地区分割，促使劳动力自由流动；通过立法消除民族、种族、性别、宗教信仰等就业歧视。政府通过人力资源规划，促进充分就业、提高人力资源素质；通过进行劳动力供需调查及预测，发布用工信息和就业信息，提高供需双方的匹配度，降低就业搜寻成本；通过对各级各类职业的薪酬调查和求职者期望薪酬调查并进行科学分析、预测，发布劳动力市场价格信息。政府还根据经济社会发展调控目标，发布工资指导线。工资指导线是年度工资增长水平的建议，虽并不具有强制约束力，但可作为企业与职工开展工资集体协商以及企业自身合理确定工资增长水平的参考依据。政府通过建立网络平台、积累大数据，探索就业和劳动力价格变化规律，引导劳动力市场。政府建立失业预警监测系统，对失业、不充分就业及其影响因素进行分析，确立失业警戒线，发布失业预警信息。我国 1995 年首次提出建立失业预警监测，2009 年人社部发布《关于做好失业动态监测工作有关问题的通知》(人社部发〔2009〕152 号)，要求建立失业动态监测制度，对企业岗位变化情况实施动态监测，作为贯彻落实《就业促进法》的重要内容。

（2）职业培训。在劳动力市场上，企业为节省成本，只愿意使用成熟劳动力、减少培训等人力资本的投入。政府为弥补市场缺陷，就要承担起对劳动者的培训。政府可以直接组织培训，这种培训往往是针对性的、单一性的培训项目；也可以用购买服务的方式委托具备资质的培训机构进行培训。政府培训的重点：一要关注国家人力资源规划目标；二要关注弱势劳动者如下岗职工、农民工、再就业家庭妇女等。

（3）失业救助。政府的失业政策可以分为积极和消极两种：前者是指政府对失业者进行培训，并大力创造新的就业机会，促进失业者再就业；后者是指为失业者提供失业津贴。政府对劳动力市场的治理模式决定其失业政策的选择。英美信奉少干预的自由主义，主张通过降低失业津贴水平、提高领取失业津贴的资格条件，促使失业者接受临时工作、兼职工作或其他低收入工作；法德信奉社团主义，对失业者提供较好的失业津贴，同时要求企业不断培训员工，使他们掌握新知识、新技能，青年人、失业者由政府组织培训，提高就业能力。

2. 政府保护劳动者基本权利

政府主要通过立法和政策保护劳动者基本权利。政府作为劳动立法的制定者，通过立法介入、规制劳动关系，这是政府影响劳动关系的最主要作用。劳动法律确立国家劳动关系的基本框架，形成劳动关系的基本模式，对劳动者基本权利进行框定。政府立法保护劳动者个体权利，包括劳动合同、劳动标准、劳动保险、劳工福利、劳动教育、职业安全与健康；政府还立法保护劳动者集体权利，如团结权、谈判权、集体争议权等。

政府还通过劳动政策保护劳动者权利。劳动法律是相对稳定的，政府还通过劳动政策，实现法律规定的集体权利、利益；对雇佣问题、收入分配、劳动条件、劳动争议等进行政策性诱导。

3. 政府协调劳动关系

一是政府通过促进集体劳动关系建立劳资谈判协商机制。劳动关系协调需要劳资双方的合意，但劳资力量悬殊，合意的产生需要双方组织起来，劳动者组建工会，雇主组织雇主协会，政府进行规制、推进劳资集体谈判。政府通过建立劳资政三方机制引导集体谈判。二是政府作为劳动争议的调停者：对集体争议进行调停，对个体争议进行法律裁决。三是政府作为劳动监察者、劳动保障行政部门及所属劳动保障监察机构对企业和个体工商户等用工单位遵守劳动保障法律、法规和规章的情况进行监察，劳动监察的方式有日常巡视检查、书面材料审查、专项检查、举报专查。

4. 政府雇佣公共部门和公共事业雇员

政府作为公共部门和公共事业的雇主，雇用了大量劳动者。

我国的政府雇员通常是狭义的，指各级政府（广义政府，包括党的机构，各级立法、行政、司法机构）及群团组织的雇员，

案例 4-1　美国政府雇员

他们的权利和义务由公务员法规定；教育、科研、卫生、文化、艺术、体育等单位的雇员，由我国事业单位的劳动关系管理；而国有企业的雇员，与其他企业的雇员一样，其权利和义务受《劳动合同法》规制，《劳动合同法》第二条规定："中华人民共和国境内的企业、个体经济组织、民办非企业单位等组织与劳动者建立劳动关系，订立、履行、变更、解除或者终止劳动合同，适用本法。"

4.2 劳动法律规范

劳动法是政府规范劳动关系的主要方式。劳动法是工业社会发展到一定程度，国家为维护和保障劳动者利益、协调劳动关系而制定的法律。

4.2.1 劳动法律规范的功能

劳动法属于社会法。古罗马时期，法律分为公法和私法。公法是指关于国家或国家与个人之间权利义务关系的法律；私法是指关于个体与个体之间权利义务关系的法律。市场经济的发展出现了第三种法——社会法，即国家为保障社会利益，通过加强对社会生活的干预而产生的法律。社会法的立法主旨是保护公民的社会权利，尤其是保护弱势群体的利益。在社会关系中，有自然的强势群体和弱势群体之分，任由市场自发竞争，可能导致强者越强、弱者越弱，因此需要公权力介入来保护弱者的利益，不至于使社会关系失衡状态加剧并最终导致严重的社会问题。

《劳动法》的社会法特征表现在国家对劳动关系的干预，包括直接干预和间接干预。直接干预是制定工资、劳动时间、劳动条件等劳动标准，任何组织的雇佣都应该遵循，否则受到法律处罚。间接干预是指保障劳动者的结社权、集体谈判权、争议处理权，让处于弱势的劳动者以工会的形式组织起来，以确保劳动者利用集体力量与雇主进行平等谈判，以争取高于法定劳动标准的更好条件。

劳动法律的功能有以下 3 个方面。

（1）解决纠纷。法律的主要功能就是解决纠纷。一旦劳动者与用人单位之间发生了纠纷，申诉各方都希望赢得诉讼或得到最基本的公正对待。劳动法律的最基本的功能就是维持公正。《劳动法》不仅赋予劳动者劳动权和保障权，而且规定了保证这些权利实现的司法机制，这是民主法制的基本要求。

（2）确定基本劳动标准，如最低工资、最低就业年龄、工作时间和休息休假、社会保险以及安全卫生标准等。

（3）保护劳动关系双方的自愿安排并为之提供保护，如劳动合同、集体合同制度。

4.2.2 劳动法律体系

资本主义早期，很多国家用民法来调整劳动关系，《拿破仑法典》（又称《法国民法典》）就将劳动关系纳入民法中。资本原始积累时期，还制定了一些劳工法规，如最高工资和最低工时立法，以维护资本的利益。1802 年英国政府通过了一项限制纺织厂工作的童工工作时间的法律——《学徒健康与道德法》，禁止纺织厂使用9岁以下学徒，并规定18岁以下的学徒工作时间每日不得超过12小时和禁止学徒在晚上9时至第二天早晨5时从事夜间劳动，这一以保护劳动者为宗旨的立法的颁布，标志着劳动法的产生。英国劳动立法的产生在世界上产生了巨大的影响，随后，德国、法国、意大利等国家都制定了相关的立法。例如，德国于1839年颁布了《普鲁士工厂矿山条例》、1869年北德意志颁布了《工业劳动法》、1891年制定了《德意志帝国工业法》、1903年颁布了《未成年工保护法》。法国1841年颁布了《童工、未成年工保护法》、1896年制定了《工业法》、1912年制定了《劳工法》。经过逐步的发展，《劳动法》终于从民法法律规范中分离了出来，从而成为一个独立的法律部门[①]。

劳动关系法律规范最初是从劳动标准立法开始，通过工时、工资、劳动安全卫生保护、失业和养老救济等方面的立法，逐渐建立起一套最低劳动保护标准。如德国制定了《工作时间法》《失业救济法》《工人保护法》；美国制定了《公平劳动标准法》，规定了工人最低保护标准和最高工时限制；法国制定了一系列改善劳动条件、实现男女同工同酬、限制劳动方面的种族歧视的法律；日本也制定了《劳动标准法》，在工资、劳动安全卫生、就业培训、女工保护等方面对雇员提供最基本的保护措施。

在逐渐制定劳动标准立法的同时，集体协商、集体合同制度也逐步建立起来。新西兰1904年、德国1918年先后颁布《集体合同法》；美国1935年颁布《劳资关系法》，建立集体劳动关系。工业革命以来曾经被认为是劳资间互动基础的阶级"斗争"逐渐消失，代之以"合作"为本质的劳动关系体制则在20世纪末逐渐形成。以瑞典为例，确认安全与舒适的工作环境，是劳资关系的首要目的，达到这一目的需要双方的紧密合作。瑞典制定了《1976年工作生活共同规制法》，关注集体协议及它们的法律效力，旨在通过集体协议创造积极条件，瑞典集体协议的模式发挥了重大的影响。21世纪，通过社会安全网的设立来解决劳动者保护的基本问题已经成为各个国家关注的普遍问题。国际劳工组织从1995年起开始全面推动7种劳动人权公约的批准。

各国逐步形成劳动关系法律规范体系。劳动法律体系是一国的全部劳动法律规范按照一定标准分类组合所形成的有机整体。从职能结构来说，劳动法律体系包括劳动标准法、劳动关系法、劳动保障法、劳动行政法，如图4-1所示。

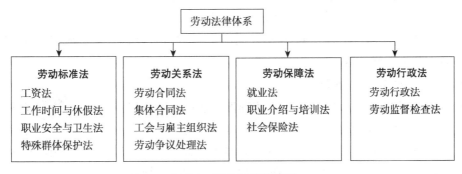

图4-1　劳动法律体系图

---

① 常凯. 劳动关系学[M]. 北京：中国劳动社会保障出版社，2005：251-252.

从劳动法的结构层次看，可以分为劳动标准法、劳动合同法、集体合同法、劳动争议处理法。

劳动标准法是法定的最低劳动标准，是一个社会能够认可的标准，是社会的安全线，低于此标准用工就是社会不能承受的，会构成对劳动者的过度役使，危害社会安全和社会稳定。劳动标准是强制性标准，低于最低标准就是违法。劳动保障尤其对于无市场竞争力的劳动者是一种强制保护，因为他们难以靠自身的劳动技能争取较好的劳动条件和待遇，只能依靠法律确定的最低标准来保护。

劳动合同法是为了改变劳动者和用人单位签订合同时的弱势地位和履行合同时的从属地位而进行的立法保护。各国立法对劳动合同签订和履行进行立法干预，使得劳动合同逐渐从民事合同中独立出来，形成一套新的不同于民事雇佣的立法规范。

案例 4-2　要不要编撰劳动法典？

集体合同法使劳动者通过结社自由、组成工会进行集体谈判协商，能够促使劳动者在谈判力量上和雇主或其团体达成平衡，以集体协商的手段提高劳动条件和劳动待遇。因此，集体合同法对劳动关系的调整实质上是平衡劳资双方的谈判力量，在此基础上鼓励劳资双方能够通过集体协商，签订集体合同，找到利益上的平衡点，以此促进劳动关系和谐及社会稳定和经济发展。

劳动争议处理法使雇员和雇主之间如因劳动关系产生纠纷，有法定的解决纠纷的渠道，以免激化矛盾，危害社会安全和稳定。

4.3　三方协商机制

三方协商机制是市场经济条件下劳动关系处理的基本格局和制度，是社会经济政策制定和实施中的一个重要程序，在世界经济一体化的发展趋势下，三方协商作为一个原则，已被多数市场经济国家接受并具体实施。

4.3.1　三方协商机制内涵与作用

三方协商（tripartite consultation）是一个过程或机制，指劳动者、雇主和政府通过自愿的互动和对话，商讨劳动标准和劳工权益的保护。国际劳工组织（ILO）自 1919 年成立伊始，即倡导将三方主义（tripartism），作为一种促进各种社会主体利益和谐和争取公正合理的工作条件的手段。

1. 三方协商机制的内涵

根据国际劳工组织 1976 年《三方协商促进实施国际劳工标准公约》（第 144 号）规定，三方协商机制是指政府（通常以劳动行政部门为代表）、雇主、工人之间，就制定和实施经济与社会政策而进行的所有交往和活动。即由政府、雇主和工人通过一定的组织机构和运作机制共同处理所有涉及劳动关系的问题，如劳动立法、经济与社会政策的制定、就业与劳动条件、工资水平、

案例 4-3　《三方协商促进实施国际劳工标准公约》

劳动标准、职业培训、社会保障、职业安全与卫生、劳动争议处理以及对产业行为的规范与防范等。

三方协商机制是市场经济条件下处理劳动关系的基本格局和制度，是社会经济政策制定和实施中的一个重要程序，它要求在制定劳动法规、调整劳动关系、处理劳动争议和参加国际劳工会议方面，要由政府、雇主和工人三方代表参加。三方协商机制的具体形式包括各种类型的谈判、协商或信息交流。信息交流是指三方互相了解彼此的情况，进行信息传递；协商是指各方在一起讨论、商量，但并不作出决策；谈判则指各方进行讨论协商之后，最终达成有约束力的协议。

三方协商机制包括以下内涵：①三方协商机制是专门为协调劳动关系而建立的管理体制和组织体系，通过这种体制和体系，由参与各方共同制定协商规则和协商程序，共同处理劳动关系。②三方协商机制的宗旨是通过政府、雇主组织和工人组织的合作，制定正确的政策和制度，促进全社会劳动关系的稳定，保障雇主和劳动者的合法权益，达到稳定社会、发展经济的目的。③三方协商机制中的政府、雇主组织和工人组织三方处于平等的地位，在相互理解、相互合作的基础上，进行对话、协商和谈判。④三方协商机制的各方各自代表不同的利益主体，维护各自代表主体的利益，因此协商的过程实际上是不同利益主体之间的协调和平衡。⑤三方协商机制处理的事务都是当前在劳动关系方面的重大问题和重大事务，如有关劳动法律法规和政策的制定与实施，特别是劳动合同、集体协议、政策和法律法规的制定与实施及有关劳动争议的处理等。

我国协调劳动关系三方协商机制是指由政府劳动行政部门、雇主（企业）组织和工人组织（工会）三方代表，按照一定的制度、规则和程序，在协调劳动关系方面所形成的组织体系和运作制度。

2. 三方协商机制的作用

三方协商机制的本质是在市场经济条件下，协调与平衡不同利益主体之间各自不同的利益需求，实现三方权利分享、共同协商、消除误解、增进了解、弱化争议、取得共识。三方协商机制的作用是显著的。

1）维持产业和平

工业化生产必定产生劳资矛盾，资本原始积累时期充满血腥斗争，造成社会经济损失。20 世纪 30 年代的经济大萧条，造成大量企业破产和工人失业，劳资冲突加剧。为缓和矛盾，各国政府开始干预劳动关系，立法建立集体谈判制度，促进劳资对话和谈判。20 世纪五六十年代，以工人参与的产业民主在主要发达市场经济国家兴起，政府、劳方、资方共同处理劳动关系问题成为普遍被接受的方式。

市场经济条件下，不同的利益主体有不同的利益追求，形成了不同的利益倾向，所关注的问题也不尽相同。雇主最关心的是企业利益的最大化，强调尽量降低生产成本，提高生产效率，增强竞争力，获取更大利润。工人则强调劳动者权益保护，能更多分享企业发展的成果，提高生活水平。政府则关注经济持续发展、社会安定、政局稳定。因此，对于涉及劳动关系的重大问题难免出现分歧。在这种情况下，任何一方都不能单独作出决定，需要三方协商、对话、合作，以达成各方基本满意的目的。三方协商机制大大减少了产业冲突，维护产业和平。

2）推进工业民主

"工业民主"（industrial democracy）是指在工作场所工人（员工）通过一定的组织和程序参与和影响决策，共享权力和责任的自我管理。随着资本主义制度的确立，经济领域中的不平等成为一个严重的社会问题。少数人占有社会财富，凭此控制经济和劳动过程，进一步获得更多财富；大多数人沦为劳动者，仅获得劳动报酬和被动接受劳动中的权威和管理。金钱在经济领域占有绝对支配地位。由此，产生了要求经济、工业领域平等的斗争，工业民主思想诞生[①]。早期，由于政府在劳资关系领域实行自由放任政策，在"竞争自由""契约自由"的旗号下，工人的要求得不到回应，权利得不到应有的保护。工人的抗争从破坏机器设备、破坏厂房，到怠工、罢工，但由于没有工人组织，不能形成集体力量而遭到失败。这一时期，资本主义各国政府的法律都严厉禁止工人组织工会和罢工。到19世纪末，三方协商机制出现后，这种局面才发生变化。政府开始承认工人组织，废除了歧视性的法律条文，允许结社和罢工，从而确立了工会的地位。在三方协商机制中，工会作为一方独立的主体，可以代表工人提出意见，劳动者的影响明显增强，工人的许多权益在工会的抗争下得到保护。

3）推动经济发展和社会进步

劳动关系是一个国家社会关系中最重要的关系之一，在协调劳动关系的问题上，实行由政府、雇主和工会组成的三方协商机制，对经济发展和社会进步的促进作用表现在：①三方协商机制中确立的工会组织地位，使工会可以代表工人自由讨论、发挥意见、行使职权，劳动者在劳动过程中的权益有了自己的组织保障，调动了劳动者的生产积极性，从而提高了全社会的生产力水平。②三方协商机制将劳资政三方利益进行整合，消除对抗，创造了良好的经济发展环境。③三方协商机制中劳资政三方共同面对经济社会发展中的问题，寻求最优解，共同谋求社会进步。

4.3.2　三方协商机制的产生及运行条件

1. 三方协商机制的产生

三方协商机制的产生既是现代市场经济发展的产物，也是产业民主的结果。三方协商发端于19世纪末，至20世纪20年代初步形成为一种制度，其直接动因是国际劳动立法运动的兴起。19世纪下半叶，劳动立法作为国际工人运动共同的行动纲领，不仅得到了各国工人的响应，而且得到了部分资产阶级社会活动家和政治家的关注。他们主张，为保证社会稳定，应对工人的要求给予理解和同情，并通过立法在保证雇主利益的同时适度限制其为所欲为。这一主张被法国、德国和瑞士等国家的议会和政府接受，并在1890年举行了第一次由各国政府派代表参加的讨论劳动事务的国际会议。1898年8月，在瑞士工人联合会的倡议下，13个国家的工人组织的代表在苏黎世举行了劳动保护首届国际代表会议。1901年，由工人组织、学者和政府的代表在瑞士成立了国际劳动立法协会。这是一个非官方的具有三方协商色彩的关于劳动事务的国际机构。第一次世界大战爆发后，这一组织解散。但这个协会在劳工组织的构成及通过国际劳工公约的程序等方面提

[①] 谢玉华，何包钢. 西方工业民主和员工参与研究述评[J]. 经济社会体制比较，2007(2)：138-146.

供了经验，并为后来的国际劳工组织所继承。

1919 年成立的国际劳工组织（International Labour Organization，简称 ILO）是劳资关系领域三方协商机制正式形成和发展的重要标志。1919 年在美国劳联主席的主持下拟定了有关劳动问题的 9 项原则的宣言和国际劳工组织章程草案，经巴黎和会讨论通过，编为《巴黎和约》第 13 篇，即所谓《国际劳动宪章》。国际劳工组织据此于当年成立。国际劳工组织是一个政府间的国际组织，但在组织原则上又有其独特之处，即所谓三方性的体制和三方协商的议事规则。这种体制和规则保证了会员国的政府代表、雇主代表和工人代表都有权参加该组织一切事务的讨论和决定。国际劳工组织不仅在机构组成上具有三方性的鲜明特点，而且其活动宗旨也充分体现了其促进政府、资方、劳方合作，共同改善劳动状况，协调劳资关系，维护劳动权益的精神。这一原则逐步被世界各国接受，并作为处理本国劳工事务和劳动立法的原则。

国际劳工组织的组织机构主要由国际劳工大会、理事会和国际劳工局组成。国际劳工大会是国际劳工组织的最高权力机关，由每个会员国各派 4 名代表组成，其中政府代表 2 人，工人代表和雇主代表各 1 人。理事会是国际劳工组织的执行机关，现有理事 56 人，其中政府理事 28 名，工人理事和雇主理事各 14 人。政府理事中有 10 名理事由主要工业国委派，其余的政府理事、工人理事及雇主理事分别在出席国际劳工大会的政府、工人和雇主的代表中选举产生。国际劳工局是国际劳工组织的常设工作机构，也是国际劳工大会和理事会的秘书处。除以上 3 个主要机构外，国际劳工组织还设有许多产业性、专门性和区域性的委员会，这些委员会除财务委员会等个别委员会外，其组织机构与国际劳工大会及理事会一样，均实行三方性原则[1]。

2. 三方协商机制的运行条件

三方协商是市场经济发展到一定阶段的产物。作为三方协商的社会经济条件主要有两大因素：现代企业制度的实施和集体合同制度的实行。现代企业制度要求重组各生产要素，使土地、资本、管理、劳动等都发挥其作用。这种客观要求使劳动在生产过程中的地位得以提高。与此同时，劳动者权益通过劳资集体谈判确立，而不是资方单方面决定。

三方协商机制的运行首要条件是市场经济。计划经济下，整个社会经济由国家统一管理和经营，是不需要三方协商机制的。其次是三方主体独立，尤其劳方组织、雇主组织在地位上是独立的，能代表各方利益、有独立发言权和表决权，不受其他方的制约；三方的权利是对等的。最后要有民主协商机制，劳资斗则两败俱伤，和则两利。但各方利益冲突在所难免，三方都要有合作、协商意愿。政府在其中起关键作用，制定相应规范，促进协商合作，同时又有制约对方的机制。

4.3.3 三方协商机制的层级结构及运作方式

1. 三方协商机制的层级结构

三方协商机制的层级结构，根据协商的主体和所要解决问题的不同，依据国际劳工

---

① 程延园. 劳动关系[M]. 4 版. 北京：中国人民大学出版社，2016：278-281.

组织的文件和各国实施三方协商的实践，主要分为以下 4 种。

1）国家级

国家层级三方协商机制是最主要和最基本的，也是国际劳工组织强调的三方协商层级。参加国家级三方协商的主体，政府的代表是政府的劳动部门和有关经济部门，雇主代表是全国一级的最有代表性的雇主组织，雇员代表则是全国一级的最有代表性的工会组织。协商的主要内容包括：参加国际劳工大会的事宜和批准或履行国际劳工公约或国际劳工建议书的建议；国家经济和社会发展的政策和立法；实施国际劳工标准和国内劳动法。通过国家级三方协商机制，可以确定规范和处理各种劳动关系问题的标准和具体做法；还可以针对某些社会问题达成社会协议，因此三方协商在一些国家也被笼统地称为社会协商。

2）产业级

产业一级的三方协商是指国家一级产业的协商。产业一级的协商主体是政府的产业部门、产业的雇主协会和产业工会。协商的内容主要是：产业的国际劳工标准；产业发展的有关经济和社会问题；产业的劳动关系和劳动标准。

3）地方级

地方一级的三方协商主要是指地方的协商。其协商主体为地方政府的劳动和有关经济部门、地方的雇主协会、地方工会。协商的内容主要是地方的社会经济政策的制定和立法，以及地方的劳动标准和劳动法规。

4）企业级

企业层级的协商主要是劳资集体谈判或集体协商，严格地说是两方协商。企业一级的协商一般并不作为三方协商的直接构成级别，通常作为国家和产业一级协商的基础和相关内容。企业层级协商的直接主体是雇主和企业工会，政府部门一般不直接参与，但在协商遇到障碍时，政府也会出面调解。而且，有些国家规定企业一级协商或谈判的结果要在政府有关部门登记或认定方为有效。劳资两方协商的形式在其他级别上也会出现，比如产业一级的集体谈判也可以看做两方的协商。此外，劳资双方还可以就双方关心的有关问题开展任何一级的协商，但主要是在企业一级。

一个国家的三方协商机制是以企业一级的劳资协商为基础，以国家一级的协商为重点和主导的。

2. 三方协商机制的运作方式

1）磋商与咨询

三方协商机制通过磋商与咨询，对国家劳动立法、劳工政策、社会政策等进行决策。西欧等工业化国家的三方机构对于制定劳动法规和劳动标准享有"建议权"。东欧一些国家，劳动立法一般也是通过三方委员会的反复磋商才通过的，如 1991 年匈牙利制定的《罢工法》和修订的《工会法》，1990 年捷克斯洛伐克制定的《集体谈判法》，波兰 1991 年开始制定的《工会法》，罗马尼亚从 1991 年起制定的《集体合同法》和《处理劳动冲突法》等，都经过了这个程序。一些三方协商机制比较完善的国家，在涉及就业、社会保障、职业培训等有关问题时，都要听取三方委员会的意见，协商解决。磋商和咨询是三方委员会最主要、最经常的工作方式[1]。

2）谈判

三方协商机制通过谈判确立工资及劳动标准。劳动标准特别是工资标准，直接涉及雇主和雇员的切身利益，也直接涉及社会经济的发展政策。三方对此都会有自己的具体立场和要求，解决这一问题的基本手段便是谈判。协商或磋商与谈判的差别在于：协商或磋商是就某些重要的社会经济问题提出意见和交换看法，其结果可能会有一个比较统一的意见，也可能仍然各执己见。谈判则要求双方在阐明自己观点的同时必须考虑对方的意见，谈判的结果是为了取得一个共同的协议，为此，双方必须作出某些让步。当然，这种界限并不是绝对的，两者在一定的情况下可以互相转变，协商可以发展为谈判，谈判没有结果也只能限于协商。但涉及劳动标准特别是工资问题，不经过谈判很难达成一个正式的协议。在三方委员会中：国家一级和地方一级的谈判主要是最低工资标准和劳动标准的问题；在产业和企业一级的谈判则主要是具体的工资和劳动条件、就业条件的问题。

3）协调与仲裁

当发生集体劳动争议时，三方委员会通常会调解劳资双方矛盾，作出仲裁，化解冲突。三方委员会具有劳资矛盾调解者的权力，三方委员会的调解与政府或工会等单一的组织机构调解相比，其意见和态度更易于被社会接受，尤其是在动荡时期或面临公共危机时，三方委员会的这一作用就更加明显。

 **案例 4-4**

欧洲的社会伙伴关系

20世纪90年代以后，随着劳资双方合作的日益普遍、工会运动和劳资谈判也在改变。政府对劳资关系非常重视，提出劳资双方建立合作伙伴关系的主张。

工会和资方被称为"社会伙伴"（有组织的资本和劳动），社会伙伴可以对话、协商、谈判签订协议，促进劳资双方在共同体的基础上进行协商。政府在提出社会政策之前要与社会伙伴协商，社会伙伴的观点和关注的议题被纳入政策和法律中。社会伙伴关系促进了劳资关系的稳定，表现为社会各阶层对话和集体判制度的建立，即社会伙伴之间的相互作用与运动。社会伙伴关系的基本内容是：①工会与企业应本着平等和信任的态度，共同参与企业的经营活动，分享信息福利。②利用工人参与伙伴关系来最大限度地满足工人的利益要求，以充分调动工人的积极性。③通过工人参与伙伴关系来加强企业内部的民主化。社会伙伴关系的最终目的是通过保持和发展良好的劳动关系，提高生产率，增强企业在国际市场上的竞争力。在这一思想指导下，劳动关系呈现出相对缓和的趋势，对立冲突日益减少，双方迫于自身需求和外部压力力求通过合作来提高竞争力，实现双方利益的共同提高。许多企业形成了劳资会议制度，及时解决出现的问题。在政府和社会各方面的推动下，这种伙伴关系已成为一种潮流。在这种潮流和其他因素的影响下工

---

[1] 程延园. 劳动关系[M]. 4版. 北京：中国人民大学出版社，2016：284.

会的力量有所削弱，工会会员的数量也在减少。

资料来源：托斯腾·舒尔腾. 欧洲集体谈判体系概览[M]//鲁道夫·特劳普-梅茨，张俊华. 劳动关系比较研究[M]. 北京：中国社会科学出版社，2010：42-53.

4.3.4　我国的协调劳动关系三方机制

1990 年全国人大常委会批准了国际劳工组织 1976 年第 144 号《三方协商促进国际劳工标准公约》。1996 年以后，在山东、山西和辽宁等省市，已开始直接建立劳动关系三方协商机制的尝试。2001 年 8 月，国家协调劳动关系三方会议第一次会议举行，表明我国正式建立三方协商制度。确定相对固定的部、室人员参加三方会议。三方会议在人力资源社会保障部劳动关系司设立办公室，负责协调组织召开会议的日常工作。三方会议原则上每年召开三次，分别由三方各承办一次会议，会议经费原则上由三方分担；后期实际上每年召开一次，会期一天。至 2022 年 6 月 17 日，国家协调劳动关系三方会议已召开第二十七次会议。

我国协调劳动关系三方机制国家层级由人力资源社会保障部、全国总工会、中国企业联合会（企联）、中华全国工商业联合会（工商联）组成，即通常说的"三方四家"，企联与工商联共同代表雇主。三方机制的法律见于《工会法》《劳动合同法》《劳动争议调解仲裁法》等法律的相关条款。2001 年 10 月《工会法》修正案，为三方机制的建立提供了法律依据和框架。该法第三十五条第二款规定："各级人民政府劳动行政部门应当会同同级工会和企业方面代表，建立劳动关系三方协商机制，共同研究解决劳动关系方面的重大问题。"2008 年实施的《劳动合同法》第五条规定："县级以上人民政府劳动行政部门会同工会和企业方面代表，建立健全协调劳动关系三方机制，共同研究解决有关劳动关系的重大问题。"《劳动争议调解仲裁法》第八条规定："县级以上人民政府劳动行政部门会同工会和企业方面代表建立协调劳动关系三方机制，共同研究解决劳动争议的重大问题。"此后，我国县级以上基本建立了三方机制。2007 年 3 月，我国成立国家三方会议专业委员会，包括劳动关系法律政策研究委员会、企业工资分配研究委员会、集体协商研究委员会，3 个专业委员会分别由国家三方会议的领导、外聘专家、学者和三方的专业工作者组成。2015 年我国推动在工业园区、乡镇（街道）和产业系统建立三方机制。截至 2017 年 9 月底：全国共有各级三方组织 22185 个，县级以上普遍建立了劳动关系三方协调机制，组织签订集体合同 159.3 万份，覆盖企业 402.1 万个，覆盖职工 1.9 亿人；20 个省（区、市）成立了协调劳动关系三方委员会①。2022 年党的二十大报告强调，要"完善协商协调机制"，这对劳动关系三方协调机制提出了新要求。

中国特色三方机制的特点是：政府主导；建立在利益一致基础上的联动机制。三方机制最初采用三方会议的形式，2015 年以后许多省级及以下三方会议改成了三方委员会。这两种形式本质上并无区别，职责也相同。只是三方委员会一般由同级政府副职领导担

---

① 中华人民共和国人力资源和社会保障部. 人力资源社会保障部对政协十三届全国委员会第一次会议第 1971 号（社会管理类 170 号）提案的答复[EB/OL]. (2018-09-30) http://www.mohrss.gov.cn/xxgk2020/fdzdgknr/zhgl/jytabl/tadf/201812/t20181210_306572.html. [2023-02-06].

任委员会主任，同级政府人力资源和社会保障部门、总工会、企业联合会/企业家协会、工商业联合会分管劳动关系工作的副职领导担任委员会副主任；三方会议一般由同级政府人力资源社会保障部门、总工会、企业联合会/企业家协会、工商业联合会分管劳动关系工作的副职领导担任执行主席，由同级政府人力资源社会保障部门分管劳动关系工作的副职领导主持，因此三方委员会的规格更高、权威性更强一些。我国三方机制的发展需要解决几个

案例 4-5　广东协调劳动关系三方机制

问题。一是代表性问题，企业组织的代表性不全面，工业经济联合会、中小企业协会、乡镇企业协会、青年企业家协会和外商投资企业协会等可以纳入三方机制中。工会的代表性也需要不断改革和创新优化。二是健全县级及以下三方机制的基层组织，县级以下正是劳动冲突多发的层级，需要强化。三是提升三方机制的权威性和专业性。我国三方机制运行灵活，但没有专门的法律法规，现有的相关法律规定具有原则性，操作性不强；三方机制权威性不够，存在"议而不决""决而不行"问题；一些省级三方机制成立了专门委员会，要激活这些委员会，使其在劳动就业、工资分配、社会保障、集体协商等方面起到决策咨询作用①。

复习思考题

1. 政府在劳动关系中的角色是什么？政府对劳动关系的调控作用有哪些？
2. 劳动法律有哪些功能？劳动法律体系有哪些内容？
3. 什么是三方协商机制？其运行条件有哪些？

---

① 杨成湘. 论中国特色协调劳动关系三方机制的特征及其改革路向[J]. 社会科学辑刊, 2022(4): 136-145.

第 5 章

劳动标准管理

本章对劳动标准的概念、分类进行概述；对国家劳动标准，行业、地区级劳动标准进行研究，对工作时间和休息休假、工资、劳动安全卫生、女职工和未成年工特殊保护、职业培训、社会保险和福利、工作场所等进行研究；对企业劳动标准的制定进行探索。学习本章，可以掌握企业劳动标准的相关规定和基本要求。

◇ 引导案例

用人单位与劳动者自行约定实行不定时工作制是否有效

基本案情： 2017 年 11 月 1 日，张某与某物业公司签订 3 年期劳动合同，约定张某担任安全员，月工资为 3500 元，所在岗位实行不定时工作制。物业公司于 2018 年 4 月向当地人力资源社会保障部门就安全员岗位申请不定时工作制，获批期间为 2018 年 5 月 1 日至 2019 年 4 月 30 日。2018 年 9 月 30 日，张某与物业公司经协商解除了劳动合同。双方认可 2017 年 11 月至 2018 年 4 月、2018 年 5 月至 2018 年 9 月期间，张某分别在休息日工作 15 天、10 天，物业公司既未安排调休也未支付休息日加班工资。张某要求物业公司支付上述期间休息日加班工资，物业公司以张某实行不定时工作制为由未予支付。2018 年 10 月，张某向劳动人事争议仲裁委员会（以下简称仲裁委员会）申请仲裁。

申请人请求： 请求裁决物业公司支付 2017 年 11 月至 2018 年 9 月的休息日加班工资共计 8046 元（3500 元 ÷ 21.75 天 × 25 天 × 200%）。

处理结果： 仲裁委员会裁决物业公司支付张某 2017 年 11 月至 2018 年 4 月的休息日加班工资 4828 元（3500 元 ÷ 21.75 天 × 15 天 × 200%）。张某不服仲裁裁决起诉，一审法院判决与仲裁裁决一致，后不服一审判决向上一级人民法院提起上诉，二审判决维持原判。

案例分析： 本案的争议焦点是未经审批，物业公司能否仅凭与张某的约定实行不定时工作制。《劳动法》第三十九条规定："企业因生产特点不能实行本法第三十六条、第三十八条规定的，经劳动行政部门批准，可以实行其他工作和休息办法。"《关于企业实行不定时工作制和综合计算工时工作制的审批办法》（劳部发〔1994〕503 号）第四条规定："企业对符合下列条件之一的职工，可以实行不定时工作制。（一）企业中的高级管理人员、外勤人员、推销人员、部分值班人员和其他因工作无法按标准工作时间衡量的职工……"从上述条款可知，用人单位对劳动者实行不定时工作制，有严格的适用主体和适用程序要求。只有符合国家规定的特殊岗位劳动者，并经过人力资源社会保障部门审批，用人单位才能实行不定时工作制，否则不能实行。

本案中，张某所在的安全员岗位经审批实行不定时工作制的期间为 2018 年 5 月 1 日至 2019 年 4 月 30 日，此期间内根据《工资支付暂行规定》（劳部发〔1994〕489 号）第十三条的规定，物业公司依法可以不支付张某休息日加班工资。2017 年 11 月至 2018 年 4 月期间，物业公司未经人力资源社会保障部门审批，对张某所在岗位实行不定时工作制，违反相关法律规定。因此，应当认定此期间张某实行标准工时制，物业公司应当按照《中华人民共和国劳动法》第四十四条的规定："休息日安排劳动者工作又不能安排补休的，支付不低于工资的百分之二百的工资报酬"支付张某休息日加班工资。

典型意义：不定时工作制是针对因生产特点、工作特殊需要或职责范围的关系，无法按标准工作时间衡量或需要机动作业的劳动者所采用的一种工时制度。法律规定不定时工作制必须经审批方可实行。一方面，用人单位不能仅凭与劳动者约定就实行不定时工作制，而应当及时报人力资源社会保障部门批准后实行。对实行不定时工作制劳动者，也应当根据有关规定，采用集中工作、集中休息、轮休调休、弹性工作时间等方式，确保劳动者休息休假权利。另一方面，人力资源社会保障部门不断完善特殊工时工作制的审批机制，及时满足用人单位经营管理需要。比如，规定批复时效在疫情防控期间到期且无法通过邮寄、网络等方式办理的，经原审批部门同意并备案后，原批复有效期可顺延至疫情防控措施结束。

资料来源：《人力资源社会保障部　最高人民法院关于联合发布第一批劳动人事争议典型案例的通知》（人社部函〔2020〕62 号）

5.1　劳动标准与劳动基准概述

5.1.1　劳动标准的含义及分类

劳动标准是指对劳动领域内的重复性事物、概念和行为进行规范，以定性形式或者以定量形式所作出的统一规定。所谓"重复性"，是指同一事物、概念和行为反复多次出现的性质[①]。比如工作时间和休息休假、工资、劳动安全卫生等都是重复出现。劳动标准就是对这些重复出现的事物、概念和行为，找出其规律性并作出的统一规定。

1. 国际劳工标准

国际劳工标准，是指由国际劳工大会通过的国际劳工公约和建议书，以及其他达成国际协议的具有完备系统的关于处理劳动关系和与之相关联的一些关系的原则、规则[②]。

1）国际劳工标准的宗旨

国际劳工标准的核心和宗旨是确立和保障世界范围内的工人权利。工人权利又称劳

---

① 唐鑛，刘兰. 企业劳动关系管理[M]. 北京：中国人民大学出版社，2017: 68.
② 唐鑛，刘兰. 企业劳动关系管理[M]. 北京：中国人民大学出版社，2017: 72-74.

工权益，是指法律所规定的处于现代劳动关系中的劳动者在履行劳动义务的同时所享有的与劳动有关的权益。工人权利是一个历史和发展的概念，在不同历史时期、不同背景条件下，其内涵有所不同。国际劳工立法的目标在《国际劳工组织章程》中确定为："只有以社会正义为基础，才能建立世界持久和平"。在《费城宣言》中进一步确立为："全人类不分种族、信仰和性别都有权在自由和尊严、经济保障和机会均等的条件下谋求物质福利和精神发展"。因此，国际劳工组织需要通过制定和实施国际劳工标准，来确立和保障世界范围内的工人权利，改善各国工人的劳动条件，达到维护社会正义和世界和平的目标。

国际劳工标准的主要形式有两种：一种是国际劳工公约；另一种是建议书。二者虽然都属于国际劳动立法文件，但其效力是不同的。国际劳工公约经国际劳工大会通过后，提交成员国批准；公约一经批准，成员国必须遵守和执行。建议书则是供成员国制定法律和采取其他措施时参考，不需要成员国批准，因而没有遵守和执行的义务。1919—2016年，国际劳工组织通过189个公约和204个建议书，形成了完整的国际劳动公约体系，其发展趋势与各国的劳动立法大致相同。国际劳工标准的内容几乎涉及劳动问题的所有方面，随着世界经济发展和社会进步而逐渐丰富与扩展，对世界劳动条件和实践的影响不容忽视。

2）国际劳工标准的内容和分类

国际劳工标准的内容涉及劳动和社会保障领域方方面面的问题，主要包括以下23类主题：结社自由；集体谈判和产业关系；废除强迫劳动；禁止童工劳动和保护未成年人；机会和待遇平等；三方协商；劳动行政管理和劳动监察；就业政策和就业促进；职业指导和培训；就业保障；工资；工作时间；职业安全卫生；社会保障；生育保护；社会政策；移民工人；艾滋病毒/艾滋病；海员；渔船船员；码头工人；土著工人与部落人口；特殊行业劳动者以及最后条款。

3）核心劳工标准

国际劳工标准的核心劳工标准是国际劳工组织通过并批准的劳工标准体系中最重要的部分，也是成员国、雇主和工人三方智慧的结晶。核心劳工标准包括结社自由与集体谈判权、废除一切形式的强迫和强制劳动、有效地废除童工劳动、同工同酬以及消除就业与职业歧视。

（1）结社自由与集体谈判权。结社自由是工人的首要权利，又称团结权或组织权，一般是指劳动者为实现维持和改善劳动条件的基本目的而结成暂时的或永久的团体，并使其运作的权利。结社自由和集体谈判权是劳工权益中最基本和最核心的权利，是劳动者集体享有的权利，也称集体劳权。集体劳权是由劳动者集体的组织——工会来行使。劳动者运用这一权利与雇主形成力量平衡。

关于结社自由的核心国际劳工标准主要反映在《1948年结社自由和组织权利保护公约》（第87号）中。关于"自由结社权"，第87号公约第2条规定：凡工人及雇主，不需经事前批准，均有权建立他们自己愿意建立的组织和在仅仅遵守有关组织的规章的情况下加入他们自己愿意加入的组织。第4条规定：行政当局不得解散工人组织及雇主组织或停止它们的活动。换言之：该公约提出的自由结社权既是工人的权利，也是雇主的权利；不仅建立组织不需要事前得到批准，加入某个组织也不需要事先得到批准；无论是创建组织还是参加组织，都可以自由选择。

关于集体谈判的核心国际劳工标准主要反映在 1949 年《组织权利和集体谈判权利公约》（第 98 号）中。第 98 号公约第 4 条规定：对于雇主或雇主组织同工人组织之间进行自愿谈判的机制，政府应当采取适合本国国情的鼓励措施，并促进其充分地发展与运用，以使双方通过签订集体协议来规定工人的就业条件。该公约不但规定工人和工会应当受到保护，还进一步提出政府应鼓励、推动工会和雇主协会充分地发展和运用集体谈判和集体合同。这一公约在世界上被视为进行集体谈判和签订集体合同的国际法律依据。

（2）废除一切形式的强迫和强制劳动。1930 年，国际劳工大会通过了《强迫或强制劳动公约》（第 29 号）。1957 年，国际劳工大会通过了《废除强迫劳动公约》（第 105 号），这是国际劳工标准在禁止强迫劳动方面两个重要的公约。

《强迫或强制劳动公约》第 2 条对强迫劳动的定义为：任何人受惩罚、威胁、被迫从事非本人自愿从事的一切工作或劳务。《废除强迫劳动公约》要求，批准该公约的成员国立即、彻底废除用于政治目的的强迫劳动或义务劳动，废除以下述任何形式为目的的强迫劳动：把其作为政治压制或政治教育的一种手段；把其作为维护劳动纪律的一种手段；把其作为对参加罢工成员进行惩罚的一种手段；把其作为实行种族、社会、民族和宗教歧视的一种手段。

（3）有效地废除童工劳动。各国劳工立法最先重视的问题之一就是对童工和未成年工人给予必要的特殊保护。国际劳工组织《1973 年最低就业年龄公约》（第 138 号）和《1999 年禁止和立即行动消除最恶劣形式的童工劳动公约》（第 182 号）是这方面的两个主要公约。

《1973 年最低就业年龄公约》规定：已经批准公约的国家应承诺实行一项国家政策，旨在保证有效地废除童工，并逐步把准予就业或工作的最低年龄提高到与未成年人体力、智力最充分发展相适应的水平。公约还规定：根据上述目标具体规定的准许就业的最低年龄，不得低于完成义务教育的年龄，在任何情况下不得低于 15 岁。不过，如果成员国的经济和教育设施不够发达，在与有关雇主组织和工人组织协商后，初步规定最低年龄为 14 岁。另外，准予从事其性质或工作环境很可能危害未成年人健康、安全和道德的任何职业或工作类别，最低年龄不得低于 18 岁。这些职业类别应由国家法律或条例规定，或由主管当局在与有关雇主组织和工人组织协商后确定。

《1999 年禁止和立即行动消除最恶劣形式的童工劳动公约》对"最恶劣形式的童工劳动"进行了非常详细的定义，并规定凡批准本公约的成员国须立即采取有效的措施，保证将禁止和消除最恶劣形式的童工劳动作为一项紧迫的任务。成员国应将制定和实施行动计划作为优先目标，以消除最恶劣形式的童工劳动。制定和实施此类行动计划，须同有关政府机构以及雇主组织和工人组织进行协商，并考虑其他有关群体的意见。

（4）同工同酬以及消除就业与职业歧视。在现实社会中广泛存在着就业机会不均等、就业条件不公平等现象。为了消除现实社会中就业机会的不均等、消除就业歧视，国际劳工组织在一系列旨在保护特定类别工人（如女工、移民工人、农村工人、非本土领土上的工人等）的公约基础上，制定了《对男女工人同等价值的工作付予同等报酬公约》

（第 100 号）和《消除就业和职业歧视公约》（第 111 号）。

《对男女工人同等价值的工作付予同等报酬公约》规定：国家应鼓励并在现行确定报酬率办法的允许程度内，确保对全体劳动者实行男女劳动力之间同等价值工作报酬平等的原则。《消除就业和职业歧视公约》对"歧视"进行了界定：一切以种族、肤色、性别、宗教、政治观点、国籍、社会出身为基础，具有破坏或损害机会或待遇平等效果的区别、排除或优待。该公约要求各国制定和实行旨在消除就业和职业领域一切形式歧视的政策，把促进机会和待遇平等作为基本目标。

4）中国实施核心劳工标准的情况

我国共批准了 22 个国际劳工公约。1936—1947 年，国民党政府先后批准了 14 个国际劳工公约；1949 年后，我国陆续批准了 8 个国际劳工公约。对于核心劳工公约：我国已批准了关于同工同酬和消除就业歧视的第 100 号和第 111 号两个核心劳工公约；也批准了废除童工的第 138 号和第 182 号两个核心劳工公约。由于国际劳工标准更多的是通过世界贸易组织、区域贸易组织或其他机制在国际层面上加以推行和强化，我国在与世界各国的经贸交往中，要注意维护自身在国际劳工标准推广与执行问题上的利益和主权完整[1]。

2. 国家劳动标准

我国已初步形成了以《劳动法》为主体，行政、行业、地方协同制定，内容涉及工作时间和休假、工资、劳动安全卫生、女职工和未成年工特殊保护、职业培训、社会保险和福利等方面的劳动标准体系，并根据经济和社会的发展适时合理调整、依法公布。

按照劳动标准的层级及法律效力划分，劳动标准可以为国家级劳动标准，行业级劳动标准、地方级劳动标准，企业级劳动标准 3 个层次。

1）国家级劳动标准

国家级劳动标准是指由国家立法机关、国家劳动行政部门和国家标准化机构通过法定或行政程序制定、发布的在全国范围内适用的劳动标准。国家级劳动标准是最高层级劳动标准，具有最高法律效力。

2）行业级劳动标准、地方级劳动标准

行业级劳动标准是指由国务院有关主管部门制定、发布的在全国某行业范围内适用的标准，如果相应国家强制性标准实施，则自行废止。

地方级劳动标准是指由各级地方立法机构和地方政府以及地方标准化机构制定、发布的在该地区内适用的标准。

行业级劳动标准、地方级劳动标准是中层级劳动标准，起承上启下作用，对上贯彻国家级劳动标准，对下指导企业级劳动标准。

3）企业级劳动标准

企业级劳动标准是指企业制定、发布在本企业内适用的多种形式的劳动标准。企业级劳动标准是最低层级劳动标准，属于市场微观范畴。

---

① 张会荣，刘明巍，萨罗什·库鲁维拉. 全球供应链中劳工标准民间规制的运行与效果[J]. 社会科学辑刊，2022(2)：141-154.

在我国，由于国家级标准有的不具体，操作不方便，行业、地方可以根据实际情况做出具体的规定。如果行业级劳动标准、地方级劳动标准与国家级劳动标准相冲突，则无效；如果行业级劳动标准与地方级劳动标准之间对同一事项的规定不一致，不能确定如何适用时，由国务院提出意见；国务院认为应当适用地方级劳动标准的，应当决定在该地方适用地方级劳动标准的规定；如果认为应当适用行业级劳动标准的，应当提请全国人民代表大会常务委员会裁定。企业级劳动标准的制定必须以遵守国家级、行业级、地方级劳动标准为前提，否则会产生不利后果，甚至受到处罚。

劳动标准还可以按照强制执行效力划分，分为强制性劳动标准、指导性劳动标准和约束性劳动标准。强制性劳动标准是国家和地方制定的劳动法律法规和其他规范性文件中规定的劳动标准，具有强制性和普遍适用性，国家标准化机构批准的要求强制执行的劳动安全卫生标准等也属于此类性质的标准。指导性劳动标准是政府发布的有关劳动标准的政策性文件和标准化机构发布的推荐性标准，没有强制性，只是提倡、鼓励有关方面执行，具有指导性。各地方政府劳动行政部门每年定期公布的工资指导线就是最典型的指导性劳动标准。约束性劳动标准是适用于特定单位及其劳动者的企业内部劳动标准，只在本单位具有约束性，如企业规章制度中的有关劳动标准、企业集体合同中的有关劳动标准。

5.1.2 劳动基准的概念及意义

劳动基准指的是国家站在保障劳动者权益和促进劳动关系稳定和谐的立场上，对劳动者在职业劳动中应该享受或获取的利益确定的最低标准，并强制推行的劳动法律机制。劳动基准具有法定性、保底性、强制性等特点[①]。

劳动法是以法定劳动标准立法为起源的，1802 年英国的《学徒健康与道德法》即是关于劳动标准的立法。劳动基准一词来源于日本，日本 1947 年 4 月 7 日制定了《劳动基准法》。"基准"一词准确地反映了该法所确立的"基础标准"和"最低标准"的含义。"基准"一词被我国台湾地区立法借鉴，台湾地区于 1984 年 7 月 30 日颁布了《劳动基准法》，该法第 1 条明确其立法目的为：规定劳动条件最低标准、保障劳工权益、加强劳雇关系，促进社会与经济发展；并明确规定，雇主与劳工所签订劳动条件不得低于本法商定之最低标准。

劳动基准法的制定是对传统劳动关系协调的重大突破。在劳动基准法产生之前，劳动条件按照私法自治原则，由劳动关系主体双方自由商定，对于劳动契约的主要内容如工资、工时、工作场所、休假等均无国家标准，以当事人合意而定。但相对于力量强大的雇主，劳动者并无讨价还价能力，对于雇主提供合同所列条件，只能简单地表示同意或拒绝，造成劳动合同的附和化、劳动者处于无力抗拒、被迫签约的状态。为此，为保护劳工，维护社会秩序和社会公正，劳动基准立法逐渐产生和发展。劳动基准法具有：①替补性质。在劳动者与用人单位就劳动合同内容进行协商时，可能由于各种原因，导致劳动合同的条款不完备，对于不完备的条款、劳动基准法的内容就具有一定的替补作

---

① 唐鑛，汪鑫. 企业劳动关系管理基础[M]. 大连：东北财经大学出版社，2015：110.

用。例如，如果没有就工作时间做出约定，则可自动适用有关劳动法规的规定；如果工资事项没有约定，则用人单位支付劳动者的工资不能低于最低标准工资的规定。②劳动基准法为公法。劳动基准法为"政府"对劳动条件干预、介入执法，是国家通过立法对劳动条件的强行干预，其目的是救济处于弱势地位的劳动者，维护社会公平和社会正义，促进社会的和谐和稳定。③劳动基准法为实体法。劳动基准法有关劳动条件实体内容的规范，是国家对劳动条件最低标准的管制。但是劳动基准法作为实体立法与一般的实体法有所不同。一般意义上的实体法系指当事人权利义务的内容直接来自法律规定，但是劳动基准法只能对劳动条件的最低标准加以设限，至于当事人真正权利义务的内容则需要当事人协商达成合意。

5.2　主要劳动基准

劳动基准包括工作时间和休假、工资、劳动安全卫生、女职工和未成年工特殊保护、职业培训、社会保险和福利等多方面内容。我国劳动基准的发布较为分散，需要用人单位多渠道收集和把握，并及时更新。

5.2.1　工作时间

工作时间是指劳动者在工作场所为履行劳动义务每周应工作的天数和每天应工作的时数。

案例 5-1　如何看待"996"？

工作时间既包括劳动者实际完成工作的时间，也包括劳动者从事生产或工作所必需的准备和结束的时间、从事连续性有害健康工作的间歇时间、工艺中断时间、女职工哺乳未满一周岁婴儿的哺乳时间以及因公外出等法律规定限度内消耗的其他时间。工作时间可以以小时、日、周、月、季和年来计算。在我国工时制度分为标准工时制、不定时工作制、综合计算工时工作制、计件工时制、缩短工作时间、延长工作时间等。

工作时间是最重要的劳动条件之一，工作时间制度不仅影响劳动者工作权益的保障，也高度影响企业的日常经营活动，甚至企业的竞争力。全球化时代的来临、高新技术的普遍应用，以及知识经济的发展，对落实劳动者权益的保障提出了新的要求。

1. 标准工时制

标准工时制度是指法律规定的在一般情况下普遍适用的按照正常作息办法安排的工作日和工作周的工时制度。

我国《劳动法》第三十六条规定："国家实行劳动者每日工作时间不超过八小时，平均每周工作时间不超过四十四小时的工时制度。"

《国务院关于职工工作时间的规定》（国务院令第 174 号）第三条规定："职工每日工作 8 小时，每周工作 40 小时。"

《劳动法》与《国务院关于职工工作时间的规定》对标准工时的规定存在不一致的情

况，而根据《关于职工工作时间有关问题的复函》（劳部发〔1997〕271 号）的规定：
"如果用人单位要求劳动者每周工作超过 40 小时但不超过 44 小时，且不作延长工作时间处理，劳动行政机关有权要求其改正。"根据以上所述，我国标准工作时间为每日工作 8 小时，每周工作 40 小时。

标准工作时间是计算其他工作制的依据，比如根据《关于企业实行不定时工作制和综合计算工时工作制的审批办法》（劳部发〔1994〕503 号）的规定，企业对符合规定条件的职工，可实行综合计算工时工作制，即分别以周、月、季、年等为周期，综合计算工作时间，但其平均日工作时间和平均周工作时间应与法定标准工作时间基本相同。

2. 不定时工作制

不定时工作制是指每一工作日没有固定的上下班时间限制的工作时间制度。它是针对因生产特点、工作特殊需要或职责范围的关系，无法按标准工作时间衡量或需要机动作业的职工所采取的工时制度。

《劳动法》第三十九条规定："企业因生产特点不能实行本法第三十六条、第三十八条规定的，经劳动行政部门批准，可以实行其他工作和休息办法。"在《关于企业实行不定时工作制和综合计算工时工作制的审批办法》（劳部发〔1994〕503 号）文件中对不定时工作制作出了具体的规定。

企业对符合下列条件之一的职工，可以实行不定时工作制。

（1）企业中的高级管理人员、外勤人员、推销人员、部分值班人员和其他因工作无法按标准工作时间衡量的职工。

（2）企业中的长途运输人员、出租汽车司机和铁路、港口、仓库的部分装卸人员以及因工作性质特殊，需机动作业的职工。

（3）其他因生产特点、工作特殊需要或职责范围的关系，适合实行不定时工作制的职工。

对于实行不定时工作制工作和休息办法的职工，企业应根据《劳动法》第一章、第四章中的有关规定，在保障职工身体健康并充分听取职工意见的基础上，采用集中工作、集中休息、轮休调休、弹性工作时间等适当方式，确保职工的休息休假权利和生产、工作任务的完成。用工单位对劳动者实行不定时工作制，有严格的适用主体和适用的程序要求。只有符合国家规定的特殊岗位的劳动者，并经人力资源社会保障部门审批，用人单位才能实行不定时工作制，否则不能实行。

3. 综合计算工时工作制

综合计算工时工作制是指采用周、月、季、年等为周期综合计算工作时间，但周期内职工平均日工作时间和平均周工作时间应该与法定标准工作时间基本相同的工作制。

《劳动法》第三十九条规定："企业因生产特点不能实行本法第三十六条、第三十八条规定的，经劳动行政部门批准，可以实行其他工作和休息办法。"在《关于企业实行不定时工作制和综合计算工时工作制的审批办法》（劳部发〔1994〕503 号）文件中对综合计算工时工作制作出了具体的规定。

企业对符合下列条件之一的职工，可实行综合计算工时工作制。

（1）交通、铁路、邮电、水运、航空、渔业等行业中因工作性质特殊，需连续作业的职工；

（2）地质及资源勘探、建筑、制盐、制糖、旅游等受季节和自然条件限制的行业的部分职工；

（3）其他适合实行综合计算工时工作制的职工。

对于实行综合计算工时工作制工作和休息办法的职工，企业应根据《劳动法》第一章、第四章中的有关规定，在保障职工身体健康并充分听取职工意见的基础上，采用集中工作、集中休息、轮休调休、弹性工作时间等适当方式，确保职工的休息休假权利和生产、工作任务的完成。用工单位对劳动者实行综合计算工时工作制，同样有严格的适用主体和适用的程序要求。只有符合国家规定的特殊岗位的劳动者，并经人力资源社会保障部门审批，用人单位才能实行综合计算工时工作制，否则不能实行。

4. 计件工时制

所谓计件工时制，也称计件工作制，是以劳动者完成一定数量的合格产品或一定的作业量来确定劳动报酬的一种劳动形式。《劳动法》第三十七条规定："对实行计件工作的劳动者，用人单位应当根据本法第三十条规定的工时制度合理确定其劳动定额和计件报酬标准。"

计件工时制是直接确定劳动者的工作量，而不问劳动时间的一种工时制度。从这个意义上讲，计件工作的劳动者实行的是一种特殊类型的不定时工作制。

5. 缩短工作时间

缩短工作时间是指法定特殊条件下少于标准工作时间长度的一种工作时间。缩短工作时间一般根据行业的特点，实行不同程度的缩短工作时间制度。

从事矿山井下、高山、有毒有害、特别繁重体力劳动的劳动者。例如：化工行业从事有毒有害作业，实行每日工作6小时或7小时工作制，或"定期轮流脱离接触"工作制度；煤矿井下作业实行4班6小时工作制；建筑、冶炼、地质勘探、森林采伐、装卸搬运等（需要繁重体力劳动）行业及从事夜班工作的劳动者可以实行不同程度的缩短工作时间制度。

6. 延长工作时间

延长工作时间是指劳动者每个工作日的工作时间超过标准工作时间长度的工作日制度。延长工作时间包括加班和加点。加班是指职工根据用人单位的要求，在法定节日或者公休日继续工作。加点是指职工根据用人单位的要求，在标准工作时间以外继续工作。

（1）用人单位由于生产经营需要，经与工会和劳动者协商后可以延长工作时间。一般每日不超过1小时；特殊原因需要延长工作时间的，在保障劳动者身体健康的条件下延长工作时间每日不得超过3小时，每月不得超过36小时。

（2）当发生自然灾害、事故或其他原因，威胁劳动者生命健康和财产安全，需要紧急处理的；生产设备、交通运输线路、公共设施发生故障，影响生产和公共利益，必须及时抢修的；法律、行政法规规定的其他情形等特殊情形需延长工作时间的，不受《中华人民共和国劳动法》第四十一条的限制。

（3）用人单位不得违反《劳动法》的规定延长劳动者的工作时间。

5.2.2　休息休假

休息休假是指劳动者法定工作时间以外自行支配的时间。休息休假的规定是劳动者休息权的体现。休息休假包括劳动者每周休息的天数、每天休息的时数。

根据《劳动法》《全国年节及纪念日放假办法》《职工带薪年休假条例》《国务院关于职工探亲假待遇的规定》《婚姻法》等法律法规的规定，劳动者依法可享受公休假日、法定节假日、年休假、病假、婚假、丧假、产假、工伤假、事假等假期。

1. 公休假日

公休假日是指满一个工作周以后的休息时间。我国劳动者的公休假日为两天，一般安排在星期六和星期日。

2. 法定节假日

根据 2024 年 11 月 10 日《国务院关于修改〈全国年节及纪念日放假办法〉的决定》，法定节假日如下：

（1）全体公民放假的节日：①新年，放假 1 天（1 月 1 日）；②春节，放假 4 天（农历除夕、正月初一至初三）；③清明节，放假 1 天（农历清明当日）；④劳动节，放假 2 天（5 月 1 日、2 日）；⑤端午节，放假 1 天（农历端午当日）；⑥中秋节，放假 1 天（农历中秋当日）；⑦国庆节，放假 3 天（10 月 1 日、2 日、3 日）。

（2）部分公民放假的节日及纪念日：①妇女节（3 月 8 日），妇女放假半天。②青年节（5 月 4 日），14 周岁以上的青年放假半天。③儿童节（6 月 1 日），不满 14 周岁的少年儿童放假 1 天。④中国人民解放军建军纪念日（8 月 1 日），现役军人放假半天。

（3）少数民族习惯的节日，由各少数民族聚居地区的地方人民政府，按照各该民族习惯，规定放假日期。

全体公民放假的假日，如果适逢星期六、星期日，应当在工作日补假。部分公民放假的假日，如果适逢星期六、星期日，则不补假。

3. 带薪年休假

《职工带薪年休假条例》（国务院令第 514 号）规定，职工连续工作 1 年以上的，享受带薪年休假（以下简称年休假）。单位应当保证职工享受年休假。职工在年休假期间享受与正常工作期间相同的工资收入。职工累计工作已满 1 年不满 10 年的，年休假 5 天；已满 10 年不满 20 年的，年休假 10 天；已满 20 年的，年休假 15 天。国家法定休假日、休息日不计入年休假的假期。

职工有下列情形之一的，不享受当年的年休假：①职工依法享受寒暑假，其休假天数多于年休假天数的。②职工请事假累计 20 天以上且单位按照规定不扣工资的。③累计工作满 1 年不满 10 年的职工，请病假累计 2 个月以上的。④累计工作满 10 年不满 20 年的职工，请病假累计 3 个月以上的。⑤累计工作满 20 年以上的职工，请病假累计 4 个月以上的。

单位根据生产、工作的具体情况，并考虑职工本人意愿，统筹安排职工年休假。年休假在 1 个年度内可以集中安排，也可以分段安排，一般不跨年度安排。单位因生产、工作特点确有必要跨年度安排职工年休假的，可以跨 1 个年度安排。单位确因工作需要不能安排职工休年休假的，经职工本人同意，可以不安排职工休年休假。对职工应休未休的年休假天数，单位应当按照该职工日工资收入的 300% 支付年休假工资报酬。

4. 病假

劳动者非因工负伤，需要停工休息的，企业应当依法给予病假，并且在医疗期内不能解除劳动合同。

《企业职工患病或非因工负伤医疗期规定》（劳部发〔1994〕479 号）规定，企业职工因患病或非因工负伤，需要停止工作医疗时，根据本人实际参加工作年限和在本单位工作年限，给予三个月到二十四个月的医疗期：①实际工作年限十年以下的，在本单位工作年限五年以下的为三个月；五年以上的为六个月。②实际工作年限十年以上的，在本单位工作年限五年以下的为六个月；五年以上十年以下的为九个月；十年以上十五年以下的为十二个月；十五年以上二十年以下的为十八个月；二十年以上的为二十四个月。③医疗期三个月的按六个月内累计病休时间计算；六个月的按十二个月内累计病休时间计算；九个月的按十五个月内累计病休时间计算；十二个月的按十八个月内累计病休时间计算；十八个月的按二十四个月内累计病休时间计算；二十四个月的按三十个月内累计病休时间计算。④根据《关于贯彻〈企业职工患病或非因工负伤医疗期规定〉的通知》（劳部发〔1995〕236 号）规定，某些患特殊疾病（如癌症、精神病、瘫痪等）的职工，在 24 个月内尚不能痊愈的，经企业和劳动主管部门批准，可以适当延长医疗期。

5. 怀孕、生育（陪护假）和哺乳假

国家对女职工实行特殊保护，公民实行计划生育手续，享受国家规定的休假。各省分别出台了假期奖励政策。女职工从怀孕、生育、哺乳均有假期，男职工有陪护假。

（1）生育（陪护）假：根据《劳动法》第六十二条的规定，女职工生育享受不少于九十天的产假，实际可休假 98 天，根据《人口与计划生育法》的规定，公民实行计划生育手术，享受国家规定的休假。

各省制定了相关政策，如《湖南省人口与计划生育条例》第二十一条规定：符合法定生育条件的夫妻，女方除享受国家规定的产假外增加产假六十天，男方享受护理假二十天。增加的产假、护理假视为出勤。

（2）哺乳假：在哺乳未满 1 周岁婴儿期工作的女职工，每日两次哺乳，每次 30 分钟。多胞胎，每增加一个婴儿，每次增加 30 分钟。

6. 工伤假

工伤假是指职工因工作遭受事故伤害或者患职业病需要暂停工作接受工伤医疗的，劳动者依法享受的假期。

《工伤保险条例》（国务院令第 586 号）第三十三条规定，职工因工作遭受事故伤害或者患职业病需要暂停工作接受工伤医疗的，停工留薪期一般不超过 12 个月。伤情严重或者情况特殊，经设区的市级劳动能力鉴定委员会确认，可以适当延长，但延长不得超

过 12 个月。

7. 婚假、丧假

婚假是指劳动者本人结婚时劳动者依法享受的假期。职工享受婚假的前提是达到法定的结婚年龄，且与配偶正式办理了结婚登记手续。法定是三天假期，各地另给假期的，按属地规定执行。

丧假是指劳动者直系亲属死亡时劳动者依法享受的假期。有的地方规定除直系亲属死亡可给丧假外，配偶的父母死亡时也可以给丧假。

8. 事假

事假是指劳动者因私事请假。国家现行法律规范中没有具体的规定，因此，事假及期间待遇问题，可以由用人单位根据实际情况通过内部规章制度加以规定。

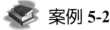 **案例 5-2**

用人单位是否有权单方面安排劳动者休带薪年休假

基本案情：李某在某餐饮公司担任厨师，月工资为 8000 元，2019 年李某应享受每年 5 天带薪年休假，其书面提出要求跨年休假并征得餐饮公司同意。2020 年 2 月 3 日，当地市政府要求全市所有非涉及疫情防控企业延迟复工复产至 2 月 17 日。餐饮公司即通知李某延迟复工，并要求李某 2 月 3 日至 14 日期间休完 2019、2020 年度的带薪年休假。李某表示不同意，餐饮公司要求李某服从安排并支付了李某 2 月 3 日至 14 日期间工资。3 月 9 日，餐饮公司复工复产后，因李某多次旷工，餐饮公司与其解除劳动合同。李某提出餐饮公司未征得本人同意就安排休假不合法，该期间工资应当视为停工停产期间工资，并要求支付 2019、2020 年度未休年休假工资报酬，餐饮公司拒绝。李某遂向劳动人事争议仲裁委员会申请仲裁。

申请人请求：裁决餐饮公司支付 2019、2020 年度未休带薪年休假工资 6620.69 元（8000 元 ÷21.75 天 ×6 天 ×300%）。

处理结果：仲裁委员会裁决驳回李某的仲裁请求。

案例分析：本案的争议焦点是餐饮公司未经李某同意安排其在延迟复工复产期间休带薪年休假是否合法。

《职工带薪年休假条例》第五条第一款规定："单位根据生产、工作的具体情况，并考虑职工本人意愿，统筹安排职工年休假。"《企业职工带薪年休假实施办法》第九条规定："用人单位根据生产、工作的具体情况，并考虑职工本人意愿，统筹安排年休假。"人力资源社会保障部等 4 部门《关于做好新型冠状病毒感染肺炎疫情防控期间稳定劳动关系支持企业复工复产的意见》（人社部发〔2020〕8 号，以下简称 8 号文件）规定："对不具备远程办公条件的企业，与职工协商优先使用带薪年休假、企业自设福利假等各类假"。从上述条款可知，用人单位有权统筹安排劳动者带薪年休假，与劳动者协商是用人单位需履行的程序，但并未要求"必须协商一致"。无论劳动者是否同意，企业都可以履行协商程序后统筹安排带薪年休假。

本案中，餐饮公司在市政府要求延迟复工复产期间，主动与李某沟通后安排李某休带薪年休假符合法律和政策规定，而且李某2月3日至14日期间已依法享受2019、2020年度带薪年休假并获得相应的工资。李某要求餐饮公司支付2019、2020年度未休带薪年休假工资无事实依据，故依法驳回李某的仲裁请求。

典型意义：8号文件明确引导企业与劳动者疫情下优先使用带薪年休假、企业自设福利假等各类假，把新冠疫情对企业经营和劳动者收入损失降到最低。安排劳动者在延迟复工复产期间优先使用带薪年休假时，企业应当尽量考虑劳动者实际情况，依法履行协商程序，并依法支付带薪年休假工资；劳动者应当准确理解法律和政策规定，积极接受用人单位安排。

资料来源：《人力资源社会保障部最高人民法院关于联合发布第一批劳动人事争议典型案例的通知》（人社部函〔2020〕62号）

5.2.3 工资

1. 工资的概念

根据《关于贯彻执行〈中华人民共和国劳动法〉若干问题的意见》（劳部发〔1995〕309号）的规定，工资是指用人单位依据国家有关规定或劳动合同的约定，以货币形式直接支付给本单位劳动者的劳动报酬，一般包括计时工资、计件工资、奖金、津贴和补贴、延长工作时间的工资报酬以及特殊情况下支付的工资等。

工资的给付水平直接决定了劳动力成本，它是由劳动生产率，通货膨胀率和市场竞争强度决定的，在市场经济条件下，工资作为劳动合同的重要条款，是由劳动者和用人单位协商决定的。

2. 工资总额的规定

根据《国家统计局发布关于工资总额组成的规定》工资总额是指各单位在一定时期内直接支付给本单位全部职工的劳动报酬总额，工资总额由下列六个部分组成：计时工资、计件工资、奖金、津贴和补贴、加班加点工资、特殊情况下支付的工资。

（1）计时工资。计时工资是指按计时工资标准（包括地区生活费补贴）和工作时间支付给个人的劳动报酬，包括：①对已做工作按计时工资标准支付的工资。②实行结构工资制的单位支付给职工的基础工资和职务（岗位）工资。③新参加工作职工的见习工资（学徒的生活费）。④运动员体育津贴。

（2）计件工资。计件工资是指对已做工作按计件单价支付的劳动报酬，包括：①实行超额累进计件、直接无限计件、限额计件、超定额计件等工资制，按劳动部门或主管部门批准的定额和计件单价支付给个人的工资。②按工作任务包干方法支付给个人的工资。③按营业额提成或利润提成办法支付给个人的工资。

（3）奖金。奖金是指支付给职工的超额劳动报酬和增收节支的劳动报酬，包括：①生产奖。②节约奖。③劳动竞赛奖。④机关、事业单位的奖励工资。⑤其他奖金。

（4）津贴和补贴。津贴和补贴是指为了补偿职工特殊或额外的劳动消耗和因其他特殊原因支付给职工的津贴，以及为了保证职工工资水平不受物价影响支付给职工的物价补贴。①津贴。包括补偿职工特殊或额外劳动消耗的津贴，保健性津贴，技术性津贴，年功性津贴及其他津贴。②物价补贴，包括为保证职工工资水平不受物价上涨或变动影响而支付的各种补贴。

（5）加班加点工资。加班加点工资是指按规定支付的加班工资和加点工资。

（6）特殊情况下支付的工资。包括：①根据国家法律、法规和政策规定，因病、工伤、产假、计划生育假、婚丧假、事假、探亲假、定期休假、停工学习、执行国家或社会义务等原因按计时工资标准或计时工资标准的一定比例支付的工资。②附加工资、保留工资。

下列各项不列入工资总额的范围：①根据国务院发布的有关规定颁发的创造发明奖、自然科学奖、科学技术进步奖和支付的合理化建议和技术改进奖以及支付给运动员、教练员的奖金。②有关劳动保险和职工福利方面的各项费用。③有关离休、退休、退职人员待遇的各项支出。④劳动保护的各项支出。⑤稿费、讲课费及其他专门工作报酬。⑥出差伙食补助费、误餐补助、调动工作的旅费和安家费。⑦对自带工具、牲畜来企业工作职工所支付的工具、牲畜等的补偿费用。⑧实行租赁经营单位的承租人的风险性补偿收入。⑨对购买本企业股票和债券的职工所支付的股息（包括股金分红）和利息。⑩劳动合同制职工解除劳动合同时由企业支付的医疗补助费、生活补助费等。⑪因录用临时工而在工资以外向提供劳动力单位支付的手续费或管理费。⑫支付给家庭工人的加工费和按加工订货办法支付给承包单位的发包费用。⑬支付给参加企业劳动的在校学生的补贴。⑭计划生育独生子女补贴。

在我国社会保险、住房公积金、教育培训经费、个人所得税、工会经费、党建经费、企业年金、经济赔偿等等均以工资为基数，工资的基准是尤其重要的。

3. 最低工资

1）最低工资的概述

劳动法"最低工资"是指劳动者在法定工作时间或者依法签订的劳动合同约定的时间内履行了正常劳动义务的前提下，由其所在单位必须支付的最低劳动报酬。

正常劳动，是指劳动者在法定工作时间内或者劳动合同约定的工作时间内，从事劳动合同约定或者用人单位安排的工作。劳动者在国家规定的带薪年休假、探亲假、婚丧假、生育（产）假、节育手术假等假期内休假，以及在工作时间内依法参加社会活动或者按照用人单位指派从事劳动合同约定以外的工作，视为提供了正常劳动。

最低工资不包括下列项目：①用人单位支付给劳动者的延长工作时间工资。②用人单位支付给劳动者的中班、夜班、高温、低温、井下、有毒有害等特殊工作环境、条件下的津贴。③用人单位支付给劳动者的奖励性工资。④用人单位通过提供伙食、住房等支付给劳动者的非货币性收入。⑤用人单位为劳动者缴纳的社会保险费及住房公积金。⑥国家规定的劳动者福利待遇。

我国最低工资分为月最低工资标准和小时最低工资标准两类。其中：月最低工资标准适用于全日制就业劳动者；小时最低工资标准适用于非全日制就业劳动者。最低工资标准一般应高于社会救济和失业保险水平，低于平均工资水平。比如《湖南省最低工资规定》规定，月最低工资标准一般不低于当地职工月平均工资的 40%。

2）最低工资标准的确定

根据《劳动法》第四十八条的规定："国家实行最低工资保障制度。最低工资的具体标准由省、自治区、直辖市人民政府规定，报国务院备案。用人单位支付劳动者的工资不得低于当地最低工资标准。"第四十九条规定："确定和调整最低工资标准应当综合考虑以下因素：（一）劳动者本人及平均赡养人口的最低生活费用；（二）社会平均工资水平；（三）劳动生产率；（四）就业状况；（五）地区之间经济发展水平差异。"

3）最低工资标准的发布、公示与调整

省、自治区、直辖市劳动保障行政部门应将本地区最低工资标准方案报省、自治区、直辖市人民政府批准，并在批准后 7 日内在当地政府公报上和至少一种全地区性报纸上发布。省、自治区、直辖市劳动保障行政部门应在发布后 10 日内将最低工资标准报人力资源社会保障部。

用人单位应在最低工资标准发布后 10 日内将该标准向本单位全体劳动者公示。

最低工资标准适时调整，每两年至少调整一次。

4）最低工资标准的实施保障

（1）企业必须将有关最低工资标准的规定告知劳动者。

（2）企业支付给劳动者的工资不得低于当地最低工资标准。

（3）实行计件工资或提成工资等工资形式的用人单位，在科学合理的劳动定额基础上，支付给劳动者的工资不得低于相应的最低工资标准。

5）对执行最低工资标准的监督

县级以上地方人民政府劳动保障行政部门负责对本行政区域内用人单位执行最低工资标准规定情况进行监督检查。各级工会组织依法对规定执行情况进行监督，发现用人单位支付劳动者工资违反最低工资标准的，有权要求当地劳动保障行政部门处理。

6）违反最低工资规定的法律责任

《最低工资规定》（中华人民共和国劳动和社会保障部令第 21 号）规定，用人单位违反公示规定的，由劳动保障行政部门责令其限期改正。用人单位支付给劳动者工资低于最低工资标准的，由劳动保障行政部门责令其限期补发所欠劳动者工资，并可责令其按所欠工资的 1 至 5 倍支付劳动者赔偿金。《劳动保障监察条例》（中华人民共和国国务院令第 423 号）规定，逾期不支付的，责令用人单位按照应付金额 50%以上 1 倍以下的标准计算，向劳动者加付赔偿金。

4. 工资支付原则

1）协商一致原则

工资的给付标准和数额由劳动力市场最终决定。工资应当由劳动者和用人单位平等协商决定。协商确定工资标准，是工资支付的一般原则。工资集体协商是与市场经济适应的工资决定和制衡机制，在工资问题上实行平等协商，可以使最敏感的问题由模糊变为公开、职工的意见通过工会与企业协商，及时得到沟通，矛盾得以化解；协商可以集思广益，使工资分配更加合理，从源头上避免矛盾和争议的产生；经协商确定的工资集

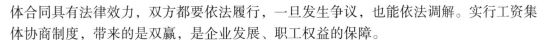

体合同具有法律效力，双方都要依法履行，一旦发生争议，也能依法调解。实行工资集体协商制度，带来的是双赢，是企业发展、职工权益的保障。

2）平等付酬原则

因职业、产业、种族、性别、年龄、受教育程度的不同，工资高低差距很大，其中男女同工不同酬和种族歧视问题表现最为突出。第二次世界大战后，世界多数国家确立了平等付酬原则。我国《劳动法》第四十六条规定："工资分配应当遵循按劳分配原则，实行同工同酬。工资水平在经济发展的基础上逐步提高。国家对工资总量实行宏观调控。"我国《劳动合同法》也对同工同酬问题予以明确，规定了劳务派遣的劳动者与用工单位的劳动者实行同工同酬，同等价值的工作应当给予同等的报酬，保障劳动者在工资分配上享有平等权利，禁止歧视。

3）依法支付原则

依法支付原则是指要按照法律规定或合同约定的标准、时间、地点、形式和方式发放工资。根据《劳动法》《劳动合同法》《工资支付暂行规定》，我国的工资支付应符合如下规定。

（1）支付标准。《劳动法》第四十八条规定："用人单位支付劳动者的工资不得低于当地最低工资标准。"《劳动合同法》第七十二条规定：非全日制用工小时计酬标准不得低于用人单位所在地人民政府规定的最低小时工资标准。

《劳动法》第五十条规定，不得克扣劳动者的工资，所谓克扣劳动者的工资，是指在正常情况下，劳动者依照法律或者规定完成了生产工作任务。用人单位无正当理由扣减劳动者应得工资，或借故不支付劳动者工资。克扣劳动者的工资不包括以下减发工资的情况：①国家法律有明确规定的，如法院判决、裁定中要求代扣的抚养费、赡养费。②依法签订的合同中有明确规定的，用人单位代扣代缴的个人所得税和应由劳动者个人负担的各项保险费用。③用人单位依法制定并经职代会批准的厂规厂纪中有明确规定的情形。④企业工资总额与经济效益相联系，经济效益下浮时，工资必须下浮的。⑤因劳动者请事假等相应减发工资等。

《关于贯彻执行〈中华人民共和国劳动法〉若干问题的意见》规定："职工患病或非因工负伤治疗期间，在规定诊断医疗期内由企业按有关规定支付其病假工资或疾病救济费，病假工资或疾病救济费可以低于当地最低工资标准支付，但不能低于最低工资标准的80%。"

《工资支付暂行规定》规定，因劳动者本人原因给用人单位造成经济损失的，用人单位可按照合同的约定要求其赔偿经济损失。经济损失的赔偿可从劳动者本人的工资中扣除，每月扣除部分不得超过劳动者当月工资的20%。若扣除后的剩余工资部分低于当月工资标准，则按最低工资标准支付。

（2）支付形式和时间。《劳动法》第五十条规定，工资应当以法定货币形式按月支付给劳动者本人。《劳动合同法》第七十二条规定："非全日制用工劳动报酬结算支付周期最长不得超过十五日。"

《工资支付暂行规定》（劳部发〔1994〕489号）规定，对完成一次性临时劳动或某项具体工作的劳动者，用人单位应按有关协议或合同规定在其完成劳动任务后即支付工资。劳动关系双方依法解除或终止劳动合同时，用人单位应在解除或终止劳动合同时一次付清劳动者工资。对完成一次性、临时性或某些具体工作的劳动者，用人单位应按有关协议或合同规定在其完成劳动任务后支付工资。用人单位只要与劳动者约定了发薪日期，每月必须在约定之日发薪，不得任意变动；过了约定日期发薪，就构成拖欠工资。所谓拖欠劳动者工资，是指用人单位在规定时间内未支付劳动者工资。根据我国法律规定，除用人单位遇非力所能抗拒的自然灾害、战争等原因，或用人单位确因生产经营困难，资金周转受到影响，并征得本单位工会同意可以延期支付工资外，其他情况下拖欠工资均属无故拖欠。劳动者与用人单位在依法解除或终止劳动合同时，用人单位应同时一次付清劳动者工资。用人单位依法破产时，应将劳动者的工资列入清偿顺序，优先支付。

（3）支付对象。《工资支付暂行规定》（劳部发〔1994〕489号）规定，用人单位应将工资支付给劳动者本人。劳动者本人因故不能领取工资时，可由其亲属或委托他人代领。用人单位可委托银行代发工资。用人单位必须书面记录支付劳动者工资的数额、时间、领取者的姓名以及签字、并保存两年以上备查。用人单位在支付工资时，应向劳动者提供一份其个人的工资清单。

（4）制度计薪日计算

由于劳动定额等劳动标准与工作时间劳动基准相联系，因此劳动者日工资可统一按劳动者本人的月工资标准除以每月工作时间劳动基准天数进行折算。法定节假日用人单位应当依法支付工资，即折算日工资、小时工资时不剔除国家规定的11天法定节假日，据此日工资、小时工资的折算为：

日工资 = 月工资收入 ÷ 月计薪天数

小时工资 = 月工资收入 ÷（月计薪天数 × 8 小时）

月工作天数 =（365 天 − 104 天 − 11 天）÷ 12 月 = 20.83 天

月计薪天数 =（365 天 − 104 天）÷ 12 月 = 21.75 天

国家调整了职工全年月平均工作时间和工资折算办法，厘清了制度工作日和制度计薪日两个概念，原来都是20.92天，现在分别为20.83天和21.75天。制度工作日主要用于公司管理，是判断超时加班的标准。制度计薪日则直接体现在日工资、加班工资的计算中。

5.2.4 劳动安全卫生

1. 劳动安全卫生概述

劳动安全卫生标准，即劳动保护标准，是国家和用人单位为了保护劳动者在劳动过程中的安全和健康而制定的各种标准的总称，包括国家劳动安全卫生立法和用人单位劳动安全卫生规章制度。

《劳动法》第五十二条规定："用人单位必须建立、健全劳动安全卫生制度，严格执行国家劳动安全卫生规程和标准，对劳动者进行劳动安全卫生教育，防止劳动过程中的事故，减少职业危害。"第五十三条规定："劳动安全卫生设施必须符合国家规定的标准。

新建、改建、扩建工程的劳动安全卫生设施必须与主体工程同时设计、同时施工、同时投入生产和使用。"第五十四条规定："用人单位必须为劳动者提供符合国家规定的劳动安全卫生条件和必要的劳动保护用品，对从事有职业危害作业的劳动者应当定期进行健康检查。"劳动保护、劳动条件和职业危害条款覆盖面很广，并且大部分为国家强制性规定。

我国劳动保护立法始于 1950 年 5 月劳动部颁布的《工厂卫生暂行条例（草案）》。改革开放以后，随着法治建设的加强，劳动安全卫生立法也得到了进一步发展。1982 年，国务院发布了《矿山安全条例》《矿山安全监察条例》和《锅炉压力容器安全监察暂行条例》。1992 年 11 月，全国人大常委会通过了《矿山安全法》，这是我国劳动安全卫生方面的第一部法律，标志着劳动保护立法上了一个台阶。此外，1980 年以来，我国还颁布了一系列涉及劳动安全卫生的国家标准，包括《安全帽标准》《安全色标准》《安全标志标准》《高处作业标准》《有毒作业分级》等 150 多项。

我国劳动安全卫生制度包括劳动安全技术规程、劳动卫生规程、企业安全卫生管理制度等。

2. 劳动安全技术规程

劳动安全技术规程是指国家为了保护劳动者在劳动过程中的安全，防止伤亡事故发生所采取的各种安全技术保护措施的规章制度，包括工厂安全技术规程、建筑安装工程安全技术规程和矿山安全技术规程三大类。

（1）工厂安全技术规程。①建筑物和通道的安全要求：建筑物坚固安全、防火防爆，道路有夜间照明、警告标志等。②工作场所的安全要求：便于安全操作、有围栏等。③机器设备的安全要求：有防护装置、定期检修等。④电气设备的安全要求：绝缘良好、有可熔保险器或自动开关等。⑤动力锅炉和压力容器的安全要求：锅炉要有安全阀、压力表、水表线等，压力容器距明火 10 米以上、避免暴晒和碰撞等。

（2）建筑安装工程安全技术规程。①从事高空作业须体检合格。②六级以上强风禁止露天起重和高空作业。③脚手架的负荷不得超过 270 kg/m^2。④挖土方、拆建筑物应从上到下。

（3）矿山安全技术规程（矿山安全法律制度）。①矿山设计的安全要求：矿山设计的主要项目须符合矿山安全规程和行业技术规范，竣工验收须有劳动行政部门参加（不合格者不得投入生产）。②矿山开采的安全要求：矿山开采必须具备保障安全生产的条件，执行不同矿种的矿山安全规程和行业技术规范。③作业场所的安全要求，矿山企业必须对下列危害安全的事故采取预防措范：冒顶、片帮、边坡滑落和地表塌陷；瓦斯爆炸、煤尘爆炸；冲击地压、瓦斯突出、井喷；地面和井下的火灾、水灾；爆破器材和爆破作业发生的危害；粉尘、有毒有害气体、放射性物质和其他有害物质引起的危害等。

3. 劳动卫生规程

劳动卫生规程是指国家为了保护劳动者在劳动过程中的健康，防止有毒有害物质的危害和预防职业病发生所采取的各种防护措施的规章制度。

（1）防止粉尘危害。工作场所含游离二氧化矽 10% 以上的粉尘和石棉尘，不得超过

2 mg/m^3。有粉尘作业的单位，须采取防尘措施；从事粉尘作业的职工，须定期体检。

（2）防止有毒有害物质危害。工作场所有毒有害物质的浓度不得超过国家标准。有密闭工作场所的单位应该安装排气设备、防护设施等。

（3）防止噪声和强光刺激。对发生强烈噪声的生产，应尽可能安排在有消声设备的单独工作房；对在噪声和强光环境中工作的职工，应配备个人防护用品。

（4）防暑降温、防冻取暖和防湿。2012 年 6 月 29 日颁布实施的《防暑降温措施管理办法》规定，高温天气是指地市级以上气象主管部门所属气象台站向公众发布的日最高气温 35 ℃以上的天气。用人单位应当为高温作业、高温天气作业的劳动者供给足够的、符合卫生标准的防暑降温饮料及必需的药品。不得以发放钱物替代提供防暑降温饮料。防暑降温饮料不得充抵高温津贴。用人单位安排劳动者在 35 ℃以上高温天气从事室外露天作业以及不能采取有效措施将工作场所温度降低到 33 ℃以下的，应当向劳动者发放高温津贴，并纳入工资总额。室内工作地点的温度经常低于 5 ℃的，应设置取暖设备。对经常在寒冷气候中露天作业的职工，应设有取暖设备的休息处所。生产时用水较多或产生大量湿气的车间，应采取排水防湿措施。

（5）通风和照明。工作场所的光线应充足，但不能刺眼。通过自然通风或机械通风，保持工作场所良好的通风条件。

（6）生产辅助设施和个人防护用品。工作场所应当有配套的浴室、厕所、更衣室等生产辅助设施以及工作服、防护面具等个人防护用品。

4. 劳动安全卫生管理制度

劳动安全卫生管理制度是指为了保障劳动者在劳动过程中的安全和健康，国家通过立法制定的有关劳动安全卫生管理的制度，以及用人单位根据国家有关法规规定、结合本单位实际情况所制定的有关劳动安全卫生管理的规章制度。劳动安全卫生管理制度包括安全卫生责任制度、安全技术措施计划制度、安全生产教育制度、安全卫生检查制度和劳动安全卫生监察制度等。

5.2.5　女职工和未成年工特殊保护

1. 女职工和未成年工特殊保护概述

女职工特殊保护，是指根据女职工身体结构和生理机能的特点以及抚育子女的特殊需要，在劳动方面对妇女特殊权益的法律保障。

未成年工是指年满 16 周岁未满 18 周岁的劳动者。未成年工特殊保护，针对未成年工处于生长发育期的特点，以及接受义务教育的需要，采取的特殊劳动保护措施。

我国《劳动法》第五十八条规定，国家对女职工和未成年工实行特殊保护。《劳动法》《女职工劳动保护特别规定》（国务院令第 619 号）对女职工保护和女职工禁忌从事的劳动范围作了规定。

2. 女职工特殊保护

《劳动法》第五十九条规定："禁止安排女职工从事矿山井下、国家规定的第四级体力劳动强度的劳动和其他禁忌从事的劳动。"第六十条规定："不得安排女职工在经期从事高处、低温、冷水作业和国家规定的第三级体力劳动强度的劳动。"第六十一条规定："不得安排女职工在怀孕期间从事国家规定的第三级体力劳动强度的劳动和孕期禁忌从事的活动。对怀孕七个月以上的女职工，不得安排其延长工作时间和夜班劳动。"《女职工劳动保护特别规定》（国务院令第 619 号）对女职工禁忌从事的劳动范围进行了规定。

（1）女职工禁忌从事的劳动范围：①矿山井下作业。②体力劳动强度分级标准中规定的第四级体力劳动强度的作业。③每小时负重 6 次以上、每次负重超过 20 公斤的作业，或者间断负重、每次负重超过 25 公斤的作业。

（2）女职工在经期禁忌从事的劳动范围：①冷水作业分级标准中规定的第二级、第三级、第四级冷水作业。②低温作业分级标准中规定的第二级、第三级、第四级低温作业。③体力劳动强度分级标准中规定的第三级、第四级体力劳动强度的作业。④高处作业分级标准中规定的第三级、第四级高处作业。

（3）女职工在孕期禁忌从事的劳动范围：①作业场所空气中铅及其化合物、汞及其化合物、苯、镉、铍、砷、氰化物、氮氧化物、一氧化碳、二硫化碳、氯、己内酰胺、氯丁二烯、氯乙烯、环氧乙烷、苯胺、甲醛等有毒物质浓度超过国家职业卫生标准的作业。②从事抗癌药物、己烯雌酚生产，接触麻醉剂气体等的作业。③非密封源放射性物质的操作，核事故与放射事故的应急处置。④高处作业分级标准中规定的高处作业。⑤冷水作业分级标准中规定的冷水作业。⑥低温作业分级标准中规定的低温作业。⑦高温作业分级标准中规定的第三级、第四级的作业。⑧噪声作业分级标准中规定的第三级、第四级的作业。⑨体力劳动强度分级标准中规定的第三级、第四级体力劳动强度的作业。⑩在密闭空间、高压室作业或者潜水作业，伴有强烈振动的作业，或者需要频繁弯腰、攀高、下蹲的作业。

（4）女职工在哺乳期禁忌从事的劳动范围：①孕期禁忌从事的劳动范围的第一项、第三项、第九项。②作业场所空气中锰、氟、溴、甲醇、有机磷化合物、有机氯化合物等有毒物质浓度超过国家职业卫生标准的作业。

3. 未成年工特殊保护

我国《劳动法》第六十四条规定："不得安排未成年工从事矿山井下、有毒有害、国家规定的第四级体力劳动强度的劳动和其他禁忌从事的劳动。"第六十五条规定："用人单位应当对未成年工定期进行健康检查。"《未成年工特殊保护规定》（劳部发〔1994〕498 号）对未成年工的禁忌劳动范围、健康检查等做出了详细规定。2002 年 10 月 1 日，国务院又对《禁止使用童工规定》进行了修改，颁布了新的《禁止使用童工规定》。

（1）用人单位不得安排未成年工从事以下范围的劳动：①《生产性粉尘作业危害程度分级》国家标准中第一级以上的接尘作业。②《有毒作业分级》国家标准中第一级以上的有毒作业。③《高处作业分级》国家标准中第二级以上的高处作业。④《冷水作业分级》国家标准中第二级以上的冷水作业。⑤《高温作业分级》国家标准中第三级以上的高温作业。⑥《低温作业分级》国家标准中第三级以上的低温作业。⑦《体力劳动强度分级》国家标准中第四级体力劳动强度的作业。⑧矿山井下及矿山地面采石作业。⑨森林业中的伐木、流放及守林作业。⑩工作场所接触放射性物质的作业。⑪有易燃易爆、化学性烧伤和热烧伤等危险性大的作业。⑫地质勘探和资源勘探的野外作业。⑬潜水、涵洞、涵道作业和海拔三千米以上的高原作业（不包括世居高原者）。⑭连续负重每小时在六次以上并每次超过 20 公斤，间断负重每次超过 25 公斤的作业。⑮使用凿岩机、捣固机、气镐、气铲、铆钉机、电锤的作业。⑯工作中需要长时间保持低头、弯腰、上举、下蹲等强迫体位和动作频率每分钟大于 50 次的流水线作业。⑰锅炉司炉。

（2）未成年工患有某种疾病或具有某些生理缺陷（非残疾型）时，用人单位不得安排其从事以下范围的劳动：①《高处作业分级》国家标准中第一级以上的高处作业。②《低温作业分级》国家标准中第二级以上的低温作业。③《高温作业分级》国家标准中第二级以上的高温作业。④《体力劳动强度分级》国家标准中第三级以上体力劳动强度的作业。⑤接触铅、苯、汞、甲醛、二硫化碳等易引起过敏反应的作业。

（3）用人单位应按下列要求对未成年工定期进行健康检查：①安排工作岗位之前。②工作满 1 年。③年满 18 周岁，距前一次的体检时间已超过半年。

未成年工的健康检查，应按规定所附《未成年工健康检查表》列出的项目进行。用人单位应根据未成年工的健康检查结果安排其从事适合的劳动，对不能胜任原劳动岗位的，应根据医务部门的证明，予以减轻劳动量或安排其他劳动。

（4）对未成年工的使用和特殊保护实行登记制度。

用人单位招收使用未成年工，除符合一般用工要求外，还须向所在地的县级以上劳动行政部门办理登记。劳动行政部门根据《未成年工健康检查表》《未成年工登记表》，核发《未成年工登记证》。

文艺、体育单位经未成年人的父母或者其他监护人同意，可以招用不满 16 周岁的专业文艺工作者、运动员。用人单位应当保障被招用的不满 16 周岁的未成年人的身心健康，保障其接受义务教育的权利。文艺、体育单位招用不满 16 周岁的专业文艺工作者、运动员的办法，由国务院劳动保障行政部门会同国务院文化、体育行政部门制定。

学校、其他教育机构以及职业培训机构按照国家有关规定组织不满 16 周岁的未成年人进行不影响其人身安全和身心健康的教育实践劳动、职业技能培训劳动，不属于使用童工。

5.2.6 社会保险和福利

社会保险是国家通过立法强制实施，由劳动者、用人单位以及国家三方面共同筹资，帮助保障公民在年老、患病、工伤、失业、生育等情况下依法从国家和社会获得物质帮助的权利。

国家建立基本养老保险、基本医疗保险、工伤保险、失业保险、生育保险等社会保险制度。社会保险制度坚持广覆盖、保基本、多层次、可持续的方针，社会保险水平应当与经济社会发展水平相适应。社会保险由国家强制实施，是劳动合同不可缺少的条款。实践中有一些用人单位不为劳动者缴纳社会保险统筹部分，有的劳动者主动要求用人单位将应缴的社会保险费用直接发放，这些情况不仅是违法的，而且不利于我国全面建设社会保险制度，不利于劳动者的生活保障。

《劳动法》第七十条规定："国家发展社会保险事业，建立社会保险制度，设立社会保险基金，使劳动者在年老、患病、工伤、失业、生育等情况下获得帮助和补偿。"在《劳动法》颁布前后，配合社会保险制度的改革，我国先后颁布了《国务院关于企业职工养老保险制度改革的决定》《国务院关于建立城镇职工基本医疗保险制度的决定》《企业职工生育保险试行办法》《社会保险法》《职业病防治法》《工伤保险条例》《失业保险条例》《社会保险费征缴暂行条例》等社会保险相关法律法规。

社会保险一般包括基本养老保险、基本医疗保险、工伤保险、失业保险、生育保险，即我们通常所说的"五险"。

1. 基本养老保险

基本养老保险制度是国家和社会根据法律法规，为保障劳动者在达到退休年龄退休后或在未达到法定退休年龄时因病或者非因工致残完全丧失劳动能力的基本生活而建立的一种社会保险制度。

职工应当参加基本养老保险，由用人单位和职工共同缴纳基本养老保险费。用人单位应当按照国家规定的本单位职工工资总额的比例缴纳基本养老保险费，职工应当按照国家规定的本人工资的比例缴纳基本养老保险费。缴费的具体比例按省级政府或省级政府授权的地区政府的规定执行。国有企业、事业单位职工参加基本养老保险前，视同缴费年限期间应当缴纳的基本养老保险费由政府承担。基本养老保险基金出现支付不足时，政府给予补贴。

基本养老金根据个人累计缴费年限、缴费工资、当地职工平均工资、个人账户金额、城镇人口平均预期寿命等因素确定。参加基本养老保险的个人，达到法定退休年龄时累计缴费满十五年的，按月领取基本养老金。参加基本养老保险的个人，达到法定退休年龄时累计缴费不足十五年的，可以缴费至满十五年，按月领取基本养老金；也可以转入新型农村社会养老保险或者城镇居民社会养老保险，按照国务院规定享受相应的养老保险待遇。参加基本养老保险的个人，因病或者非因工死亡的，其遗属可以领取丧葬补助金和抚恤金；在未达到法定退休年龄时因病或者非因工致残完全丧失劳动能力的，可以领取病残津贴。个人跨统筹地区就业的，其基本养老保险关系随本人转移，缴费年限累计计算。个人达到法定退休年龄时，基本养老金分段计算、统一支付。具体办法由国务院规定。

2. 基本医疗保险

基本医疗保险是指为被保险人治疗疾病时发生的医疗费用提供保障的保险。职工患病、负伤时，由社会或企业提供必要的医疗服务或物质帮助的社会保险。

职工应当参加职工基本医疗保险，由用人单位和职工按照国家规定共同缴纳基本医疗保险费。缴费的具体比例按省级政府或省级政府授权的地区政府的规定执行。

劳动者投保以后，可享受规定的医疗保险待遇，如患病期间享受病假、报销一定比例的医疗费用、获得疾病津贴等。参加职工基本医疗保险的个人，达到法定退休年龄时累计缴费达到国家规定年限的，退休后不再缴纳基本医疗保险费，按照国家规定享受基本医疗保险待遇；未达到国家规定年限的，可以缴费至国家规定年限。

3. 工伤保险

工伤保险是指国家或社会为生产、工作中遭受事故伤害或患职业性疾病劳动者及其家属提供医疗救治、生活保障、经济补偿和职业康复等帮助的社会保险。

我国法律规定，职工应当参加工伤保险。职工工伤保险由用人单位缴纳工伤保险费，职工不缴纳工伤保险费。国家根据不同行业的工伤风险程度确定行业的差别费率，并根据使用工伤保险基金、工伤发生率等情况在每个行业内确定费率档次。行业差别费率和行业内费率档次由国务院社会保险行政部门制定，报国务院批准后公布施行。社会保险经办机构根据用人单位使用工伤保险基金、工伤发生率和所属行业费率档次等情况，确定用人单位缴费费率。用人单位应当按照本单位职工工资总额，根据社会保险经办机构确定的费率缴纳工伤保险费。

职工因工作原因受到事故伤害或者患职业病，且经工伤认定的，享受工伤保险待遇；其中，经劳动能力鉴定丧失劳动能力的，享受伤残待遇。

4. 失业保险

失业保险是指对因失业而暂时中断生活来源的劳动者提供物质帮助的制度。失业保险由用人单位和职工按照国家规定共同缴纳失业保险费。

（1）失业人员符合下列条件的，从失业保险基金中领取失业保险金：失业前用人单位和本人已经缴纳失业保险费满一年的；非因本人意愿中断就业的；已经进行失业登记，并有求职要求的。

（2）失业保险金领取期限和标准：失业人员失业前用人单位和本人累计缴费满一年不足五年的，领取失业保险金的期限最长为十二个月；累计缴费满五年不足十年的，领取失业保险金的期限最长为十八个月；累计缴费十年以上的，领取失业保险金的期限最长为二十四个月。重新就业后，再次失业的，缴费时间重新计算，领取失业保险金的期限与前次失业应当领取而尚未领取的失业保险金的期限合并计算，最长不超过二十四个月。

失业保险金的标准，由省级政府确定，不得低于城市居民最低生活保障标准。失业人员在领取失业保险金期间，参加职工基本医疗保险，享受基本医疗保险待遇。失业人员应当缴纳的基本医疗保险费从失业保险基金中支付，个人不缴纳基本医疗保险费。

（3）停止领取失业保险金情形。失业人员在领取失业保险金期间有下列情形之一的，停止领取失业保险金，并同时停止享受其他失业保险待遇：重新就业的；应征服兵役的；移居境外的；享受基本养老保险待遇的；无正当理由，拒不接受当地人民政府指定部门或者机构介绍的适当工作或者提供的培训的。

5. 生育保险

生育保险是指在女职工因生育子女而暂时中断劳动时由国家和社会及时给予生活保障和物质帮助的一项社会保险。

我国法律规定，职工应当参加生育保险。职工生育保险，由用人单位按照国家规定缴纳生育保险费，职工不缴纳生育保险费。用人单位已经缴纳生育保险费的，其职工享受生育保险待遇；职工未就业配偶按照国家规定享受生育医疗费用待遇。所需资金从生育保险基金中支付。生育保险待遇包括生育医疗费用和生育津贴。生育医疗费用包括：生育的医疗费用；计划生育的医疗费用；法律、法规规定的其他项目费用。生育津贴按照职工所在用人单位上年度职工月平均工资计发。

职工有下列情形之一的，可以按照国家规定享受生育津贴：女职工生育享受产假；享受计划生育手术休假；法律、法规规定的其他情形。

案例 5-3　袁某与上海某视听系统有限公司劳动争议纠纷

5.2.7　工作场所基准

1. 禁止歧视

就业歧视是指用人单位在招聘过程中，对招聘条件相同或相近的求职者基于某些与个人工作能力或工作岗位无关的因素，而不能给予其平等的就业机会或在工资、岗位安排、劳动条件与保护、社会保险与福利等方面不能提供平等待遇。就业歧视的本质特征是没有正当理由的差别对待，其包含两个方面的基本要素：一是存在差别对待的行为；二是这种差别对待缺乏合理性基础，为法律所禁止[①]。

我国《劳动法》第十二条明确规定："劳动者就业，不因民族、种族、性别、宗教信仰不同而受歧视。"《就业促进法》第三条规定："劳动者依法享有平等就业和自主择业的权利。劳动者就业，不因民族、种族、性别、宗教信仰等不同而受歧视。"第二十五条规定："各级人民政府创造公平就业的环境，消除就业歧视，制定政策并采取措施对就业困难人员给予扶持和援助。"第二十六条规定："用人单位招用人员、职业中介机构从事职业中介活动，应当向劳动者提供平等的就业机会和公平的就业条件，不得实施就业歧视。"用人单位违反规定，存在就业歧视的，劳动者可以向人民法院提出诉讼。

《就业促进法》明确规定：①国家保障妇女享有与男子平等的劳动权利。②各民族劳动者享有平等的劳动权利。用人单位招用人员，应当依法对少数民族劳动者给予适当照顾。③国家保障残疾人的劳动权利，各级人民政府应当对残疾人就业统筹规划，为残疾人创造就业条件。用人单位招用人员，不得歧视残疾人。④用人单位招用人员，不得以是传染病病原携带者为由拒绝录用。但是，经医学鉴定传染病病原携带者在治愈前或者排除传染嫌疑前，不得从事法律、行政法规和国务院卫生行政部门规定禁止从事的易使传染病扩散的工作。⑤农村劳动者进城就业享有与城镇劳动者平等的劳动权利，不得对农村劳动者进城就业设置歧视性限制。

平等就业权涉及劳动者的人格尊严和意志自由，属于一般人格权。对劳动者平等就业权的侵害，会使劳动者在就业竞争中处于劣势地位，在就业活动中受到排斥，会感到人格、自尊被无端地伤害。《民法典》第九百九十五条规定：人格权受到侵害的，受害人有权依照本法和其他法律的规定请求行为人承担民事责任。

---

① 程延园，王甫希. 劳动关系[M]. 5 版. 北京：中国人民大学出版社，2021：165.

2. 禁止强迫劳动

《劳动合同法》第三十八条规定：用人单位以暴力、威胁或者非法限制人身自由的手段强迫劳动者劳动的，劳动者可以立即解除劳动合同，不需事先告知用人单位。第八十八条规定，"用人单位有下列情形之一的，依法给予行政处罚；构成犯罪的，依法追究刑事责任；给劳动者造成损害的，应当承担赔偿责任：以暴力、威胁或者非法限制人身自由的手段强迫劳动的；违章指挥或者强令冒险作业危及劳动者人身安全的；侮辱、体罚、殴打、非法搜查或者拘禁劳动者的；劳动条件恶劣、环境污染严重，给劳动者身心健康造成严重损害的。"

3. 禁止性骚扰

《民法典》第一千零一十条规定："违背他人意愿，以言语、文字、图像、肢体行为等方式对他人实施性骚扰的，受害人有权依法请求行为人承担民事责任。机关、企业、学校等单位应当采取合理的预防、受理投诉、调查处置等措施，防止和制止利用职权、从属关系等实施性骚扰。"

5.3 用人单位劳动标准

5.3.1 企业劳动标准

1. 企业劳动标准的概念

企业劳动标准是指企业内部劳动关系双方共同遵守的劳动方面的办事规程或行为规则。企业劳动标准是国家级、行业级、地方级劳动标准的延伸和细化，是用人单位（企业）和劳动者双方或企业单方以国家、行业、地方级劳动标准为基础，针对本单位实际情况制定的劳动标准。企业劳动标准仅适用于企业范围内的全体劳动者。

企业劳动标准是将适用于企业的国家、地方、行业强制性标准的具体化，明确企业适用的推荐性标准的内容和范围，避免违反法律；规范各项作业的流程及标准，提高工作效率；规范劳动关系双方的行为，营造良好有序的内部工作环境和秩序。

2. 企业劳动标准的效力

劳动标准散见于不同层次的规范性文件和合同中，其效力等级从高到低依次为集体合同、规章制度、劳动合同。在实际过程中，三者都必须遵守法律法规的规定，在这个大前提之下，应当按照较高等级文件已有规定，较低等级文件不必重复规定；较低等级文件内容不得与较高等级文件内容相抵触。比如，集体合同规定了企业职工的最低工资不得低于 1930 元/月，那么与个人签订的劳动合同中约定的工资就不能低于 1930 元/月。

根据《最高人民法院关于审理劳动争议案件适用法律若干问题的解释（一）》（法释〔2020〕26 号）第五十条的规定：用人单位制定的内部规章制度与集体合同或者劳动合同约定的内容不一致，劳动者请求优先适用合同约定的，人民法院应予支持。最高人民法院规定给出的理由是，确定劳动合同和集体合同的优先适用效力，主要目的是防止企业特别是企业的经营管理者不正当行使劳动用工管理权，借少数人的民主损害多数职工依法享有的民主权利。如果企业利用其劳动规章制度的单方面制定权，对职工做出有悖于劳动合同和集体合同甚至国家法律法规的规定，其将被认定为无效。

3. 影响企业劳动标准的主要因素

（1）企业发展阶段的影响。由于劳动标准对企业的成本影响很大。企业劳动标准在企业发展的不同阶段会有所不同。在发展初期，企业规模小，抵御风险能力差，最核心的任务是解决生存问题，企业制定的劳动标准较低，可能仅仅达到法定的劳动标准水平，而且劳动标准体系也很不完善，仅仅包括最基础的劳动标准。在发展的成熟阶段，企业的规模扩大，管理者的管理幅度增加，规范化、制度化管理的要求日益迫切，为吸引、留住更多的人才，企业管理者不断制定各类劳动标准，建立起完善的企业劳动标准体系，劳动标准水平一般有所上升。

（2）企业文化的影响。企业文化对企业劳动标准体系具有很大的影响。具有平等、关爱职工的企业文化的企业，制定的劳动标准水平较高，往往高于法定标准；而利润至上的企业文化的企业制定的劳动标准水平则偏低，往往仅达到法定最低劳动标准。另外，企业的人员素质也会对劳动标准的制定和实施产生很大影响，企业管理层的知识结构、创新意识和领导艺术水平，对推动企业劳动标准建设具有决定性的作用；企业职工对劳动标准的正确认识是实施企业劳动标准的思想基础；经营管理人员的文化素质、思想观念和工作能力等，也会对企业劳动标准建设产生重大影响。

（3）企业工会和职工的力量。由于企业的劳动标准主要体现在集体合同和规章制度中，而集体合同和规章制度的制定都需要与工会、职工平等协商，因此企业的劳动标准与工会及职工的意愿和力量有很大的关系。如果企业的工会力量比较强大，在平等协商过程中就可以更多更好地为职工争取利益，企业制定的劳动标准水平也会较高，从而更好地维护职工的利益。

4. 企业劳动标准的分类

根据企业劳动标准所涉及的劳动条件内容不同，企业劳动标准可以分为劳动报酬标准、工作时间标准、休息休假标准、劳动安全卫生标准、社会保险和福利标准、劳动定员定额标准、职业培训标准、女工特殊保护标准等。

企业劳动标准所涉及的内容比较广，根据涉及劳动条件的不同，可以有多种划分，制定的依据与程序较为复杂。但是从另一个层面讲，企业的劳动标准可以被集体合同、劳动规章制度和劳动合同这三种形式全部涵盖，下面我们从三种不同的制定形式的角度来讨论企业劳动标准制定的法律依据与程序。

5.3.2　企业劳动标准制定的法律依据与程序

1. 集体合同制定的法律依据与程序

集体合同是通过集体协商形成的劳动标准，是企业内部自发形成劳动标准的一种方式，主要在工会或者职工代表与企业进行协商谈判的基础上，签订集体合同，确定企业内部劳动标准，使本企业劳动者的各方面权益得到更好的保护。集体合同是企业与全体劳动者约定的关于企业内部劳动标准的要约，作用在于为企业劳动标准画出底线。

我国关于集体合同制定的法律依据主要有《劳动法》《劳动合同法》《工会法》以及《集体合同规定》。集体合同作为企业劳动标准的底线，其作用就是保障劳动者在工作场所中的基本生存权利，必须遵守国家法律法规的规定。关于集体合同具体内容参见第 7 章。

2. 劳动规章制度制定的法律依据与程序

劳动规章制度是企业形成劳动标准的主要形式。企业劳动规章制度中形成的劳动标准是在国家标准、行业标准和地方标准的基础上，针对各项劳动条件制定的适合本企业发展的劳动标准，并经职工代表大会或者全体职工讨论，与工会和职工代表平等协商确认。劳动规章制度是企业对劳动者进行管理，及明确劳动者义务和权利的依据，在企业劳动标准体系中发挥着非常重要的作用。

1）劳动规章制度制定的法律依据

我国关于企业劳动规章制度制定的法律依据主要包括《宪法》《劳动法》《劳动合同法》《公司法》以及其他配套法律法规。协商制定劳动规章制度不仅是企业和职工的权利，也是企业和职工应尽的义务，是劳资双方享有权利、履行义务的制度保障。因此，企业在与劳动者代表共同协商确定劳动规章制度时必须遵守上述法律法规的规定。

《宪法》第五十三条规定："中华人民共和国公民必须遵守宪法和法律，保守国家秘密，爱护公共财产，遵守劳动纪律，遵守公共秩序，尊重社会公德。"这里提到的"劳动纪律"就是企业劳动规章制度的重要组成部分。

《劳动法》第三条规定，劳动者应当完成劳动任务，提高职业技能，执行劳动安全卫生规程，遵守劳动纪律和职业道德。这里的"劳动纪律"指的就是企业制定的劳动规章制度。《劳动法》第四条规定："用人单位应当依法建立和完善规章制度，保障劳动者享有劳动权利和履行劳动义务。"这里的"应当"表明制定劳动规章制度既是企业的法定权利也是企业的法定义务。依据《劳动法》第二十五条的规定，劳动者严重违反劳动纪律或者用人单位规章制度的，用人单位可以解除劳动合同。这里的"严重违反"情形需要企业合法合规制定。

《劳动合同法》第四条规定："用人单位应当依法建立和完善劳动规章制度，保障劳动者享有劳动权利、履行劳动义务。用人单位在制定、修改或者决定有关劳动报酬、工作时间、休息休假、劳动安全卫生、保险福利、职工培训、劳动纪律以及劳动定额管理等直接涉及劳动者切身利益的规章制度或者重大事项时，应当经职工代表大会或者全体职工讨论，提出方案和意见，与工会或者职工代表平等协商确定。在规章制度和重大事项决定实施过程中，工会或者职工认为不适当的，有权向用人单位提出，通过协商予以修改完善。用人单位应当将直接涉及劳动者切身利益的规章制度和重大事项决定公示，或者告知劳动者。"这一条款明确规定了企业必须依法建立和完善劳动规章制度，制定劳动规章制度的程序必须合法，并且必须公示或告知劳动者。

2）劳动规章制度的制定程序

（1）起草草案。劳动规章制度的起草一般有两种情况：一种是起草新的劳动规章制度；另一种是修改旧的劳动规章制度。起草人一般是企业行政人员，也可委托外部顾问或专家代为起草。

（2）职工讨论。这是劳动规章制度制定的必备法律程序，即经由职工代表大会或全体职工讨论、修改。要让企业职工畅所欲言，充分表达各种意见，在正面与负面的意见基础上修改，以形成比较成熟的审议文稿。

（3）协商通过。职工讨论和企业修改后，形成劳动规章制度意见稿。企业需要派代表与工会或者企业职工代表共同对企业劳动规章制度意见稿进行协商，形成企业劳动规章制度的终稿。

（4）制度公示。企业制定的劳动规章制度，经法定程序确认其内容合法、程序有效后，要由企业法定代表人签字并加盖企业行政公章，作为正式文件向全体职工正式公布。应保证企业所有劳动者知晓规章制度，同时，企业方要留有证据证明已告知所有劳动者。

3. 劳动合同制定的法律依据与程序

劳动合同是劳动者个人与用人单位确定劳动关系的协议，约定了双方的权利和义务，是调整劳动关系的基本法律形式。劳动合同文本是企业与个别劳动者关于劳动标准及其他方面事由的约定文本，是企业与个别劳动者的劳动关系制定的具体标准与要求。企业也可以通过制定劳动合同样本的方式制定企业标准，即将企业的劳动标准（主要包括工资标准、工时标准、劳动安全卫生标准、社会保险标准等）通过劳动合同格式文本表现出来。

1）劳动合同制定的法律依据

我国关于劳动合同制定的法律依据主要有《劳动法》《劳动合同法》以及相关配套法律。《劳动法》第十六条规定："劳动合同是劳动者与用人单位确立劳动关系、明确双方权利和义务的协议。建立劳动关系应当订立劳动合同。"第十七条规定："订立和变更劳动合同，应当遵循平等自愿、协商一致的原则，不得违反法律、行政法规的规定。劳动合同依法订立即具有法律约束力，当事人必须履行劳动合同规定的义务。"这两个条款明确了劳动合同的性质和制定劳动合同时应当遵循的原则，还明确了劳动合同对双方当事人的约束力。《劳动合同法》则从劳动合同的订立、订立必备条款、履行与变更、解除与终止等方面对劳动合同的管理作了更加详细的规定，不再赘述。

2）劳动合同的制定程序

（1）提出订立劳动合同的意愿。在订立劳动合同前，用人单位通常会通过各种渠道发布招聘的需求，劳动者会向用人单位提出求职的需求。

（2）双方协商。劳动者和用人单位就劳动合同的具体条款进行磋商，在双方意思表示一致后，协商结束。

（3）双方签约。通常情况下，劳动合同的文本由用人单位准备，双方当事人在签约之前应当认真审阅合同文本载明的内容与双方之前的约定是否一致。劳动合同经用人单位与劳动者在劳动合同文本上签字或者盖章生效。劳动合同文本由用人单位和劳动者各执一份。

5.3.3 企业劳动标准的实施和调整

1. 企业劳动标准的实施

企业劳动标准的实施是指劳动者与企业双方按照集体合同、劳动规章制度和劳动合同的约定，全面严格地完成己方应当履行的义务，并享有应当享有权利的过程。在企业劳动标准实施过程中，应当明确实施主体，遵守实施原则。

1）企业和劳动者的定位

企业在企业劳动标准运行过程中的定位是实施主体。企业劳动标准是由企业制定、修改、实施、废除的，企业劳动标准也是规范管理行为的参考标准，企业负责在组织范围内贯彻落实劳动标准。

劳动者在企业劳动标准运行过程中的定位是实践者与监督者。企业劳动标准所管理的对象是劳动者，劳动者遵循企业劳动标准工作，能够在实践当中检验企业劳动标准的合理性。同时，根据企业劳动标准的制定原则，劳动者有权审议企业劳动标准的设置。遇到疏漏和不合理之处，劳动者应当及时提出建议，并推动企业劳动标准的改善，更好地促进和谐劳动关系的构建。

2）企业劳动标准实施的原则

（1）人人平等、严格执行。企业劳动标准是维持企业正常运转的重要保障，具有不可替代的重要作用。但企业劳动标准是把双刃剑，只有合法有效并且严格执行，才能强有力地支撑企业发展。企业劳动标准实施只有做到人人平等，管理才是行之有效的。标准实施一旦形成"破窗"，对违反企业劳动标准职工处理的标准不一致，会造成职工对企业劳动标准的反感，标准也会形同虚设，甚至造成不必要的冲突。

（2）统一稳定、全面实施。企业劳动标准应有相对的统一性，要注意各个劳动标准间的相互联系，争取做到前后统一。企业劳动标准一旦公布，就应具有相对的稳定性，不能朝令夕改。实施过程中要避免割裂、片面地执行企业劳动标准，现行有效的企业劳动标准不能有选择地实施，而应当全面实施。

（3）各司其职、协同实施。企业劳动标准的实施范围覆盖企业全体职工和各个部门，需要各部门协同配合，因此，在实施企业劳动标准过程中，各部门和每个职工不但要承担企业劳动标准所要求的责任，而且要注重相互之间的配合与协作，更好地贯彻实施企业劳动标准。

2. 企业劳动标准的修订

1）法律法规修订后企业劳动标准应及时进行修订

企业劳动标准的制定以遵守法定强制性劳动标准为前提。劳动标准根据其表现形式不同，可以分为立法型劳动标准和国家标准化机构批准的要求强制执行的劳动标准。立法型劳动标准主要包括法律、行政法规、地方性法规、部门规章和地方性规章的规定。国家标准化机构批准的要求强制执行的劳动标准通常是指劳动安全与卫生方面的技术性标准，主要是涉及劳动领域自然科学属性的劳动标准。因此，法律法规修订导致立法型劳动标准和国家标准化机构批准的劳动标准发生改变时，企业的劳动标准也要随之改变。比如：当地的最低工资标准修订后，企业应及时修订最低工资标准。

2）不适合企业发展需要时企业劳动标准应及时进行修订

在企业发展的成熟阶段，企业的规模扩大，管理者的管理规模也随之增加。在这一阶段，原先简单、不完善的劳动标准无法满足企业生产发展的需要，此时管理者需要不断制定各类劳动标准，建立起完善的企业劳动标准体系。由于企业的盈利能力增加，这一阶段企业的劳动标准水平需要提高，以保持自身的竞争力。因此，当劳动标准不符合企业生产发展需要时，企业的劳动标准需要有所改变。

复习思考题

1. 劳动标准可以怎样分类？各种分类的具体内容是什么？
2. 我国主要劳动基准有哪些？
3. 请尽可能多地找出我国劳动基准相关法律法规。
4. 企业劳动标准如何制定，法律法规有什么要求？
5. 假设职工月工资为8000元：养老保险单位缴费比例为16%，个人缴费比例为8%；医疗、生育保险单位缴费比例为8.7%，个人缴费比例为2%；工伤保险单位缴费比例为1.6%；住房公积金单位缴费比例为12%，个人缴费比例为12%。请问职工实发工资到手为多少元？企业应支付社会保险和住房公积金费用多少元？

案例分析题

吴某可享受多长医疗期？

吴某，男，1992年参加工作，在某大型化工企业任锅炉工，2003年12月31日企业改制买断身份，在改制后，在新成立的公司甲醛生产岗位任操作工，2004年2月发现患癌症，要求认定职业病，因不符合职业病认定相关规定，人力资源社会保障部门不予认可，吴某选择病休，用人单位根据《企业职工患病或非因工负伤医疗期规定》批准休假6个月，又根据《关于贯彻〈企业职工患病或非因工负伤医疗期规定〉的通知》延长3个月，总计批病假9个月。吴某病休9个月期满后，用人单位通知解除劳动合同并按规定补偿。吴某不服，申请仲裁，请求因自己患癌症，医疗期应为24个月。吴某可享受多长医疗期？

第 6 章

劳动合同管理

本章对劳动合同的概念、种类和特征进行概述；对劳动合同的订立和内容，劳动合同的履行和变更，解除、终止和续订进行分析。学习本章，可以掌握企业劳动合同管理的基本要求。

◆ 引导案例

劳动者提供虚假学历证书是否导致劳动合同无效

基本案情： 2018 年 6 月，某网络公司发布招聘启事，招聘计算机工程专业大学本科以上学历技术人员 1 名。赵某为销售专业大专学历，但其向该网络公司提交了计算机工程专业本科学历的学历证书、个人履历等材料。后赵某与该网络公司签订了劳动合同，进入该网络公司从事网络技术工作。2018 年 9 月初，该网络公司偶然获悉赵某的实际学历为大专，经询问，赵某承认了自己为应聘而提供虚假学历证书、个人履历的事实。该网络公司认为赵某提供虚假学历证书、个人履历属欺诈行为，严重违背诚实信用原则，根据《中华人民共和国劳动合同法》第二十六条、第三十九条的规定解除了与赵某的劳动合同。赵某不服，向劳动人事争议仲裁委员会申请仲裁。

申请人请求： 裁决该网络公司继续履行劳动合同。

处理结果： 仲裁委员会驳回赵某的仲裁请求。

案例分析： 本案的争议焦点是，赵某提供虚假学历证明、个人履历是否导致劳动合同无效。

《中华人民共和国劳动合同法》第八条规定："用人单位招用劳动者时，应当如实告知劳动者工作内容、工作条件、工作地点、职业危害、安全生产状况、劳动报酬，以及劳动者需要了解的其他情况；用人单位有权了解劳动者与劳动合同直接相关的基本情况，劳动者应当如实说明。"第二十六条规定："下列劳动合同无效或者部分无效：（一）以欺诈、胁迫的手段或者乘人之危，使对方在违背真实意思的情况下订立或者变更劳动合同的……"第三十九条规定："劳动者有下列情形之一的，用人单位可以解除劳动合同……（五）因本法第二十六条第一款第一项规定的情形致使劳动合同无效的……"从上述条款可知，劳动合同是用人单位与劳动者双方协商一致达成的协议，相关信息对于是否签订劳动合同、建立劳动关系的真实意思表示具有重要影响。《中华人民共和国劳动合同法》

第八条既规定了用人单位的告知义务，也规定了劳动者的告知义务。如果劳动者违反诚实信用原则，隐瞒或者虚构与劳动合同直接相关的基本情况，根据《中华人民共和国劳动合同法》第二十六条的规定属于劳动合同无效或部分无效的情形。用人单位可以根据《中华人民共和国劳动合同法》第三十九条的规定解除劳动合同并不支付经济补偿。此外，应当注意的是，《中华人民共和国劳动合同法》第八条规定的"劳动者应当如实说明"应仅限于"与劳动合同直接相关的基本情况"，如履行劳动合同所必需的知识技能、学历、学位、职业资格、工作经历等，用人单位无权要求劳动者提供婚姻状况、生育情况等涉及个人隐私的信息，也即不能任意扩大用人单位知情权及劳动告知义务的外延。

本案中，"计算机工程专业""大学本科学历"等情况与该网络公司招聘的网络技术员岗位职责、工作完成效果有密切关联性，属于"与劳动合同直接相关的基本情况"。赵某在应聘时故意提供虚假学历证书、个人履历，致使该网络公司在违背真实意思的情况下与其签订了劳动合同。因此，根据《中华人民共和国劳动合同法》第二十六条的规定，双方签订的劳动合同无效。网络公司根据《中华人民共和国劳动合同法》第三十九条的规定，解除与赵某的劳动合同符合法律规定，故依法驳回赵某的仲裁请求。

典型意义：《劳动合同法》第三条规定："订立劳动合同，应当遵循合法、公平、平等自愿、协商一致、诚实信用的原则。"第二十六条规定，以欺诈、胁迫的手段或者乘人之危，使对方在违背其真实意思的情况下订立或者变更的劳动合同无效或部分无效；第三十九条有关以欺诈手段订立的劳动合同无效、可以单方解除的规定，进一步体现了诚实信用原则。诚实信用既是《劳动合同法》的基本原则之一，也是社会基本道德之一。用人单位与劳动者订立劳动合同都必须遵循诚实信用原则。建立合法、诚信、和谐的劳动关系。

资料来源：《人力资源社会保障部 最高人民法院 关于联合发布第一批劳动人事争议典型案例的通知》（人社部函〔2020〕62号）

6.1 劳动合同概述

6.1.1 劳动合同的含义及其主体

1. 劳动合同

劳动合同也称劳动契约、劳动协议，是劳动者与用人单位确立劳动关系、明确双方权利义务，规范劳动合同订立、履行、变更、解除和终止行为的协议[①]。

《劳动合同法》第二条规定："中华人民共和国境内的企业、个体经济组织、民办非企业单位等组织（以下称用人单位）与劳动者建立劳动关系，订立、履行、变更、解除或者终止劳动合同，适用本法。国家机关、事业单位、社会团体和与其建立劳动关系的劳动者，订立、履行、变更、解除或者终止劳动合同，依照本法执行。"劳动合同有很多不同于民事合同的特征，这些特征决定了其和民事合同制度在基本原则、权利义务内容、

---

① 程延园，王甫希.劳动关系[M].5版.北京：中国人民大学出版社，2021: 7.

解除与终止条件、违约责任承担等方面的不同。

2. 用人单位

用人单位是我国劳动法中的一个特定概念，是指依法签订劳动合同，招用和管理劳动者，并按法律规定或合同约定向劳动者提供劳动条件、劳动保护和支付劳动报酬的劳动组织[①]。根据《劳动合同法》第二条的规定，用人单位主要指中华人民共和国境内的企业、个体经济组织、民办非企业单位等组织，在一定情况下还包括国家机关、事业单位、社会团体等组织。

（1）企业。企业作为用人单位是《劳动合同法》最基本的用人主体。企业是以一定数量的生产资料和劳动者的结合为前提，以营利为目的，从事生产经营活动的经济组织。按不同标准划分，企业有多种不同分类。按照企业的经济成分来划分，我国现阶段有国有企业、集体企业、私营企业、股份制企业和外商投资企业等；按照企业的法律形态来划分，有法人企业（公司）、非法人企业（合伙企业、个人独资企业等）。无论是什么性质的企业，也无论企业招用管理人员、技术人员还是生产工人，都必须依法通过签订劳动合同确立劳动关系，由此就在企业与劳动者之间产生了劳动法律关系。

（2）个体经济组织。个体经济组织是依法经工商行政管理部门核准登记，并领取营业执照从事工商业生产、经营活动的个体单位，亦称个体工商户。《关于贯彻执行〈中华人民共和国劳动法〉若干问题的意见》（劳部发〔1995〕309号）指出，《劳动法》第二条中"个体经济组织"是指一般雇工在七人以下的个体工商户。个体经济组织是以生产资料个人所有和个体劳动为基础的经济单位。法律允许他们雇用一定数量的帮工或招收学徒。这就在个体经济组织与帮工、学徒之间产生了劳动关系，从而使个体经济组织成为劳动法中的用人单位。个体经济组织中的劳动关系自然成为《劳动合同法》调整对象的组成部分。

（3）民办非企业单位。根据《民办非企业单位登记管理暂行条例》（国务院令第251号）第二条的规定："本条例所称民办非企业单位，是指企业事业单位、社会团体和其他社会力量以及公民个人利用非国有资产举办的，从事非营利性社会服务活动的社会组织。"民办非企业单位不同于我国国家机关、企业、事业组织和社会团体的独立的社会组织。在我国，民办非企业单位经费国家不负担，允许其有一定盈利（但规定只能用于单位发展）以保证业务活动的正常运行，它是有别于市场运作的企业。我国的民办非企业单位主要有各类民办学校、医院、文艺团体、科研院所、体育场馆、职业培训中心、福利院、人才交流中心等。基于这类单位"企业化管理"的实质，将其内部的劳动关系纳入《劳动合同法》调整。

（4）国家机关。国家机关是依法设立的行使国家管理职能的机构。国家机关的工作人员统一实行公务员制度，但对那些不在管理岗位上的办事人员和后勤服务人员的招用和管理，也统一按照劳动法律规范进行。国家机关与劳动者通过签订劳动合同确立劳动关系的，就与劳动者之间形成了劳动关系，国家机关则成为劳动法中的用人单位。按我国现行劳动、人事管理体制，国家机关与其所需用的工勤人员确立劳动关系适用《劳动

---

① 常凯.中华人民共和国劳动合同法释义 [M]. 北京：中国劳动社会保障出版社，2007.

合同法》。

（5）事业组织。根据《事业单位登记管理暂行条例实施细则》的规定，事业单位是指国家为了社会公益目的，由国家机关举办或者其他组织利用国有资产举办的，从事教育、科研、文化、卫生、体育、新闻出版、广播电视、社会福利、救助减灾、统计调查、技术推广与实验、公用设施管理、物资仓储、监测、勘探与勘察、测绘、检验检测与鉴定、法律服务、资源管理事务、质量技术监督事务、经济监督事务、知识产权事务、公证与认证、信息与咨询、人才交流、就业服务、机关后勤服务等活动的社会服务组织。事业单位与其职员的权利义务关系，有些参照公务员管理的适用《公务员法》，有些有特别规定的从其规定，除此之外均适用《劳动合同法》。

（6）社会团体。社会团体是中国公民自愿组成，为实现会员共同意愿，按照其章程开展活动的非营利性社会组织。包括各类使用学会、协会、研究会、促进会、联谊会、联合会、基金会、商会等称谓的社会组织。独立的社团组织与其工作人员的权利义务关系，除参照公务员管理的适用《公务员法》外，适用《劳动合同法》。

3. 劳动者

劳动者是指达到法定年龄（在我国年满 16 周岁）、具有劳动能力，能够依法签订劳动合同，独立给付劳动并获得劳动报酬的自然人[①]。依据《劳动合同法》，劳动者包括企业、个体经济组织、民办非企业单位中的劳动者；国家机关、事业单位、社会团体中除公务员和参照《公务员法》管理的工作人员以外的劳动者。

（1）企业、个体经济组织、民办非企业单位中的劳动者。企业、个体经济组织、民办非企业单位中的劳动者与企业、个体经济组织、民办非企业单位建立劳动关系，订立、履行、变更、解除和终止劳动合同，一律适用《劳动合同法》。需要说明的是：企业的法定代表人如厂长、经理、公司的董事长等一般是按照《公司法》相关规定，与企业或者企业的上级主管部门签订目标责任制合同，这就不属于劳动合同的范畴，他们也不是劳动法意义上的"劳动者"；公司的合伙人、私营企业主也不在劳动法中劳动者的范畴。

（2）国家机关、事业单位、社会团体中的劳动者。《劳动合同法》第九十六条规定："事业单位与实行聘用制的工作人员订立、履行、变更、解除或者终止劳动合同，法律、行政法规或者国务院另有规定的，依照其规定；未作规定的，依照本法有关规定执行。"国家机关、事业单位、社会团体中除公务员和参照《公务员法》管理的工作人员以外的劳动者与国家机关、事业单位、社会团体建立劳动关系，订立、履行、变更、解除和终止劳动合同，依照《劳动合同法》执行。

国家机关中的公务员，事业单位中经批准参照《公务员法》进行管理的工作人员，社会团体、工会、共青团、妇联等人民团体和群众团体机关中经批准参照《公务员法》进行管理的工作人员，由《公务员法》调整。

4.《劳动合同法》不予调整的劳动关系及相关社会关系

《劳动合同法》不调整农村劳动者、现役军人、家庭保姆、自然人用工等性质的劳动关系及相关社会关系。

---

① 常凯. 中华人民共和国劳动合同法释义 [M]. 北京：中国劳动社会保障出版社，2007.

（1）农村劳动者与所在集体组织之间的劳动关系。由于农村集体组织中劳动者的劳动方式和分配方式的特殊性，不符合劳动法中劳动关系的特征，因此没有纳入也不应纳入《劳动合同法》中统一调整，而应制定专门的法律对农村劳动者的劳动权益加以保护。但当农村劳动者进入劳动法中的用人单位，比如，在乡镇企业做工或进城务工，则具有了企业职工的身份，就应纳入《劳动合同法》适用范围。

（2）现役军人与所在部队之间的关系。现役军人是根据国家《兵役法》义务服兵役或志愿服兵役的人员，现役军人与军队之间是一种命令和服从的特殊关系，由专门的法律规范调整，因而不属于劳动法及《劳动合同法》的范围。

（3）家庭保姆、自然人用工。家庭雇用保姆、自然人用工而形成的劳动关系，按我国现行立法体系，适用《民法典》等有关规定予以调整。

6.1.2　劳动合同的法律特征

《劳动合同法》第三条规定："订立劳动合同，应当遵循合法、公平、平等自愿、协商一致、诚实信用的原则。依法订立的劳动合同具有约束力，用人单位与劳动者应当履行劳动合同约定的义务。"本条规定指出，合法、公平、平等自愿、协商一致、诚实信用是签订劳动合同的基本原则。

1. 合法原则

合法原则在劳动合同订立中主要表现为两个方面：其一是内容合法；其二是程序合法。劳动合同的内容合法，其实质是内容法定，即劳动合同的内容必须是在国家法律规定或集体合同约定的基础上确定，劳动合同的内容不得低于国家劳动标准和集体合同的标准。国家的法定劳动标准，无论当事人是否自愿协商一致，都不能违反。程序合法主要表现为劳动合同订立的过程，必须符合法律规定程序要求，比如必须要有书面合同，不得欺诈、胁迫等。

2. 公平原则

公平原则主要是指在劳动合同订立中，任何一方都不能恃自己的强势或优势，使得合同出现显失公平的情况。这种公平原则，在劳资双方力量不对等的情况下，对于保护处于弱势的劳动者，实现劳动关系的相对平衡，有着积极的意义。

3. 平等自愿原则

平等自愿原则是指劳动合同的签订必须是合同双方主体的自愿行为，而这种自愿是在平等的基础上实现的。合同的基础是合意：一方提出要约后，一方承诺，双方形成合意，即是合同。自愿是劳动合同订立的前提，平等则是劳动合同订立的基础。

4. 协商一致原则

协商一致原则是指在劳动合同订立中，合同的相关内容应该是由合同双方协商一致后约定而成。这一原则的提出正是基于对于劳动者的保护。在现实中，由于劳资力量不对等，劳动合同的签订对于劳动者而言虽然没有强迫，但是有着无奈。劳动合同基本由用人单位提供，劳动者只有"签"或"不签"的权利。协商一致的原则正是对这种现象的校正，即劳动者不仅可以决定劳动合同的"签"与"不签"，而且有权利就劳动合同的内容进行协商。

5. 诚实信用原则

诚实信用原则在民法中被称为"帝王条款"。诚实信用原则不限于民事领域，也同样适用于劳动法领域。在实践中，大量的劳动争议、劳动纠纷实际上和缺少诚实信用有关。我们需要把它从一种道德标准上升到法律的层次，作为合同双方当事人的义务规定。只有从法律的层次来规定，这种理念才能慢慢地形成。诚实信用原则还有弥补法律漏洞的作用，法官对于法律上没有依据或当事人没有约定的争议，可以诚实信用的原则来解释和判断，平衡双方的利益关系。

依法订立的劳动合同对于合同双方当事人都具有约束力。用人单位和劳动者都应当履行劳动合同约定的义务。如果不履行劳动合同约定的义务，便是一种违约行为，需要承担相应的责任。

6.1.3　劳动合同的期限

劳动合同期限是指劳动合同的有效时间，是双方当事人所订立的劳动合同从起始到终止的时间，也是劳动关系具有法律约束力的时间。劳动合同期限是劳动合同的必备条款，劳动者与用人单位在劳动关系存续期间享受权利和履行义务。劳动合同的期限是判定劳动合同是否有效以及生效时间的依据，也是判定劳动合同终止时间的依据。

《劳动合同法》第十二条规定："劳动合同分为固定期限劳动合同、无固定期限劳动合同和以完成一定工作任务为期限的劳动合同。"根据本条规定，劳动合同按照合同期限不同分为固定期限劳动合同、无固定期限劳动合同和以完成一定工作任务为期限的劳动合同。

1. 固定期限劳动合同

固定期限劳动合同是指雇佣双方当事人约定合同有效的起止日期的劳动合同。

《中华人民共和国劳动合同法》第十三条规定："固定期限劳动合同，是指用人单位与劳动者约定合同终止时间的劳动合同。用人单位与劳动者协商一致，可以订立固定期限劳动合同。"

固定期限劳动合同对劳动合同履行的起始和终止日期必须是确定的，劳动合同期限届满：除法律规定须续订外，双方的劳动关系终止；双方协商一致，可以续订。固定期限劳动合同的期限是用人单位与劳动者协商一致确定的。《中华人民共和国劳动合同法》对劳动合同的期限长短没有限制；第十四条规定，签订两次固定期限劳动合同后，如续签的、除法定排除情况外，应签订无固定期限劳动合同。因此，对固定期限劳动合同的立法态度是限制在一定范围内的。

2. 无固定期限劳动合同

无固定期限劳动合同是指用双方当事人约定无确定终止日期的劳动合同。

《中华人民共和国劳动合同法》第十四条规定："无固定期限劳动合同是指双方当事人约定无确定终止日期的劳动合同。"

用人单位与劳动者协商一致，可以订立无固定期限劳动合同。有下列情形之一，劳动者提出或者同意续订、订立劳动合同的，除劳动者提出订立固定期限劳动合同外，应当订立无固定期限劳动合同：①劳动者在该用人单位连续工作满十年的。②用人单位初次实行劳动合同制度或者国有企业改制重新订立劳动合同时，劳动者在该用人单位连续工作满十年且距法定退休年龄不足十年的。③连续订立二次固定期限劳动合同，且劳动者没有本法第三十九条和第四十条第一项、第二项规定的情形，续订劳动合同的。用人单位自用工之日起满一年不与劳动者订立书面劳动合同的，视为用人单位与劳动者已订立无固定期限劳动合同。

是否签订无固定期限劳动合同第一种方式是由用人单位与劳动者协商一致确定，可以订立无固定期限劳动合同。第二种方式是对特定情形劳动合同法定转化为无固定期限劳动合同。

需要指出的是无固定期限劳动合同并非终身制合同，经双方协商或者符合法定解除条件的情形下，无固定期限劳动合同也可以解除。比如：①在试用期间被证明不符合录用条件的。②严重违反用人单位的规章制度的。③严重失职，营私舞弊，给用人单位造成重大损害的。④劳动者同时与其他用人单位建立劳动关系，对完成本单位的工作任务造成严重影响，或者经用人单位提出，拒不改正的。⑤因劳动合同法第二十六第一款第一项规定的情形致使劳动合同无效的。⑥被依法追究刑事责任的。有下列情形之一的，用人单位提前三十日以书面形式通知劳动者或者额外支付劳动者一个月工资后，可以解除劳动合同：①劳动者患病或者非因工负伤，在规定的医疗期满后不能从事原工作也不能从事由用人单位另行安排的工作的。②劳动者不能胜任工作，经过培训或者调整工作岗位，仍不能胜任工作的。

3. 以完成一定工作任务为期限的劳动合同

以完成一定工作任务为期限的劳动合同是指双方当事人将完成某项工作或工程作为合同终止日期的劳动合同。

《劳动合同法》第十五条规定："以完成一定工作任务为期限的劳动合同，是指用人单位与劳动者约定以某项工作的完成为合同期限的劳动合同。用人单位与劳动者协商一致，可以订立以完成一定工作任务为期限的劳动合同。"

以完成一定工作任务为期限的劳动合同多适用于建筑业、铁路交通和水利工程等。用人单位与劳动者协商一致把完成某项工作或工程作为确定劳动合同和终止日期的依据。这类劳动合同实际上也是一种定期的劳动合同；与固定期限劳动合同相比，只是终止时间的表现形式不同而已。

固定期限劳动合同、无固定期限劳动合同、以完成一定工作任务为期限的劳动合同3种劳动合同形式构成了一个体系。从劳动合同立法者的意图看，应以无固定期限劳动合同为主，固定期限劳动合同和以完成一定工作任务为期限的劳动合同为辅。在能够明确期限的情况下，签订固定期限劳动合同；在能够明确工作任务的时候，签订以完成一定工作任务为期限的劳动合同。《劳动合同法》对无固定期限劳动合同的签订做了强制性的规定，在法定条件下必须签订无固定期限劳动合同。

6.1.4 劳动合同的条款

我国不仅要求确定劳动关系的劳动合同必须是书面的，而且对劳动合同的条款作了硬性规定。

《劳动合同法》第十七条规定："劳动合同应当具备以下条款。（一）用人单位的名称、住所和法定代表人或者主要负责人；（二）劳动者的姓名、住址和居民身份证或者其他有效身份证件号码；（三）劳动合同期限；（四）工作内容和工作地点；（五）工作时间和休息休假；（六）劳动报酬；（七）社会保险；（八）劳动保护、劳动条件和职业危害防护；（九）法律、法规规定应当纳入劳动合同的其他事项。劳动合同除前款规定的必备条款外，用人单位与劳动者可以约定试用期、培训、保守秘密、补充保险和福利待遇等其他事项。"

需要特别注意的是：必备条款（一）至（九）款是法定的，约定条款只要不违反法律法规，具有与必备条款同样的约束力。工作内容的约定应明确、具体，并有一定的弹性。工作地点应是劳动者的实际工作地点，由于劳动管理的"属地性原则"，工作地点将涉及劳动仲裁、最低工资标准等一系列问题。劳动报酬不能低于当地最低工资标准，同时适当增加浮动的约定。如果劳动者的生产环境存在安全隐患或职业病因素，用人单位应在招用劳动者时如实告知。

6.2 劳动合同的订立

6.2.1 劳动合同的订立

1. 劳动合同订立的含义

劳动合同的订立是指劳动合同双方当事人（即劳动者和用人单位）就双方的权利和义务协商一致，签订对双方具有法律约束力的劳动合同的行为。

《中华人民共和国劳动合同法》第七条规定："用人单位自用工之日即与劳动者建立劳动关系。用人单位应当建立职工名册备查。"这一规定明确了用人单位与劳动者劳动关系成立的时间，以及用人单位在录用员工时要承担的义务。

2. 劳动合同订立前的准备工作

用人单位自用工之日即与劳动者建立劳动关系。但是在劳动关系建立之前相关的工作就开始了，在人力资源管理实践中，用人单位往往不太重视入职前的相关细节，容易出现用工单位面临法律风险和承担不必要的赔付成本的情形，相当一部分劳动争议存在于劳动合同签订之前。比如，在员工录用的时候，用人单位没有设置相关的录用条件或岗位说明书，使得在试用期解除劳动合同变得困难；再比如，用人单位没有做好职前调查，录用了与其他用人单位订立了竞业限制协议的劳动者，遭遇了法律上的风险。为防范劳动争议风险，在劳动合同签订之前就要做好招聘录用条件设置、入职审查等相关的准备工作。

（1）招聘录用条件设置。在劳动合同管理中，"录用条件"是常用处理劳动关系的依据，如用人单位要以"不符合录用条件"为由辞退试用期的员工，前提就是要有录用条件。而录用条件是用人单位在招聘员工时自行设置的，如果招聘时录用条件设置不合理，会使辞退试用期的员工"无法可依"。需要说明的是，用人单位在招聘广告中设计录用条件时，不应该含有歧视性内容，如性别歧视、身高歧视等内容，也不得任意扩大用人单位的知情权。否则，不仅会影响用人单位的社会形象，而且可能引发就业歧视诉讼。

①录用条件要事先明确界定。录用条件是共性条件和个性条件的结合。共性条件是指用人单位所有员工都应具备的基本条件，比如对员工的一般要求，如诚实守信、善于与人沟通等。个性条件是指每个岗位或位置的特殊要求，包括学历、技能、健康等。共性条件可以通过用人单位的规章制度予以明确，个性条件可以通过招聘广告、录用通知书、岗位说明书等予以明确。另外，在录用条件中，还可以特别强调一些不符合录用条件的情形，如伪造学历、证书与工作经历。

②录用条件要事先公示。公示就是要让员工知道用人单位录用条件，录用条件可以通过公开发布的招聘广告来公示，招聘员工时向其明示录用条件，并要求员工确认。

③规章制度明示。在规章制度中对具体岗位的录用条件进行明确，并在签订劳动合同前将该规章制度向劳动者明示。

（2）合理运用知情权进行入职审查。为了使劳动合同当事人在订立劳动合同时对对方有比较全面的了解，减少劳动争议的发生，法律规定了劳动合同当事人的知情权。用人单位应当合理运用知情权对劳动者进行入职审查，审查的内容包括：

①劳动者的身份、学历、资格、工作经历等信息是否真实。如果用人单位在招聘时对应聘人员的身份、学历、资格、工作经历等审查不严，而应聘人员的相关信息有弄虚作假的情形，则会导致应聘人员无法胜任其工作。虽然用人单位可以与其解除劳动合同，但会大大增加用人单位的管理成本。一般情况下劳动者未满16周岁，则不能录用。

②劳动者是否存在潜在的疾病、职业病等。劳动者如果在职期间患病，应享受相应的医疗期并停止工作，用人单位不得随意解除劳动合同。劳动者如果患职业病，除非新用人单位有证据证明此职业病是前用人单位的职业危害造成的，由前用人单位承担责任，否则新的用人单位应当承担责任。如果用人单位忽略健康体检，招录到身体不合格的员工，则有可能付出很大的成本。

③劳动者是否与其他用人单位存在劳动关系。为了避免招用未与其他用人单位解除劳动关系的劳动者，导致对原用人单位造成经济损失、承担赔偿责任，用人单位在招聘时，对于非首次参加工作的劳动者，用人单位应要求劳动者提供与原单位解除或终止劳动关系的证明，或者其他能够说明该劳动者与任何用人单位不存在劳动关系的证明，才可以与其签订劳动合同，这样，才能有效地避免招用未解除劳动关系的劳动者及因此承担的连带责任。

④劳动者是否与其他用人单位签订有竞业限制协议。对于知识型、技术型或者从事高级管理岗位工作以及掌握一定商业秘密的员工，原用人单位通常会与其签订竞业限制协议，或者在劳动合同中约定竞业限制条款。用人单位在招用此类员工时，应当对其是否与其他用人单位签订有竞业限制协议进行审查，在确认拟招用的劳动者不负有竞业限

制义务时，才可以与其签订劳动合同。

⑤外籍劳动者是否得到就业许可。用人单位聘用外国人，须为该外国人申请就业许可，经获准并取得《中华人民共和国外国人就业许可证书》后方可聘用。如果用人单位没有按照要求办好有关手续就擅自招用外国人，则属于非法就业。

（3）谨慎发出录用通知书。在劳动合同签订前，通常用人单位都会向拟聘用员工发放录用通知书。需要注意的是，录用通知书在法律上具备"要约"的属性，具有法律效力。虽然《中华人民共和国民法典》规定要约是可以撤销的，但是撤销要约的通知应当在受要约人发出承诺通知之前到达受要约人，且有可能承担民事赔偿责任。此外，有下列情形之一的，要约不可撤销：①要约人确定了承诺期限或者以其他形式明示要约不可撤销。②受要约人有理由认为要约不可撤销的，并为履行合同做了准备工作。因此，用人单位一旦发出录用通知书，就应当谨慎对待，不能认为没有签订劳动合同录用通知书就无效。

录用员工入职审核情况如表 6-1 所示。

表 6-1 录用条件审核一览表

序号	审核内容	可能产生的风险	查询参考渠道或措施	备注
1	身份信息是否真实	招录到未满 16 周岁的劳动者，受行政处罚、刑事责任	http://www.nciic.com.cn	
2	学历、资格、工作经历是否真实	招录到不符合要求的劳动者	http://www.chsi.com.cn	
3	是否存在潜在的疾病、职业病	解除劳动合同受到医疗期限制、职业病风险	入职体检	
4	是否与原单位解除劳动合同	承担连带赔偿责任	查验解除或终止劳动合同证明书	
5	是否与其他用人单位签订有竞业限制协议	承担赔偿责任	向原单位查验或让劳动者签订承诺书	
6	外籍劳动者是否得到就业许可	非法用工，劳动合同无效	查验相关证书	

3. 劳动关系成立的时间

劳动关系是指用人单位招用劳动者为其成员，劳动者在用人单位的管理下提供有偿报酬的劳动而产生的权利义务关系。

劳动关系不完全等于劳动合同，《中华人民共和国劳动合同法》规定，用人单位自用工之日即与劳动者建立劳动关系，即从劳动者到用人单位工作的第一天起，或者说从用人单位开始使用劳动者劳动的那天起，不论双方是否订立书面劳动合同，劳动关系就成立，而不是从签订书面劳动合同时成立。

案例 6-1 录用条件约定不明导致解除不能

如果用人单位不签订书面劳动合同，则构成事实劳动关系，劳动者同样享受法律规定的权利。如果用人单位先签合同后用人，从劳动合同订立之日至用工之日期间，用人单位与劳动者尚未建立劳动关系，双方可以依法解除劳动合同并承担双方约定的违约责任，用人单位无须承担劳动者的医疗费用等责任，也无须向劳动者支付经济补偿。如果用人单位先用人后签合同，即用人单位未在开始用工时订立书面劳动合同，之后补订劳动合同的，劳动合同期限自用工之日起计算。如果劳动者不签书面合同，用人单位需要在法定时间内解除劳动关系。

确定建立劳动关系的时间起点意义重大，从双方建立劳动关系之时起，双方才开始履行各自的义务，享有各自的权利。建立劳动关系之时，是劳动者开始在用人单位的指挥、监督、管理下提供劳动的时间，是计算劳动者工资的起始时间。劳动者在该用人单位的工作年限也从建立劳动关系之时开始计算。

4. 用人单位告知的义务和不当招用的规定

（1）用人单位的告知义务和知情权。《劳动合同法》第八条规定："用人单位招用劳动者时，应当如实告知劳动者工作内容、工作条件、工作地点、职业危害、安全生产状况、劳动报酬，以及劳动者要求了解的其他情况；用人单位有权了解劳动者与劳动合同直接相关的基本情况，劳动者应当如实说明。"这一规定明确了用人单位在招聘员工时的告知义务和知情权。

用人单位应当履行告知的义务即劳动者的知情权。法定告知内容都是与劳动者的工作紧密相连的基本情况，也是影响劳动者进行就业选择的主要因素之一。选择一份适合自己的工作对于劳动者而言相当重要。劳动者只有详细了解了用人单位的基本情况，才能结合自身特点做出选择。此外，对于劳动者要求了解的其他情况，比如，用人单位相关的规章制度、包括内部劳动纪律、规定、考勤制度、休假制度、请假制度、处罚制度以及企业内部已经签订的集体合同等情况，用人单位都应当进行详细说明。用人单位在履行告知义务的同时，也享有一定的知情权，劳动者负有如实告知义务。劳动者应当如实说明与劳动合同直接相关的基本情况，如劳动者的年龄、知识技能、身体状况、学历、工作经历以及就业现状等情况。

（2）不得要求劳动者提供担保。《劳动合同法》第九条规定："用人单位招用劳动者，不得扣押劳动者的居民身份证和其他证件，不得要求劳动者提供担保或者以其他名义向劳动者收取财物。"此规定明确了在订立劳动合同时禁止要求劳动者提供担保，用人单位招用劳动者不得扣押劳动者的居民身份证和其他证件。第八十四条规定："用人单位违反本法规定，扣押劳动者居民身份证等证件的，由劳动行政部门责令限期退还劳动者本人，并依照有关法律规定给予处罚。用人单位违反本法规定，以担保或者其他名义向劳动者收取财物的，由劳动行政部门责令限期退还劳动者本人，并以每人五百元以上二千元以下的标准处以罚款；给劳动者造成损害的，应当承担赔偿责任。劳动者依法解除或终止劳动合同，用人单位扣押劳动者档案或者其他物品的，依照前款规定处罚。"

5. 用人单位应当建立职工名册备查

《劳动合同法》第七条规定，用人单位应当建立职工名册备查。职工名册是用人单位制作的，用于记录本单位劳动者基本情况及劳动合同签订情况的材料。职工名册应当包含劳动者姓名、性别、身份证号码、户籍地址及现住所、联系方式、用工形式、用工起始时间、劳动合同期限等内容。如果用人单位没有建立职工名册将受到劳动监察部门的查处。

6.2.2 试用期的规定

1. 试用期的含义

劳动合同的试用期是指劳动关系的当事人双方在建立劳动关系时，依照法律的规定，在平等、自愿、协商一致的基础上，在订立劳动合同的同时，在劳动合同期限之内，特别约定的一个供双方当事人互相了解和考察的期间，以确定是否继续履行劳动合同的期限。

在试用期内，劳动者享有合同期内法律赋予劳动者的一切权利，包括社会保险权利和住房公积金权利。在试用期内，劳动者不符合录用条件的，用人单位可以解除劳动合同。劳动者在试用期内可以解除合同，但须提前 3 天通知用人单位。试用期不是法定必备的条款。

2. 试用期约定规则

《劳动合同法》第十九条规定："劳动合同期限三个月以上不满一年的，试用期不得超过一个月；劳动合同期限一年以上不满三年的，试用期不得超过二个月；三年以上固定期限和无固定期限的劳动合同，试用期不得超过六个月。同一用人单位与同一劳动者只能约定一次试用期。以完成一定工作任务为期限的劳动合同或者劳动合同期限不满三个月的，不得约定试用期。试用期包含在劳动合同期限内。劳动合同仅约定试用期的，试用期不成立，该期限为劳动合同期限。"

本规定主要是对劳动合同的试用期限作了限制性规定，明确了试用期的规则。试用期的长短与劳动合同的期限挂钩，期限越长，相应的试用期越长，但试用期最长为六个月。在试用期内，双方都可以解除劳动合同。

3. 试用期工资

《劳动合同法》第二十条规定："劳动者在试用期的工资不得低于本单位相同岗位最低档工资或者劳动合同约定工资的百分之八十，并不得低于用人单位所在地的最低工资标准。"试用期的工资一般相对比较低，但是为了避免过度压低报酬，《劳动合同法》对试用期劳动者的最低工资标准作了限制性规定。

4. 试用期劳动合同解除

《劳动合同法》第二十一条规定："在试用期中，除劳动者有本法第三十九条和第四十条第一项、第二项规定的情形外，用人单位不得解除劳动合同。用人单位在试用期解除劳动合同的，应当向劳动者说明理由。"本条是对试用期劳动合同解除的规定。用人单位对试用期员工的劳动合同解除必须具备法定条件。包括以下 3 种情况：

（1）过错性解除。即《劳动合同法》第三十九条规定的用人单位可以解除劳动合同的情形：在试用期被证明不符合录用条件的；严重违反用人单位的规章制度的；严重失职，营私舞弊，给用人单位造成重大损害的；劳动者同时与其他单位建立劳动关系，对完成本单位的工作任务造成严重影响，或者经用人单位提出，拒不改正的；被依法追究刑事责任的。

（2）患病或非因工负伤。即《劳动合同法》第四十条第一款规定的情形：劳动者患病或非因工负伤，在规定的医疗期满后不能从事原工作，也不能从事由用人单位另行安排的工作的。此种情形需用人单位提前三十日以书面形式通知劳动者本人或者额外支付劳动者一个月工资后，可以解除劳动合同。

（3）劳动者不能胜任工作。即《劳动合同法》第四十条第二款规定的情形：劳动者不能胜任工作，经过培训或者调整工作岗位，仍不能胜任工作的。"不能胜任"是指不能按要求完成劳动合同中约定的任务，或者同工种、同岗位人员的工作量。此种情形需用人单位提前三十日以书面形式通知劳动者本人或者额外支付劳动者一个月工资后，可以解除劳动合同。

在企业实践中，经常出现"末位淘汰"解除劳动合同情形，但是"末位"不等于"不能胜任"。

首先，"末位淘汰"制度的制定必须经过民主程序，即绩效考核的制度是企业经过民主程序制定的，而不是以个别领导人的个人意志决定的。

其次，"末位淘汰"可以用来"淘汰"如降级、降职、免职、调整工作岗位、待岗培训，但不是直接解除劳动合同。根据我国《劳动合同法》的规定，在劳动合同存续期间，用人单位与劳动者协商一致，可以变更劳动合同约定的内容。经过民主程序制定的"末位淘汰制"如果明确规定或者双方的劳动合同明确约定用人单位有权对业绩居于末位的劳动者调整工作岗位或者工资待遇，就意味着劳动者与用人单位协商约定用人单位对于业绩居于末位的劳动者有权单方面变更合同内容，可以得到法律的认可。但用人单位调整工作岗位或劳动报酬必须合理。

再次，如果要以"末位淘汰"理由解除劳动合同，必须证明员工是"不能胜任工作而处于末位"。"末位"与"不能胜任"两者是有区别的。"末位"仅是一种考核排名的状况，"不能胜任"则是劳动者的技能不能满足岗位需要而导致无法正常完成工作，两者是完全不同的情况。"末位"总是存在的，用人单位必须正确界定"末位"的内涵，应将"不能胜任工作而处于末位"和"能胜任工作却处于末位"区分开来。用人单位以"末位淘汰"解除员工劳动合同，不能仅仅举证员工处于末位，必须举证证明员工是"不能胜任工作而处于末位"。

案例 6-2　以"末位淘汰"为由单方面解除劳动合同无效

最后，根据我国法律，用人单位单方解除劳动合同的条件是法定的，法律没有赋予用人单位与劳动者协商确定劳动合同解除条件的自由。用人单位即使以法定程序制订了以"末位淘汰制"为内容的规章制度，且经过公示，得到了劳动者的认可，也不能将"末位淘汰制"视为与劳动者事前约定的劳动合同解除条件。但是，如果将"淘汰"界定为降级、降职、免职、调整工作岗位、待岗培训等其他形式，可以视为双方事前约定的单方变更劳动合同内容的权利。用人单位就有权在不解除劳动合同的前提下对考核居于末位的劳动者予以降级、降职、调整工作岗位等形式的处理[①]。

---

① 黄振东，"末位淘汰"并非一定无效，劳动法库，2016-03-08.

6.2.3 培训协议的规定

1. 培训协议的含义

培训协议是指用人单位进行专业技术培训时，双方约定的有关培训费用、服务期限、违约金以及违约金的支付等内容的合同。"专业技术培训"即专业性、技术性的培训，目的在于提高劳动者所从事专业的技术能力。尤其是对于资格认证、项目课程等性质相对模糊的培训类别，要通过培训协议的方式予以明确。企业在向员工提供培训时，应当事先订立培训计划，并将培训性质明确界定为专业技术培训。"服务期"是指劳动者因接受用人单位给予的特殊待遇和承诺，必须为用人单位服务的最大期限。

《劳动合同法》第二十二条规定："用人单位为劳动者提供专项培训费用，对其进行专业技术培训的，可以与该劳动者订立协议，约定服务期。劳动者违反服务期约定的，应当按照约定向用人单位支付违约金。违约金的数额不得超过用人单位提供的培训费用。用人单位要求劳动者支付的违约金不得超过服务期尚未履行部分所应分摊的培训费用。用人单位与劳动者约定服务期的，不影响按照正常的工资调整机制提高劳动者在服务期期间的劳动报酬。"此规定明确了培训协议的签订条件、服务期，以及劳动者违反服务期的违约金支付。

根据《劳动部关于实行劳动合同制度若干问题的通知》（劳部发〔1996〕354号）第6条规定，当事人在劳动合同中有关工作岗位、劳动报酬等内容，可以在协商一致的基础上，通过签订专项协议来规定。专项协议作为劳动合同的附件，具有与劳动合同同等的约束力。劳动合同中的服务期条款或因单位提供培训、特殊福利和约定的服务期，可视为劳动合同中的专项条款或专项协议，只要内容与法律法规不冲突，应当认定是合法有效的。

培训协议主要是针对核心劳动者而言，其目的是防止劳动者接受用人单位出资培训后提前结束服务期，而给用人单位带来培训费用等直接经济损失和重新选拔、录用和培训新人所带来的各种间接成本，合理约定培训协议，有利于保护用人单位利益，防止核心员工随意、无序跳槽。

2. 培训协议的签订条件

根据《劳动合同法》的规定，签订培训协议的条件是企业为劳动者提供专项培训费用，进行专业技术培训。

专项培训费用包括用人单位为了对劳动者进行专业技术培训而支付的有凭证的培训费用、培训期间的差旅费用以及因培训产生的用于该劳动者的其他直接费用。比如，企业直接承担的学费，还包括住宿费、培训补贴、参观考察费、观摩费等间接支出的费用。企业应当在培训协议中明确约定培训费的范围、培训费的构成及计算方式。

3. 服务期

用人单位出资对劳动者（主要是核心员工）进行专业技术培训，是希望通过对人力资源进行开发，提升劳动者工作能力，为用人单位服务，带来持续的高效益。如果劳动者在接受用人单位出资培训后随意跳槽，给企业带来巨大损失，事先明确约定服务期，以及劳动者违反服务期约定的责任，是合理保护企业利益，规范员工流动的一种法律手段和人力资源管理措施。

服务期与劳动合同期限可能并不一致，可能短于劳动合同期限，也可能长于劳动合同期限。当服务期长于劳动合同期限时，应当优先适用服务期约定，因为服务期是劳动合同双方之间的特别约定，是企业给员工提供了特别义务时的一种特别约定，应当优先于劳动合同期限的规定。劳动合同双方当事人可以变更劳动合同中的期限条款或者续订劳动合同，或者重新订立劳动合同，以保持与服务期的约定相一致。用人单位与参加培训的劳动者约定的服务期，主要根据用人单位、劳动者的实际情况来确定，服务期通常以 3～5 年为宜。

根据《劳动合同法》的规定，用人单位与劳动者约定服务期的，按照正常的工资调整机制提高劳动者在服务期间的劳动报酬。不能因约定了服务期，而不再调整劳动者的工资。

4. 违约金及其支付

根据《劳动合同法》的规定，劳动者在服务期内解除劳动合同，要向用人单位支付违约金。违约金的数额按照双方在服务期协议中的约定履行，但不得超过用人单位提供的培训费用的数额。劳动者违约时支付的，不得超过服务期尚未履行部分所应分摊的培训费用。例如，培训费用 5 万元，服务期 5 年，则每年分摊 1 万元。劳动者履行 3 年后辞职，服务期违约金最多只能约定 5 万元，劳动者辞职时，只能要求劳动者支付 2 万元违约金。

6.2.4 保密和竞业限制的规定

在激烈的市场竞争中，商业秘密保护和知识产权的重要性日渐突出，商业秘密关乎企业的竞争力，对企业的发展至关重要，有的甚至直接影响到企业的生存。因此，如何保护商业秘密不外泄，是企业必须高度重视的问题。关于竞业限制的规定，不仅在《劳动合同法》作了明确规定，也在《公司法》《反不正当竞争法》中有明确规定。部分董事、经理在任职期间的竞业限制义务是法定的。当劳动者侵犯用人单位商业秘密时，用人单位可以根据实际情况选择劳动仲裁或直接起诉。

1. 商业秘密和竞业限制概述

根据《反不正当竞争法》规定，商业秘密是指不为公众所知悉，能为权利人带来经济效益，具有实用性并经权利人采取保密措施的技术信息和经营信息。

商业秘密包括两部分，非专利技术和经营信息。非专利技术包括生产配方、工艺流程、技术诀窍、设计图纸等；经营信息包括管理方法、产销策略、客户名单、货源情报等。商业秘密和其他知识产权（专利权、商标权、著作权等）相比具有以下特点。

（1）商业秘密的前提是不为公众所知悉。其他资产全都是公开的，对专利权甚至有公开到相当程度的要求。

（2）商业秘密是一项相对权利。商业秘密的专有性不是绝对的，不具排他性。如果其他人以合法方式取得了同一内容的商业秘密，他就和第一个人有着相同的地位。商业秘密的拥有者既不能阻止在他之前已经开发掌握该信息的人使用、转让该信息，也不能阻止在他之后开发掌握该信息的人使用、转让该信息。

（3）商业秘密能使经营者获得利益，获得竞争优势，或具有潜在的商业利益。

（4）商业秘密的保护期不是法定的，取决于权利人的保密措施和其他人对此项秘密的公开，一项技术秘密可能由于权利人保密措施得力和技术本身的应用价值而延续很长时间，远远超过专利技术受保护的期限。

商业秘密是企业参与市场竞争的秘密武器。伴随着巨大而核心的经济利益，也存在着相当的泄密，产生道德风险和法律风险，员工作为企业内部成员最有可能接触到企业的商业利益，因此如何让自己的员工保密无疑是企业商业利益保护的最重要的手段之一。《劳动法》《劳动合同法》也对企业商业秘密保护作出了相关的规定。《劳动合同法》第二十三条规定："用人单位与劳动者可以在劳动合同中约定保守用人单位商业秘密和与知识产权相关的保密事项。对负有保密义务的劳动者，用人单位可以在劳动合同或者保密协议中与劳动者约定竞业限制条款，并约定在解除或者终止劳动者合同后，在竞业限制期限内按月给予劳动者经济补偿。劳动者违反竞业限制约定的，应当按照约定向用人单位支付违约金。"

我国劳动者的竞业限制义务是约定义务而不是法定义务，因此竞业限制义务产生的前提是用人单位与劳动者就竞业限制约定达成协议。同时，并不是所有劳动者都需要约定竞业限制义务，竞业限制人员有法定的范围。竞业限制协议可以在签订劳动合同的同时签订专项协议；也可在劳动合同履行过程中，当劳动者的工作性质发生变化，开始接触到用人单位商业秘密时变更劳动合同或签订专项的竞业限制协议。

2. 竞业限制的规定

《劳动合同法》第二十四条规定："竞业限制的人员限于用人单位的高级管理人员、高级技术人员和其他负有保密义务的人员。竞业限制的范围、地域、期限由用人单位与劳动者约定，竞业限制的约定不得违反法律、法规的规定。在解除或者终止劳动合同后，前款规定的人员到与本单位生产或者经营同类产品、从事同类业务的有竞争关系的其他用人单位，或者自己开业生产或者经营同类产品、从事同类业务的竞业限制期限，不得超过二年。"

竞业限制义务是约定义务，但是竞业限制的内容受到法律限制，人员也有范围，用人单位并不能任意与劳动者约定，具体如下。

（1）劳动者的范围。竞业限制人员限于用人单位的高级管理人员、高级技术人员和其他负有保密义务的人员，如公司的经理、副经理、财务负责人、上市公司董事会秘书和公司章程规定的其他人员。

（2）竞业限制的地域。竞业限制地域要合理，应该限于与用人单位可能会发生竞争的地域范围内，不能无限制扩大。

（3）竞业限制的内容。竞业限制的内容是到与本单位生产或者经营同类产品、从事同类业务的有竞争关系的其他用人单位，或者自己开业生产或经营同类产品、从事同类业务。

（4）竞业限制期限。竞业限制义务的期限不得超过 2 年，即劳动合同解除或者终止最长 2 年后，劳动者不再受竞业限制的约束。

3. 竞业限制违约金

违约金体现的是一种约定责任，只有在有约定的情况下劳动者才需要承担，如果没有约定，劳动者就不需要支付。权利和义务应是平衡的，所以，对于确有必要要求其履行竞业限制义务的员工，用人单位要与其商定违约金的数额。如果没有约定违约金，但因此给企业造成损失的，企业可以要求劳动者承担赔偿责任。竞业限制违约金的具体金额、支付方式由双方当事人自主约定，违约金的约定应当公平、合理，过高设置违约金可能导致违约金约定无效。竞业限制违约金的具体标准、支付方式，按双方约定执行。《最高人民法院关于审理劳动争议案件适用法律问题的解释（一）》（法释〔2020〕26 号）第四十条规定："劳动者违反竞业限制约定，向用人单位支付违约金后，用人单位要求劳动者按照约定继续履行竞业限制义务的，人民法院应予支持。"此条规定明确了劳动者违反竞业限制约定的，用人单位可以同时行使要求支付违约金和要求继续履行竞业限制义务两种经济权利。

4. 竞业限制经济补偿

竞业限制经济补偿是指企业与劳动者约定劳动者接受竞业限制，而由企业在劳动合同终止后的竞业限制期限内按月支付劳动者的货币。《最高人民法院关于审理劳动争议案件适用法律问题的解释（一）》（法释〔2020〕26 号）第三十七条规定："当事人在劳动合同或者保密协议中约定了竞业限制和经济补偿，当事人解除劳动合同时，除另有约定外，用人单位要求劳动者履行竞业限制义务，或者劳动者履行了竞业限制义务后要求用人单位支付经济补偿的，人民法院应予支持。"

竞业限制经济补偿的标准应根据保护商业秘密给企业带来的效益、竞业限制的区域、期限等因素，具体数额由双方协商约定。经济补偿支付的时间必须是在劳动合同终止或解除之后，支付方式是按月支付。《劳动合同法》没有规定用人单位应支付给员工的补偿金具体金额比例，本意是留给用人单位和劳动者自行协商，但实践中很多用人单位只和员工约定要其履行竞业限制义务，但是不约定经济补偿标准，因此产生争议。《最高人民法院关于劳动争议案件适用法律问题的解释（一）》（法释〔2020〕26 号）第三十六条规

案例 6-3 用人单位未支付竞业限制经济补偿，劳动者是否需承担竞业限制违约责任

定："当事人在劳动合同或者保密协议中约定了竞业限制，但未约定解除或者终止劳动合同后给予劳动者经济补偿，劳动者履行了竞业限制义务，要求用人单位按照劳动者在劳动合同解除或者终止前十二个月平均工资的 30% 按月支付经济补偿的，人民法院应予支持。前款规定的月平均工资的 30% 低于劳动合同履行地最低工资标准的，按照劳动合同履行地最低工资标准支付。"本规定说明，只要员工离职后履行了竞业限制义务，即使没有约定补偿标准，员工也有权按司法解释规定的标准要求用人单位支付补偿。另外，不约定经济补偿的竞业限制可能对劳动者失去约束力。因

为根据相关司法解释的规定，用人单位要求劳动者履行竞业限制义务的前提是"约定了竞业限制和经济补偿"，即两个方面都要约定。只约定竞业限制而不约定经济补偿的合同（条款）可能被认为对劳动者丧失约束力。

6.2.5 无效劳动合同的认定

1. 无效劳动合同概述

劳动合同符合法规的要求，是劳动合同受法律保护的前提。劳动合同有效具备的条件是：劳动合同签订的主体合法，双方意思表示真实，合同内容合法。如果劳动合同不具备或不完全具备法定有效要件，则会构成劳动合同无效或部分无效。

无效劳动合同是指劳动者与用人单位订立的违反劳动法律法规的协议。合同从订立时起就不具有法律效力，不能继续履行，不受法律保护。部分无效的劳动合同是指由于法定的理由自订立之日起，部分条款就没有法律效力的劳动合同。

《中华人民共和国劳动合同法》第二十六条规定："下列劳动合同无效或部分无效。（一）以欺诈、胁迫的手段或者乘人之危，使对方在违背真实意思的情况下订立或者变更劳动合同的；（二）用人单位免除自己的法定责任，排除劳动者权利的；（三）违反法律、行政法规强制性规定的。对劳动合同的无效或者部分无效有争议的，由劳动争议仲裁机构或者人民法院确认。"

2. 无效劳动合同类型

（1）以欺诈、胁迫的手段或者乘人之危，使对方在违背真实意思的情况下订立或者变更劳动合同的。"欺诈"是指一方当事人故意隐瞒真相或者制造假象，诱使对方产生错觉，做出错误意思表示而与之订立或变更劳动合同。比如，劳动者提供假学历、假身份证等情形。"胁迫"是指行为人以将要发生的损害或者以直接实施干预者相威胁，使对方当事人产生恐惧而违背真实意思与之订立或者变更劳动合同。比如，以对方当事人或其亲友的生命健康、人格尊严、财产安全或其他利益为要挟，迫使对方屈服，违背其真实意思签订的劳动合同等。"乘人之危"是指行为人利用他人危难处境或急迫需要，强迫对方接受某种明显不公平的条件，并做出违背真实意愿的意思表示。

以欺诈、胁迫的手段或乘人之危签订的劳动合同，其共同特点是违反了平等自愿、协商一致、诚实信用的合同订立原则，不是双方当事人的真实意愿表示，因而在这些情况下订立的劳动合同是没有法律效力的，属于无效劳动合同。

（2）用人单位免除自己的法定责任、排除劳动者权利的。免除自己的法定责任是指用人单位通过合同约定不承担按照有关法律规定应当承担的义务，比如对劳动者健康与安全进行保护、为劳动者缴纳社会保险费等义务。排除劳动者权利是指用人单位在劳动合同中限制或剥夺劳动者依法应当享有的法律权利，比如休息休假权、社会保险权等。用人单位通过劳动合同免除自己的法定责任，或者排除劳动者权利的一些约定，违反劳动合同签订的公平原则，出现权利和义务严重失衡的状况，属于无效劳动合同。

（3）违反法律、行政法规强制性规定的。违反法律、行政法规强制性规定包括劳动合同的主体、内容、形式、程序与法律、法规的强制性或禁止性规定相抵触，或滥用法律、法规的授权性规定。比如，用人单位在劳动合同条款中约定妇女不得在合同期间结婚或生育，薪酬低于最低工资标准，或在劳动合同中约定"工伤概不负责"，等等。劳动合同条款违反法律、行政法规的强制性规定，这部分条款是无效的，劳动合同是部分无效劳动合同。

案例 6-4 订立免责协议不能免除用人单位对工伤职工法定义务

劳动合同的无效或者部分无效有争议的，由劳动争议仲裁机构或者人民法院确认，其他任何组织和个人都无权确认。劳动合同部分无效的，不影响其他部分效力的，其他部分仍然有效。劳动合同被确认无效，劳动者已付出劳动的，用人单位应当向劳动者支付劳动报酬，劳动报酬的数额，参照本单位相同或相近岗位劳动者的劳动报酬确定。

6.3 劳动合同的履行和变更

6.3.1 劳动合同的履行

1. 劳动合同履行的含义

劳动合同履行是指合同当事人双方履行劳动合同所规定义务的法律行为，即劳动者和用人单位按照劳动合同的要求，共同实现劳动过程和各自合法权益。

劳动合同依法订立并履行是劳动法赋予合同当事人双方的义务，也是劳动合同对合同当事人双方具有法律约束力的主要表现。劳动合同的履行是劳动合同制度的核心，劳动合同只有得到履行，订立劳动合同的目的才能得到实现。

全面履行并不意味着劳动合同绝对不能变更，用人单位与劳动者签订劳动合同后，在法定条件下也可以对其变更。《劳动合同法》对劳动合同的变更规定了具体的条件和程序。

2. 劳动合同履行的要求

《劳动合同法》第二十九条规定："用人单位与劳动者应当按照劳动合同的约定，全面履行各自的义务。"这一条规定指明了劳动合同履行的原则，必须是亲自履行、全面履行、协作履行。

（1）亲自履行。劳动合同当事人双方都必须以自己的行为履行各自依据劳动合同所承担的义务，而不能由他人代理，其中：劳动者的义务只能由本人履行；用人单位的义务，只能由用人单位的管理机构和管理人员在其职责范围内履行。对劳动者而言，除非用人单位同意，否则都应由自己亲自履行，不能委托他人代履行，或者由他人来承继履行。

（2）全面履行。全面履行是指用人单位和劳动者应当按照约定的内容、方式、期限，亲自、正确、全部履行其承担的义务。全面履行劳动合同是劳动合同法律效力的必然要求，是诚信原则在劳动合同履行的具体表现。因为劳动合同是一个包含众多义务条款的整体，各条款之间有其内在的联系，不能割裂，所以劳动合同的双方当事人均负有全面履行劳动合同的义务。全面履行原则，要求双方当事人完整、全面、准确地履行劳动合同义务，不能只重视主要条款的履行，而忽视其他条款的履行，劳动合同内容条款的不履行、不适当履行都属于违约，在没有免责事由的情况下，都要承担相应法律责任。

案例 6-5　劳动合同应该亲自履行

（3）协作履行。劳动关系是一种需要用人单位和劳动者合作才能顺利实现的社会关系，劳动关系和谐是劳动合同双方顺利履行合同义务的前提。因此，在劳动合同履行过程中，当事人双方应当相互理解，为履行劳动合同创造条件。

3. 劳动合同履行的主要内容

按照劳动标准的层级及法律效力划分，我国的劳动标准可以分为国家级劳动标准、行业级劳动标准与地方级劳动标准、企业级劳动标准三个层次。这些都是劳动合同履行过程中必须遵循的标准。

（1）支付劳动报酬的规定。《劳动合同法》第三十条规定："用人单位应当按照劳动合同约定和国家规定，向劳动者及时足额支付劳动报酬。用人单位拖欠或者未足额支付劳动报酬的，劳动者可以依法向当地人民法院申请支付令，人民法院应当依法发出支付令。"本条规定了劳动报酬支付的原则，包括金钱支付原则、定时支付原则、直接支付原则和足额支付原则。

金钱支付原则。金钱支付原则是要求劳动报酬的支付应当采用金钱的手段，所谓"金钱"是指法定货币，包括本国货币和外国货币。《工资支付暂行规定》（劳部发〔1994〕489号）第五条规定："工资应当以法定货币支付。不得以实物及有价证券替代货币支付。"

定时支付原则。定时支付原则要求劳动报酬的支付必须按照集体合同和劳动合同的约定，在确定的时间支付。《工资支付暂行规定》（劳部发〔1994〕489号）第七条规定："工资必须在用人单位与劳动者约定的日期支付。如遇节假日或休息日，则应提前在最近的工作日支付。工资至少每月支付一次，实行周、日、小时工资制的可按周、日、小时支付工资。"第八条规定："对完成一次性临时劳动或某项具体工作的劳动者，用人单位应按有关协议或合同规定在其完成劳动任务后即支付工资。"第九条规定："劳动关系双方依法解除或终止劳动合同时，用人单位应在解除或终止劳动合同时一次付清劳动者工资。"

直接支付原则。直接支付原则要求用人单位应当直接支付给劳动者本人不能任意支付给其他人。但是直接支付原则也存在例外情况，即劳动者本人因故不能领取工资时，可由其亲属或被委托人代领。

足额支付原则。足额支付原则要求用人单位按照劳动者实际应该获得的劳动报酬数量支付，不允许克扣或者无故拖欠劳动者的劳动报酬。但在法律有规定的情况下，用人单位可以扣除劳动者的劳动报酬；除法律有明确规定之外，用人单位在任何情况都不能为自己扣除或代他人扣除劳动报酬。

用人单位违反劳动报酬的定时支付原则和足额支付原则的情况下，劳动者可以采取法律救援手段，向人民法院申请支付令。

（2）工作强度和工作时间的规定。《劳动合同法》第三十一条规定："用人单位应当严格执行劳动定额标准，不得强迫或者变相强迫劳动者加班。用人单位安排加班的，应当按照国家有关规定向劳动者支付加班费。"本条规定了工作强度和工作时间。

用人单位应该严格执行国家的劳动定额标准，按照国家法律规定的标准工时以及劳动合同约定的工作时间执行，不得通过各种方式强迫劳动者延长工作时间。如需延长工作时间，应遵守《劳动法》第四十一条，第四十二条和第四十四条关于延长工作时间的规定。用人单位安排加班必须符合法律规定的条件和程序，并按法律规定向劳动者支付加班费。

（3）劳动安全卫生的规定。《劳动合同法》第三十二条规定："劳动者拒绝用人单位管理人员违章指挥、强令冒险作业的，不视为违反劳动合同。劳动者对危害生命安全和身体健康的劳动条件，有权对用人单位提出批评、检举和控告。"本条规定了劳动者在劳动卫生安全方面享有的权利。

劳动安全卫生是指职业劳动的条件与环境状况，符合劳动者生命安全和身体健康的要求。劳动安全卫生制度是确保劳动者在职业劳动中的生命安全和身体健康的特定的劳动保护制度。对于保护劳动者生命权和健康权、提高企业效益、稳定协调劳动关系具有重要意义，用人单位管理人员违反法律法规以及用人单位规章制度的规定，指挥强令劳动者冒险作业，劳动者享有拒绝的权利，劳动者依照法律规定行使拒绝权的行为，不属于违反劳动合同约定的行为，劳动者对危害生命安全和身体健康的劳动条件，有权向用人单位提出批评意见，或者向劳动行政主管部门检举和控告用人单位。

（4）单位重大事项变更对劳动合同履行的规定。

①用人单位名称及法定代表人变更不影响劳动合同履行。《劳动合同法》第三十三条规定："用人单位变更名称、法定代表人、主要负责人或者投资人等事项，不影响劳动合同的履行。"这一规定明确了劳动合同的履行不受用人单位有关事项变更的影响。

用人单位变更名称，只是用以代表用人单位的称谓发生了变化，其性质、对外的实体权利义务等并没有发生任何变化；用人单位变更法定代表人、主要负责人或者投资人，只是其内部有关人员发生了变化，这种变化本身并不影响其对外的权利义务。这些因素均属于用人单位的非组织实体相关因素的变化，用人单位的主体资格并未消灭。由于在上述情况下，用人单位对外的权利义务没有任何变化，其对劳动者的权利义务也不应发生变化，其与劳动者订立的劳动合同也就不受任何影响，用人单位和劳动者都应当按照名称、法定代表人、主要负责人或者投资人等事项变更前订立的劳动合同，全面履行劳动合同义务。

不影响劳动合同履行的变更，仅限于该条款所列举的内容，即在劳动合同的主要条款没有变更的情况。如果劳动合同的法定条款发生变更，那么用人单位和劳动者需要就变更条款重新进行协商。如果协商一致，维持劳动关系不变；如果协商不一致，只能解除劳动关系。

②用人单位合并或者分立劳动合同由承继其权利和义务的用人单位继续履行。用人单位合并是指用人单位并入其他用人单位，或者其他用人单位并入该用人单位，或者用人单位与其他用人单位合在一起共同成立一个新的用人单位。用人单位分立是指用人单

位将其一部分分出去成立一个新的用人单位，或者用人单位分割为两个以上用人单位。

《劳动合同法》第三十四条规定："用人单位发生合并或者分立等情况，原劳动合同继续有效，劳动合同由承继其权利和义务的用人单位继续履行。"

在日趋激烈的国际国内市场竞争环境下，用人单位发生合并或者分立等情况在所难免，用人单位的合并或者分立与劳动者的切身利益相关，常常会影响劳动者权益。用人单位与劳动者在合并或分立前订立的劳动合同，并不因为用人单位的合并或者分立而失效，它仍然具有法律效力，应当履行。由于原用人单位已经发生变化或者已经不存在，因此履行劳动合同的用人单位一方应当是继承原用人单位权利义务的用人单位。由于用人单位合并或者分立后，可能导致其内部工作岗位调整等问题的发生，根据《劳

案例 6-6 劳动者与用人单位订立放弃加班费协议，能否主张加班费

动部关于贯彻执行〈中华人民共和国劳动法〉若干问题的意见》（劳部发〔1995〕309 号）第 13 条的规定："用人单位发生分立或合并后，分立或合并的用人单位可依据其实际情况与原用人单位的劳动者遵循平等自愿、协商一致的原则变更原劳动合同"。如果双方无法就劳动合同的变更达成协议，就可以协商解除劳动合同。

6.3.2　劳动合同的变更

1. 劳动合同变更概述

劳动合同的变更是指劳动合同订立时所依据的客观情况，或者劳动合同主体情况发生变化，致使劳动合同某些条款内容无法继续履行，从而须经双方当事人协商一致调整劳动合同部分内容的法律行为。

《劳动合同法》第三十五条规定："用人单位与劳动者协商一致，可以变更劳动合同约定的内容。变更劳动合同，应当采用书面形式。变更后的劳动合同文本由用人单位和劳动者各执一份。"

劳动合同的变更是双方已有的劳动权利义务关系的发展，当某种情况的出现，使得原劳动合同的继续履行存在困难，或者成为不可能时，双方当事人可以根据有关法律、法规规定经协商一致，对原劳动合同的部分内容进行调整。劳动合同变更必须在劳动合同成立之后，还没有履行，或者还没有完全履行之前的有效时间内进行，劳动合同的变更是对原劳动合同的内容修改或者修订，而不是签订新的合同。双方协商同意依法变更后的劳动合同继续履行有效，对双方当事人都有约束力。

引起劳动合同变更的原因是多方面的。比如，用人单位因转产、劳动组合改变，劳动定额变动，生产设备及生产工艺更新，市场急剧变化面临严重亏损或者发生重大突发事件，可能引起劳动合同的变更。又比如：劳动者掌握了新技术，因病或负伤丧失部分劳动能力，自身原因要求调换工作岗位或地点等，可能引起劳动合同的变更；国家法律法规，最低工资标准发生变化引起劳动合同的变更，等等。劳动合同变更一般可以分为协商一致变更、企业单方依法变更、特殊情况下口头变更等情形。

2. 劳动合同变更的类型

（1）协商一致变更劳动合同。劳动合同的变更应当协商一致，依法变更。劳动合同依法订立后，即产生相应的法律效力，对合同当事人具有法律约束力。当事人应当按照约定履行自己的义务，不得擅自变更合同。但这并不意味着当事人就没有在合同生效后变更相应权利义务的途径。在实践中，关于劳动合同变更争议主要集中在用人单位的调岗变薪问题上。《劳动合同法》第三十五条为企业调岗变薪提供了最佳的解决方法，即双方协商一致变更原有的劳动合同，这种调岗变薪的方式是双方真实意思的表达和法律规定，有利于劳动关系的和谐发展。

我国承认和保护用人单位的用工自主权，允许用人单位根据生产经营需要对员工调岗调薪。《劳动合同法》第三条规定，依法订立的劳动合同具有约束力，用人单位与劳动者应当履行劳动合同约定的义务。在实践中，用人单位可以在劳动合同的"工作内容"条款中约定："甲方可以根据生产经营和工作需要以及乙方的身体状况、工作能力和工作表现调整乙方的职务，调整乙方的工作岗位和工作内容，乙方无特殊原因应当服从安排。"同时，在劳动合同"劳动报酬"条款中约定："甲方可以根据实际经营情况，对乙方考核结果以及乙方工作年限、奖惩记录、岗位和工作内容的变化等，相应调整乙方的工资水平，但不低于当地最低工资标准。"但这种约定必须经过劳动者和用人单位协商一致方为有效。

劳动规章制度是劳动合同的附件，用人单位应当在相应的规章制度中对调岗变薪的情况进行明确，规定可以调岗变薪的生产经营和工作状况、劳动者的生理状况、工作能力表现和绩效考核结果以及相应的调整方案，这些规章制度必须符合法律的规定，通过民主程序制定并向劳动者公示，否则不会产生效力。

（2）企业单方依法变更劳动合同。劳动合同当事人无法就劳动合同变更达成一致意见，并不意味着劳动合同永远无法变更，法律还规定了用人单位可以单方变更劳动合同的情形。

①劳动者的劳动能力受影响。《劳动合同法》第四十条第一款规定，劳动者患病或非因工负伤，在规定的医疗期满后不能从事原工作，也不能从事由用人单位另行安排的工作的，用人单位提前三十日以书面形式通知劳动者本人或者额外支付劳动者一个月工资补偿后可以解除劳动合同。据此规定，这种劳动合同变更无须以劳动者的同意为前提，但用人单位首先要有明确证据表明劳动者不能胜任工作，需要调整工作岗位；其次必须注意合理性，要充分考虑劳动者的承受能力；最后，用人单位不能滥用另行安排工作的权力，调整安排的工作比原来的工作更具合理性。

②客观情况发生变化。《劳动合同法》第四十条第三款规定，劳动合同订立时所依据的客观情况发生重大变化，致使劳动合同无法履行，经用人单位和劳动者协商，未能就变更劳动合同内容达成协议的，用人单位可以解除劳动合同。但是在解除劳动合同之前，应当实施劳动合同变更的程序，即用人单位有权提出变更劳动合同，只有当劳动者无法就劳动合同事项变更达成一致时，用人单位才可以解除劳动合同。这里的"客观情况"是指发生不可抗力或出现劳动合同全部或部分条款无法履行的情况，如企业搬迁、兼并，资产转移等情形。

③涉密人员离职前的工作调整。根据《关于企业职工流动若干问题的通知》（劳部发〔1996〕355号）规定："用人单位与掌握商业秘密的职工在劳动合同中约定保守商业秘密有关事项时，可约定在劳动合同终止前或该职工提出解除劳动合同后的一定时间内（不超过六个月），调整其工作岗位，变更劳动合同中相关内容；用人单位也可规定掌握商业秘密的职工在终止或解除劳动合同后的一定期限内（不超过三年），不得到生产同类产品或经营同类业务且有竞争关系的其他用人单位任职，也不得自己生产与原单位有竞争关系的同类产品或经营同类业务，但用人单位应当给予该职工一定数额的经济补偿。"也就是说，用人单位可以与承担保密义务的劳动者约定脱密期，在脱密期间用人单位要对劳动者进行工作岗位的调整，劳动者一方应当履行。

④特殊情况下变更劳动合同。根据《最高人民法院关于审理劳动争议案件适用法律问题的解释（一）》（法释〔2020〕26号）第四十三条规定："用人单位与劳动者协商一致变更劳动合同，虽未采用书面形式，但已经履行了口头变更的劳动合同超过一个月，变更后的劳动合同内容不违反法律、行政法规且不违背公序良俗，当事人以未采用书面形式为由主张劳动合同变更无效的，人民法院不予支持。"我国在强调变更劳动合同采用书面形式的同时，开始在司法实践中有条件地承认口头变更劳动合同。但是用人单位还是应当谨慎采用口头的形式变更劳动合同。

3. 劳动合同变更的程序

劳动合同变更具体包括以下程序。

（1）提出要求。要求变更劳动合同的一方当事人提出变更要求，并说明情况和理由，约定答复期限，另一方当事人在规定的期限给予答复。

（2）答复和协商。接到变更劳动合同要求的另一方当事人，应在规定的期限内给予答复，表示同意或者不同意，或者提出建议再协商解决。

（3）签订协议。在达成一致意见的基础上，将变更的内容书面记载，签订变更劳动合同的书面协议，经签字盖章后生效。变更后的劳动合同文本由用人单位和劳动者各执一份。

案例6-7　用人单位如何行使用工自主权合法调整劳动者的工作岗位和地点

6.4　劳动合同的解除与终止

6.4.1　劳动合同的解除

1. 劳动合同解除概述

劳动合同的解除是指劳动合同订立后，尚未全部履行以前，由于某种原因导致劳动合同一方或双方提前消灭劳动关系的法律行为，分为法定解除和约定解除。为平衡用人单位与劳动者的利益，建立与发展和谐稳定的劳动关系，我国法律对劳动合同的解除作了严格的规定和限制。

2. 劳动合同解除的类型

劳动合同的解除，分为双方协商一致解除劳动合同、劳动者单方解除劳动合同和用人单位单方解除劳动合同3种情形。

1）双方协商一致解除劳动合同

协商一致解除劳动合同是指用人单位与劳动者在平等自愿基础上，互相协商，提前终止劳动合同效力的法律行为。

《劳动合同法》第三十六条规定："用人单位与劳动者协商一致，可以解除劳动合同。"《劳动合同法实施条例》第十八条、第十九条规定，用人单位与劳动者协商一致的，可以依照《劳动合同法》规定的解除劳动合同的条件、程序，解除包括无固定期期限在内的所有劳动合同。

在协商解除劳动合同的过程中，一定要遵循自愿原则，一方不得有利诱、胁迫另一方的违法行为。只有在平等自愿、协商一致的基础上，劳动合同才可以顺利解除，否则就会引发劳动争议。同时，应注意究竟由哪一方首先提出解除劳动合同的动议，其法律后果是不一样的。如果是劳动者首先提出解除劳动合同的动议，并与用人单位协商一致解除劳动合同的，法律没有规定用人单位支付经济补偿的义务。但如果是用人单位首先提出解除劳动合同的动议，并与劳动者协商一致解除劳动合同的，用人单位应当向劳动者支付经济补偿。因此，通过协商解除劳动合同时，双方当事人都要做好证据的收集工作，一旦发生纠纷，就要拿出证据来证明，究竟是哪一方首先提出解除劳动合同的动议，以此证明用人单位是否应承担向劳动者支付经济补偿的义务。

2）劳动者单方解除劳动合同

《劳动合同法》第三十七、第三十八条对劳动者单方面解除劳动合同的权利做出了规定。

（1）劳动者提前通知解除劳动合同。《劳动合同法》第三十七条规定："劳动者提前三十日以书面形式通知用人单位，可以解除劳动合同。劳动者在试用期内提前三日通知用人单位，可以解除劳动合同。"

这一规定赋予了劳动者辞职权，劳动者有权根据自己的能力、特长、兴趣和爱好选择适合自己的职业，提前三十日通知，既是劳动者单方面解除劳动合同的条件，也是劳动者单方面解除劳动合同的程序。通过这种途径解除劳动合同，劳动者无需提供任何理由，只要提前三十日书面形式通知即可；在试用期，只要提前三日书面通知即可。在这种情形下解除劳动合同，用人单位均无须支付劳动者经济补偿。

（2）用人单位违法，劳动者随时解除劳动合同。《劳动合同法》第三十八条规定："用人单位有下列情形之一的，劳动者可以解除劳动合同。（一）未按照劳动合同约定提供劳动保护或者劳动条件的；（二）未及时足额支付劳动报酬的；（三）未依法为劳动者缴纳社会保险费的；（四）用人单位的规章制度违反法律、法规的规定，损害劳动者权益的；（五）因本法第二十六第一款情形致使劳动合同无效的；（六）法律、行政法规规定劳动者可以解除劳动合同的其他情形。用人单位以暴力、威胁或者非法限制人身自由的手段强迫劳动者劳动的，或者用人单位违章指挥、强令冒险作业危及劳动者人身安全的，劳动者可以立即解除劳动合同，不需事先告知用人单位。"

在这些情形下解除劳动合同，劳动者只需通知用人单位即可，无须征得用人单位同意。同时，如果劳动者是根据这些理由解除劳动合同，用人单位要依法向劳动者支付经济补偿。

3）用人单位单方解除劳动合同

《劳动合同法》第三十九至四十一条对用人单位单方解除劳动合同的权利进行了规定，用人单位单方解除劳动合同可以分为3种情形：劳动者有过失，用人单位解除劳动合同；劳动者无过失，提前三十日通知解除劳动合同；经济性裁员。

（1）劳动者有重大过失，用人单位解除劳动合同。根据《劳动合同法》第三十九条规定："劳动者有下列情形之一的，用人单位可以解除劳动合同。（一）在试用期间被证明不符合录用条件的；（二）严重违反用人单位的规章制度的；（三）严重失职，营私舞弊，给用人单位造成重大损害的；（四）同时与其他用人单位建立劳动关系，对完成本单位的工作任务造成严重影响，或者经用人单位提出，拒不改正的；（五）采用欺诈、胁迫的手段或者乘人之危，使用人单位在违背真实意思的情况下订立或者变更劳动合同，致使劳动合同无效的；（六）被依法追究刑事责任的。"

上述情形的共同特点是，劳动者主观上均有严重过失，因而用人单位有权随时解除劳动合同。用人单位在上述情形下解除劳动合同，无须提前三十日通知，且不受用人单位不得解除劳动合同的法律限制，无须支付经济补偿。

用人单位在上述情形下有权解除劳动合同，应特别注意：①确实掌握相关证据。对于过失性解除，法律设定了严格的条件，企业行使该权利前应当根据所掌握的证据进行评估。只有有证据证明员工有过失性行为，符合法定解除条件的，才可以解除合同。②严格履行法律程序。企业行使过失性解除合同权利时，应依法征求工会意见，将解除劳动合同通知书文本交由员工签收。解除劳动合同通知是企业用于解除或终止与员工的劳动合同的法律文本，可以用于判断双方劳动关系的解除时间。

（2）劳动者无过失情况下的解除。《劳动合同法》第四十条规定："有下列情形之一的，用人单位提前三十日以书面形式通知劳动者本人或者额外支付劳动者一个月工资后，可以解除劳动合同。（一）劳动者患病或者非因工负伤，在规定的医疗期满后不能从事原工作，也不能从事由用人单位另行安排的工作的；（二）劳动者不能胜任工作，经过培训或者调整工作岗位，仍不能胜任工作的；（三）劳动合同订立时所依据的客观情况发生重大变化，致使劳动合同无法履行，经用人单位与劳动者协商，未能就变更劳动合同内容达成一致的。"

实践中，劳动者患病或非因工负伤医疗期满后解除合同，在操作上应当注意以下两点：第一，解除患病或者非因工负伤劳动者劳动合同应该等到医疗期满之后。在医疗期满后，用人单位对不能从事原工作岗位的职工应当对其调换岗位，并在平等自愿、协商一致的基础上与劳动者商议劳动合同内容的变更，之后还要协助劳动者适应岗位。如果用人单位尽了这些义务，劳动者仍然不能胜任工作，则用人单位可以在提前三十日书面通知前提下，解除与该劳动者的劳动合同。第二，劳动者非因工致残和经医生或医疗机构认定患有难以治疗的疾病，医疗期满后，应当由劳动鉴定委员会参照工伤与职业病致残性程度标准进行劳动能力的鉴定。

　　用人单位在解除不能胜任工作的职工的劳动合同时需要注意：第一，不能胜任工作是指劳动者不能按要求完成劳动合同中约定的任务或者同工种、同岗位人员的工作量。用人单位不得故意提高定额标准，使劳动者无法完成。第二，用人单位负有协助劳动者适应岗位的义务。劳动者不能完成某一岗位的工作任务，用人单位可以对其进行职业技能培训，也可把其调换到能胜任的工作岗位上。如果用人单位履行了协助义务劳动者仍然不能胜任工作的，用人单位有权解除其劳动合同。

　　劳动者无过失解除劳动合同的，需要依法支付劳动者相应的经济补偿金。

　　（3）经济性裁员。经济性裁员是指用人单位在遭遇到经济上的困难时，通过裁减人员以达到摆脱困境的目的。经济性裁员是用人单位用人自主权体现。但是大规模裁员不但损害劳动者的合法权益，对社会稳定也会带来不利影响①。

　　《劳动合同法》第四十一条规定："有下列情形之一，需要裁减人员二十人以上或者裁减不足二十人但占企业职工总数百分之十以上的，用人单位提前三十日向工会或者全体职工说明情况，听取工会或者职工的意见后，裁减人员方案经向劳动行政部门报告，可以裁减人员。（一）依照企业破产法规定进行重整的；（二）生产经营发生严重困难的；（三）企业转产、重大技术革新或者经营方式调整，经变更劳动合同后，仍需裁减人员的；（四）其他因劳动合同订立时所依据的客观经济情况发生重大变化，致使劳动合同无法履行的。裁减人员时，应当优先留用下列人员。（一）与本单位订立较长期限的固定期限劳动合同的；（二）与本单位订立无固定期限劳动合同的；（三）家庭无其他就业人员，有需要扶养的老人或者未成年人的。用人单位依照本条第一款规定裁减人员，在六个月内重新招用人员的，应当通知被裁减的人员，并在同等条件下优先招用被裁减的人员。"这一规定明确了经济性裁员的适用情形、人数和程序。

3. 用人单位不得解除劳动合同的情形

　　为了保护劳动者的合法权益，防止不公正解除劳动合同现象的发生，法律除规定用人单位可以解除劳动情形外，还规定了用人单位不得解除劳动合同的情形。

　　《劳动合同法》第四十二条规定："劳动者有下列情形之一的，用人单位不得依照本法第四十条、第四十一条的规定解除劳动合同。（一）从事接触职业病危害作业的劳动者未进行离岗前职业健康检查，或者疑似职业病病人在诊断或者医学观察期间的；（二）在本单位患职业病或者因工负伤并被确认丧失或者部分丧失劳动能力的；（三）患病或者非因工负伤，在规定的医疗期内的；（四）女职工在孕期、产期、哺乳期的；（五）在本单位连续工作满十五年，且距法定退休年龄不足五年的；（六）法律、行政法规规定的其他情形。"

　　用人单位不得解除劳动合同的规定，是对特殊劳动者在特殊时期的一种特别保护，如疑似职业病还在医学观察期的劳动者、患病尚处于医疗期内的劳动者以及处于"三期"的女职工等，他们都处于一个弱势时期，因此法律规定劳动者在这些情形下，用人单位不得因为"无过失性解除劳动合同"或者"经济性裁员"而解除劳动合同。但是，如果这些劳动者有过失，同时具备用人单位可以以过失性解除合同的情形，用人单位仍然可

---

① 程延园，王希甫. 劳动关系[M]. 5 版. 北京：中国人民大学出版社，2022：3.

以依法解除劳动合同。

4. 解除劳动合同的程序

我国法律对用人单位单方解除劳动合同的程序做了明确规定。《劳动合同法》第四十三条规定："用人单位单方解除劳动合同，应当事先将理由通知工会。用人单位违反法律、行政法规规定或者劳动合同约定的，工会有权要求用人单位纠正。用人单位应当研究工会的意见，并将处理结果书面通知工会。"用人单位依据法律法规解除劳动合同的，应当向劳动者出具解除劳动合同的书面证明并办理相关手续。

（1）提前书面通知。法律规定了解除劳动合同的预告期。除劳动者有过失，用人单位可以随时解除劳动合同之外，《劳动合同法》要求用人单位解除劳动合同，需提前三十日以书面形式通知劳动者。

（2）征求工会意见。我国劳动法律规定，用人单位单方解除劳动合同，应当事先将理由通知工会，用人单位违反法律、行政法规规定或者劳动合同约定的，工会有权要求用人单位纠正，用人单位应当研究工会的意见，并将处理结果书面通知工会。

（3）经济补偿。经济补偿是用人单位解除和终止劳动合同而给劳动者的一次性补偿金。经济补偿的标准主要取决于劳动者在本单位工作年限和劳动者解除劳动合同前 12 个月的平均工资水平。《劳动合同法》第四十七条规定，"经济补偿按劳动者在本单位工作的年限，每满一年支付一个月工资的标准向劳动者支付。六个月以上不满一年的，按一年计算；不满六个月的，向劳动者支付半个月工资的经济补偿。劳动者月工资高于用人单位所在直辖市、设区的市级人民政府公布的本地区上年度职工月平均工资三倍的，向其支付经济补偿的标准按职工月平均工资三倍的数额支付，向其支付经济补偿的年限最高不超过十二年。"劳动合同解除或终止，劳动者应当按照双方约定办理工作交接；用人单位依照有关规定，应当向劳动者支付经济补偿的，在办结工作交接时支付。

（4）依法为劳动者办理档案转移手续。用人单位与劳动者解除劳动合同后，应当为劳动者办理档案转移手续。《劳动合同法》第五十条规定："用人单位应当在解除或者终止劳动合同时出具解除或者终止劳动合同的证明，并在十五日内为劳动者办理档案和社会保险关系转移手续。"

法律规定用人单位为劳动者出具解除或者终止劳动合同的证明，是为了方便劳动者寻找新的就业机会，尽快重新就业。为劳动者办理档案和社会保险关系转移手续，是为了保证劳动者社会保险缴纳的连贯性，保证劳动者能够及时缴纳社会保险。用人单位解除或终止劳动合同应当办理的相关手续，包括出具解除或者终止劳动合同的证明、转移社会保险关系、办理工作交接、支付经济补偿以及保存档案备查。用人单位对已经终止的劳动合同文本，至少保存二年备查。

6.4.2　劳动合同的终止

1. 劳动合同终止的含义及条件

劳动合同终止是指劳动合同期限届满或双方当事人主体资格消失，合同规定的权利义务即行消灭的制度。劳动合同终止，并非双方的积极行为所致，一般是由于合同本身的因素、法律规定或不可抗力所致。劳动合同签订后，双方当事人不得随意终止合同，而应依法终止。

《劳动合同法》第四十四条规定："有下列情形之一的，劳动合同终止。（一）劳动合同期满的；（二）劳动者开始依法享受基本养老保险待遇的；（三）劳动者死亡，或者被人民法院宣告死亡或者宣告失踪的；（四）用人单位被依法宣告破产的；（五）用人单位被吊销营业执照、责令关闭、撤销或者用人单位决定提前解散的；（六）法律、行政法规规定的其他情形。"

2. 劳动合同终止的限制性规定

我国《劳动合同法》第四十二条规定："出现以下情况，用人单位不得解除劳动者劳动合同。（一）从事接触职业病危害作业的劳动者未进行离岗前职业健康检查，或者疑似职业病病人在诊断或者医学观察期间的；（二）在本单位患职业病或者因工负伤并被确认丧失或者部分丧失劳动能力的；（三）患病或者非因工负伤，在规定的医疗期内的；（四）女职工在孕期、产期、哺乳期的；（五）在本单位连续工作满十五年，且距法定退休年龄不足五年的；（六）法律、行政法规规定的其他情形。"劳动者属于上述情形即使劳动合同期满也不能立刻终止劳动合同，而应当延续至相应情形消失时终止，此时用人单位必须与劳动者续订劳动合同；丧失或者部分丧失劳动能力劳动者的劳动合同的终止，按照国家有关工伤保险的规定执行。

复习思考题

1. 试述劳动合同的概念、特点和种类。
2. 如何约定试用期、培训协议和保密协议条款？
3. 如何确认无效劳动合同？无效劳动合同怎样处理？
4. 劳动合同的内容包括哪些？签订劳动合同应注意哪些问题？
5. 劳动合同履行的原则包括哪些？
6. 试述劳动合同变更的类型、每种类型的变更条件和程序。
7. 试述劳动合同解除的类型、每种类型的解除条件和程序。
8. 用人单位在哪些情况下不得解除劳动者劳动合同？

案例分析题

请修改某公司的劳动合同文本

以下为某公司劳动合同模板，请修订劳动合同模板，说明理由，并模拟与新入职的劳动者签订劳动合同。

劳动合同书

甲方（用人单位名称）：

住所：

法定代表人或者主要负责人：

本劳动合同乙方（劳动者姓名）：

住所：

居民身份证号码：

甲、乙双方根据《中华人民共和国劳动合同法》和有关法律、法规规定，经平等自愿、协商一致订立本合同。

第一条 甲乙双方按下列_____种方式约定本劳动合同期限：

1.本劳动合同期限自_____年____月____日起至_____年____月____日止。

试用期自_____年_____月_____日止。

2.本劳动合同为无固定期限，合同期自____年____月____日起。

3.本劳动合同以_____工作任务的完成为合同期限，自_____年_____月_____日起至本项工作任务完成之日止。

工作内容和工作地点

第二条 乙方工作地点为_____。

第三条 根据甲方要求，安排乙方在_____部门从事_____工作。

第四条 乙方应当按照甲方安排的工作内容及要求，按时完成规定的工作数量，达到规定的质量标准。

第五条 _____

工作时间和休息休假

第六条 乙方所在工作岗位实行以下第____种工时工作制。

1.标准工时工作制。甲方安排乙方每日工作____小时，每周工作____小时，甲方应当保证乙方每周至少休息一日。

2.不定时工作制。

3.综合计算工时工作制。

第七条 乙方享有国家规定的各项休息休假的权利。

第八条 甲方严格遵守法定工时工作制度。

第九条_____

_____

劳动保护、劳动条件和职业危害防护

第十条 乙方所在工作岗位的安全生产状况和存在的职业危害，甲方应当向乙方如实告知。乙方所从事的工作可能产生的职业危害及其后果为_____

第十一条 甲方必须为乙方提供符合国家规定的劳动安全卫生条件和必要的劳动防护用品。乙方从事有职业危害作业的，甲方应定期对乙方进行健康检查。

第十二条 甲方负责对乙方进行职业技能、劳动安全卫生教育和培训；乙方在劳动过程中必须严格遵守安全操作规程。乙方有权拒绝甲方管理人员的违章指挥和强令冒险作业。

第十三条 _____

_____

劳动报酬

第十四条 乙方的工资：_____

第十五条 甲方以货币形式每月_____日前支付乙方工资，不得克扣或者无故拖欠乙方工资。

第十六条 甲方安排乙方加班，乙方应无条件服从_____

第十七条 非因乙方原因造成甲方停工、停业，未超过一个月的，甲方应按合同约定的工资标准支付乙方工资；超过一个月，未安排乙方工作的，甲方应按不低于当地失业保险标准支付乙方生活费。

第十八条 乙方依法享受的节日假、婚丧假等假期期间，甲方按劳动合同的约定不扣减工资。

第十九条 _____

_____

社会保险

第二十条 甲乙双方依法参加社会保险，按时缴纳社会保险费，其中社会保险费应由乙方缴纳的部分，由甲方从乙方工资中代扣代缴。

第二十一条 乙方患病或非因工负伤、死亡及女职工孕期、产期和哺乳期间的待遇，甲方按国家、省、市有关规定执行。

第二十二条 乙方工伤待遇按国家和地方有关法规政策执行。

第二十三条 _____

_____

劳动合同的解除和终止

第二十四条 《劳动合同法》第三十六、三十七、三十八、三十九、四十、四十一条规定的解除劳动合同条件出现时，可以解除劳动合同。

第二十五条 《劳动合同法》第四十四条规定的终止条件出现时本劳动合同终止。

第二十六条 解除或者终止本劳动合同经济补偿金等发放按《劳动合同法》第四十六、四十七条的规定执行。

其 他 事 项

第二十七条 甲乙双方约定的其他事项：

_____

_____

第二十八条 《××××协议书》和公司的规章制度作为本合同的附件，与本合同具有同等法律效力。

第二十九条　乙方确定下列地址为劳动关系管理相关文件、文书送达地址，如以下地址发生变化，乙方应书面告知甲方：

_____

_____

劳动争议处理

甲乙双方因履行本合同发生争议，可在争议发生后 1 年内向有管辖权的劳动争议仲裁委员会申请仲裁。

甲方盖章：　　　　　　　　　　　　　乙方签名：

法定代表人或负责人签名：　　　　　　签名日期：

签章日期：

第 7 章

集体协商与集体合同

本章分析集体谈判、集体协商与集体合同、集体劳动争议，学习本章：可以掌握集体谈判的作用及运行规则；了解我国集体协商制度特征，掌握企业集体协商策略和集体合同的履行。

◆ 引导案例

盐田国际的集体协商

盐田国际集装箱码头是和记港口信托（属于和记港口）属下之机构。和记港口集团是长江和记实业旗下的港口及相关服务机构，是全球领先的港口投资、发展及经营商。和记港口信托是全球首个在新加坡上市的集装箱码头商业信托。盐田国际集装箱码头亦是和记港口环球网络的一员，与其旗下港口及物流成员共享集团资源。盐田国际集装箱码头是中国进出口贸易的重要门户。凭借着天然深水泊位条件和超大型船舶服务能力，盐田国际成为华南地区超大型船舶首选港，亦是全球最繁忙的集装箱码头之一。

盐田国际集体协商制度的建立与 2007 年盐田国际龙塔吊司机自发的停工事件具有高度相关性。20 世纪 90 年代时，盐田国际的工人有体面的生活，有相当的社会地位，年轻工人的恋爱对象常常有教师或者医生等。而到了 2003 年以后，工人的工资却常年不涨，工人也越来越不体面。2007 年 4 月 6 日，盐田国际发生了以龙塔吊司机为主的 800 名工人因工资增长问题而引发的集体停工事件，参与者是塔机、吊机司机和龙机手等，停工导致箱船起卸工作几乎陷入瘫痪。工人提出的诉求不仅包括增长工资，还涉及工资决定机制的修改，首次提出了"提高工资，共享发展成果"的诉求，并要求成立"自己的工会"。

这个要求出乎许多人的意料，特别是资方，他们感到很委屈。因为盐田国际一线工人工资远高于深圳的社会平均工资，企业觉得对工人不薄，已经很好地尽到了责任，对停工事件的发生难以理解。然而，在工人看来，从 1994 年建港，盐田国际飞速发展，企业的效益和规模连年增长，但工人的工资几乎没有增长。深圳市总工会迅速介入，组织工人选出代表，在市总工会的调停下，资方对于工人的行为最终采取了宽容、妥协的态度，工人提出的主要诉求逐一被满足。市总工会也借此机会把盐田工会成立起来，并立即向资方提出解决历史遗留问题，在市总工会的积极斡旋下，劳资双方通过集体协商解决了涉及近 2000 名工人、金额高达数千万元的工时补偿问题。

2008 年，盐田工会向企业提出工资集体协商的要求，企业的态度是"什么都可以谈，工资不能谈"。盐田工会则针锋相对："什么都可以不谈，工资必须谈！"在企业党委和盐田工会的积极努力下，企业方最终认识到工资协商是不可回避的问题，"今天不谈，明天不谈，当 200 名工人坐到楼下时，还得谈"。劳资双方取得共识。此后，集体协商成为盐田国际劳资合作的机制，每年 11 月成为盐田国际工人最紧张兴奋的时刻。至 2012 年进行了 6 次集体协商，使 95% 以上的员工工资平均增幅累计 60%，最高的则增幅累计 80%。

2013 年 1 月 8 日，盐田国际集装箱吞吐量总计达到一亿标箱。达到这一指标新加坡用了 26 年，香港用了 36 年，而盐田国际只用了 18.5 年，创造了一项世界港口行业操作新纪录。为答谢工人们的付出和奉献，企业在 2013 年 1 月 8 日的庆典活动中，奖励每位工人一张 300 元饭卡和一个纪念茶杯。这个茶杯却激起了工人的联想：和记黄埔在全世界有几十家港口，盐田国际的效益最好，员工工资却是最低的。在他们看来，一亿标箱正是自己辛勤劳动的成果，龙塔吊就是企业的"印钞机"，但他们的劳动报酬依然没有与企业的发展同步。工人们手握着纪念茶杯，互相调侃，"这回咱弟兄们可真是'杯具'了"。企业却坚持认为，盐田国际的工资已经是深圳同行业的最高水平，已经高于市场价了。要分享企业的发展成果，那就"买盐田港的股票好了"。两种不同的思想认识、两种不同的价值追求截然对立，久而久之，矛盾逐渐积累。

2013 年 9 月 1 日，盐田国际再次发生了工人的自发停工事件，发起者又是龙塔吊司机。2007 年停工后，企业为龙塔吊司机专门设立了 500 元的岗位津贴，但近年来随着其他岗位也开设了类似的津贴，这让龙塔吊司机感受不到应有的区别。为激励龙塔吊司机，企业还设置了九级薪酬体系，拉大了收入差距。但在执行中，这个制度逐渐暴露出双刃性，导致技能相当、工作量相差无几的员工，工资最多的相差近 3000 元，龙塔吊司机认为这是严重的"同工不同酬"。与 2007 年停工形成鲜明对比的是，当年停工的是龙塔吊司机，其他员工的态度多为观望，甚至是反感。而这次，不仅一线部门的员工如工程部、闸口都加入了，连一向被认为管理部门的中控调度室也加入进来，而且他们表现得比龙塔吊司机群体更激烈。2007 年停工之后，其他部门的员工看到，发动停工的龙塔吊司机得到了许多好处，他们则一直不被重视；这一次，"这帮家伙又搞事了"，如果不加入进来，还有可能被落下。9 月 2 日，停工的规模扩大到 1800 人。然而，一开始企业未能与停工工人达成妥协，在企业工会和市总工会介入之后，企业再次妥协，人均工资增长超过 30%。

此后，盐田国际的集体协商每年持续。盐田港港区建立了产业协调劳动关系三方机制，推动盐田国际加强对承包商的服务监管，指导港区依法统一规范实施综合计算工时工作制；借鉴盐田国际的集体协商经验，推进港区的集体协商，2013—2018 年，港区员工的工资年平均增长 6.7%。

案例解读

根据"王同信. 集体协商的成长与困惑：以盐田国际为例[J]. 中国工人，2015(10): 4-13""黄顺. 构建和谐劳动关系的'盐田样本'：广东深圳市盐田区开展构建和谐劳动关系综合试验区建设的创新实践[N].深圳商报，2020-12-18"等文改编。

思考："盐田国际 2013 年'9·1'停工事件只用 36 小时，工人工资就涨了 30% 以上，而过去六年每次费时费力的集体协商下来工资也不过涨了 58%"，这说明什么问题？如何健全集体协商良好运行的机制？

7.1 集 体 谈 判

7.1.1 集体谈判概述

1. 集体谈判的含义与本质

国际劳工组织《促进集体谈判公约》第 2 条将集体谈判定义为：集体谈判（collective bargaining）是适用于一名雇主、一些雇主或一个或数个雇主组织为一方，一个或数个工人组织为另一方，双方就以下目的所进行的所有谈判。①确定工作条件和就业条件。②调整雇主和工人之间的关系。③调整雇主组织与工人组织之间的关系。国际劳工组织的这一定义很宽泛。在有工会的情况下，集体谈判是工会和资方（包括雇主和雇主组织）确定就业条件和待遇的谈判交涉行为，以签订集体协议为目的。

集体谈判的理论基础是劳动关系多元论。劳动关系的本质是合作还是冲突？劳动关系理论的不同学派有不同的回答，新古典学派和管理学派认为，雇主与雇员的矛盾是微不足道的，工业争端可以通过劳动力市场机制或企业内的人力资源实践协调。激进派则持相反观点，他们认为，雇员对公平和公正待遇的关心同管理方对经济效率和组织效率的关心是相互冲突的，劳动关系中的冲突决定二者的和谐是不可能的。多元主义流派（多元论）则认为：就业组织是由目标不同、相互独立的群体组成的，是利益多元化的联合体；管理方与雇员之间存在矛盾是合理的，这些矛盾源于劳资双方不同的角色，不同的目标；劳资双方的这些矛盾不是不可以协调的。在劳资关系中，可以建立一套能为双方所接受的程序和方法，比如通过谈判达成一致；雇员有理由结成各种各样的团体，比如工会以表达自己的意愿，寻求对管理方的政策施加影响，达到他们的目的[1]。

集体谈判是市场经济发展到一定阶段的产物，也是劳动者与资方之间进行长期斗争到最终妥协合作的产物，被认为是使劳资冲突规范化的一项伟大的"社会发明"[2]，是现代民主社会中每一位劳动者都拥有或应当拥有的特定权利。学术界最早对集体谈判进行研究的是韦伯夫妇（Sidney Webb and Beatrice Webb），被称为"西方工会理论研究先驱"。他们在 1891 年有关劳工合作运动的研究中首次提出了集体谈判的概念。但在这一研究中，他们并没有对集体谈判的概念进行明确界定，仅把它看成是工会和雇主或雇主组织之间形成的一种制度化谈判关系。韦伯夫妇认为，工会需要推动"共同规范"来维护会员的利益并通过 3 种途径来实现：互助保险、集体谈判和立法[3]。在无工会组织的行业，劳动者个人不得不与雇主进行艰难的个人交涉。但如果工人团结起来，推选代表以整个团体的名义与雇主谈判，其弱势地位将会立刻得到改变。雇主也无须分别与每个雇员签订个别协议，只要签订一份满足集体意愿、规定集体劳动条件的协议即可[4]。

---

① 冯同庆. 劳动关系理论[M]. 北京：中国劳动社会保障出版社，2009.

② Dubin, R. Constructive Aspects of Industrial Conflict, In Industrial Conflict, edited by A.Kornhauser, R.Dubin and A.M.Ross.New York:McGrawHill, 1954.

③ Webb, S. & B. Webb. Industrial democracy[M]. New York: Longmans, 1914: 150.

④ 程延园. 集体谈判制度研究[M].北京：中国人民大学出版社，2004: 37.

集体谈判的本质是劳资双方进行博弈以制定雇佣条件的制度和方法，是一个包含双方组织力量制定规则的过程，因此：集体谈判不仅是一个经济过程，还是一个政治过程；是组织之间的力量比较关系。集体谈判是产业民主的核心，是工人参与企业管理的核心形式，也是工会的中心活动。集体谈判不仅仅是一种经济制度，还是一种改变雇佣条件的社会政治实践[①]。集体谈判至少应该符合如下基本假设：第一，谈判双方相互独立。第二，双方代表不同利益。第三，工会必须代表和反映工人的利益，如工作安全、经济条件的改善。这些利益是联系工人和工会的纽带。管理者必须代表与工会相反一方的利益。第四，谈判的双方是信息不对称的，并不能完全掌握对方的信息。第五，双方都受内外各种因素的制约，如政治、法律、经济以及组织内部制度等因素。第六，随着时间的推移，双方能够找到权利的平衡点[②]。

2. 集体谈判的产生和发展

从西方发达市场经济国家走过的道路看，基本上都经历了劳动关系由冲突到合作的过程，资本主义早期以冲突为主，20世纪末以来发展到以合作为主。资本主义早期，资本处于强势地位，劳动者凭借个体的力量不足以与资本抗衡，只能被动接受苛刻的劳动条件。工人的抗争从原始的破坏机器到联合起来罢工。最初，工人的联合行动被欧美国家的法律认定为破坏了契约自由和财产权利。工人联合常以"刑事共谋"遭到起诉，法院经常以"禁令"的方式中止工人罢工。19世纪中叶后，工人要求改善劳动条件的罢工斗争日益高涨，雇主为避免罢工带来的损失，不得不与工人组织谈判，同意签订集体合同。集体谈判是罢工的结果。早期的集体合同只不过是劳资双方的"君子协定"，不具有法律效力。20世纪初，随着工人运动的发展壮大，集体合同的法律效力才逐渐被确认，一些国家相继颁布了集体合同的法律。也就是说，欧美市场经济国家协调劳动关系的道路是从斗争中摸索出来的，集体谈判是斗争之后妥协的产物；劳动关系长期依靠劳资双方的博弈来解决，政府在很长时间里对劳动力市场不干预。集体合同等法律规定的产生，才形成以集体谈判为核心的集体劳动关系。

1873年，德国签订了第一个集体协议——《全德印刷工人工资协议》。但是在很长时间里，雇主都反对集体谈判，他们以大规模的解雇工人来应对工会的罢工。直到1918年，德国颁布《集体合同法》；1921年颁布《劳动协约法(草案)》。"二战"后，德国重建集体谈判制度。1949年的《基本法》规定了劳资自治，工会和雇主在没有政府干预的情况下独立协商谈判确定工资和工作条件，国家的作用是通过法律体系来确保劳资双方的利益平衡。1952年，德国联邦议会又修订了《集体合同法》，明确了工会和雇主协会的地位，集体谈判的规则，集体合同的起因、内容和程序，使整个集体谈判与集体合同纳入了规范化的轨道。德国的集体协议主要是地区层面的，而且工资谈判与劳动生产率的提高挂钩；集体谈判中的仲裁程序对谈判破裂有很好的调节作用；罢工需要获得75%及以上的赞成票才能进行。

---

① Chan C. K. & Hui E.S. The development of Collective Bargaining in China: From "Collective Bargaining by Riot" to "Party State-Led Wage Bargaining", The China Quarterly,2014,(2), 221-242.

② Vernon H J. The Process of Collective Bargaining and the Question of Its Obsolescence. Industrial and Labor Relations Review, 1963, (7): 546-550.

案例 7-1 英国的集体谈判

美国的集体谈判制度也是在"二战"前，经过工人和工会的顽强斗争之后，才被雇主和政府承认的。1794 年，费城成立了美国第一个工会——鞋匠工会，但此时的工会排斥非工会工人就业，1799 年，鞋匠工会与雇主进行集体谈判。1806 年，鞋匠工会一案被判"阴谋犯罪"，工会和集体谈判不被承认。19 世纪，各种劳工秘密结社团体产生，罢工频发，劳资冲突激烈。"一战"期间劳动力供给紧张，但集体谈判仍旧不被雇主接受。1919 年 9 月，美国钢铁业的巨头查尔斯·M. 施瓦布和美国钢铁公司董事会主席加里律师拒绝与钢铁工人工会进行集体谈判，工会组织就此开始罢工，劳联关于集体谈判和劳资合同的观念和行动仍旧被法院所拒绝。1932 年通过《诺里斯–拉卡尔基法案》，第一次给予全国范围的工人签订集体合同的权利，禁止法院对工会使用《反托拉斯法》。1935 年的《国家劳资关系法》明确指出，解决劳资争议的最佳途径是通过雇主和雇员代表（劳工组织或工会）集体谈判的程序实施。《国家劳资关系法》奠定了美国劳动关系制度的基本框架，赋予工会代表工人与雇主进行集体谈判的权利。美国的集体谈判通常在企业层面；强调劳资自治，政府极少介入集体谈判，即使介入也非常慎重[1]。

亚洲国家的劳动冲突稍缓和一些，集体谈判也经历了很长时间的发育生长。

日本在资本主义早期劳资冲突急剧，20 世纪 20 年代有过大罢工。早期是不允许签订集体合同的，工人的工资等劳动标准由雇主单方面决定。这在"二战"后导致了激进的工会运动和严重的劳工争端。最值得注意的是，20 世纪 50 年代日本制铁的室蓝钢铁厂发生 193 天的罢工，雇员组织了第二工会，事后解雇工人的费用高达公司资本的两倍。1960 年发生的三井矿产公司三池煤矿工人罢工，超过了 300 天，事后造成劳资对立的情绪使管理松弛，一次灾难性的爆炸夺走了 458 名矿工的生命。这些事件，使日本的多数企业经理接受了合作与和解的产业关系哲学，政府也不再与劳工敌对了。当然，工人和工会也从中吸取教训，好斗的领导人在随后的工会选举中被较为温和的候选人所取代[2]。从此，集体谈判成为协调劳资关系的基本形式，虽然还会有罢工出现，但基本是示威性质而非一拼到底，即使著名的"春斗"（每年春季集体谈判开始前工会显示力量）也是这样。从 20 世纪 70 年代后，劳动争议的数量、涉及人数和损失的工作日数已经急剧下降了。面对国家经济形势的巨大变化，工会更是放弃了意识形态上的分歧和有组织的对立行为[3]。其后形成的企业制度中，普遍实行的终身雇佣制、年功序列、企业工会 3 项制度，使得日本劳动关系相对稳定。日本企业强调人力资源管理的完善及员工参与在企业生产各环节中的运用，努力将工业争端消除在日常的管理中。因此，日本劳动关系体系的运行中，集体劳动关系表现得较为稳定，罢工和集体劳动争议事件逐年下降，尽管个别劳动争议案件仍较多。

韩国经过激烈的劳资冲突，不但形成了强大的独立工会组织，还在此基础上产生了民主劳动党。工人运动蓬勃发展、独立工会及全国民主劳动组合总联盟（简称民主劳总）

---

① 谢玉华. 集体协商与集体谈判：类型比较与形成机制[M]. 长沙：湖南大学出版社，2019: 11-14.

② 青木昌彦. 日本经济中的信息、激励与谈判[M]. 朱泱、汪同三，译. 北京：商务印书馆，1994: 203.

③ 约翰·P. 温德姆勒. 工业化市场经济国家的集体谈判[M]. 何平，译. 北京：中国劳动出版社，1994: 68; 240.

的产生、政治民主改革，加上韩国出现劳动力短缺，"刘易斯拐点"形成，这些因素综合作用，改变了韩国的劳动关系，由政府强势控制、压低劳工成本的资强劳弱改变成劳资斗争和谈判。韩国似乎补上了市场经济国家早期劳资冲突的一课，韩国的民主劳总甚至认为，没有经历过罢工的工会不能成为真正的工会[①]。

新加坡在英国统治下就形成了经济自由主义和政治民主思潮及多元文化；以跨国公司投资为主的混合经济带来西方发达国家的企业管理理念；这些使得新加坡政府强势干预没有抑制国内的经济自由。新加坡劳资对话主要在国家层级进行，国家在劳、资、政三方机制中起决定作用，工会和雇主组织配合政府的调控政策，形成了独特的劳动关系协调机制，其劳动关系也是亚洲最稳定、最富有弹性的[②]。

3. 集体谈判运行的条件

从发达市场经济国家集体谈判产生和形成的道路可以发现，集体谈判制度是建立在"团结权"和"争议权"基础上的。"团结权"是指雇员为了维持或者改善劳动条件，或者以集体谈判为目的而组织或者加入工会的权利；"争议权"是指工会在与雇主进行集体谈判时，有采取集体行动（罢工、停工、怠工等）的权利，雇主也有闭厂权利。这两项权利与"集体谈判权"合称"劳动三权"，其在国际公约、国际劳工公约与国际劳工组织建议书中被确定为劳动者的基本权利。

二战后，国际劳工组织通过了一系列有关集体谈判的国际劳工公约和建议书，主要有 1948 年的《结社自由与保护组织权利公约》（第 87 号）、1949 年的《组织权利和集体谈判权利公约》（第 98 号）、1971 年的《工人代表公约》（第 135 号）、1981 年的《集体谈判公约》（第 154 号）。此外，还有关于公共事业雇员和乡村工人开展集体谈判的特别公约和建议书。其中，第 98 号公约作为集体谈判的基本人权公约，其目的是保护劳动者享有组织权利，禁止工人组织和雇主组织之间互相干涉，鼓励自愿性的集体谈判。大多数国家加入了国际劳工组织的国际公约，推行集体谈判。

7.1.2　集体谈判的结构与类型

1. 集体谈判的结构

集体谈判的结构是指不同层次、不同等级、不同类别的谈判单位的集中或分散程度，以及相互间的内在联系。集体谈判可以建立在企业级别上的分散结构，英国还有车间和部门的集体谈判；也可以在行业一级、地区一级甚至国家一级的集中结构。

一个国家的集体谈判结构受多种因素影响，主要包括市场因素、历史因素、谈判主体因素、国家政策因素等。总的来讲：西欧和北欧国家集体谈判结构比较集中，行业谈判较多；英、美、加拿大、日本等集体谈判结构比较分散，大多数在企业一级。大多数实行行业集体谈判的国家，也以企业或雇主一级的集体谈判为补充。谈判双方通常签订一个独立的"主要契约"，适用于行业内的所有企业，包括工资水平、福利计划和工作安

---

① 石美遐. 劳动关系国际比较[M]. 北京：中国劳动社会保障出版社，2010: 118-125; Benson John and Zhu Ying, *Trade Union in Asia: An Economic and Sociological Analysis*[M]. London: Routledge Press, 2008: 43-61.

② 吕元礼. 新加坡为什么能（下卷）：和谐社会是怎样建成的[M]. 南昌：江西人民出版社，2007: 26-29.

全等事务。同时，各企业可以根据具体情况和要求，就本企业所关心的工作时间、工作分类、规章制度等制定"补充契约"。这种"双层契约"制度在一些行业（如钢铁、汽车等）非常普遍。

一般来说，工会多主张集中，集中有利于工会争取统一的较好的劳动条件，而雇主或管理者则倾向于分散，在工作场所或者雇主这一级进行谈判。分散有利于企业争取更大的活动空间。

按照谈判主体来分，可以分为：①单雇主—单机构—单工会的集体谈判，即雇主和雇员同在一家机构（或企业），双方进行一对一的谈判。②单雇主—多机构—单工会的集体谈判，即一个雇主与一个工会的谈判，但雇员分布在多个机构，工会代表所有雇员利益。③单雇主—单机构—多工会的集体谈判，即一个雇主面对机构（或企业）内的多个工会的谈判，如英国允许雇员加入不同的工会，同一企业中雇员加入的工会不同。④单雇主—多机构—多工会的集体谈判，即一个大雇主可能在不同行业、不同地区有多个分支机构，面临不同的工会而进行的谈判。⑤多雇主—多机构—单工会的集体谈判，通常是一个行业内有多个雇主、多个机构（或企业），他们共同与一个行业工会进行的谈

案例 7-2　欧洲各国不同的集体谈判层级

判。⑥多雇主—多机构—多工会等 6 种形式[①]，这是一种高度集中的谈判，一个或多个行业（或地区）的谈判，该行业（或几个行业）（或地区）中有多个雇主、多个机构、多个工会。

2. 集体谈判类型

集体谈判的类型如何划分，理论上有不同的分类方法。沃尔顿（R. E. Walton）和麦克西（R. B. Mckersie）关于集体谈判的分类是从集体谈判内容和流程的角度进行的，也被西方理论界广泛接受。1965 年，沃尔顿和麦克西在《集体谈判的行为理论》一书中从集体谈判过程存在 4 个子流程提出集体谈判的类型：分配式谈判、整合式谈判、组织内部谈判和端正态度谈判[②]。

分配式谈判是指谈判中一方得利而另一方失利，即一赢一输的零和谈判。工资和福利的谈判就属于分配式谈判。

整合式谈判是指给劳资双方都带来收益的双赢谈判，如改进工作规则，使资方的效率提高，劳方的工作时间缩短、工资增加。

组织内部谈判是资方或劳方面对不同的谈判目的时，资方或劳方组织内部统一意见和诉求的谈判。

端正态度谈判是指劳资双方如果彼此信任将有利于谈判达成，因此劳资双方在谈判前或谈判期间进行沟通交流、建立信任[③]。

---

① 程延园. 集体谈判制度研究[M]. 北京：中国人民大学出版社，2004: 158-160.
② Walton, R. E.and R. B. McKersie, A Behavioral Theory of Labor Negotiations[M]. New York: McGraw-Hill, 1965.
③ 哈里·C.卡茨，托马斯·A.科钱，亚历山大·J.S.科尔文，等. 集体谈判与产业关系概论[M]. 李丽林、吴清军，译. 大连：东北财经大学出版社，2010: 167-171.

7.1.3 集体谈判过程

集体谈判通常包括准备阶段、谈判阶段、达成协议阶段。

1. 准备阶段

集体谈判一般从工会向雇主发出谈判邀约后开始，可能会持续一年甚至更长的时间。劳资双方都要为谈判做大量的准备工作，收集信息、进行数据分析是最重要的工作。

工会的准备工作从收集个人诉求开始。工会官员通常会举行会议，采取正式或非正式的方式，了解工人的想法和所关心的事务，特别关注工资与生活成本的变化。上级工会提供与谈判相关的其他谈判组织的信息和建议，诸如行业的竞争发展、公司的利润及支付能力等。同时成立工会谈判委员会，通常由上级工会推荐的有经验的谈判者以及来自谈判单位内部的各方代表组成。尽管他们并不一定实际参加谈判过程，但要负责给主要谈判人提供建议，帮助制定方案和应对措施。工会谈判委员会花大量的时间进行调研，广泛听取会员意见，也接受来自全国性工会研究人员的信息，包括公司的财务状况和发展前景，同行业或同地区其他工会会员和非工会会员工资情况。总结所有调查信息后，工会谈判委员会列出一个初步的谈判事项清单。

资方的准备工作也以收集信息为主。资方谈判人员要从职能部门详细了解工作场所存在的问题，收集行业趋势、解决问题的办法、工会发展等有关信息。企业从事劳资关系的人员通常会进行半年以上的调查和分析：分析员工流失率、缺勤和申诉比率；分析公司内部工会发展情况，特别是工会的大会决议、工会出版物及工会领导针对即将开展的谈判所做的发言；还要调查经理人员，询问他们与工会的关系，最终向分管劳资关系的副总裁和负责薪酬的董事提交一份报告。

通常，高级劳资关系或人力资源经理会担任资方的主要谈判代表，此外还包括一些资深部门经理和员工总监，雇主也会雇用一些外部谈判专家。

在谈判之前，双方对自己在谈判中希望达成的协议以及谈判的底线有一个基本判断。如果还能正确理解自己的谈判底线与对方最后能接受的底线，探明二者的关系，以此制定谈判策略和妥协让步策略，集体谈判的成功可能性就越大。

2. 谈判阶段

劳资双方通过谈判会议交换初始的需求、表明基本立场，双方都会营造谈判的氛围；也有可能先抛出简单问题进行商讨，达成协议。

之后进行谈判磋商，劳资双方进入核心议题，一方抛出期望值，另一方作出回应。双方列出数据、证据，希望对方接受己方方案；同时也作出适当让步，以赢得对方的理解和让步。例如，在工资增长幅度的谈判中，工会提出涨薪 10%，底线是 6%；而资方提出只能涨 3%，底线是 5%。在反复的谈判商讨中，最终达成 5.5% 的涨幅。

3. 达成协议

如果劳资双方谈判达成一致，就要签订初步协议。工会要将初步协议反馈给其会员，由会员投票是否通过。如果通过，就签订正式的集体协议，集体谈判完成。

7.1.4　谈判破裂与产业行动

1. 谈判破裂

集体谈判通常不会顺利达成协议，尤其对于分配式谈判，是一方所得就是另一方所失的零和博弈，如果双方目标差异大，谈判就极有可能陷入僵局。这时劳资双方都可以提请有资质的外部调停机构进行调解：调解成功，集体谈判就继续；否则就是谈判破裂。

集体谈判破裂，就可能产生产业行动，因为劳资双方都有制约对方的力量。劳方有罢工力量、退出力量、岗位力量；资方有闭厂力量、退出力量、岗位力量。劳方罢工，给资方造成直接和间接经济损失，这是罢工力量；而罢工后劳资关系恶化，员工满意度降低，导致企业紧缺的管理、技术岗位人才退出、流失，这是退出力量和岗位力量。资方面对劳资冲突实行闭厂，这是闭厂力量；或者因为罢工，资方撤资、搬厂、用机器代替人工等，这是资方退出力量和岗位力量[①]。

2. 产业行动

产业行动是指在集体谈判过程中由雇员（无论是否通过工会）或雇主以施加压力为目的，单方面引起正常工作安排暂时停止的一种活动，主要表现为罢工、怠工、关闭工厂等[②]。

1）雇员的产业行动

（1）怠工。怠工是指雇员不离开工作岗位也不进行就地罢工，只是放慢工作速度或破坏性工作，是雇员采取产业行动的一种基本手段。与罢工不同，雇员进行怠工不需要离开工作岗位或离职，只是在工作中故意懒散、怠惰，或浪费雇主和企业的原材料，达到维持或改善劳动条件的目的，如果不仔细观察，雇主甚至可能无法发现怠工。怠工与罢工的相同之处在于，它们都需要劳动者的团结和共同行动，才能对雇主或管理方产生威慑和胁迫作用。怠工在多数国家被认为是合法的产业行动。

（2）联合抵制。联合抵制是指阻止雇主出售最终产品，分为初级联合抵制和次级联合抵制。初级联合抵制，是指工会通过直接对雇主施加压力迫使其接受谈判条件的运动；次级联合抵制，是指工会向没有直接卷入劳资争议的雇主施加压力，使当事雇主面临不利地位而展开的有组织的运动。两者的区别是，初级抵制直接针对雇主施加压力，迫使其接受谈判条件；而次级抵制是针对其他雇主施加压力，迫使当事雇主接受条件。初级抵制通过力图劝阻消费者购买雇主的产品来限制雇主市场，而次级抵制则是开展运动，使消费者不购买雇主的产品。

（3）纠察。纠察是指罢工工人对靠近工厂的入口处或有关区域实行的警戒。纠察通常伴有标语或者旗帜，是一种很有声势的活动。纠察的作用在于帮助罢工和联合抵制完成行动任务。在罢工中，纠察可以保证工会实现停产的目的，阻止雇主利用罢工替代劳动者；对于那些软弱、缺乏纪律的工会来说，纠察可以防止工会会员穿越罢工划定的纠察禁区；在联合抵制中，纠察可以增加抵制人数。

---

① 程延园. 集体谈判制度研究[M]. 北京：中国人民大学出版社，2004: 176-178.
② 程延园. 劳动关系[M]. 4 版. 北京：中国人民大学出版社，2016: 234-237.

（4）"好名单"与"恶名单"。"恶名单"是指工会将那些与工会作对的雇主列入一个名单，并将名单在工会会员中传阅，以促使广大会员不想再维护这个企业。由于许多国家将"恶名单"视为非法，于是工会转向使用"好名单"，即在这种名单上列上工会认为对工会"公正"的雇主。工会会员看到这种名单，会对"公正"雇主的企业持维护态度，而对那些榜上无名的雇主企业持怀疑甚至不信任的态度。

（5）罢工。罢工是集体行动的最终方式，也是工会最偏爱的方式之一。罢工是劳动者为了改善工作条件、签订或变更集体协议，在以工会为主体的集体谈判中，为使谈判产生一定压力而实施的有计划、有组织的集体暂时停止工作的行为。这一定义强调了罢工是以工会为主体而展开，并作为集体谈判中的一种压力手段而使用的。罢工权是劳动者为改善劳动条件、缔结或变更集体协议而集体停止工作的权利。作为工会向资方施加压力的战术，罢工是工会在集体谈判中威胁对方的手段和解决争端的最后武器，也是劳动者表达和保护自身权益的一种基本手段。因此，第一，罢工是劳动者暂时停止工作的行为。罢工是单纯的劳动行为的中断，而不是劳动契约关系的终结，劳动者是暂时离开工作岗位，引起生产秩序的中断，给雇主造成压力，而不是永久离开岗位。罢工结束，劳动者仍可以回到工作岗位上。第二，罢工是劳动者集体的、一致的行为。罢工是多数劳动者的共同行为，而不是个人的单独行为，是多数劳动者在工会领导下有组织地停止工作，以给雇主造成一定的影响。个人罢工一般为观念所不允许。第三，罢工是以维持和改善劳动条件，提高劳动报酬，获得经济利益为目的，以缔结或修订集体协议为目的，而不是以取得政治、宗教等非经济利益为目的。

罢工虽然造成社会损失，但各国还是立法赋予劳动者罢工权，因为罢工是解决劳资冲突的主要方法，是迫使雇主让步、促使集体协议达成的压力手段，还是个人自由表达不满的方式。但是罢工不是随意的，是受法律约束和制约的。

首先，要符合合法罢工的条件。大多数市场经济国家的劳动法都有对罢工权的规范，一般包括：第一，必须是原集体协议期限届满。在集体协议履行期间，当事人负有和平的义务。第二，工会已经履行了"真诚"与雇主谈判、达成协议的义务。第三，必须通知劳动行政部门。工会在举行罢工之前，要通知劳动行政部门。劳动行政部门在接到通知后应先进行调解，确认双方能否和解。如调解失败，工会应在罢工前以书面形式向劳动行政机关报告。第四，投票表决。一些国家规定，工会在举行罢工前，应当先在工会会员中投票表决，在获得多数会员支持后才能罢工。另外，劳动委员会根据雇主要求，也有权决定是否举行罢工投票表决。第五，提前通知。工会在罢工前应当提前正式通知资方罢工的目的、时间和地点。例如，澳大利亚 1996 年修订的《工作场所关系法》对罢工做了具体规定，其主要内容是：在合法的集体谈判期间，劳方享有罢工权，资方享有关厂权；协议有效期内采取的争议行为属非法行为；采取争议行为须提前 72 小时书面通知产业关系委员会及对方，且必须事先已通过谈判努力和对方达成共识；如果想采取争议行为的当事人无诚意与对方谈判，或争议行为将给个人生命、健康、安全及居民生活带来危害，以及给国家经济带来重大损害，产业关系委员会有权冻结或阻止劳资双方的谈判；在委员会冻结或阻止劳资双方谈判期间，不得强行罢工或关闭工厂，否则受害者有权向民事法庭起诉，追究其民事责任；产业关系委员会有权命令停止非法的劳动争议行为，对不执行者罚以重金；坚决取缔劳方为胁迫雇主而采取的妨碍企业正常交易的行为。

其次，符合"社会适当"原则，即罢工是社会一般能够接受而又合法的行为。罢工不能损害工作场所及其他有关房屋、生产设备等企业财产，不得伤害他人及其财产。罢工应以"正当非暴力"的方式进行，不得采取极端手段，罢工活动受"禁止过分""公平进行对抗"及"公共利益拘束"原则的约束。

最后，公用事业部门的罢工受到限制。一般来说，公务员、法官、检察官、军人，甚至从事国计民生和国家安全等行业如运输、燃气、自来水部门的雇员不得罢工，他们的劳动争议以仲裁解决。

2）雇主的产业行动

与工会的产业行动相对应，在集体谈判中，雇主也会使用一些手段对付工会，迫使工会作出让步。雇主采取的产业行动不像工会的产业行动那么明显，通常被看成是对工会行动的间接反应。雇主采取的产业行动主要包括以下6种。

（1）关闭工厂。这是雇主惯用的方式，雇主通常把关闭工厂安排在工会准备罢工时。关闭工厂的主要目的是以少量损失避免产生重大损失甚至倒闭，同时通过解雇或者停职，断绝劳动者的工资来源。

（2）雇用罢工替代者。罢工期间，雇主通过雇用其他工人代替罢工工人进行生产活动，以抵制或破坏罢工。雇用替代工人的目的：一是使罢工失去效力；二是削弱工会威望，使工会显得软弱。

（3）雇主充当罢工破坏者。罢工期间，雇主借助其他雇主的帮助完成生产任务。实际上是借用其他企业的生产能力，代替罢工替代者的角色。这种行为通常由雇主协会组织，当协会中某个雇主受到一个工会或几个工会的罢工打击时，其他雇主组织成员可以帮助他，答应日后将部分利润转让给他，以弥补罢工受到的损失。有时他们也可能全部关闭工厂，以免被工会"各个击破"。

（4）复工动员。复工动员是指雇主派人到罢工工人家中说服罢工者或家属，使他们相信到某一天，大多数工人都将复工；如果他们同意复工，其利益将得到保障；雇主还会在媒体上发出复工通告制造舆论。雇主认为，大多数工人对这种通告不会无动于衷，他们有可能穿越工会的纠察线恢复工作。

（5）黑名单。黑名单是指雇主通过秘密调查，将一些不安分或有可能在劳资冲突中发挥主要或带头作用的劳动者秘密登记在一张表上，并暗中通知本行业其他雇主不要雇用他们，导致被列在表上的劳动者丧失被雇用的机会。与工会在冲突中对雇主使用联合抵制手段一样，黑名单是雇主对劳动者采取的一种秘密报复行为，损害了劳动者的名誉，因而在许多国家，雇主使用黑名单被视为非法行为，要承担法律责任。

（6）排工。排工是指雇主在雇用劳动者时，对某些劳动者采取排斥态度。雇主通常专门排斥那些加入工会的劳动者。在有些国家，为防止劳动者利用工会与企业讨价还价：雇主一方面在雇用劳动者时，以不加入工会为雇用条件；另一方面，倘若劳动者违背此诺言，立即被解雇。但有些国家规定，对工会会员的歧视雇佣是非法的。

7.2　集 体 协 商

7.2.1　集体协商概述

1. 集体协商的含义

集体协商是我国企业工会或职工代表与相应的企业代表，为签订集体合同进行商谈的行为。集体协商涉及劳动报酬、工作时间、休息休假、劳动安全卫生、保险福利等事项，集体协商的结果是签订集体合同。工资集体协商是集体协商的核心，它是指职工代表与企业代表依法就企业内部工资分配制度、工资分配形式、工资收入水平等事项进行平等协商，在协商一致的基础上签订工资协议的行为。

市场经济对劳动关系的调整是以个别劳动关系调整为基础，以集体劳动关系调整为核心。没有集体劳动关系的存在和运行，劳动关系的构成就不完整和不平衡，劳动者的利益就不可能得到保障，劳动关系也就不可能和谐稳定[①]。集体协商是我国调整集体劳动关系的制度，也是协调劳动关系的核心制度，但我们使用"集体协商"而不是"集体谈判"概念。1992 年颁布的《工会法》，中华全国总工会下的企业工会被赋予与管理方进行平等协商的权利。1994 年颁布的《劳动法》，规定了职工一方与企业可以就劳动报酬、工作时间、休息休假、劳动安全卫生、保险福利等事项，签订集体合同。于是，从 20 世纪 90 年代开始，我国出现了"平等协商"和"集体协商"的概念。2004 年劳动部（现为人力资源社会保障部）颁布的《集体合同规定》第 7 条指出，集体协商是企业工会或职工代表与相应的企业代表，为签订集体合同进行商谈的行为。《劳动合同法》中使用的也是"集体协商"。

"协商"是我国劳动关系的特征。党的十九大报告提出，"完善政府、工会、企业共同参与的协商协调机制，构建和谐劳动关系"；党的二十大报告提出，"健全劳动法律法规，完善劳动关系协商协调机制，完善劳动者权益保障制度"。

2. 集体协商的本质

我国使用"集体协商"而不用使用"集体谈判"概念，是基于我国对"和谐劳动关系"的界定。所谓和谐劳动关系，是指劳动者和企业管理者在社会主义国家中都是国家主人，其根本利益一致，劳动关系矛盾属于人民内部矛盾，不具有对抗性，可以通过协商、协调、沟通的办法来解决[②]。因此，政府和工会强调，构建和谐劳动关系应当遵循 4 项原则：一是社会主义劳动关系的性质是根本利益一致，具体利益差别，要将促进企业效益与维护职工利益相统一；二是劳资双方协调与政府管理相结合；三是立足法律规范与尊重基层创新结合；四是立足本国国情，借鉴国外经验，但不能简单照抄[③]。集体协商制度就是中国结合自己的劳动关系状况对世界通用的"集体谈判"制度的借鉴和创新。

[①] 曹绪红. 政府规制视角下的劳动关系探析[J]. 东岳论丛, 2013, 34(11): 158-161.

[②] 王兆国. 大力发展社会主义和谐劳动关系推动科学发展、社会和谐[M]//中华全国总工会编. 构建社会主义和谐劳动关系. 北京：中国工人出版社, 2012：5.

[③] 乔健. 后金融危机时期中外劳动关系趋向的比较与思考[J].中国人力资源开发, 2014（1）：96-105.

根据《现代汉语词典》的解释，"谈判"是"有关方面对有待解决的重大问题进行会谈"。"协商"是"共同商量以便取得一致意见"。[①]由此来看，谈判强调双方或多方走到一起会谈，但会谈可以达成一致也可以不达成一致，谈判强调过程。协商强调达成一致的结果。协商的含义是双方地位平等，且将协商的内容置于一种平等对话的氛围；谈判的含义则为双方势均力敌，有各自的谈判立场，且将谈判的内容置于一种利益"零和"的氛围之中。

因此，我国集体协商的本质是：基于劳资和谐的假设；强调劳资的磋商和洽谈与合作共赢，而不是劳资对抗；劳资双方都不能制约对方，而是在政府的约束下开展协商[②]。

7.2.2 集体协商的产生与发展

我国《劳动法》和《劳动合同法》都是规范个体劳动关系的法律。为此，我国试图建立以集体协商为核心的集体劳动关系。

早在 1992 年，我国《关于修改〈工会法〉的决定》就规定工会通过平等协商和集体合同制度，协调劳动关系。1994 年 12 月 5 日劳动部颁布的《集体合同规定》。1995 年开始实施的《劳动法》规定了企业职工可以与企业就劳动报酬、工作时间等签订集体合同。同年，中华全国总工会颁布《工会参加平等协商和签订集体合同试行办法》。1996 年全总与劳动部、国家经贸委及中国企业家协会联合发布《关于逐步实行集体协商和集体合同制度的通知》。1998 年发布《工会参加工资集体协商的指导意见》。2000 年劳动部颁布《工资集体协商试行办法》。2001 年中华全国总工会联合劳动部、国家经贸委、中国企业联合会/中国企业家协会发布《关于进一步推行平等协商和集体合同制度的通知》。2004 年劳动部修订颁布《集体合同规定》。2006 年劳动部、中华全国总工会、中国企业家协会联合发布《开展集体协商的意见》；2007 年全总推动工资集体协商要约行动。2009 年全面推行工资集体协商工作。全国有 13 个省（区、市）以党委或政府名义下发文件，推动工资集体协商工作；23 个省（区、市）人大制定了"集体合同规定"或"集体合同条例"等地方性法规。

早年的集体协商和集体合同主要在公有制企业推行。为了加强非公有制企业劳动者权益保护，2010 年 6 月，人力资源社会保障部、中华全国总工会、中国企业联合会/企业家协会联合下发了《关于深入推进集体合同制度实施彩虹计划的通知》（人力资源社会保障部发〔2010〕32 号），提出目标：从 2010—2012 年，力争用三年时间基本在各类已建工会的企业实行集体合同制度。其中，2010 年集体合同制度覆盖率达到 60% 以上；2011 年集体合同制度覆盖率达到 80% 以上。对未建工会的小企业，通过签订区域性、行业性集体合同努力提高覆盖比例。同年 7 月，中华全国总工会十五届四次执委会议提出"两个普遍"（普遍建立工会、普遍推行工资集体协商），提出：2011—2013 年，全国企业法人建会率达到 90% 以上。其中，10 人以上外商、港澳台商投资企业、私营企业建会率达到 95% 以上。世界 500 强等跨国公司在华企业法人建会率达到 95% 以上。工会组建和发

---

① 现代汉语词典[M]. 第五版. 北京：商务印书馆，2005：1322，1506.

② 谢玉华. 集体协商与集体谈判：类型比较与形成机制[M]. 长沙：湖南大学出版社，2019：18-19.

展会员总体目标要达到，至2013年，全国法人单位建会总数达到600万家以上，全国工会会员达到27100万人以上，其中农民工会员达到10300万人以上。2013年年底已建工会组织的企业80%以上建立工资集体协商制度，基本实现已建工会企业普遍开展工资集体协商，其中实现世界500强在华企业全部建立工资集体协商制度。人力资源社会保障部"彩虹"计划和中华全国总工会的"两个普遍"，推动了全国自上而下的"工资集体协商"运动，工会覆盖率和工资集体协商覆盖率大大提高。

然而，工资集体协商的实效不大，没有起到协调劳资集体冲突的作用。鉴于此，2014年，人力资源社会保障部发布《关于推进实施集体合同制度攻坚计划的通知》，针对"集体协商实效性不强、部分集体合同质量不高等问题，集体协商作用尚未得到充分发挥"的问题，国家协调劳动关系三方会议决定，"从2014—2016年，在全国范围内推进实施集体合同制度攻坚计划"。要求"确保2015年年末集体合同签订率达到80%"；"着力提升集体协商质量、增强集体合同实效，逐步形成规范有效的集体协商机制"；继续以非公有制企业为重点对象，积极推进工资集体协商，同时推进行业集体协商。同年，中华全国总工会发布《深化集体协商工作规划（2014—2018年）》，提出更明确的目标："已建工会组织企业集体协商建制率保持在80%以上，其中百人以上已建工会组织企业建制率保持在90%以上"；针对集体协商形式化，该规划提出要重点提升集体协商质量，"建制企业职工对集体协商的参与率达到70%以上，知晓率达到90%以上，对开展集体协商和签订集体合同工作的综合满意度稳步提高"。

2015年3月，中共中央、国务院发布《关于构建和谐劳动关系的意见》的10号文件，10号文件提出了构建和谐劳动关系的框架：以劳动合同保护劳动者个体权益，以集体协商和集体合同推进集体劳动关系，以三方机制作为劳动关系协调机制；加强企业民主管理，健全劳动关系矛盾调处机制，包括劳动监察、劳动争议调解仲裁、群体性事件预防和应急处置等机制。2020年2月7日，人力资源社会保障部、中华全国总工会、中国企业联合会等联合下发的《关于做好新型冠状病毒感染肺炎疫情防控期间稳定劳动关系支持企业复工复产的意见》，主张用集体协商解决疫情后的工资及工作安排等问题。

可见，我国一直在推进集体协商制度，以期构建集体劳动关系协调机制。根据人社部的公报和《中国劳动统计年鉴》，至2021年，我国报送的企业集体合同132万份，覆盖1.2亿职工，比2009年的70.3万份和0.94亿职工分别增长了88%和28%。但集体协商对协调劳动关系的作用没有充分发挥，劳动人事争议仲裁案件呈总体上升趋势，案件总数从2011年的589244件增至2020年的1094788件，其中工资报酬和待遇是劳动者最为关注的方面；集体劳动争议从2010年至今也处于增长趋势。

7.2.3　集体协商的类型

我国的集体协商主要有企业集体协商、行业集体协商、区域集体协商（主要是工业园区集体协商）。

1. 企业集体协商

企业层面的集体协商是我国集体协商的主要形式，通常是以单个企业的职工一方和企业方代表为协商主体进行的协商。企业方协商代表由企业法定代表人和法定代表人指定的其他人员担任；职工一方协商代表由本单位工会选派，未建工会的企业由职工民主推举代表，并得到半数以上职工的同意。我国有不少企业建立了集体协商制度，持续开展集体协商，尤其是在各地推广的标杆企业，集体协商已成为制度，以电装（广州南沙）公司为例。

 **案例 7-3**

电装（广州南沙）有限公司的集体协商

2021 年 3 月，在广州市总工会、市人力资源社会保障局、市工商联、市企业联合会联合召开的集体协商春季要约行动推进会上，电装（广州南沙）有限公司（简称 d 公司）和广州王老吉药业股份有限公司工会分别作了经验介绍。d 公司的集体协商起源于 2010 年。

d 公司位于广州市黄阁镇丰田汽配园，属日资全资企业，是以生产汽车发动机控制系统为主的企业，主要向广州本田、广州丰田及通用汽车等厂供货；2010 年员工 1200 多人，其中管理及技术人员约 400 人（日方管理者 29 人），一线工人约 800 人。车间员工每天分白班、夜班两个班运作（个别班组实行三班两倒），中方一线员工基本工资 1310 元。d 公司 2005 年投产时，只有 3 条生产线，100 多名工人；转眼 5 年间，生产线扩张到 30 条，工人 1200 多人。2009 年，纯利润就超过 2 亿元人民币。电装在汽配行业中属于高利润产品，但工人的工资在汽配园中居于末端，甚至接近"地板工资"。

d 公司原来的总经理近 60 岁，亲和力强；2009 年新上任总经理，亲和力不如原总经理。公司正处于高速发展扩张阶段，新的总经理全力抓生产，人事工作依赖人事课长（中方雇员）处理。2009 年下半年公司增加了 7 条生产线，进而改革人事管理制度，但员工的人数没有增加，工资福利未得到任何改善。一线员工底薪从 2005 年的 1100 元上升到 1300 元。"5 年时间涨 200 元，其中 95 元还是餐饮补贴，实际上底薪只上调了 100 元。"人事课长按照公司日方高层的意图改革人事制度，缺乏与员工的沟通，不顾员工的利益，被员工称作"汉奸"。生产线流程复杂，员工上班像机器一样工作，工作压力大，致使新生代员工非常不满，每月都有 80～90 名员工因此而自动辞工。但没有引起 d 公司及人事课的重视，相反，d 公司认为集团公司在全球是最大的汽车零部件生产商，员工待遇及公司的管理都较为先进。2010 年 4 月份，汽配系列韦爱公司给每位员工每月加薪 200 元，其他公司也陆续提高基本工资，使 d 公司一线员工的薪资水平在整个汽车城明显下降；至 5—6 月份，在员工宿舍区，其他汽车配件企业公司宿舍都安装了空调，d 公司的员工向工会反映，要求与公司高层交谈，但公司方面仍以无此预算为由拒绝。2010 年 5 月 17 日南海本田发生停工事件，引起社会极大关注，但 d 公司没有引起足够重视，认为公司管理先进，员工不会停工。

6 月 20 日傍晚约 100 多名员工在宿舍附近的莲溪商业广场聚集，派发传单；工人还通过 QQ 发送停工消息：倡议大家团结起来，在 2010 年 6 月 21 日 8 时上班的时候，在公司内打完卡后在更衣室外面集合。6月21日8时30分,早班工人准时进入公司打卡,但没有进入车间。1000多名工人绕开工会发起集体停工。有"工人代表"事先拟好了"行动纲领":停工头三天,不提诉求、不与资方进行任何形式的协商谈判;准备停工7天,让丰田生产链中断(d公司产品主要供应广汽本田和广汽丰田)。工人很有组织,上晚班的工人也打完卡就出来,不进车间。停工工人走到出货口坐下,阻挡货车出入,造成全厂停工。受该事件影响,广汽集团丰田汽车有限公司于当天晚上两条装配线被迫停产。

工人提出全体员工工资涨800元;停工期间工资正常发放;不允许处理停工中任何一位员工。工人还提出要求:公司开除人事课长;对威胁员工的日方管理人员,被要求向员工检讨后回国。工人甚至提出重整企业工会,重选工会主席。资方单方面提出给职工加薪450元,承诺立即给职工宿舍装空调,要求工人复工并强硬表示公司会采取行动运送货物出厂。资方的态度和方案遭到工人的一致反对。工人日夜值班堵住出货口。

停工造成6个一级汽车配件厂停产;d公司停产一天能导致3600个VCT系统无法生产,也即少生产3600台汽车;丰田公司为此关闭两条生产线。d公司面临客户的巨额违约罚款。

22日,广汽集团(d公司的最大客户)总经理,全国人大代表曾庆洪,南沙区总工会、南沙区劳动保障局一行到d公司,与员工面对面沟通交流,要求工人选出代表,进行协商谈判;承诺政府会处理好该事件、不处分停工工人;还与资方沟通要求资方拿出诚意。日方总经理签名的公开信发出,承诺不处分停工员工并对因文化差异而导致的管理问题道歉;希望员工选出代表沟通、尽快恢复生产。在上级总工会指导下,企业工会拿出工人代表选举方案,23日,工会组织员工选出57名代表;同时收集工人意见,共收集工人600多项诉求。下午召开第一次员工代表大会,曾庆洪向员工代表说明将以工资集体协商的方式解决问题,25日一定答复员工,希望代表劝说各自班组员工,先复工。23日17时30分,各生产线陆续开机,但仍有夜班员工不愿意回生产线,区政府、人社局、区总工会干部到厂外劝说。深夜12时,大部分生产线开机。24日,出货口恢复出货,生产线恢复,但效率很低。25日下午,由57名代表选出26名正式集体协商代表,在广汽集团、广州市政府及总工会、南沙区政府及总工会的参与下,劳资经过4个半小时的谈判,终于达成协议:员工底薪增加400元/月,补助增加150元/月,奖金增加0.5月/年;不追究停工员工责任,停工期间工资照发;劳资双方将以合法形式平等协商,建立沟通协商机制。吸取"南海本田停工事件"的教训,d公司停工事件仅仅经过5天,就用集体协商的方式成功解决[①]。

之后d公司改选企业工会。南沙区推行企业工会主席民主选举,由企业工会出方案,区总工会指导。在区总工会支持下,新工会与公司开展每年度的集体协商。2011年的工资集体协商达成:基本工资增加200元/月,涨幅11.7%;福利(全勤奖及住房和生活补贴)增加300元/月,共计增加500元/月,增幅达26.9%;住房公积金上浮2%。2011年公司与工会协商,根据法律法规起草了《d公司工资集体协商规则》。此后每年4月开展

---

① 吴娓婷,陈勇. 广州电装停工72小时事件[N]. 经济观察报,2010-06-25.

工资集体协商、年底进行奖金协商，三年一次集体合同协商。d 公司成为广州市集体协商的标杆[①]。

思考： d公司有实效的集体协商是如何产生的？

2. 行业集体协商

我国的行业集体协商，通常是指在同行业企业相对集中的区域，由行业工会组织代表职工与同级企业代表组织或企业代表，就行业内企业职工工资水平、休息休假、保险福利等事项开展集体协商、签订集体合同的行为。温岭羊毛衫行业的集体协商是最早的行业集体协商。

3. 区域集体协商

区域集体协商通常是劳、资、政三方对涉及本区域职工切身利益的事项进行区域性集体协商，签订区域性集体合同，如本区域的最低工资标准；本区域工资调整幅度；本区域劳动安全与卫生标准；本区域的女职工劳动保护待遇；其他需要进行区域性集体协商的事项。

2023 年 1 月，国家"三方四家"（人力资源社会保障部、中华全国总工会、中国企业联合会/中国企业家协会、中华全国工商业联合会）发布《关于推进新时代和谐劳动关系创建活动的意见》（人社部发〔2023〕2 号），提出要在工业园区、乡镇（街道）创建和谐劳动关系。其中一个任务就是：辖区内企业普遍建立以工资集体协商为重点的集体合同制度，对不具备单独开展条件的小微企业，通过签订区域性、行业性集体合同实现覆盖。

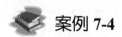 **案例 7-4**

温岭羊毛衫行业集体协商

2022 年 10 月，经过近 20 年的探索，广东省温岭市试点出台了《行业性能级工资集体协商操作规范》（以下简称《规范》），《规范》包括协商原则、协商主体、协商程序、协商内容、履行及成效等 9 个部分，并附行业性能级工资集体协商要约书、行业性能级工资集体协议（草案）、行业性能级工资集体协商内容指引表等协商操作参考格式文本。实行企业化管理的事业单位、民办非企业单位和其他经济组织在行业范围内的能级工资集体协商工作可参照执行[②]。

新河镇羊毛衫行业集体协商从 2003 年开始。

1. 集体协商出台背景

温岭是民营经济非常发达的地方，也是农民工输入地，民营经济对全市经济发展的贡献率达到 90% 以上，农民工在民营企业的从业人员中占员工总数的 95% 以上。2001 年的温岭市新河镇共有羊毛衫企业 113 家，年产值超过 10 亿元，新河镇成为全国羊毛衫的

① 彭新启，罗瑞雄. 广州工会：重点瞄准"三新"领域 探索推进协商新模式[N]. 南方工报，2021-04-01.
② 潘国志，陈熙. 善用"三三五"法，确保严谨规范新程序[N]. 温岭日报，2022-10-11.

重要生产基地之一。民营经济发达促进了温岭经济的发展，但也存在劳动关系复杂、劳资矛盾突出的客观情况。而农民工在劳动关系中处于弱势地位，企业与劳动者之间的"强资本、弱劳动"的矛盾日益突出。由于缺乏统一的计量计件（计时）工资标准，企业间用工无序竞争，职工合法权益难以保障，劳资纠纷引发的集体停工和上访事件不断，严重影响了企业和社会的稳定。

劳资关系由工资引发的不和谐现象在当时的新河镇羊毛衫行业表现非常严重。羊毛衫行业属于劳动密集型企业，准入门槛和技术含量相对较低。由于生产、销售受季节影响大，职工流动性强，加上缺乏统一规范的计件工资（工价）标准，企业间用工存在着无序竞争，一到生产旺季就相互挖人，特别是技术工人跳槽频繁，严重地影响了企业正常生产经营。尤其从 2001 年开始，这种现象尤为严重。一方面，影响了企业的正常生产，无法完成订单；另一方面，也损害了职工的合法权益，工资结付得不到保障，因工资问题引发上访、罢工的事件频繁发生。2002 年，仅百人以上的集体上访就出现了 3 批，小规模的上访更是不计其数。2003 年，该镇羊毛衫行业职工上访反映的数量占到全镇接访量的 45%。

民主恳谈是温岭原创的基层民主政治实践。自 1999 年 6 月诞生以来，随着活动的广泛深入，其活动范围逐渐由镇（街道）、村两级向非公有制企业、社区和市级政府部门延伸。为此，温岭市委 2000 年 8 月 21 日专门下发了《中共温岭市委关于在我市非公有制企业开展"民主恳谈"活动的意见》，明确指出："企业'民主恳谈'活动，是企业主与企业职工交流沟通的一种重要方式。"民主恳谈的广泛开展激发了企业主和职工的民主意识和维权意识，为行业工资集体协商提供了有效的对话平台和重要的思想基础。

为了从源头解决问题，新河镇组织人员深入企业一线调研，分别与企业主、职工进行广泛交流，了解用工、工资和生产情况。企业主认为，旺季时企业间用工无序竞争，扰乱了正常生产秩序；职工认为，在不同的企业，付出与得到的报酬不一样，同工不同酬。企业主与职工都希望政府及有关职能部门能统一规范用工、计件（计时）工价。

2. 集体协商过程

温岭新河羊毛衫行业工资集体协商从 2002 年便开始酝酿。温岭市于 2002 年 4 月已经建立了劳动关系协调会议制度，市和镇、街道两级协调机构针对劳动关系出现的一些重大问题进行协调。同时，在 2002 年新河镇 113 位羊毛衫企业老板为避免相互挖角而哄抬工价，已经自发成立了温岭市羊毛衫行业协会。会长就由其中一家企业的老板王新法担任，他们试图通过协商、统一工价，避免互相挖角、哄抬工价来维护自己的利益。但是，这种由资方单方面进行定价的做法显然不公平。与此同时，长期烦恼于羊毛衫产业发展问题的温岭市政府也准备对羊毛衫行业加以治理。于是，温岭市劳动部门和市总工会立刻指定新河镇总工会副主席陈福清出面进行具体工作的安排。

新河镇总工会首先要做的就是想办法统一行业工价。工会副主席陈福清为此去了行业协会，希望拿到各家企业的工价表。2003 年 3 月初，在走访规模相对较大的 40 多家羊毛衫企业时，相当多的企业对镇总工会的行为不理解，工价"摸底"工作受阻。

新河镇总工会请求了当地党委、政府的支援。新河镇党委、政府为此召开了企业主民主恳谈会。此次恳谈会由镇里主管工业的副镇长主持，会议恳谈的内容是向新河镇羊毛衫企业主传达开展工资集体协商的必要性和重要性。2003年年初，在企业民主恳谈会之后，工会再次组织人员进入企业，花了两个多月的时间，收集到了三分之二企业的工价表。2003年年中，基准工价的核定工作展开，对收集到的工价表，工会迅速作了归类核算，并提出了一个基准工价。

基准工价核定工作完成后，新河镇总工会马上又意识到，基准工价依然是在企业主单方面定价的基础上提出的，并没有得到工人的认可，于是工会再次建议党委、政府组织召开职工民主恳谈会。

2003年6月13日，由新河镇总工会组织召开羊毛衫行业职工基准工价民主恳谈会，市人事劳动社会保障局、市总工会、羊毛衫行业协会以及从重点和非重点企业、本地人和外地工人、熟练工人和一般工人中选派的工人代表参加，即开始了行业工资集体协商。恳谈会上：市劳动部门、市总工会陈述进行工资集体协商的目的意义和注意事项；行业协会负责人介绍羊毛衫编织加工所涉及的横机工、套扣工、缝纫工、烫工、裁剪工等5个工种、59道工序工价的初步标准和工价调整情况，形成初步工价标准。然后由职工代表提出意见，哪些项目还应调高，哪些项目设备已经更新可以保持，进行反复讨论和商议。在此基础上，又将5个工种、59道工序的工价表发给每个职工代表，由职工代表无记名进行工价投票。最后达成初步意见，在行业协会提出的计件工资单价的基础上适当调高。

2003年7月上旬，镇总工会和行业协会将收集到的基准工价和恳谈会上的意见分别提交工人和企业主讨论，将上一轮得出的工价表张贴在每个工厂门口公示。8月，各会员企业、工人代表对镇总工会和行业协会的协商结果进行讨论，并在各工厂中试行，根据试行的情况把意见汇总到镇总工会和行业协会。经过多次协商，双方交换意见，认为目前的工价方案基本符合实际情况，能被双方所接受。

随后，新河镇总工会请市人事劳动社会保障局来测算工价表的合法性。劳动部门随即进入企业，请来企业里水平最差的工人，依照法律规定的8小时工作制的标准，测算出该工人每月的收入能达到800元，高于2002年的最低工资标准670元/月，因此，工价表被认定是合法的。

工价表确定后，需要企业主和工人共同签字才能生效。新河镇总工会这时候又遇到了一个新问题，就是谁和谁签。企业主这边有行业协会，工人这边却没有自己的组织。新河镇总工会匆匆组织工人在8月选举成立了新河羊毛衫行业工会，与新河羊毛衫行业协会相对等。行业工会共选举产生了9名代表委员，陈福清主动请缨担起了行业工会主席的重任。

2003年8月8日，新成立的羊毛衫行业工会组织召开了羊毛衫行业职工第一次代表大会。大会公告了羊毛衫行业实施工资集体协商等事宜，在镇劳动关系三方协调委员会主持下，代表1.2万名职工的羊衫行业工会与行业协会签订了《羊毛衫行业工资（工价）协商协议书》。协议书规定了两方面内容。

第一，工价问题。工人完成生产任务，达到规定的数量、质量指标的前提下，支付的工资不能少于《羊毛衫行业编织羊毛衫工价表》所定工价，形成行业普遍认可的最低工资标准，即工人 8 小时正常劳动时间内工资不少于 27 元，月工资（包括加班工资）不低于 800 元。

第二，工资发放时间问题。工资必须在当月产量结算后次月 25 日至 28 日发放，确有经营困难的企业，经与工会协商可以适当延迟，但每月必须支付不低于国家规定的最低工资标准的工资。

协议书报劳动部门备案，作为企业与职工签订劳动合同的附件，与劳动合同具有同等效力。同时，根据羊毛衫行业整体效益易受市场、价格、成本等因素影响而产生波动的现实，双方约定行业工资协商每年进行一次。

温岭市总工会主席叶其泉将"温岭模式"的整个流程总结为"八个阶段"，分别是组建行业工会、召开企业主座谈会、召开职工座谈会、合理地进行工价测算、进行初步的工价协商、工资集体协商、举行签订仪式、加强监督力度。

3. 集体合同的落实

2003 年第一轮羊毛衫行业工资集体协商完成过后，2003 年 8 月 12 日，为了加强对羊毛衫行业工资集体协商的监督落实，促进劳动关系协调发展，新河镇党委、镇政府联合发出《关于建立新河镇行业工资集体协商监督组的通知》，建立了工资集体协商监督组，监督组由镇党政领导挂帅，镇总工会、工办、法庭、劳保所、行业工会参加。工会具体负责此项工作的日常情况汇总、综合协调、纠纷调处等。此外，专门设立行业工会办公场所，配备一名专职的工会秘书长，处理日常相关事务。视工作需要，及时召开会议，研究劳动工资（工价）的执行问题，以有效监督职工计件工资的落实到位情况。

4. 每年进行的集体协商

2004 年的 7 月羊毛衫行业第二轮工资集体协商开展，羊毛衫企业已从 113 家增加到 116 家。在镇党委、市总工会、劳动局和镇劳动关系三方协调委员会的支持下，羊毛衫行业工会和行业协会就 2004 年羊毛衫行业职工工资（工价）表，经 3 次协商，召开大小会议 6 次，发放征求意见表 800 余份，调整基准价 2 次，历时 2 个月，基本上达成共识。不但在工种工序上有新的变化，在工价上也有新的突破，从 5 个工种 59 道工序增加到 6 个工种 65 道工序，工价上也有了 5%～10%的增幅[①]。

2005 年是羊毛衫行业的第三轮工资协商，最终双方认可，新的工价表将由 65 道工序新增了 67 道工序，在上年工价不下跌的基础上，部分工价也有 5%～10%的增幅。2006 年进行的第四轮工资协商，主要工序的工价又有了 5%～10%的增幅。2007 年开展的第五轮工资集体协商，自 6 月 30 日至 9 月 6 日工会方和企业方进行了"三上三下"多次协商，并在 2006 年工价的基础上，向企业发放建议工价征求表 1500 余份，调整基准价 3 次，主要工序的工价又有了 5%～12%的增幅。2009 年 8 月 28 日的第七轮行业工资集体协商，职工工资（工价）协议书中的生产工序由 69 道增加到 70 道，各工序工价比上一轮普遍增加 5%。在金融危机的大环境下，羊毛衫行业工价提升 5%，按过去每位职工的

---

① 徐小洪. "自然状态"的工资集体协商：中国南方某镇羊毛衫行业工资集体协商[J]. 天津市工会管理干部学院学报，2005(3): 29-32.

月平均工资 2000 多元计算，每人每月可多拿 100 多元。2011 年羊毛衫行业职工的月工资不低于 1500 元，工价协议书中的 72 道生产工序，各工序工价比上一轮增加 5%～12%，其中横机工后袖工价从 8.3 元，增加到 8.8 元。这次行业工价平均提升了 8% 左右，按过去每位职工的月平均工资 2200 多元计算，每人每月可多拿 176 元[①]。

温岭工资集体协商的效果表现在：第一，提高了工人的工资。历年的协商都对工种、工序的最低工价和工资支付时间等重要内容进行实质性调整。新河镇的羊毛衫行业工人工资逐年提高，职工工资水平普遍增加 10%～16%。第二，减少了劳资纠纷。根据新河镇政府的数据统计，2002—2003 年因劳资问题与企业主发生纠纷而出现上访为 11 次 120 人，2003—2004 年为 2 次 17 人，2004—2005 为 1 次 3 人，2006—2008 年为零。第三，缓解了"用工荒"。广东和周边多个县市的农民工不断流入温岭，温岭市新河镇羊毛衫行业的用工已经能够基本保证[②]。

2015 年起，温岭市总工会开始引导企业探索利润共享、技能工资等能级工资方面的内容。这样的探索，成效显著，去年，根植于丰厚协商土壤上的技酬匹配"能级工资＋"创新模式应运而生，成了职企双方激励奖补的"最大公约数"，也成了一系列问题的最优解。2021 年，温岭工资集体协商从羊毛衫行业逐步推广至制鞋、船舶修造等 16 个行业。温岭已有 23 个行业工会与行业协会开展行业工资集体协商，覆盖 9000 多家企业，其中2500 多家企业单独开展协商，总共惠及近 40 万名职工[③]。

根据媒体报道及学术文章（参见脚注）改编

思考：从温岭羊毛衫行业工资集体协商案例分析，行业工资集体协商如何推进？

7.2.4　集体协商程序

根据我国《集体合同规定》，集体协商要经过发出要约、准备、协商、投票通过、备案、生效公布等程序。

1. 发出要约

集体协商的任何一方均可就签订集体合同或专项集体合同以及相关事宜，以书面形式向对方提出进行集体协商的要求。一方提出进行集体协商要求的，另一方应当在收到集体协商要求之日起 20 日内以书面形式给以回应，无正当理由不得拒绝进行集体协商。

我国协调劳动关系三方机制通常在每年春季发出"春季要约"行动，向企业、行业提出集体协商建议，推动集体协商或工资集体协商。

2. 准备

集体协商的协商代表在协商前要进行准备工作：熟悉与集体协商内容有关的法律、法规、规章和制度；了解与集体协商内容有关的情况和资料，收集用人单位和职工对协商意向所持的意见；拟定集体协商议题，集体协商议题可由提出协商一方起草，也可由

---

① 李刚殷，邹倜然. 浙江温岭实现工资共决劳资双赢[N]. 工人日报，2012-07-26.
② 刘静. 温岭行业工资集体协商制度，一个劳务关系新局面的开创[J]. 观察与思考，2008(9): 28-29.
③ 殷晓圣. 浙江温岭：工资集体协商保障职工利益[N]. 新华社，2021-09-07.

双方指派代表共同起草；确定集体协商的时间、地点等事项；共同确定一名非协商代表担任集体协商记录员。记录员应保持中立、公正，并为集体协商双方保密。

工资集体协商中，劳企（资）方大量收集分析涨薪或不涨薪的信息，是非常重要的准备工作。《广东省集体合同条例》规定，工资集体协商应当考虑的因素有："本企业劳动生产率和经济效益；本企业上年度职工工资总额和职工平均工资水平；当地人力资源社会保障行政部门发布的企业工资指导线、劳动力市场工资指导价位；当地人民政府统计机构发布的本地区城镇居民消费价格指数；当地最低工资标准和当地人民政府有关部门发布的地区、行业的职工工资平均增长率；其他与工资集体协商有关的情况。""企业应当保障协商代表履行协商职责所必要的工作条件和工作时间，向职工方协商代表提供与集体协商有关的真实情况与资料。协商代表应当保守企业商业秘密。职工方协商代表应当向企业提供其掌握的与集体协商有关的资料。""职工方可以根据企业年度利润增长情况、当地人民政府发布的工资指导线、本地区职工工资增长率、本企业在同地区同行业工资水平等因素，提出增长工资的协商要求。企业可以根据年度严重亏损的实际情况并综合考虑物价、政府工资指导线等因素，提出工资不增长或者负增长的协商要求。"实际运行中，职工方很难获取企业劳动生产率、经济效益等信息，需要上级总工会的支持。

3. 协商

协商过程是最有决定性的阶段。可以由一方首席代表提出协商的具体内容和要求，另一方首席代表就对方的要求作出回应；协商双方就商谈事项发表各自意见，开展充分讨论；双方首席代表归纳意见。达成一致的，应当形成集体合同草案或专项集体合同草案，由双方首席代表签字；未达成一致意见或出现事先未预料的问题时，经双方协商，可以中止协商，约定下次协商时间、地点、内容。也就是说，集体协商不能达成协议的，我国没有产业行动的相关规定。

4. 投票通过

经双方协商代表协商一致的集体合同草案或专项集体合同草案应当提交职工代表大会或者全体职工讨论，有三分之二以上职工代表或者职工出席，且须经全体职工代表半数以上或者全体职工半数以上同意，集体合同草案或专项集体合同草案方获通过。

5. 备案

集体合同签订后，要在双方首席代表签字之日起 10 日内，由用人单位一方将集体合同或专项集体合同报送劳动保障行政部门审查。劳动保障行政部门进行合法性审查，内容包括：集体协商双方的主体资格是否符合法律、法规和规章规定；集体协商程序是否违反法律、法规、规章规定；集体合同或专项集体合同内容是否与国家规定相抵触。备案是我国集体协商的特定程序。

6. 生效公布

生效的集体合同自其生效之日起由协商代表及时以适当的形式向本方全体人员公布。

7.3 集 体 合 同

7.3.1 集体合同概述

1. 集体合同的涵义与类型

集体合同（collective agreement）又称集体协议、团体协议，是工会或劳动者代表与雇主或雇主团体之间签订的，以确立劳动标准和劳动条件为主要内容的书面协议，是集体谈判或集体协商的结果。

集体合同分为综合性集体合同与专项集体合同。综合性集体合同内容较为广泛，涉及劳动条件、劳动保护、劳动关系、争议处理等诸多问题。我国《集体合同规定》提出，集体合同是指用人单位与本单位职工根据法律、法规、规章的规定，就劳动报酬、工作时间、休息休假、劳动安全卫生、职业培训、保险福利等事项，通过集体协商签订的书面协议。集体合同期限通常为1～3年。

专项集体合同则是就劳动关系的某个方面的事项签订的专项协议。它只涉及劳动关系的某一个或少数几个有关劳动者切身利益的问题，比如劳动安全卫生、女职工权益保护、工资调整等内容。专项集体合同的订立有利于以书面协议的方式对关乎劳动者切身利益的关键方面进行更加具体的约定，保护劳动者的合法权益。我国《劳动合同法》第五十二条规定："企业职工一方与用人单位可以订立劳动安全卫生、女职工权益保护、工资调整机制等专项集体合同。"最重要的专项集体合同是工资协议。根据《集体合同规定》，工资协议是指专门就工资事项签订的专项集体合同，是工资集体协商的结果，期限通常为1年。已订立集体合同的，工资协议作为集体合同的附件，并与集体合同具有同等效力。

2. 集体合同的作用

集体合同是劳资双方确立的劳动标准和劳动条件，在企业（行业）有重要作用。

（1）指导个体劳动合同的制定。集体合同高于个体劳动合同。我国《劳动合同法》规定，"用人单位与劳动者订立的劳动合同中劳动报酬和劳动条件等标准不得低于集体合同规定的标准"。"用人单位未在用工的同时订立书面劳动合同，与劳动者约定的劳动报酬不明确的，新招用的劳动者的劳动报酬按照集体合同规定的标准执行；没有集体合同或者集体合同未规定的，实行同工同酬。"

（2）指导劳动争议的解决。劳动法律法规通常只规定最低标准、通用标准；每个行业、企业的情况各不相同，集体谈判和集体协商就是要根据各自的用工特点，商定具体的劳动标准和劳动条件，弥补法律的不足。集体合同是对劳动法律法规的补充。在发达市场经济国家，员工、工会都可以就企业违反集体合同而提起申诉。我国《劳动合同法》规定，"依法订立的集体合同对用人单位和劳动者具有约束力。行业性、区域性集体合同对当地本行业、本区域的用人单位和劳动者具有约束力"；"劳动合同对劳动报酬和劳动条件等标准约定不明确，引发争议的，用人单位与劳动者可以重新协商；协商不成的，适用集体合同规定"。

7.3.2 集体合同的内容

集体合同的内容很广，主要有以下方面。①工资，包括工资水平、工资调整幅度、工资结构、奖金分配。②工作时间，包括月、周、日工作时间及加班；休息休假。③工作规则，包括工作场所的工作内容、工作条件、工作方式等规则。④工作保障，如：保护工人尤其工会会员不受技术变革影响；保护资深员工不被解雇；限制雇主转让工作机会，即限制雇主将工作任务转包给集体谈判单位以外的工人或外部购买原材料和配件代替自己生产。⑤工会权利保障，如：规定的强制性的工会会费代扣；允许工会官员在工作时间从事工会事务，并为其提供"超级资历"的待遇，工会官员可以利用工作时间处理不满申诉、进行谈判以及从事其他有关代表职责的事务，在某些情况下甚至可以参加工会大会。在一些大企业，还允许工会官员离开其岗位，专职从事工会工作。作为回报，超级资历条款通常还规定工会官员在诸如解雇与召回、加班和轮班方面，享有最具竞争力的资格。

我国《集体合同规定》提出，集体协商双方可以就下列多项或某项内容进行集体协商，签订集体合同或专项集体合同：劳动报酬；工作时间；休息休假；劳动安全与卫生；补充保险和福利；女职工和未成年工特殊保护；职业技能培训；劳动合同管理；奖惩；裁员；集体合同期限；变更、解除集体合同的程序；履行集体合同发生争议时的协商处理办法；违反集体合同的责任；双方认为应当协商的其他内容。

案例 7-5 某公司集体合同

复习思考题

1. 什么是集体谈判？集体谈判的运行需要哪些条件？
2. 当集体谈判破裂时，如何处理？
3. 什么集体协商？集体协商的本质是什么？
4. 集体合同有哪些作用？

案例分析题

DMGZ 公司的工资集体协商[①]

1. 引言

从 2017 年 7 月 5 日 15:00 谈至 7 月 6 日 02:25，历经 12 小时，DMGZ 2017 年度的工资集体协商谈完，初步方案敲定。会议室中无论劳方还是资方都长吁一口气，原以为去年谈至凌晨已是极限，不想今年又创造了新的纪录。2 天后，职工代表大会投票通过了协商方案，DMGZ 第 8 年的工资集体协商结束。

---

① 本案例由罗娜、谢玉华撰写，2019 年 11 月 27 日收入中国管理案例共享中心。

　　李欣从 2010 年开始工资集体协商以来便担任 DMGZ 公司的专职工会干事，协助了四任工会主席进行协商工作。今年任务更艰巨，这是更换第五任工会主席后，由新任工会主席肖林所主导的第一次工资集体协商，李欣是肖林的重要助手。与往年一致，由各个分会选举推荐员工代表，再在其中选举出协商代表，剩余员工代表则在协商时列席，加上财务课长等，组成"智囊团"。各分会主席同时向分会全部员工征集工资集体协商的意见。同时为更好地进行此次工资集体协商，在对收集到的员工意见进行汇总后，选出员工关注度高，且大多数人员都能够享有并参考去年协商的项目以确定协商议题，然后将各协商议题分派给 7 名选举出的协商代表。分别针对各项内容进行调查统计，以便在协商中能够有更多的数据和信息进行佐证，与公司据理力争。协商倒计时时，制定了工作的确认安排表以便保证协商工作的顺利进行。

　　协商代表田天分到的便是房价数据调查。这是田天第二次成为协商代表参与到工资协商中，第一次还是入职的次年，敢言的他被分会推荐，经过选举，成为协商代表。虽然参与了协商培训，但是由于经验不足，那一年协商鲜有发言，"火力都在首席协商代表（工会主席）那儿。"田天说。之后田天还作为协商列席员参与了一次协商，而今年作为"老人"的田天希望可以用详实的论证、更多的发言为员工争取利益。在随后的调查中，田天利用空闲时间，查询了公司周边房价的涨幅情况，计算按现有薪酬购买商品房所需的时间，寻找说服公司的例证，从多个角度准备论点。田天笑称，这个过程他真的是死掉不计其数的脑细胞。所幸努力没有白费，最终公司同意上调住房补贴，员工的住房补贴迈入四位数。"全程的参与真的是太累了，不过总算是尘埃落定。看着之前劳资双方的僵持不下，尤其是零点过后冷场频繁起来，真怕空气突然的安静，还以为需要进行下一次的会谈。协商的过程感觉真的是越来越难了。下一次协商真不知道会是什么情况。"看着记录员在白板上书写协商记录，田天不禁陷入沉思……

2. 案例背景

　　DMGZ 由 DICH 公司（日本 DENSO 的中国公司）和 GACC 公司（广州汽车零部件有限公司，隶属于广汽集团。以下简称 GACC）共同出资组建，总投资约 10 亿元人民币，总部位于广州市。在 2013 年公司整体搬至增城经济技术开发区，修建了新的工厂。主要产品为汽车空调系统、散热器、水箱及配管。为配套中部地区市场需求，2011 年 3 月在长沙经济技术开发区开始筹建分公司，并于 2012 年 6 月正式量产。2016 年筹建重庆分公司，2018 年下半年投入使用。

　　伴随中国汽车工业的发展，DMGZ 公司积极进取，不断开发客户，业绩得到了稳步增长，公司呈现多元化的企业文化氛围。公司盈利情况良好，除 2011 年受泰国水灾，2012 年受客户大幅减产影响外，营业额一直呈上升趋势，从 2010—2016 年，年销售额增加44%，基本达成了董事会的营业目标。从成立至今，DMGZ 资金充裕，没有任何银行借贷，还获得了诸多认证与表彰，通过了 ISO14000 环境管理标准体系、OHSAS180001 职业健康安全标准体系认证，荣获广州市清洁生产优秀企业，广州市 AAA 和谐劳动关系企业。在客户和股东方举办的 QC（quality control 质量控制管理）发表、螺丝锁付、品质竞赛等各项活动中，多次斩获第一名。

成立初期，DMGZ 员工仅 100 多人，经过 13 年的发展，截至 2017 年 12 月，DMGZ 共有员工 1600 多名，男女比例约为 1:3，员工平均年龄 27 岁，其中生产制造相关类别员工占比 70% 以上。员工来源大多为校园招聘，尤其是生产制造类的技能员工绝大部分从大中专职业技术院校、技师学校招聘实习生，经历实习期后转为正式员工，或者是来自劳务派遣员工，采取择优原则从中选取表现优异的员工转为正式员工。基层管理者和中层管理者几乎都是从普通员工提拔而来，管理者都带有浓郁的 DMGZ 烙印。

DMGZ 人员分为技能类（从事生产制造相关工作）人员和事务技术类（以下简称事技类）人员，按照部门层别，技能类部门由下往上为组、班、系、课、工场、部，事技类部门由下往上为系、课、室、部，属于典型的日系组织架构。共设有 8 个部门，分别是人事总务部、财务企划部、采购部、技术部、品质保证部、生产技术部、生产管理部、制造部。

DMGZ 薪酬分为工资、奖金、福利 3 块。工资包含基本工资、职务工资和翻译能力工资；奖金有基本奖金、业绩奖金和其他一次性特别奖金，基本奖金系数是固定的，根据当年的经营情况业绩奖金系数会有浮动，当经营远远超出预期时，偶尔会有一次性特别奖金以资鼓励，实际发放的奖金数额会与个人评价结果对应的个人系数及出勤率挂钩；福利有每月与工资一同发放的各类津贴，年度发放的各类节日贺金、旅游费、探亲路费等，还有其他非现金发放形式的各类福利内容，如补充商业保险、健康体检、生日礼品等。公司已经形成比较完善的薪酬体系。

3. 工资集体协商背后的劳资双方情况

（1）公司经营管理层和公司董事会情况。DMGZ 各部门经营管理层为部长/副部长以上人员，均为中日双方股东派驻员。其中，中方派驻员 4 人，日方派驻员 7 人，总经理由日方担任，中方担任副总经理，制造部设有正/副部长各 1 人，其他部门只设有部长 1 人。公司董事会成员为 5 人，按照股权比例，其中中方 2 人为 GACC 总经理和 DMGZ 副总经理，日方 3 人分为 DMGZ 法人（DENSO 株式会社专务）、DICH 总经理和 DMGZ 总经理。每任领导的任期 3~6 年不等，但品质部部长从成立初到现在都是同一人，没有更换。公司组织架构如图 7-1。

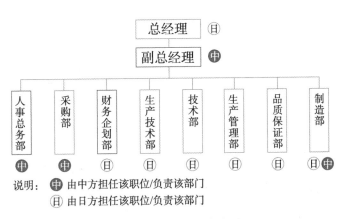

图 7-1　DMGZ 公司架构图

由于日本财年是以每年 3 月 31 日为界，每财年完结后，4 月便会召开董事股东大会，对上一年度的各项经营指标，公司重大决议项目等情况进行确认、汇报、审议、裁决，对投资利润进行分配。

（2）公司工会现状。DMGZ 工会成立于 2003 年 10 月 30 日，现届工会为第五届工会委员会。一直以来，均由中方部长/副部长级派驻员兼任工会主席，现任工会主席肖林就是制造部副部长，2016 年由集团派驻到 DMGZ。工会委员人数 21 人，分会个数 14 个，会员代表人数 97 人，拥有会员人数 1478 人（截至 2017 年 12 月），有专职的工会干事 2 人。副主席均为课长级别，各分会主席超过 60% 拥有行政职务，为班长及以上的管理者。

在每年一度的工资集体协商之外，工会主导或协助组织了员工的劳动竞赛和技能竞赛、创建创新工作室、检查劳动保护工作、建设调解机制、协同行政部门主办文体活动。每年接受上级 GACC 工会的工作考核，考核中民主管理与集体协商项目占考核总比例的 33%。

为规范工会管理，制定有《公司工会干部守则》及《员工代表须知》。对于工会主席、副主席、相关委员的职责，予以了说明。尤其是工会干部的工作守则，对工会的工作予以了归纳，编制成了"四字经"，便于展开熟记。"四字经"内容是爱岗敬业、以人为本、服务员工、嘘寒问暖、有病必访、有难必探、解难释疑、深入群众、倾听心声、支持经营、参与监督、着眼发展、顾全大局、依法依规、科学维权、潜心学习、更新观念、勤于思考、勇于创新、用心干事、务实高效、诚信勤勉、人际和谐、协作互助、以身作则、快乐工作。

（3）公司人力资源部门现状。DMGZ 设有人力资源室，隶属于人事总务部，下设劳资课和人才开发课，另在长沙和重庆分公司各设 1 名人事担当，全部人力资源相关人员共计 12 人，如图 7-2。在 2015 年前，人力资源室前身称为人事课。由课到室的变更源于

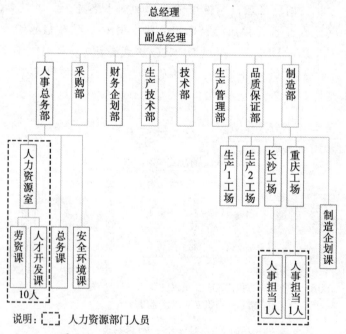

图 7-2　DMGZ 公司人力资源部门人员设置

公司对人才的重视，育人造物的进一步提升计划。同时，人才建设也是在2013年搬迁至新工厂后，建设领先工场计划中的重要一环。

工资集体协商主要由劳资课负责，人力资源室室长是工资集体协商的资方代表。每年工资集体协商时，会从内到外准备各类资料予以应对。对内，会对各部门不同级别员工工资进行详细统计，包含员工加班工资、调出津贴、培训工资、奖金数据等，汇总公司经营情况的各项数据，包括销售额、利润、各项成本占比等；对外，会调查关联企业（客户、供应商、同类别企业）的薪酬及调薪情况、购买专业的薪酬调查数据、统计当地城镇居民消费价格指数（CPI）数据，根据公司意见制定初步方案。协商完成，根据最终方案调整员工薪酬予以计发。

4. 工资集体协商运行情况

黄杰明从公司成立至今一直在DMGZ工作，2013年担任原人事课课长，2015年升任为人力资源室室长，是资方主要协商代表。回想这些年工资集体协商走过的道路，黄杰明觉得颇有成就感。

DMGZ从2010年开始工资集体协商以来，根据协商的情况与发展，黄杰明认为可以分为3个阶段。

第一阶段：2010年，工资集体协商元年。

第二阶段：2011—2015年，收入在两位数的高速路上疾驰增长。

第三阶段：2016年至今，协商路越走越艰。

（1）协商元年。现在已是系长的谢莉，曾经是工资集体协商第一年和第二年的职工协商代表，她笑言，那会年轻，干劲十足，"对于要举行工资集体协商公司上下都很兴奋，知道周边企业因为发生罢工工资增长不少，公司能够主动提出进行工资集体协商，那工资的增长肯定很可观。协商前，我们在员工那儿收集到很多意见和建议，大家都非常踊跃地参与。最终，工会提出的主要议题是工资的增加，幅度不能低于同行业的D公司，同时希望人力资源制度能够予以改善。协商过程很顺利，我想是公司资方担心出现罢工，对工会提出条件'大方'的应承，半天时间就谈完了。不低于周边企业涨薪幅度的要求得到满足，工资大幅增加，薪酬处于领先水平。针对人力资源制度提出的质疑，认为评价时强制分布S、A、B、C、D、E的分布比例不合理，评价分组和方法不公平、不明确。公司则答复要慎重考虑调研、再议。那会儿，主要的视线都还是集中在工资增加的幅度，在基本工资一次性增加了很多情况下，大家表示了理解。不过直到2011年协商，公司也没有给出很明确的处理意见。"谢莉回忆，那会儿还第一次看见了厂务信息，内容不多，但是知道了公司的销售和利润情况。还和公司约定，将CPI变化作为基本工资调整的参考指标之一，纳为固定的增长项目。

（2）工资集体协商不断成长。2011年，2012年受到泰国水灾、日系客户大幅减产影响，公司销售额出现下滑，但工资集体协商成果依旧喜人。2013年公司搬迁新址，销售反弹，奖金创出历史新高，同期也提出了建设"三最工场"的口号，争创"最新、最好、最强，有绝对领先力的工场"，一时间公司员工均"豪气万千"。到2015年，员工每年收入的增长都保持在两位数。协商多次后，工会也不断总结经验，相对之前的懵懂，成长很多。2015年创新性地搭建了基于公司经营业绩的奖金模型以确定奖金发放数额。

李欣说起工资集体协商，各个流程如数家珍。在协商前，会由各分会选举出员工代表，由他们协助分会主席一同负责该分会员工的意见收集。员工代表确定后会告知他们各项须知内容。包括（1）职责：讨论本公司涉及员工利益的有关事项，向全体员工负责并报告工作；听取公司工作报告，监督公司的工作；广泛听取员工意见，及时向公司提出工作建议；必要时提请召开员工大会。（2）权利：有联名提出议案的权利；有员工代表大会的表决权；有对公司成员的评议权；有对公司各事项的知情权、监督权和建议权。（3）义务：认真贯彻执行党的路线、方针、政策、遵守国家法律法规和员工自治章程，带头履行公民义务，维护员工的合法权益；密切联系员工，及时向公司反映员工的合法意见和建议；按时参加员工代表大会，依法履行员工代表职责；带头执行员工代表大会决议，维护员工代表会议的权威；积极支持配合公司做好各项工作，动员工完成公司布置的工作任务；监督检查公司工作和厂务公开落实情况；向员工报告员工代表会议情况；公司员工代表会议规定的其他职责。

之后从员工代表中再选举出5～6名协商代表，代表们根据充分搜集的资料和员工提出的诉求，确定议题，拟定工资协商方案，方案中制定的目标分为3个层级。理想目标，是预期希望达到的最理想情况，可获得最大的利益；基本目标，是讨论分析后应该能够达成情况，协商时的主要基准线；必须达成的目标，是协商中的底线。通过不同层次目标的设定，增加协商中的弹性和空间。公司方最初给出的调整方案亦会有保留，在后续的协商中陆续给出。

正式协商之前，会有先期的交流，双方会对协商中的重要问题先行交流，沟通情况。如在2015年3月，工会便先期与公司经营管理层合议奖金模型的设置，了解公司方的想法，并针对性地做好说服公司方的准备工作。双方达成共识，奖金是对公司一定时期内经营成功的分享，劳资双方共同承担风险，也共同分享成果。工会利用3～6月的时间，充分设计模型具体参数，并对利润达成率高于120%的情况留有可供另行讨论的空间，为防止实际操作过程中出现不恰当事宜，采取试用的形式，设定2年的"试用期"。公司则提出利润率达成低于80%，也需另行讨论。前期沟通获得、透露、共享的信息，有助于双方协商更具有针对性和时效性。

正式工资集体协商中，双方更是一来一回，每项议题的达成都是双方的让步。"但如何让步，怎样让步，什么时候让步，都讲究策略！"李欣说，"在商定的重要项目上，每次的让步都不能太大，要做到一丝一毫都要计较，同时在提出议案时，准备'烟幕弹'议案，是可以被抛弃的项目，显示出让步以争取在重要项目上的利益。当然，不论是重要的，还是'烟幕弹'，让步的幅度不能过大，节奏也不能太快。另外，让步也得是双方同时的，不能一味地退让。出现僵持时也不能只用让步来化解，也可以在这时适当地'休会'，再群策群力一番。基本呐，我们这也算一部'宫心计'了。"

对于奖金模型的创新性搭建，李欣颇为自豪，当初在前任工会主席的带领下，与职工代表花费了诸多精力，所幸结果皆大欢喜。他介绍，对于奖金协商，工会方表示一直存有困惑。一方面，在《劳动合同法》《广东省企业集体合同条例》等法规中，均没有规定奖金必须协商；另一方面，对于员工协商代表，参加协商由于需要在奖金、基本工资、福利项三方面同时协商，需要耗费大量精力。对于公司经营层，认为奖金应根据公司经营业绩确定，而如何平衡员工期望与公司方案的差距，变得尤为重要而棘手，每次奖金的协商最为敏感紧张。为此，工会探索提出搭建奖金方案模型的设想。2015 年 3 月向公司提出立项，将建立奖金计算模型的设想作为 2015 年的工资协商项目之一。结合实际情况，与人力资源室、财务企划部多次交流沟通，充分考虑在维护员工利益的前提下，设立了以利润总额、利润完成率为参考指标的计算公式；将奖金区分为基本奖金和业绩奖金两部分，业绩奖金和营业业绩挂钩，共同涨跌，基本奖金则保持独立以保障员工基本的奖金收入；浮动情况偏向于员工方，且留有后续方案优化空间的模型，并得到公司的认同。2015 年顺利得以实施。而这也是奖金方案由"结果导向"往"过程导向"的转折点。

相对于 2010 年工资"报复式"的增长，调薪幅度呈现下降趋势。历年调薪情况如图 7-3 所示（以生产一线技能类员工入司的基本工资提升幅度计算，不含福利）。

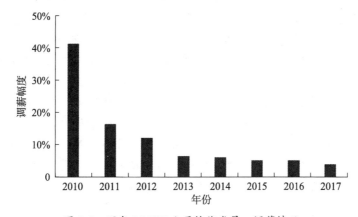

图 7-3 历年 DMGZ 公司技能类员工调薪情况

（3）硕果背后越走越艰的协商路。DMGZ 工资集体协商，经过 8 年的发展，逐步走向成熟。员工基本工资增长约 2.5 倍，在同类型企业中已处于 90 分位的高收入水平。各项福利渐成体系，经历了或由少变多，或从无到有的过程，针对房价提升、新工厂搬迁后员工通勤时间增加、外出旅游花费增长等各类实际情况，为员工争取到住房补贴的提升（增幅 500%），交通自驾车燃油补助和公共交通补助的新设，年度旅游费的提升（增幅 200%）等。根据各地运营的情况不同，针对长沙分公司、重庆分公司、武汉派驻人员设立了严寒津贴。建立了根据公司营业情况，以年度利润达成率和员工奖金直接挂钩的奖金方案模型，成果丰硕。

在员工收入得到提升之外，还取得了其他各项成果。

第一，厂务公开制度的施行，落实了员工对厂务的知情权。以往许多员工的认知一直都是，公司"有钱"，但具体的情况并不知晓。同时，最初的厂务内容"极简"，谢莉说："当时的职工代表大会，厂务内容只有上一年度公司销售额、售出产品的台数、利润额等基本信息。而如今的厂务情况丰富很多，销售额会根据不同客户进行标明、按车型列明各销售情况、各项成本支出、今年客户产量的企划数据、客户提出的降价幅度、对降价的应对、供应商可降价幅度、内部成本改善目标、后续产量信息预测、公司的发展投资计划及相应的'大事件'等都有了说明。"深化的厂务公开信息，不断改善的厂务公开工作，使职工代表大会的内容得到充实和丰富，保证员工的知情权，满足了员工对公司情况了解的需求，使员工在广泛了解公司的情况下工作，为工资集体协商提供了基本信息。

第二，工资集体协商切实实施，使劳动关系更为和谐，离职率明显低于同类企业。DMGZ 公司开始工资集体协商的 2010 年，以广东地区南海本田罢工为标志性事件，后续的罢工事件此起彼伏，公司附近诸多关联企业也出现了罢工情况，通过切实地展开工资集体协商，使 DMGZ 有稳定发展的内部环境，没有受到罢工潮的影响，公司的正常经营得到保证。同时，当同行业企业在发愁难以留住人，也难以招到人时，DMGZ 与学校建立了长期合作关系，凭借优厚的待遇吸引学生投递简历，每年能够按公司的招聘需求招聘到实习生，并留在公司。

第三，引入了民主规范程序，保障员工权益。工资集体协商的核心是集体协商，反映的是职工群体的经济利益，体现了群体参与、群体决策，有利于培养职工参与的意识，同时通过履行工资集体协议，培养双方的责任意识，有利于协商民主的形成，有利于民主体制的成长。员工通过参与工资集体协商，经过劳资双方的沟通、讨论、博弈、妥协等过程，最终得到的结果不再是资方单方面对工资的决定，员工的权益得到保障。工资集体协商成为公司人力资源室、工会每年度的常规性工作内容。

在工资集体协商之外，公司重大制度的改革、员工手册的修改等事宜一样会向员工代表进行说明，工会收集意见反馈、公司答复说明、方案修改完善等一系列过程，在职工代表大会讨论通过后实施，民主规范化的程序根植在公司运营之中。民主也深入到公司的各个方面，对于 2025 年公司的发展计划，发动员工对公司的各方面提出畅想，选择具有可操作性的提案纳入公司发展规划中；总务福利电影票的发放，对于发放形式和影院的选择会发放调查问卷，尽可能地满足居住在不同区域的员工需求；公司庆典活动前会征集员工意见，选取后运用到活动中，活动结束后进行满意度调查，作为对下一次活动策划的重要参考；节日慰问品为满足员工的不同口味需求，提供多项选择，以确定发放品种，诸如此类。为更好地征集，也持续改善使用问卷星等电子化的操作，便于员工选择，节省工时。

然而，李欣感到工资集体协商越来越难了，协商中间出现冷场的情况越来越多。每年最终方案的定稿，均是双方反复"较量"、持久博弈的结果，而博弈的时间呈现出递增的趋势。现有的人事工资制度也从根本上受到诸多的质疑。

第一，无法解决协商僵局，协商时间越来越长。在协商劳资双方进行意见交换的过程中，出现意见不统一，发生"冷场"的局面，这几乎避无可避，而目前采用的是中场休息的方式，进行"休会"。在"休会"过程中，协商代表会根据目前的状况与"智囊团"群策群力，确认应对的方式。劳资双方都希望一次的协商会议即能够达成一致，担心当不得以出现多次协商时，在此期间对员工的工作积极性产生消极影响，对公司经营和生产造成不可估量的损失。缘于此，破解僵局只能是以期从双方的妥协中达成一致，但对于无法达成共识的问题似乎没有另外的处理方式，时间无法避免地会增加。2016、2017年协商最后也分别留下了"尾巴"，在当时无法决断，只确认后续的方向及要求。例如，公积金比例 2016 年由于国家政策调整，缴费比例不高于 12%，由于当时公司是按照 20% 来缴纳，降下的 8% 公司部分如何对应成为当时会议一直未解决的难题，只确定了"按不减少员工总收入的方向检讨方案"的框架，和以 9 月联席会时间为探讨的时间目标。李欣表示出担忧："如果休会后，让步后，双方也无法达成一致的话，僵局情况依然会出现，而除了休会没有再约定其他的解决方式，到时该怎么办呢？"

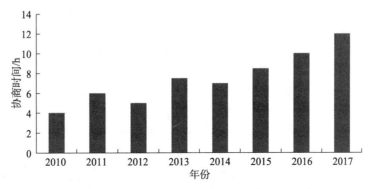

图 7-4　历年 DMGZ 公司工资集体协商时间汇总

第二，对人力资源制度存在的问题，协商较少涉及。DMGZ 的人力资源制度是在 2003 年成立伊始制定，运行至 2017 年已经有 14 年，一些问题开始凸显。公司每年会在年初进行劳动关系调查，劳务诊断。劳动关系调查是针对公司各项情况进行非实名制的调查，按照工号的单双情况每年选择一半员工参与其中。调查的项目有公司姿态、公司信息公开情况、职场环境、人力资源制度、上司关系、部门关系、发展空间，对这 7 个项目设置有 36 个调查内容。从 2011—2017 年，劳务诊断的评分呈现了逐渐递增的趋势，但人力资源制度及发展空间这两块的评分一直都垫底。

由于司龄的差别，基本工资的差异可以达到 2 倍以上。尤其是在制造部，占公司绝大部分人数的生产线员工，对于做同样工序，可以达到同样结果的员工，仅因为司龄的不同，工资差异巨大。甚至老员工比他的上司工资还要高上许多，因为晋升时基本工资没有变化，只增加了不多的职务工资。同时，根据评价制度，评价为 A 时，工资能够上升的幅度也只有小小的 3 个俸号，对于能力出众的员工，一样需要累积司龄，毕竟工资的涨幅更多的还是缘于司龄的增加而带来的累积效应。此外，评价的基准不明确，导致在评价过程中难以避免出现上司给出的评价较多地凭个人主观意愿决断，发生不公平的情况。而有限的升职机会，使很多员工在公司多年也只是名普通的课员。

5. 协商的"众说纷纭"

黄杰明觉得，与协商过程的艰难相比，更糟糕的是职工的不满意似乎越来越多了。李欣有同样感受，职工的不满直接导致工会的工作更难做了。新任主席肖林则对员工的不满心存疑惑，DMGZ 的工资在 DACC 投资或控股的汽车零部件企业里已拔头筹，为何满意度似乎比之前他派驻的另一家公司更低？

李欣在工资集体协商时需要和多个部门打交道，收集本地区的 CPI 数据，薪酬数据等信息，汇总整理各分会的员工意见与建议，通知安排工资协商后在公司的薪酬调整方案说明会。各项事宜处理中，各类人员的接触中，对于工资集体协商她听见多种声音，看见诸多画面。

在 DMGZ，工会主席一直由中方派驻员担任，在工资集体协商中也是担任"主力"。同时他另外还有的身份则是部门部长级别的管理者，属于公司管理层人员。派驻员工资更是按派出方股东公司原有工资发放，工会主席所领衔的工资集体协商的"成果"，不会影响其工资待遇，他的工资需看中方股东 GACC 工资调整的情况。李欣笑言，"他是铁打的兵，看着如流水一届届派来的工会主席。"

不仅是工会主席，李欣也看到，工会分会主席的选举过程中曾经出现由上级给出候选人，在没有预选的情况下采取等额选举的情况。有分会最新的选举，由于前任分会主席调至其他部门工作，不再适合担任该分会主席，因此需新选举 1 名工会委员，同时选举出新的分会主席。在选举前，大家兴致勃勃地讨论着选举事宜，但在会议主持（部门负责人）宣布本次选举候选人后，会议出现了短暂的静默。而后可以听见台下小声的议论，"这还有什么好选的，就是她了咯！"最终的结果是该候选人以多数同意票当选，会议结束全员都迅速静静地离开，与会议开始时的"热烈"截然不同。然而此时此刻，该候选人正在外地出差，对自己当选浑然不知。

每年的集体协商，工会通过各分会主席和职工代表收集员工意见与建议。2017 年各分会的主席和职工代表召集员工，说明今年集体协商事宜，发下意见征集表，希望大家畅所欲言，在纳期前交上来。会议结束，却只见发下的表格大多都被放置在桌子上，鲜有人带走。分会主席与部分员工沟通，询问他有什么希望提出的想法时，却得到什么都不想再提的答复。有人说"每次提出的意见，都被用地域差异给说回来。还有什么好提的呢？""我不知道能够提什么，提意见还需要给出数据，我哪里有数据呀？"也有员工讲"总公司那边谈就好了，每次不都是这样吗？定下来之后把调薪方案说给我们听就好。"入职不久的新员工说："给老员工提吧，我来的时间也不久，不知道提什么。"

李欣还发现，不但愿意提出意见或建议的员工有限，而且收集到的员工意见差异很大。"从收集上来的意见表可以看到，需要上夜班的员工对于夜班津贴长时间（4 年）未做调整颇有微词，但办公室事务人员只需要白天出勤，不会对此关注；分公司的员工会对分公司和广州总公司间薪资存在的巨大差异一直在'念叨'，但总公司的员工完全'无感'；住宿公司宿舍的员工，对公司收取宿舍租金考虑有空置率，而不是实际的费用存在疑问，希望降低租金，自有住房或自租房的员工则只会考虑住房补贴的提升；工资相对较高的管理类和事技类员工更倾向于基本工资按照百分比来增加工资，而生产一线的技能类员工更青睐工资能够加上具体的金额，诸如此类。每次在协商前，项目的选择都很头疼。"让李欣更觉得无奈的是辛辛苦苦协商争取的协议，职工并不买账，让工会觉得吃力不讨好。例如，2017 年，以往 3.5%固定生活改善的工资调整比例，公司方提出是在 CPI 涨幅为负的一年特别增加的，从 2010 年以后均未再出现这样的情况，应当取消。工会与之讨价还价的结果是，3.5%的固定增幅比例分 3 年逐步取消，取消部分补偿在福利金中支出，具体方案作为滞留项目之后再行商讨。之后半年，又是反复商讨确认，定案是用福利金支出，每半年按照各人的薪酬级别进行补发。然而，很多员工对此颇有微词。李欣也明白，毕竟作为基本工资的增幅比例时，增加的工资在计发加班工资、奖金以及之后的涨薪时，都会有体现，但工会的确尽力了。肖林则认为现在的协议员工应当满意了，2016 年生产线改善及管间效率化目标未达标，人均附加值低于趋势目标。同时，以

2010 年销售额和全部人员数量为基准，至 2016 年人员增加幅度超过 60%，销售额增加却仅为 44%，人员的增幅远大于销售额增幅，工会拿不出可以去据理力争的数据，很难去谈。取得的协议已是能够争取到最好的结果，但现在的局面是公司施压，员工不满，工会夹在中间两头受气。

黄杰明也深深忧虑，公司的薪酬虽然对内对外都采取保密政策，但协商的内容，工资情况真的无法做到绝对保密。作为一家汽车零配件供应商，无论是广州、长沙抑或是重庆工场都坐落在经济技术开发区，在整车厂附近以便于给客户供货，周边同行业的企业环伺，还不乏共同股东参股或控股的企业。由于有共同的股东，大家联系愈加紧密，会共同举办活动，相互的参观学习，等等，各个层级的员工有频繁的交流机会，更有同学、家中的兄弟姐妹或夫妻俩就在周边的不同企业工作的情况，不同企业之间员工总会有各种的交流渠道，公司也需要向股东双方提供劳务费统计报告，协商的结果存在很快能够被其他企业获知的情况。协商中公司领导也总说，公司现有的工资水平已经是"秀于林"，引来周边企业的埋怨。在周边企业的工资集体协商中，就是被拿来对比的对象。尤其是作为零配件供应企业，工资低于整车厂俨然已是惯例，高水平的工资也会引发整车厂对于产品价格更为严苛的递减。

6. 尾声

想着 GACC 集团对工会开展工资集体协商的考核，肖林不由焦虑起来。今年是他的首秀，但考核成绩不容乐观，不管是从职工参与积极性，还是满意度来说，都将下降。更严重的是，协商路越走越艰。按照这个趋势，会不会有一天出现根本不能达成一致的状况，那时劳资双方该何去何从？他给李欣布置了一项任务，调研工资集体协商的难题，提出突破难题的对策。

案例分析题：

1. 什么是工资集体协商？工资集体协商有什么作用？

2. 为何 DMGZ 公司的工资集体协商越来越难以使员工满意？

3. DMGZ 公司如何拓展工资集体协商空间？

4. 如何应对工资集体协商中的僵局？

第 8 章

劳动规章制度

本章对用人单位劳动规章制度的含义、作用进行了概述；对用人单位劳动规章制度的法律依据及法律效力进行了研究，对用人单位劳动规章制度的制定程序、评估进行了探索。学习本章，可以掌握企业劳动规章制度制定的基本要求。

◆ 引导案例

用人单位以规章制度形式否认劳动者加班事实是否有效

基本案情： 常某于 2016 年 4 月入职某网络公司。入职之初，某网络公司通过电子邮件告知常某，公司采取指纹打卡考勤。员工手册规定："21:00 之后起算加班时间；加班需由员工提出申请，部门负责人审批。"常某于 2016 年 5 月至 2017 年 1 月期间，通过工作系统累计申请加班 126 小时。某网络公司以公司规章制度中明确 21:00 之后方起算加班时间，21:00 之前的不应计入加班时间为由，拒绝支付常某加班费差额。常某向劳动人事争议仲裁委员会（简称仲裁委员会）申请仲裁，请求裁决某网络公司支付其加班费差额，仲裁支持常某请求。某网络公司不服仲裁裁决，诉至人民法院。

原告诉讼请求： 请求判决不支付常某加班费差额。

裁判结果：

一审法院判决：某网络公司支付常某加班费差额 32000 元。双方不服，均提起上诉。二审法院判决：驳回上诉，维持原判。

案例分析： 本案的争议焦点是某网络公司以规章制度形式否认常某加班事实是否有效。

《中华人民共和国劳动合同法》第四条规定："用人单位应当依法建立和完善劳动规章制度，保障劳动者享有劳动权利、履行劳动义务。用人单位在制定、修改或者决定有关劳动报酬、工作时间、休息休假、劳动安全卫生、保险福利、职工培训、劳动纪律以及劳动定额管理等直接涉及劳动者切身利益的规章制度或者重大事项时，应当经职工代表大会或者全体职工讨论，提出方案和意见，与工会或者职工代表平等协商确定。……用人单位应当将直接涉及劳动者切身利益的规章制度和重大事项决定公示，或者告知劳动者。"通过民主程序制定的规章制度，不违反国家法律、行政法规及政策规定，并已向劳动者公示的，可以作为确定双方权利义务的依据。

本案中，一方面，某网络公司的员工手册规定有加班申请审批制度，该规定并不违反法律规定，且具有合理性，在劳动者明知此规定的情况下，可以作为确定双方权利义务的依据。另一方面，某网络公司的员工手册规定 21:00 之后起算加班时间，并主张 18:00 至 21:00 是员工晚餐和休息时间，故自 21:00 起算加班。鉴于 18:00 至 21:00 时间长达 3 个小时，远超过合理用餐时间，且在下班 3 个小时后再加班，不具有合理性。在某网络公司不能举证证实该段时间为员工晚餐和休息时间的情况下，其规章制度中的该项规定不具有合理性，人民法院依法否定了其效力。人民法院结合考勤记录、工作系统记录等证据，确定了常某的加班事实，判决某网络公司支付常某加班费差额。

典型意义：劳动争议案件的处理，既要保护劳动者的合法权益，亦应促进企业有序发展。合法的规章制度既能规范用人单位用工自主权的行使，又能保障劳动者参与用人单位民主管理，实现构建和谐劳动关系的目的。不合理的规章制度则会导致用人单位的社会声誉差、认同感低，最终引发人才流失，不利于用人单位的长远发展。用人单位制定的合理合法的规章制度，可以作为确定用人单位、劳动者权利义务的依据。一旦用人单位以规章制度形式规避应当承担的用工成本，侵害劳动者的合法权益，仲裁委员会、人民法院应当依法予以审查，充分保护劳动者的合法权益。用人单位应当根据单位实际情况，制定更为人性化的规章制度，增强劳动者对规章制度的认同感，激发劳动者的工作积极性，从而进一步减少劳动纠纷，为构建和谐劳动关系做出贡献。

资料来源：最高人民法院 劳动人事争议典型案例（第二批）2021-08-26. https://www.court.gov.cn/zixun-xiangqing-319151.html

8.1　劳动规章制度概述

8.1.1　劳动规章制度的概念

1959 年，国际劳工组织（ILO）将劳动规章制度定义为：企业对工作规则、企业规则、服务规则、就业规范、职场纪律的统称，供企业之全体从业人员或大部分从业人员适用，专门针对或主要对就业中从业人员的行动的各种规则。

我国有关劳动规章制度的法律规定散见于《劳动法》《劳动合同法》《工会法》和《公司法》及配套法律法规中。

在《劳动合同法》的立法框架体系下，劳动规章制度主要分为两大部分，一是与劳动者切身利益密切相关的部分，主要是劳动报酬、工作时间、休假时间、劳动安全卫生、保险福利、职工培训、劳动纪律以及劳动定额等。二是不属于劳动者切身利益密切相关的部分，主要是日常管理、生产工艺、环境卫生等方面的规章制度。前者属于《劳动合同法》严格调整的范围，用人单位应当特别注意；后者属于一般劳动人事管理范畴，不受《劳动合同法》的专门调整。本章主要研究与劳动者切身利益密切相关的劳动规章制度。

国内学者对劳动规章制度有多种理解。本书结合法律法规和人力资源实践，提出以下观点：劳动规章制度一般是指用人单位根据国家法律法规及政策，结合用人单位实际情况，按照法定程序制定的，明确劳动条件、调整劳动关系、规范劳动关系当事人行为，在用人单位内部对用人单位和劳动者具有约束力的规章制度的总称。

综上所述，我们应从以下维度全面、系统、完整地理解劳动规章制度。

（1）劳动规章制度是企业规章制度的组成部分。劳动规章制度是与劳动者权利义务以及劳动关系有关的一部分，其目的是保障劳动者享有劳动权利和履行劳动义务，建立和谐劳动关系，有效预防和妥善处理劳动争议的规章制度。

（2）劳动规章制度是根据法律法规等制定的。劳动规章制度是在《劳动法》《劳动合同法》《工会法》和《公司法》《就业促进法》等一系列法律法规产生的背景下应运而生的，用人单位的劳动规章制度是将适用于企业的国家、地方、行业强制性标准的延伸、具体化，明确用人单位适用的推荐性标准的内容和范围。规范各项作业的流程及标准，提高工作效率；规范劳动关系双方的行为，营造良好有序的内部工作环境和秩序。用人单位的劳动规章制度不能与国家、地方、行业的法律法规及政策相违背。

（3）劳动规章制度是结合企业实际情况制定的。每个用人单位分属不同地方、不同的行业，具有自己独特的发展历史，处于不同的发展阶段，又有不同的文化。因此，用人单位应当根据自身的特点来制定符合自身发展需要的劳动规章制度，劳动规章制度因用人单位的性质不同而不同，在某些用人单位适用的劳动规章制度搬到其他用人单位可能会产生不适用的情况。

（4）劳动规章制度是劳动者和用人单位共同遵守的行为规范。劳动规章制度是用人单位主导、职工参与，按照法律法规、政策制定的行为规范，体现的是用人单位和劳动者共同的意志，对用人单位和劳动者同时具有约束力，用人单位和劳动者必须共同遵守。

8.1.2　劳动规章制度的属性

劳动规章制度是用人单位进行人力资源管理的重要工具，是维护和调整劳动关系的重要依据。作为用人单位的规章制度之一，劳动规章制度在保障用人单位健康、稳步发展中起着举足轻重的作用。

1. 劳动规章制度的特征

（1）目的性。建立劳动规章制度是为了规范员工的工作和行为、协调企业与劳动者双方之间劳动关系。

（2）明确性。劳动规章制度是针对用人单位的具体工作内容、职责、程序等制定的行为规范，并且要求明确、具体、易理解、可操作。

（3）约束性。劳动规章制度一经颁布，就是双方要遵守的约束性规定，用人单位和劳动者必须共同遵守。

（4）民主性。劳动规章制度必须体现了用人单位和劳动者共同意志。

（5）稳定性。劳动规章制度一经颁布，一般在较长时间内适用。

2. 劳动规章制度的作用

劳动规章制度是用人单位用工自主权和劳动者民主管理权相结合的产物，制定和实施劳动规章制度是用人单位行使用工自主权的一种形式和手段。从用人单位管理的角度而言，劳动规章制度同时也是对劳动者进行约束的规范性文件，对用人单位和劳动者具有非常重要的作用。

（1）保障经营秩序，促进企业自律。没有规矩、不成方圆。劳动规章制度是确保用人单位实现合法化、规范化运作，保障企业按照国家法律、法规和政策的规定合法运营，促进用人单位人力资源管理效率提升，提高企业利润率，预防可能发生的劳动争议，保障用人单位和员工的和谐关系，将纠纷降低到最低限度等的规范性文件。同时，劳动规章制度虽然是用人单位单方面制定，但是法律法规要求职工参与劳动规章制度的制定，并适用于用人单位全体职工，这就势必要求用人单位在劳动规章制度的制定时，必须合法合理、客观公正，做到劳动者基本能接受，社会上一般能认可，促进企业自律。

（2）明确劳动基准，规范职工行为。令行禁止，遵纪守法。劳动规章制度对劳动基准、劳动纪律、职工奖惩以及其他方面明确而清晰的规定，对劳动者具有规范的作用，它厘清了用人单位与劳动者的权利和义务，保证了用人单位稳定、有序正常的生产经营活动，为构建和谐劳动关系奠定了制度基础。

（3）量化考核标准，协调劳动关系。法律法规虽然对用人单位的规章制度制定了指导性原则，但是原则性规定需要量化、细化、可操作，劳动规章制度对法律法规进行了补充、延伸和具体化。完善的劳动规章管理制度，量化、细化标准将是用人单位进行用工管理的最有力的武器，是处理劳动争议的最直接的依据，也是员工应对用人单位管理的任意性、保护自身合法权益的工具。劳动规章制度对用人单位和职工进行双重约束，为构建和谐劳动关系提供了基本保障。

8.1.3　劳动规章制度的体系

劳动规章制度体系是指用人单位全部劳动规章制度按照一定标准分类组合所形成的具有一定纵向结构和横向结构的有机整体。

从用人单位诞生之日起，就需要建立健全各项劳动规章制度，以支持用人单位的正常运行。用人单位的劳动规章制度涉及面很广，既需要对其宗旨、职权、职责、议事规则等作出具体规定，也要结合实际情况，建立或修改符合用人单位需要的劳动规章制度及条款。

《劳动合同法》第四条规定："用人单位应当依法建立和完善劳动规章制度，保障劳动者享有劳动权利、履行劳动义务。用人单位在制定、修改或者决定有关劳动报酬、工作时间、休息休假、劳动安全卫生、保险福利、职工培训、劳动纪律以及劳动定额管理等直接涉及劳动者切身利益的劳动规章制度或者重大事项时，应当经职工代表大会或者全体职工讨论，提出方案和意见，与工会或者职工代表平等协商确定。"本条款以列举的方式明确了用人单位需建立的劳动规章制度。

劳动规章制度体系主要包括招聘制度、薪酬福利制度、绩效考核制度、培训制度、考勤与休假制度、劳动争议处理制度、保密制度、人事交接制度、劳动安全卫生制度等。列举的各项劳动规章制度，并不是一蹴而就的，而是经过不断积累、完善、修订形成的。用人单位可以根据发展阶段及实际需要对劳动规章制度进行完善和修订。在涉及劳动者切身利益的各项劳动规章制度中，薪酬福利制度、绩效考核制度、考勤与休假制度是最为重要的 3 项制度。从劳动关系的角度来看，用人单位制定各项劳动规章制度应注意的关键点如下。

（1）招聘制度。应当注意避免歧视性内容、必须履行告知义务并符合企业发展需要。应包括招聘目的、计划、渠道、人员甄选规定、录用规定、入职报到手续、使用转正规定和附则等。建议区分招聘条件和录用条件，谨慎使用录用通知书。

（2）薪酬福利制度。注意合法性问题，如最低工资标准、正常工作时间、工资、加班工资、不同情形下的工资调整和发放、同工同酬、依法参保等。建议薪酬福利制度及岗位制度与用人用工制度和劳动合同制度相结合。

（3）绩效考核制度。应当注意①试用期：结合录用条件和业绩、任务设定，明确具体的考核标准和依据。试用期解除的举证、程序、不及格和解除通知书在期满最后一天前送达，并通知工会。②正式合同期：岗位职责、业绩和效益挂钩办法，明确具体的考核标准和依据，量化指标。③特殊情形下的制度设计，比如非因工负伤、不胜任工作调整岗位、客观情况变化劳动合同变更或解除等事项。

（4）培训制度。应当注意①培训协议的签订，明确培训目标、内容、形式、期限、费用、服务期、违约金、专业技术培训的界定等。②保存好培训记录、报告、教材等资料。③可在协议中约定接受培训的职工有义务向本用人单位的其他职工传授所学知识和技能。

（5）考勤制度。应当注意详细准确界定正常工作时间，休息时间，请假规定，考勤方式，对迟到、早退和旷工的解释，违反考勤制度的处罚措施等。法律对考勤的程序和手续无具体规定，用人单位可根据自身实际情况加以规定。

（6）休假制度。应当包含假期的种类、休假程序、假期的批准权限、休假方式、未用假期的处理、休假的限制、假期工资待遇、违反休假制度的处理措施等。法律对休假程序和手续无具体规定，可以由用人单位依法制定的休假制度加以规定。

（7）工时制度。应当明确执行标准工时制，如实行特殊工时需劳动行政部门审批。

（8）奖惩制度。奖励可通过公开表扬、物质奖励、晋升等方式，惩罚可以通过行政处分如警告、记过、辞退、降职、减薪等方式，但不能罚款。奖惩不当极易引发争议或职工不满，制定和行使奖惩权必须合法合情合理、公平、公正。

作为用人单位，无论是管理自己的职工，还是制定管理的制度，都应当遵循合法合规和诚实信用原则，即便职工在工作中存在不妥之处，也应当依照合理的程序并采取恰当的方式来管理、惩戒职工，而不是凭自己的强势地位，置劳动者的合法权益于不顾，任意地行使自己的管理权力。

8.2 劳动规章制度的制定

8.2.1 劳动规章制度制定的法律依据

我国关于企业劳动规章制度制定的法律依据主要包括《宪法》《劳动法》《劳动合同法》《公司法》《工会法》以及其他配套法律法规。

《宪法》第五十三条规定："中华人民共和国公民必须遵守宪法和法律，保守国家秘密，爱护公共财产，遵守劳动纪律，遵守公共秩序，尊重社会公德。"这里提到的劳动纪律就是企业劳动规章制度的重要组成部分。

《劳动法》第三条第二款规定："劳动者应当完成劳动任务，提高职业技能，执行劳动安全卫生规程，遵守劳动纪律和职业道德。"这里的劳动纪律指的是用人单位制定的劳动规章制度。第四条规定："用人单位应当依法建立和完善劳动规章制度，保障劳动者享有劳动权利和履行劳动义务。"这表明制定劳动规章制度既是用人单位法定的权利，也是用人单位法定的义务。第二十五条规定："劳动者严重违反劳动纪律或者用人单位劳动规章制度的，用人单位可以解除劳动合同"。第五十二条规定："用人单位必须建立、健全劳动安全卫生制度，严格执行国家劳动安全卫生规程和标准，对劳动者进行劳动安全卫生教育，防止劳动过程中的事故，减少职业危害。"

《劳动合同法》第四条规定："用人单位应当依法建立和完善劳动规章制度，保障劳动者享有劳动权利、履行劳动义务。用人单位在制定、修改或者决定有关劳动报酬、工作时间、休息休假、劳动安全卫生、保险福利、职工培训、劳动纪律以及劳动定额管理等直接涉及劳动者切身利益的规章制度或者重大事项时，应当经职工代表大会或者全体职工讨论，提出方案和意见，与工会或者职工代表平等协商确定。在规章制度和重大事项决定过程中，工会或者职工认为不适当的，有权向用人单位提出，通过协商予以修改完善。"这明确规定了用人单位必须依法建立和完善劳动规章制度，制定劳动规章制度程序必须合法并以列举的方式明确了用人单位需建立的劳动规章制度。第八十条规定："用人单位直接涉及劳动者切身利益的规章制度违反法律、法规规定的，由劳动行政部门责令改正，给予警告；给劳动者造成损害的，应当承担赔偿责任。"这条规定对劳动规章制度的合法性提出了要求和违反的处罚措施。

《公司法》第十七条第三款规定："公司研究决定改制、解散、申请破产以及经营方面重大问题、制定重要的规章制度时，应当听取公司工会的意见，并通过职工代表大会或者其他形式听取职工的意见和建议。"这一条明确规定了用人单位制定劳动规章制度的权利和程序。

《工会法》第三十九条第一款规定："企业、事业单位、社会组织研究经营管理和发展的重大问题应当听取工会的意见；召开会议讨论有关工资、福利、劳动安全卫生、工作时间、休息休假、女职工保护和社会保险等涉及职工切身利益的问题，必须有工会代表参加。"

《最高人民法院关于审理劳动争议案件适用法律若干问题的解释（一）》（法释〔2020〕26 号）第五十条规定："用人单位根据劳动合同法第四条规定，通过民主程序制定的规章制度，不违反国家法律、行政法规及政策规定，并已向劳动者公示的，可以作为确定双方权利义务的依据。用人单位制定的内部规章制度与集体合同或者劳动合同约定的内容不一致，劳动者请求优先适用合同约定的，人民法院应予以支持。"这条规定明确劳动规章制度的法律效力，在劳动规章制度与劳动合同内容不一致时，劳动者有优先选择的权利。

8.2.2　劳动规章制度制定的原则

用人单位作为生产经营的组织者和管理者，拥有对劳动者劳动力的管理权和支配权，制定劳动规章制度是其履行管理权的具体方式之一，合法制定的劳动规则具有法律效力，可以作为人民法院审理劳动争议案件的依据，劳动规章制度应当遵守合法原则、民主原则和公正原则。

1. 合法原则

劳动规章制度是国家、行业及地方法律法规的延伸和具体化，合法原则是制定劳动规章制度时必须遵守的，包括制定主体合法原则、内容合法原则、程序合法原则和不相冲突原则。

（1）制定主体合法原则。劳动规章制度的制定主体是指有权制定劳动规章制度的用人单位或劳动者。劳动规章制度的制定权属于用人单位的自主权，企业是市场经营中自主经营、自负盈亏、具有独立法人资格的主体。为了维护企业的正常运转，赋予企业相应的职权是必要的，也是必需的。要保证劳动规章制度的合法性，制定主体就必须合法。劳动规章制度只能由用人单位行政制定，但并非单位行政中的任何一个管理机构都有权制定劳动规章制度。一般认为，有权代表企业制定劳动规章制度的，应当是用人单位行政系统中处于最高层次，对企业的各个部门、组成部分和全体职工有权实施全面和统一管理的机构，这样才能保证劳动规章制度在本用人单位具有统一性和权威性。虽然劳动规章制度的制定者是用人单位一方，但是吸收劳动者参与民主制定劳动规章制度，更有利于劳动规章制度的制定与实施。

（2）内容合法原则。劳动规章制度的内容不能违反国家、地方、行业相关法律法规的规定，即便是用人单位和劳动者协商制定的劳动规章制度，其内容也不能违法。比如：《工资支付暂行规定》第十六条规定，经济损失的赔偿，可从劳动者本人的工资中扣除，但每月扣除的部分不得超过劳动者当月工资的 20%。若扣除后的剩余工资部分低于当地最低工资标准，则按最低工资标准支付。

劳动规章制度不得违反法律法规的规定，并不意味着简单地照搬照抄法律条款，而是要联系企业具体情况，将法律法规具体化、细化，使其具有可操作性。比如《劳动合同法》第三十九条规定，劳动者严重违反用人单位的规章制度的；严重失职，营私舞弊，给用人单位造成重大损害的；用人单位可以解除劳动合同。用人单位在制定相关规章制度时要对严重情形、重大损害的金额进行细化，有的用人单位将严重违反劳动纪律细化为："连续旷工三天，年度内累计五天，用人单位可以解除劳动合同"，有的用人单位将重大损害金额规定为"严重失职，营私舞弊给公司造成损失 5 万元以上的，用人单位可以解除劳动合同"等可量化标准来增强劳动规章制度的可操作性。

（3）程序合法原则。用人单位的劳动规章制度必须经法定程序制定。《劳动合同法》第四条规定："……用人单位在制定、修改或者决定有关劳动报酬、工作时间、休息休假、劳动安全卫生、保险福利、职工培训、劳动纪律以及劳动定额管理等直接涉及劳动者切身利益的规章制度或者重大事项时，应当经职工代表大会或者全体职工讨论，提出方案和意见，与工会或者职工代表平等协商确定。在规章制度和重大事项决定过程中，工会或者职工认为不适当的，有权向用人单位提出，通过协商予以修改完善。"这一条款规定了劳动规章制度制定的程序；同时，劳动规章制度在内容合法、程序有效后，要由企业法定代表人签字并加盖企业行政公章，作为正式文件向全体职工正式公布，保证企业所有劳动者知晓规章制度；用人单位要留有证据证明已告知所有劳动者。

（4）不相冲突原则。劳动规章制度与劳动合同、集体合同一起构成了协调劳动关系的重要工具，这些都是确定劳动关系当事人双方权利和义务的重要依据，厘清三者之间的关系有助于制定合法的劳动规章制度。关于劳动规章制度与集体合同的关系，一般认为集体合同的效力大于劳动规章制度，劳动规章制度违反集体合同的，劳动行政部门有权责令企业变更其内容。《最高人民法院关于审理劳动争议案件适用法律若干问题的解释（一）》（法释〔2020〕26 号）第五十条规定："用人单位制定的内部规章制度与集体合同或者劳动合同约定的内容不一致，劳动者请求优先适用合同约定的，人民法院应予支持。"也就是说劳动规章制度与劳动合同内容有冲突时，法院采用的判定标准完全依照劳动者的请求，劳动者可以选择适用自己最有利的部分，因此用人单位在制定劳动规章制度时，应在内容上做好与劳动合同、集体合同的衔接，避免发生冲突。

此外，劳动规章制度应该适用范围明确。一般来说，劳动规章制度对企业全体员工都适用，但有些是针对不同的工作岗位、不同的生产经营条件规定不同的行为规范，确定不同的政策内容和标准，这些内容和标准，只有在规定的范围内，才具有约束力。因此劳动规章制度应该对适应范围进行明确规定。

2. 民主原则

民主原则是指制定劳动规章制度要发动员工积极参与，听取群众意见，保证员工在劳动管理中实现参与管理的权利，这也是劳动关系管理的措施之一。

（1）劳动规章制度要综合反映劳动者的利益。劳动规章制度要从用人单位全体劳动者的利益出发，反映全体劳动者的意愿，劳动规章制度的目的是规范劳动行为，只有符合全体劳动者的利益，才能激发和调动他们的积极性，因此用人单位要充分调研，广泛听取劳动者的意见、集思广益、综合分析，将全体劳动者的意愿反映出来。《劳动合同法》第四条明确规定劳动规章制度的制定修改或者决定，应当经职工代表大会或者全体职工讨论提出方案和意见，与工会或者职工代表平等协商确定。

（2）劳动规章制度要以公示的方式正式发布。用人单位要对劳动规章制度进行公开、公示，使全体劳动者都了解劳动规章制度。这是民主原则的重要体现，是实现民主有效方式的途径。只有劳动者知晓劳动规章制度，才能真正起到监督、规范劳动者行为，保障劳动者合法权益的作用。公开的内容包括劳动规章制度的内容公开和程序的公开，公布是公开的正式程序和方式，也是企业民主管理厂务公开的要求，劳动规章制度经会议讨论通过后，必须采取公示的方式向全体劳动者正式公布。

（3）制定和执行劳动规章制度要受到民主监督。劳动规章制度的实施是用人单位对权力的应用，要接受民主监督，用人单位如果不把制定和执行劳动规章制度置于群众的民主监督下，劳动规章制度的形成和实施就缺少了群众的基础，对后期的执行也不利。群众的监督主要体现在员工有在劳动规章制度实施过程中对用人单位管理者的行为提出批评、建议、检举的权利。

3. 公正原则

制定劳动规章制度属于用人单位内部管理工作，是用人单位经营自主权的体现，在这个过程中，用人单位要遵守公正原则，结合用人单位实际情况确定劳动规章制度的内容，涉及奖惩内容时要做到合情、合理、合法。

劳动规章制度，要以法律法规为衡量标准，以企业生产经营及管理实际情况为基础。用人单位与劳动者之间建立劳动关系后，双方在权责上具有从属关系，用人单位使用劳动者，安排其生产劳动，劳动者完成生产任务、遵守劳动规章制度，这种权利义务分配并不意味着企业在制定劳动规章制度时就能为所欲为，用人单位应当从正常管理和服务的目的出发制定劳动规章制度的内容，否则制定的劳动规章制度不仅不能规范管理，还会使用人单位受到法律的制裁。

《劳动合同法》第八十条规定："用人单位直接涉及劳动者切身利益的规章制度违反法律、法规规定的，由劳动行政部门责令改正，给予警告；给劳动者造成损害的，应当承担赔偿责任。"这条规定对劳动规章制度的合法性提出了要求和违反的处罚措施。

制定劳动规章制度要注意做到公平合理，符合实际情况。在实践中：有的用人单位制定的内部规章制度，在公司休假加班等方面违反了国家规定的基本标准，甚至规定职工在劳动合同期间不能结婚生育，上下班要搜身检查；有的用人单位规定试用期，员工辞职不发工资，侵犯员工的合法权益，等等，这些规章制度都是无效的。劳动规章制度内容不应违反诚实信用的原则，用人单位的规章制度应该做到双方的公平，必须符合正常人的一般性情况标准，区分严重违纪与一般违纪。比如：有的用人单位规定职工迟到一次就立即解除合同，显失公平；但是职工长期消极怠工或者屡教不改，则属于严重违纪，用人单位是可以从制度上规定与其解除劳动合同的。不同的企业因生产内容，经营范围，劳动者岗位职责不同而不尽相同，比如：一般职工工作场所偶尔吸烟，属于一般违纪；但是在易燃易爆的化工行业或烟花生产行业，可以定义为严重违纪，等等。无论如何认定标准都应该符合客观实践、符合社会公德和社会习俗。

4. 对劳动规章制度的建议

职工违反了规章制度，用人单位往往通过规章制度所规定的程序对其进行惩戒，但是如果惩戒不当容易发生争议，甚至对用人单位产生负面影响，以下做法可以借鉴。

（1）细化禁忌行为。用人单位应当制定符合本单位实际情况，具有可操作性的劳动规章制度。劳动规章制度内容要有劳动者禁忌行为的表述，而且要有劳动者如果发生了禁忌行为，用人单位应当对其如何处理的规定。特别是应当明确用人单位可以解除劳动合同的严重违纪的规定。有些企业在劳动规章制度中只罗列了职工不得为之的行为，却没有职工违反后如何处理的规定，导致企业陷入无章可循的尴尬境地。

（2）制定惩戒程序。惩戒制度涉及职工的切身利益容易引发劳资纠纷，用人单位应当重视运用严谨的程序来控制和降低惩戒的法律风险。一般而言，惩戒的程序通常包括调查取证、提出处理意见、必要时征求工会意见、听取本人申辩、批准惩戒处理决定、公布或者送达执行 6 个主要步骤。对以上程序一些企业会有规定，但语焉不详，没有职工申诉申辩的具体规定，一旦发生劳资争议，用人单位极易被认定为程序违法，因此应当具体表述有关规定。

（3）明确严重程度。违纪解除劳动合同争议仲裁案件处理实践中，劳动纪律的适用严重违纪的问题是个难题，进而导致对案件结果认识的差异。在劳动规章制度中往往用重大损失、情节严重造成公司损失的用语，标准过于宽泛，如果对重大或者严重损害的金额进行合法合情的明确、量化、细化，则更加有利于执行。

（4）实施累进制度。一些用人单位的成熟做法，就是实施员工违纪过失累进制度。对一些在程序上还未达到"严重"程度的过失，在一定时间段内累计违反的次数达到规定的次数，即构成严重情节，用人单位可以按"严重违纪"单方解除劳动合同。

（5）注意证据收集。员工写的检讨书，违纪情况说明，由员工签字的违纪通知书，其他员工的证词，相关客户的投诉书面报告，政府部门处理记录或证明，都可以作为员工违反规章制度的证据。

8.2.3　劳动规章制度制定的程序

根据相关法律的规定，劳动规章制度制定的程序一般包括起草、讨论、通过和公示四个步骤。

1. 起草草案

规章制度的起草一般有两种情况，一种是起草新的劳动规章制度，另一种是修改旧的劳动规章制度，起草人一般为企业行政人员，也可以委托外部顾问或者专家代为起草，制定起草草案可依照以下程序进行。

（1）选定起草人。劳动规章制度是一项具有一定的政策性、知识性和技术性的工作，需要专业的团队才能完成，用人单位应该挑选懂法律政策，熟悉企业实际经营情况，具有管理知识以及较好文字写作能力的人员组成团队，承担劳动规章制度的起草工作，起草讨论中既要有企业领导和人事劳资管理业务人员，也要有相关干部和职工群众参加，形成多层次人员组合，起草团队的人数没有特别的规定，但是要注意结构有效的原则，如果企业难以组织专业化的技术团队，也可以委托专门的劳动保障政策法律咨询机构代为起草。

（2）拟定起草大纲。为保证起草工作有序进行，在确定起草班子之后，要由起草人员参与劳动规章制度大纲的编制，确定基本框架、体系、构成内容，明确起草工作的指导思想，方法步骤、人员分工、起草工作的要求以及完成起草草案的工作时间等。

（3）形成草案文稿。起草人员按照指导大纲确定的框架和内容，在计划的时间内起草形成劳动规章制度草案的文稿。

2. 员工讨论

劳动规章制度草案需要经过反复修改才能完善。同时，劳动规章制度的讨论和修改，必须坚持民主原则和公正原则，对劳动规章内容进一步深化和细化，使其更加成熟。用人单位召开职工代表大会或者全体职工大会讨论修改之后，起草人员在征求各方意见的基础上进行综合整理，对文稿进行修订补充，在讨论和听取修改意见时，要让员工畅所欲言，把对劳动规章制度草案的各种意见都发表出来。

3. 协商通过

劳动规章制度草案向职工代表大会或者全体职工大会征求意见后，用人单位应对意见或者方案进行梳理修订的总结，完善劳动规章制度建议稿。然后，用人单位派代表同工会或者企业职工代表进行协商，最终形成劳动规章制度的终稿。在我国，劳动规章制度需要通过民主程序制定才能具有法律效力，但对何为"民主制定"并无明确说法。一般认为，民主制定包含工会同意、职工代表大会通过、职工代表投票通过等几种方式。

4. 制度公示

案例 8-1 规章制度在劳动争议案件中的作用

制度公示是指用人单位制定的劳动规章制度经法定程序确认其内容合法、程序有效后，要由法定代表人签字并加盖企业公章，作为正式文件向全体员工正式公布。目前，我国尚没有公示方式的具体规定。在人力资源实践中，大多数企业通过网站、电子邮件、公告栏、员工手册、会议、培训和劳动合同附件等方式进行公示。需要指出的是，作为用人单位的人力资源部门要注意收集公示的证据，以证明全体职工已经知晓劳动规章制度。比如：有的企业将劳动规章制度的主要内容编制成员工手册，组织职工签收，同时将签收存根放入职工档案保存；有的企业对新制定或修订的劳动规章制度进行培训，并在规章制度后面签字留存；有的企业在公司网站公示劳动规章制度，等等。

8.3 劳动规章制度的履行

8.3.1 劳动规章制度履行的主体

劳动规章制度的履行主体是用人单位的行政主体，员工有遵守劳动规章制度的义务。劳动规章制度是由企业行政主体发布的，并且负责在用人单位范围内的贯彻落实。劳动规章制度所规范的劳动过程中的行为，有赖于全体员工的遵守。因此劳动规章制度的履行是在行政主体的监督下，员工对劳动规章制度的遵守和执行。

8.3.2 劳动规章制度履行的机制

制定出好的劳动规章制度固然重要，但是如果劳动规章制度制定出来后得不到有效执行，那么再好的劳动规章制度也形同虚设，起不到应有的作用。因此在制定完成劳动规章制度后就应有效执行，让全体员工都自觉地遵守劳动规章制度，保障企业劳动规章制度发挥应有的作用。劳动规章制度的执行应从以下方面来把握。

1. 公示公告宣贯学习

劳动规章制度能有效执行的第一步取决于用人单位全体员工对劳动规章制度的了解程度。只有劳动规章制度深入人心，成为员工工作的自觉工作理念，劳动规章制度的执行难度就越小，实际效果也就越好。为使全体员工全方位、深层次理解用人单位劳动规章制度，用人单位可以采取以下方式宣传宣贯。

（1）召开全体职工大会，积极宣传企业的劳动规章制度。通过宣讲，与会人员增加认识、加深理解、增强遵守劳动规章制度的自觉性。

（2）进行集中学习培训，使职工对企业劳动规章制度的各个细节有进一步深刻的理解，全面掌握其内容。企业在进行集中学习培训后，可进行考试，以检验职工对企业劳动规章制度的掌握情况。

（3）印成小册。可以将劳动规章制度印成小册子，做到人手一册，以便于职工对不了解的地方随时查阅。

通过以上方式可以使劳动规章制度转变为员工自觉的工作理念，并鼓励员工把这项工作运用到实际工作中，使劳动规章制度与实际工作紧密联合起来。比如，员工把劳动安全规章制度的内容转化为自己的工作理念，在劳动过程中员工就会积极按照劳动安全规章制度规程操作，防止不当操作造成的安全事故，这样无形中保护了自己，也为企业带来效益。

2. 各司其职协作实施

劳动规章制度是由企业相关部门制定的，因此劳动规章制度执行的过程中，企业高层应身先士卒、带头履行，各部门则务必按照劳动规章制度来履行各自的职责，层层落实，保障企业生产经营安全有序地进行。

3. 建立劳动规章制度的监督与处罚机制

良好的制度需要强有力的执行者，更需要有相匹配的监督与处罚机制。如果没有相应的监督与处罚机制，劳动规章制度的履行就没有了保障，进而会影响劳动规章制度的作用。因此企业应当建立监督机制。监督者或机构进行相关审查，监督各项制度实施是否到位，并将监督结果，直接上报管理机关实现企业劳动规章制度的科学化、规范化。用人单位在执行劳动规章制度时出现一些问题在所难免，一旦出现问题就应及时解决，以免事态扩大，造成不良影响。为保证劳动规章制度有效执行，用人单位可以采取以下措施。

（1）政治工作与经济手段相结合。通过对员工进行思想政治教育，帮助员工树立正确的劳动态度和劳动纪律观念，培养和提高员工遵守企业劳动规章制度的自觉性。运用经济手段，鼓励和促使员工遵守劳动规章制度，将员工守纪情况与经济利益挂钩，以提高员工遵守劳动规章制度的积极性和责任感，两种结合的重点就是要实行奖惩结合，以奖为主，其中奖励采用精神奖励和物质奖励相结合，并且以精神奖励为主，惩罚应当以教育和惩罚相结合的方式进行，并以教育为主。

（2）有奖有惩与依法奖惩相结合。依法奖惩必须严格按照法定的奖惩规则对员工进行奖惩，但不得滥用奖惩权。对符合获奖条件而依法享有获奖的员工，用人单位负有依法授奖的义务。对违纪员工，用人单位应当按照相关程序处理，但不得滥用惩罚权。

4. 建立劳动规章制度的信息反馈机制

案例 8-2　劳动者不能胜任工作能不能够直接解除劳动合同？

任何用人单位的劳动规章制度都不是十全十美的，用人单位在运行中有可能出现各种各样的矛盾和冲突，或者劳动规章制度没有规定的情况。此时，管理层就要通过信息反馈机制将制度实施中存在的问题及时反馈到用人单位领导层。在符合法律法规的基础上进行相应调整，或者新设相关的劳动规章制度，以弥补原有制度的不足。劳动规章制度实施的常见问题有内容形式化、缺损化、扩大化、偏离化，程序不合法等，发现这些问题后，用人单位应及时修订完善劳动规章制度。

8.4　劳动规章制度的评估和修订

8.4.1　劳动规章制度的评估

1. 劳动规章制度评估概述

劳动规章制度评估是用人单位通过专门机构和人员，依据国家法律法规及企业实际情况，根据特定的目的，遵循适用的标准，按照一定的程序，运用科学的方法对劳动规章制度进行评定和判断的过程[①]。

建立现代企业管理制度是用人单位改进管理的永恒课题，"管理制度化，制度流程化、流程表格化，表格规范化"高度概括了用人单位管理制度的要求，也是劳动规章制度的基本要求。劳动规章制度评估是劳动规章制度执行过程中的一个重要环节，是调整时序修订或者终止劳动规章制度的依据，是确定劳动规章制度价值的重要手段。

2. 劳动规章制度的评估内容

劳动规章制度对于用人单位正常运行起到了不可或缺的作用，但是劳动规章制度的评估比较复杂，用人单位可以从多角度、多层面对劳动规章制度进行剖析。比较常见的劳动规章制度评估方式有 3 类：对劳动规章制度方案本身的评估、对劳动规章制度制定过程的评估、对劳动规章制度实施效果的评估。

（1）对劳动规章制度方案本身的评估。对劳动规章制度方案本身的评估主要侧重于

---

① 唐鑛，刘兰. 企业劳动关系管理[M]. 北京：中国人民大学出版社，2017：97

对内容的评估，评估的目的在于分析、比较不同的劳动规章制度方案的可行性及优缺点。内容评估需要收集最新的法律法规、政策并与劳动规章制度进行比对，确定其合法合规性；要根据用人单位发展阶段、实施环境的变化，确定劳动规章制度是否与用人单位实际情况相适宜。

（2）对劳动规章制度制定过程的评估。对劳动规章制度过程评估强调过程控制，着重强调制定过程中的制定方法和流程。重点评估流程的合理性，效率是否最优。

（3）对劳动规章制度实施效果的评估。对劳动规章制度实施效果评估的着眼点是劳动规章制度实施时带来的效果，是以结果为导向的评估。劳动规章制度的制定从某种意义上来讲是一个技术活，内容细微的差别、宣贯方式、落实执行的力度、监督是否到位都会影响到实施的效果，效果评估时要综合考虑影响实施效果的关键因素、客观地评估，找到影响实施效果真正的原因。

8.4.2 劳动规章制度的修订

随着国家相关法律法规的变化，用人单位自身以及其他情况的变化，用人单位劳动规章制度在实施过程中需要定期和不定期地进行审核修订，防止出现违法和落后的情况，以更好地发挥其作用。

（1）劳动法规政策的变化。中国经济发展水平的不断提高，整个劳动力市场和劳动关系都发生了巨大的变化，这使得相关劳动法律法规政策的修改和变化比较频繁。具体执行用人单位劳动规章制度的过程中，要定期或不定期地进行法律审查，及时学习新出台的法律法规政策，防止因国家法律法规政策变化而导致劳动规章制度违法或者不适合用人单位实际需求。

（2）用人单位自身情况的变化。劳动规章制度的实施过程中，用人单位所处的环境随时变化。外部环境变化、内部环境变化都可能导致用人单位劳动规章制度的改变。从这个角度来说，劳动规章制度的执行过程中，需要及时修改补充相关内容，防止因用人单位实际情况和环境变化导致劳动规章制度不适合实际需求而产生脱节现象。

（3）其他情况的变化。《劳动合同法》第四条第三款规定，在规章制度和重大事项决定实施过程中，工会或者职工认为不适当的，有权向用人单位提出，通过协商予以修改完善。此外，部分用人单位在与客户合作谈判过程中，客户会审查用人单位的劳动规章制度，客户认为用人单位劳动规章制度不合理的条款，要加以修订。

用人单位劳动规章制度的修订与制定的程序基本相同，需要听取工会意见，并通过职工代表大会或其他形式听取职工的建议意见，然后由用人单位授权的负责人签字批准并公示告知全体职工。

复习思考题

1. 劳动规章制度制定的依据有哪些？
2. 劳动规章制度制定的原则是什么？
3. 如何制定劳动规章制度才能保障用人单位和职工的合法权益？

4. 劳动规章制度的评估内容是什么？

5. 你所在公司有哪些劳动规章制度？有没有不合规的情况？

案例分析题1

如何确定员工的违纪行为？

案件一：某公司车间职工刘某，在上班时间内闲聊，被当班组长批评，刘某不服继而与之发生争吵。后该公司以刘某违反劳动纪律为由作出解除劳动关系的决定。刘某不服而申请仲裁。

案件二：生产工人王某自2010年起，一直在某公司工作，后调至该公司制氧车间。车间到处有"严禁吸烟"的标示以及张贴各种类型的安全生产教育的宣传图画。同时张贴着违反安全生产操作规程的罚则，其中有一条规定明确："吸烟一经发现，即时辞退"。王某一向有吸烟习惯，但其觉得没必要搞得如此虚张声势，只要自己注意点就没事，怀着侥幸心理，偶尔也曾私下吸过几次烟没有被发现。不巧，最近的一次吸烟被管理员发现后制止，随即报厂部。次日，该厂对王某作出辞退决定并将此事件通报全厂。王某不服，申请仲裁，要求撤销厂方的辞退决定。

案件三：某企业规章制度规定："当事人一年内触犯丙类（如迟到）过失3次，立即作无偿辞退处理。"职工王某因第3次迟到，被公司无偿辞退。王某不服，认为迟到只是小事，公司的规章制度太严格，违反国家有关法律、法规的规定，遂提请仲裁，要求恢复劳动关系。

案件四：张某系一家纺织厂的职工，在工作中偷盗了价值7元的纱布，后被厂方发现，厂方遂根据本厂的一个内部规定做出与其解除劳动合同的决定。但是张某认为自己只是偷了价值7元的纱布，情节轻微，自己已在厂里工作10余年了，此次行为还系初犯，厂方却将自己开除，张榜公布处理结果，处罚也太严重了，于是张某提起了劳动仲裁。

分析题：

（1）四个案件中，哪些是职工严重违纪？

（2）如何界定职工严重违纪与否？

案例分析题2

"向慧案"的教训有哪些？

2000年8月，向慧入职湖南省邮电科技研究院。2000年10月，湘邮科技股份有限公司（前身为湖南省邮电科技研究院，以下简称湘邮科技）经工商登记注册成立。向慧在湘邮科技先后从事综合员、研发工程师、售前技术员等工作。2007年12月10日，向慧与湘邮科技签订书面劳动合同，约定合同期限从2007年12月1日起至2012年12月30日止。劳动合同第二十六条第（二）项约定：乙方（员工）严重违反甲方（湘邮科技）的规章制度的，甲方可以解除本合同。2012年12月10日，向慧与湘邮科技续订劳动合同，续订劳动合同期限类型为无固定期限合同。

2019年3月11日9时许，向慧因对公司岗位调整不满，在公司办公楼6楼办公室内手持木棍（长约40cm、直径3cm）对公司副总祝建英实施殴打，将其头部等处殴打致伤。向慧认为祝建英对她的调岗不公平，她不断被边缘化，拥有一级造价工程师资质的她后来被调到了公司内部负责专利的部门，甚至是售前技术员、干杂活的岗位。同日，向慧在湘邮科技的钉钉员工群、羽毛球群、瑜伽交流群发表了其对公司领导的负面评价。2019年3月14日，长沙市公安局高新区分局作出公安行政处罚决定，决定对向慧行政拘留十日，并处罚款五百元。2019年3月26日，向慧向湘邮科技领导发送邮件，请求休病假或事假一个月。该公司领导回复称，已经收到请假信息，但告知向慧根据公司规章制度，如果请病假需提交相关病例资料并提交请假条请公司领导审批。在相关部门领导没有审批同意前，不得无故缺勤，否则按旷工处理。2019年4月26日，向慧与伤者祝建英就打人事件达成和解协议书，向慧向祝建英支付了医药费（9000元）及部分精神损失费（原定4万元，向慧无力支付，公司从其工资中扣除2万元）。公司领导口头承诺按要求和解后即可重新上岗。向慧称，支付赔款后的第二个工作日即遭公司解雇。2019年5月5日，在征求湘邮科技工会意见后，湘邮科技行政管理部向向慧出具《解除劳动关系通知书》，以向慧殴打公司员工，又散布不实言论恶意造谣中伤相关领导，违反了国家劳动法相关法律法规及公司的规章制度、劳动纪律为由，于2019年5月5日解除与向慧的劳动关系并要求其在2019年5月10日前办理相关离职手续。此后，向慧向长沙市劳动人事争议仲裁委员会申请仲裁，法院一审、二审，向慧要求恢复劳动关系的诉求都没有被满足。

向慧称，她是家庭唯一的就业人口，由于长期遭受公司的不公正对待，她一直处于非正常的低收入水平，2013年还被纳入长沙市低收入家庭，2018年被纳入公司困难职工家庭，一旦失业，势必让家庭生活更加艰难；同时她还说自己已经40多岁，叠加疫情影响，再就业更不现实。

向慧诉求：公司违法解除劳动关系，要恢复劳动关系；2017年1月1日至2019年5月5日期间年资津贴、防寒暑费、过节费7万多元，公司只支付了2万多元。

《湖南湘邮科技股份有限公司员工手册》（2018版）第二章行政管理制度第（一）部分第7项规定：禁止出现暴力、胁迫、伤害、赌博、偷窃、酗酒、无理取闹、谩骂、吵架、散布谣言的行为；严禁休息时间在工作区域内大声喧哗、娱乐或以其他行为影响妨碍他人。2018年11月22日，向慧领取了该员工手册并签字确认。但违反公司这些制度的后果是什么，员工手册中并没有规定。

向慧不服，提请湖南省最高人民法院再审。向慧找到她的初中同学——湖南省最高人民法院审判监督一庭副庭长周某某，希望她帮忙；一审二审时向慧就找过周某某，希望她给相关法官打招呼，没有得到周某某的回应。2020年9月7日，向慧以看望周某某小孩为名到周某某家放下一盒水果即走。周某某发现水果盒中夹了2万元人民币及一个金手镯，多次要求向慧取回，向慧拒绝。

9月10日，周某某在同事的陪同下到向慧住所处将物品退还。之后向慧收到湖南省最高人民法院依法驳回其再审申请的裁判文书。于是向慧认为其同学周某某不帮忙，心生怨恨，起意报复。

2021 年 1 月 4 日，向慧为方便接近周某某并伺机报复，特意来到周某某居住的小区应聘为保洁员。1 月 12 日上午 7 时许，向慧借周某某进入小区地下车库之机，用随身携带的尖刀朝周某某连刺数刀致其死亡。2021 年 5 月 19 日，向慧被判死刑，12 月 10 日向慧被执行死刑。

案例分析题：

1. 湘邮科技的规章制度有缺陷吗？在处理向慧调岗及劳动争议中有问题吗？

2. "向慧案"有什么教训？

第 9 章

职工民主参与

本章对员工参与及职工民主参与的概念、历史沿革、参与的方式进行了概述；对我国企业民主管理的职工代表大会制度、厂务公开制度、职工董事制度和职工监事制度进行了研究。学习本章，可以了解企业民主管理的基本知识及实践运行状况，进而学习运用。

◆ **引导案例**

让员工做主

某有限责任公司董事会正在讨论是否关闭其下属的一家元器件加工厂，原因是这家工厂不能给公司创造利润。如果关闭的话，会导致 200 名工人失业。两难之下，管理层决定让工人决定自己的命运。希望大家踊跃建议，提出帮助公司降低成本，增加利润的解决方案，以摆脱被关闭的命运。一周以后，管理层收到了来自生产第一线的工人、车间的管理者、采购部等员工的很多建议方案、报告。管理者依据问题，健全了工厂的管理制度。2 个月后，工厂的产品一次检验合格率由原来的 90%增加到 97%，仅此一项便减少损失 30 余万元。5 个月后，该工厂实现盈利。

该案例中管理方通过让员工参与管理，发挥员工的智慧，最终实现了在不裁员的情况下使工厂扭亏为盈，顺利渡过难关。这个案例有力说明了员工参与具有发挥员工积极性和创造性、推动企业改革和发展的不可替代的作用。

9.1 员工参与及其形式

9.1.1 员工参与的含义及其发展

员工参与（或雇员参与）（employee participation/involvement），一般是指员工参与工作场所的决策和管理。

员工参与与工业民主（industrial democracy）有关。工业民主思想非常古老。英国经济学家、社会主义改良运动者、劳动党议员西德尼·韦伯及其夫人比阿特丽斯·韦伯于

1897 年写作《产业民主》（*Industrial Democracy*）一书，设计了从工厂的草根民主到上层建筑的政治民主一套体系。早期工业民主思想是对资本主义私有制的一种矫正，受工人运动和工会斗争的影响，社会民主党派的执政为工业民主的推进开辟了道路①。

管理理论的发展为工业民主拓宽了空间，20 世纪 30 年代，美国心理学家梅奥在霍桑实验后，提出"社会人"，发现了企业中存在"非正式组织"；20 世纪 50 年代末，麦格雷戈等人提出了"自动人"的人性假设，"参与管理"方式的出现可以追溯到 20 世纪 50 年代的"工作生活质量"运动的兴起，麦格雷戈将员工参与管理定义为发挥员工所有的能力，并为鼓励员工对组织成功做更多的努力而设计的一种参与过程。人际管理理论强调发挥人的潜能而不是加强对人的控制来提高生产率。于是，出现了员工建议系统、质量管理小组、利润共享、劳资共决、团队合作等新的管理模式和组织形式。20 世纪七八十年代以来，西方学术界倾向于从经济学、管理学的角度研究增加员工参与及管理者、工会、员工之间的沟通以减少工业争端，用"团队作业"取代传统泰罗主义。

案例 9-1　西南航空公司的员工参与

1967 年，国际劳工组织"代表员工参与企业决策的专门会议"对"员工参与"做了权威性的解释，即劳动者"参与"企业经营的"意思决定"（决策）并对企业的决策"产生影响"，而不是作为旁观者。也就是说，员工民主参与意味着员工通过某种机制或方式对企业的经营决策产生直接影响②。

9.1.2　员工参与的形式

考察员工参与的形式要从以下 3 个角度着手：参与的程度、参与的层级及参与的目标③。按此分类，员工参与的形式主要有 3 种：直接参与形式、间接参与形式、分享制。

1. 直接参与形式

直接参与形式是指员工个人直接参与管理的决策，或者参加企业内部的管理机构，这些决策过去是由管理者做出的，管理机构也是由管理人员组成的。直接参与有高级形式（如工人自治）和基层形式（如自治或半自治工作团队）。

（1）高级形式的工人自治。工人自治是工人共同所有、共同管理企业的制度和组织形式。1936—1939 年西班牙内战时期，出现工人所有、工人自治的企业，大多数经济在工人控制之下，无政府主义势力据点加泰罗尼亚 75% 的经济在工人控制之下。典型代表即为蒙特拉贡合作社（参见第 1 章案例 1-5）。南斯拉夫的社会所有和工人自治也是这一形式的体现。20 世纪 50 年代，南斯拉夫确立工人自治制度，工人自由、平等地将自己的劳动及其管理的生产资料和社会资金结合起来；通过工人大会这一企业最高权力机构决定企业事务；选举工人委员会作为最高权力机构的执行机构，选举工人委员会执行机

---

① 谢玉华，何包钢. 西方工业民主和员工参与研究述评[J]. 经济社会体制比较，2007(2)：138-146.

② 唐鑛，刘兰. 企业劳动关系管理[M]. 北京：中国人民大学出版社，2017：126.

③ 杨体仁，李丽林. 市场经济国家劳动关系：理论·制度·政策[M]. 北京：中国劳动社会保障出版社，2000：372-373.

构作为企业日常经营管理机构。工人自治组织有权决定企业的生产计划、收入分配、供应销售及价格、选聘经理及其他人事安排。20 世纪 60 年代，挪威就出现了半自治的工厂。1964 年，总工会和劳动党共同宣布决定，要求 200 雇员以上的企业必须建立一个占工人总数三分之一的工人代表会议，代表由工人选举产生，代表中选出一部分成立公司委员会，决定公司的重大事务①。

（2）自治或半自治工作团队。直接参与的形式较多用于基层工作团队的决策。例如，处理一些生产方面的紧急问题，组成自治性的工作团队，参加工作小组、车间或者部门的工作会议等。这种参与方式认为，传统的泰罗式管理将工人限定在固定的岗位，变成工业生产线上的螺丝钉，压抑了工人的主动性。因此：主张打破生产线的限制，取消工场监工，赋予工人决定工作的权利和责任；只给工人设定任务，让工人自己设计工作程序，变成专家；告之工人工厂的任务和困难，鼓励工人共同承担；告之工人上下工序的关系，让他们合作解决问题。这种参与形式希望调动员工个人的工作积极性，提高其工作满意度，加强员工对组织目标、决策的认同。沃尔沃公司在 20 世纪 70 年代将半自治工作团队引入汽车生产，在它的两个分厂做实验，改变其传统的装配线。实验初期，产生了很好的效果，员工流动减少，劳动生产率提高，产品质量和市场反响很好。

质量圈（quality control circle，QCC）是一种典型的自治工作团队。质量圈是由相同、相近或互补的工作场所的人们自发组成数人一圈的团体（又称 QC 小组），全体合作、集思广益，按照一定的活动程序、活用质量七大手法（QC7 手法）来解决工作现场、管理、文化等方面所发生的问题及课题。质量圈的特点是参加人员强调管理者、技术人员、员工三结合。日本质量管理专家石川馨于 20 世纪 50 年代末期提出质量圈，建立质量圈的目标是，在团队人员自愿的基础上解决与质量有关问题，员工共同努力提高产品质量。质量圈是雇员参与计划的一种形式，是一种工人和管理人员共同改进工作的方式。质量圈基于的理念是：如果劳资双方不再是两个对立的实体，那么工人的工作会更有效；如果雇员能够进行一定程度的自我管理，那么监督者与雇员之间的界限会变得模糊；雇员在工作中参与得越多，工作就完成得越好。质量圈非常适合人数较小的团队或小组。

2. 间接参与形式

间接参与形式属于代表参与，是指员工通过代表参与决策，典型的有共决制、共同咨询。

（1）共决制。由员工选举的员工代表参加集体谈判，参加管理方定期召开的会议，由员工选举的代表参加各种工作委员会；由员工代表参加公司的董事会、监事会等。工会会员的代表或者员工代表参加上述会议、工作委员会以及员工代表参与公司高层决策机构，都是为了代表员工的利益参与有关事项的决策，而这些决策通常是较高层次的。德国 1951 年通过的《煤钢共决法》规定：在 1000 名职工以上的煤炭和钢铁企业建立由劳资双方对等代表组成的监事会，作为企业最高决策机构；以后的修正案将劳资共决的适应范围扩大到所有 2000 名职工以上的企业。企业监事会之下设立经理委员会，作为企业的法定代表机构，负责企业的日常生产经营管理工作。经理委员会成员由监事会以三

---

① 谢玉华，何包钢. 西方工业民主和员工参与研究述评[J]. 经济社会体制比较，2007(2)：138-146.

分之二的多数票任免。经理委员会中任命一名劳工经理，主要负责企业人事和劳资关系管理工作。企业还有企业委员会、经济专门委员会、青年代表组等工人参与管理的专门组织。

（2）共同咨询。共同咨询是指管理者与员工代表共同讨论企业事务的员工参与形式。共同咨询通常通过一些工人委员会等工人代表组织来实行，在雇员、工会、雇主之间就工资、生产条件、职业安全、健康、技术创新等问题达成一致意见。英国和澳大利亚采用共同咨询形式最多。

3. 分享制

分享制是员工参与的其他形式，主要有报酬分享制、股权激励制等。

（1）报酬分享制。报酬分享制是指除员工正常报酬之外，以企业业绩为基础付给员工报酬。企业的业绩以利润水平、附加值、生产销售水平来衡量。实施报酬分享制是认为员工有权分享企业的利润、附加值等，它能促进员工群体与资方合作以提高组织业绩，而不仅仅是鼓励劳动者个体提高产量。

案例 9-2　斯坎隆计划、拉克计划与集体收益分享计划

（2）股权激励制。股权激励制是通过直接给员工个人或代表员工利益的组织一定数量股票的形式，使员工分享企业利润，一般分为限制性股票和股票期权两种类型。一般而言股权激励制度旨在优化企业激励体系，设计面向企业未来发展的激励方案，激励员工更加积极主动地工作。

9.2　我国的职工民主参与

9.2.1　我国职工民主参与发展历程

我国有企业民主管理的传统，职工参与企业管理与决策。根据我国法律政策用语习惯，称之为职工民主参与[①]。

我国职工民主参与管理源远流长，一般可以划分为 6 个时期。

（1）土地革命时期。1930 年，中国共产党在江西瑞金创建了中央革命根据地后，有了自己的公营工厂，在公营工厂中，建立了以党支部书记、厂长和工会主席为首的工厂领导体制，简称"三人团"，同时建立了最初的民主管理形式"工人大会制度"，实行"政治民主、经济民主、生活民主"。这三大民主成为当时实行"工人大会制度"的基本内容。

（2）抗日战争时期。1942 年，在延安整风运动中，根据毛泽东同志的指示，将当时公营工厂内的"三人团"领导体制改为以厂长为首的"工厂管理委员会"同时将民主管理的形式由"工人大会制度"改为"职工大会制度"，民主管理继续沿用"政治民主、经济民主、生活民主"的基本内容。

（3）解放战争时期。1948 年 8 月，中国工会第六次劳动代表大会通过的《关于中国职工运动当前任务的决议》要求："所有的公营工厂，应一律组织工厂管理委员会和职工

---

① 谢玉华. 劳动关系的治理变革：中国产业民主与职工参与实证研究[M]. 北京：中国工人出版社，2017.

代表会议"。这一时期领导体制仍然是"工厂管理委员会",民主管理形式则由"职工大会制度"改为"职工代表会议制度"。

（4）社会主义建设时期。1956年,在党的八大会议上,中央提出国营企业实行党委领导下的"厂长负责制"。1957年又提出,在实行党委领导下的"厂长负责制"的同时实行党委领导下的"职工代表大会制",并明确规定了职工代表大会的职责和权利。

（5）改革开放时期。1981年,中共中央、国务院相继颁布了《国营工业企业职工代表大会暂行条例》《国营工厂工作暂行条例》和《中国共产党工业企业基层组织工作暂行条例》,3个暂行条例互相配套,共同形成了"党委集体领导、职工民主管理、厂长行政指挥"的体制。1984年党的十二届三中全会通过的《中共中央关于经济体制改革的决定》指出:"在实行厂长负责制的同时,必须健全职工代表大会制度和各项民主管理制度,充分发挥工会组织和职工代表在审议企业重大决策、监督行政领导和维护职工合法权益等方面的权力和作用,体现工人阶级的主人翁地位。"1986年9月,中共中央、国务院正式颁布了《中国共产党全民所有制工业企业基层组织工作条例》《全民所有制工业企业厂长工作条例》和《全民所有制工业企业职工代表大会条例》。之后,随着我国改革开放的深入和社会主义市场经济的确立,在国家制定、修改的多部法律和党的政治报告中,规定并强调了要继续坚持和完善以职工代表大会为基本形式的民主管理。

（6）党的十八大以后。2012年3月,中共中央纪委、中共中央组织部、国务院国有资产监督管理委员会、监察部、中华全国总工会、中华全国工商业联合会联合颁布了《企业民主管理规定》。《企业民主管理规定》全面、具体地规范了职代会、厂务公开、职工董事和职工监事等制度。这是切实保障职工的知情权、参与权、表达权和监督权等民主权利,依法开展企业民主管理的重要保证;是对工会加强职代会建设、实行厂务公开民主管理和开展工资集体协商工作强有力的政策支持。党的二十大报告提出,要积极发展基层民主,"全心全意依靠工人阶级,健全以职工代表大会为基本形式的企事业单位民主管理制度,维护职工合法权益。"

9.2.2 我国职工民主参与制度与法律基础

1. 我国职工民主参与制度

我国建立了以"职工代表大会"为基本形式的职工民主参与制度,主要制度有职工代表大会制度、厂务公开制度、职工董事和职工监事制度,企业在生产经营中越来越强调职工的民主参与,国家也从法律、法规和政策上对职工的民主参与权给予了保障。

职工民主权利主要有知情权、参与权、表达权和监督权等。其中:职工代表大会制度主要赋予员工知情权、参与权、表达权和监督权;厂务公开制度保障职工的知情权;职工董事和职工监事制度则在最高层次保障员工的知情权、参与权、表达权和监督权。

职工民主参与制度的建立,目的是让职工与企业形成利益共同体、事业共同体、命运共同体和使命共同体。企业应当按照合法、有序、公开、公正的原则,建立以职工代表大会为基本形式的民主管理制度,实行厂务公开,推行民主管理。公司制企业应当建立职工董事和职工监事制度。企业应当尊重和保障职工依法享有的知情权、参与权、表达权和监督权等民主权利，支持职工参加企业管理活动。企业工会应当组织职工依法开展企业民主管理，维护职工合法权益。同时，企业职工应当尊重和支持企业依法行使管理职权，积极参与企业管理。

2. 职工民主参与的法律基础

我国职工民主参与的法律、法规、政策主要有《宪法》《公司法》《工会法》《劳动法》《劳动合同法》《企业民主管理规定》等文件，这些文件中主要规定如下。

《宪法》第十六条规定："国有企业在法律规定的范围内有权自主经营。国有企业依照法律规定，通过职工代表大会和其他形式，实行民主管理。"

《公司法》第十七条规定："公司职工依照《中华人民共和国工会法》组织工会，开展工会活动，维护职工合法权益。公司应当为本公司工会提供必要的活动条件。公司工会代表职工就职工的劳动报酬、工作时间、福利、保险和劳动安全卫生等事项依法与公司签订集体合同。公司依照宪法和有关法律的规定，通过职工代表大会或者其他形式，实行民主管理。公司研究决定改制以及经营方面的重大问题、制定重要的规章制度时，应当听取公司工会的意见，并通过职工代表大会或者其他形式听取职工的意见和建议。"第四十四条规定："有限责任公司设董事会，其成员为三人至十三人；但是，本法第五十条另有规定的除外。两个以上的国有企业或两个以上的其他国有投资主体投资设立的有限责任公司，其董事会成员中应当有公司职工代表；其他有限责任公司董事会成员中可以有公司职工代表。董事会中的职工代表由公司职工通过职工代表大会、职工大会或者有其他形式民主选举产生。"第五十一条规定："有限责任公司设监事会，其成员不得少于三人。股东人数较少或规模较小的有限责任公司，可以设一至二名监事，不设监事会。监事会应当包括股东代表和适当比例的公司职工代表，其中职工代表的比例不得低于三分之一，具体比例由公司章程规定。监事会中的职工代表由公司职工通过职工代表大会、职工大会或者其他形式民主选举产生。"第七十条规定："国有独资公司监事会成员不得少于五人，其中职工代表的比例不得低于三分之一，具体比例由公司章程规定。监事会成员由国有资产监督管理机构委派；但是，监事会成员中的职工代表由公司职工代表大会选举产生。监事会主席由国有资产监督管理机构从监事会成员中指定。"《中华人民共和国公司法》还对董事会、监事会的法定地位、职权、议事方式、表决程序进行规定，对董事、监事的任职期限、职权、进行规定。

《工会法》第五条规定："工会组织和教育职工依照宪法和法律的规定行使民主权利，发挥国家主人翁的作用，通过各种途径和形式，参与管理国家事务、管理经济和文化事业、管理社会事务；协助人民政府开展工作，维护工人阶级领导的、以工农联盟为基础的人民民主专政的社会主义国家政权。"第六条规定："维护职工合法权益、竭诚服务职工群众是工会的基本职责。工会在维护全国人民总体利益的同时，代表和维护职工的合法权益。工会通过平等协商和集体合同制度等，推动健全劳动关系协调机制，维护职工劳动权益，构建和谐劳动关系。工会依照法律规定通过职工代表大会或者其他形式，组织职工参与本单位的民主选举、民主协商、民主决策、民主管理和民主监督。工会建立联系广泛、服务职工的工会工作体系，密切联系职工，听取和反映职工的意见和要求，关心职工的生活，帮助职工解决困难，全心全意为职工服务。"《工会法》还对工会组织、工会的权利和义务、基层工会组织、工会的经费和财产、法律责任进行了详细的规定。

《劳动法》对劳动者参加和组织工会、参与民主管理或协商进行了规定。第七条规定："劳动者有权依法参加和组织工会。工会代表和维护劳动者的合法权益，依法独立自主地开展活动。"第八条规定："劳动者依照法律规定，通过职工大会、职工代表大会或者其他形式，参与民主管理或者就保护劳动者合法权益与用人单位进行平等协商。"

《劳动合同法》第四条规定："用人单位应当依法建立和完善劳动规章制度，保障劳动者享有劳动权利、履行劳动义务。用人单位在制定、修改或者决定有关劳动报酬、工作时间、休息休假、劳动安全卫生、保险福利、职工培训、劳动纪律以及劳动定额管理等直接涉及劳动者切身利益的规章制度或者重大事项时，应当经职工代表大会或者全体职工讨论，提出方案和意见，与工会或者职工代表平等协商确定。在规章制度和重大事项决定实施过程中，工会或者职工认为不适当的，有权向用人单位提出，通过协商予以修改完善。用人单位应当将直接涉及劳动者切身利益的规章制度和重大事项决定公示，或者告知劳动者。"第五十一条规定："企业职工一方与用人单位通过平等协商，可以就劳动报酬、工作时间、休息休假、劳动安全卫生、保险福利等事项订立集体合同。集体合同草案应当提交职工代表大会或者全体职工讨论通过。集体合同由工会代表企业职工一方与用人单位订立；尚未建立工会的用人单位，由上级工会指导劳动者推举的代表与用人单位订立"。《劳动合同法》还从规章制度保障、集体合同的订立和内容方面对职工民主参与管理进行了规定。

《企业民主管理规定》（总工发〔2012〕12号）全面、具体地规范了职代会、厂务公开、职工董事和职工监事的相关事项，并明确了职工的知情权、参与权、表达权和监督权等民主权利，是企业民主管理具体指引文件。

《关于在国有企业、集体企业及其控股企业深入实行厂务公开制度的通知》对国有企业、集体企业及其控股企业厂务公开制度进行了明确的规定。

9.3 我国职工民主参与的形式

根据《企业民主管理规定》，我国职工民主参与形式主要有职工代表大会、厂务公开、职工董事和职工监事制度。集体协商本来也是职工民主参与的重要形式，鉴于其重要性，我国将其单独进行立法和制度规定，本书也在第7章专门介绍。因此，本节着重介绍职工代表大会、厂务公开、职工董事和职工监事制度。

9.3.1 职工代表大会制度

职工代表大会是职工民主参与的基本形式，是职工行使民主管理权力的机构，是企业民主管理的基本形式。职工代表大会是由全体职工选举的职工代表组成的，它以职工广泛参与为特征，代表全体职工在一定范围内行使民主管理权力，表达全体职工意志，体现大多数职工利益。它以协调利益关系为核心内容，以集体协商为基础，行使审议企业重大决策、监督行政领导、维护职工合法权益等方面的权力。职工代表大会表决以少数服从多数为原则。

1. 职工代表大会组织制度和职权

企业可以根据职工人数确定召开职工代表大会或者职工大会。企业召开职工代表大会的，职工代表人数按照不少于全体职工人数的百分之五确定，最少不少于三十人。职工代表人数超过一百人的，超出的代表人数可以由企业与工会协商确定。职工代表大会的代表由工人、技术人员、管理人员、企业领导人员和其他方面的职工组成。其中，企业中层以上管理人员和领导人员一般不得超过职工代表总人数的百分之二十。有女职工和劳务派遣职工的企业，职工代表中应当有适当比例的女职工和劳务派遣职工代表。职工代表大会每届任期为三年至五年。具体任期由职工代表大会根据本单位的实际情况确定。职工代表大会因故需要提前或者延期换届的，应当由职工代表大会或者其授权的机构决定。职工代表大会根据需要，可以设立若干专门委员会（小组），负责办理职工代表大会交办的事项。专门委员会（小组）成员人选必须经职工代表大会审议通过。职工代表按照基层选举单位组成代表团（组），并推选团（组）长。可以设立职工代表大会团（组）长和专门委员会（小组）负责人联席会议，根据职工代表大会授权，在职工代表大会闭会期间负责处理临时需要解决的重要问题，并提请下一次职工代表大会确认。联席会议由企业工会负责召集，联席会议可以根据会议内容邀请企业领导人员或其他有关人员参加。

职工代表大会行使下列职权：（一）听取企业主要负责人关于企业发展规划、年度生产经营管理情况，企业改革和制定重要规章制度情况，企业用工、劳动合同和集体合同签订履行情况，企业安全生产情况，企业缴纳社会保险费和住房公积金情况等报告，并提出意见和建议；审议企业制定、修改或者决定的有关劳动报酬、工作时间、休息休假、劳动安全卫生、保险福利、职工培训、劳动纪律以及劳动定额管理等直接涉及劳动者切身利益的规章制度或者重大事项方案，并提出意见和建议；（二）审议通过集体合同草案，按照国家有关规定提取的职工福利基金使用方案、住房公积金和社会保险费缴纳比例和时间的调整方案，劳动模范的推荐人选等重大事项；（三）选举或者罢免职工董事、职工监事，选举依法进入破产程序企业的债权人会议和债权人委员会中的职工代表，根据授权推荐或者选举企业经营管理人员；（四）审查监督企业执行劳动法律法规和劳动规章制度情况，民主评议企业领导人员，并提出奖惩建议；（五）法律法规规定的其他职权。

国有企业和国有控股企业职工代表大会除行使上述职权外，还行使下列职权：（一）听取和审议企业经营管理主要负责人关于企业投资和重大技术改造、财务预决算、企业业务招待费使用等情况的报告，专业技术职称的评聘、企业公积金的使用、企业的改制等方案，并提出意见和建议；（二）审议通过企业合并、分立、改制、解散、破产实施方案中职工的裁减、分流和安置方案；（三）依照法律、行政法规、行政规章规定的其他职权。

县级以下一定区域内或者性质相近的行业内的若干尚不具备单独建立职工代表大会制度条件的中小企业，可以通过选举代表联合建立区域（行业）职工代表大会制度，开展企业民主管理活动。工会负责组织建立区域（行业）职工代表大会制度。区域（行业）工会作为区域（行业）职工代表大会的工作机构承担日常工作。集团企业的总部机关和各分公司、分厂、车间以及其他分支机构可以按照一定比例选举产生职工代表，召开集团企业职工代表大会，实行企业民主管理。集团企业的总部机关和各分公司、分厂、车间以及其他分支机构，按照相关规定建立职工代表大会制度，在各自的职权范围内分别开展民主管理活动。

2. 职工代表大会工作制度

职工代表大会的组织原则是民主集中制，这也是职工代表大会的基本制度，还是职工代表大会协调行动、集中意志、充分发挥作用的重要保证。职工代表大会实行民主集中制，反映了职工、职工代表、职工代表大会之间的个人服从组织、部分服从整体、少数服从多数的关系。民主集中制是把高度民主与高度集中结合起来的组织原则。它要求职工代表大会既要充分发挥每个职工的智慧，又要有统一的意志、统一的组织纪律性。

职工代表大会每年至少召开一次。职工代表大会全体会议必须有三分之二以上的职工代表出席。职工代表大会议题和议案应当由企业工会听取职工意见后与企业协商确定，并在会议召开七日前以书面形式送达职工代表。职工代表大会可以设主席团主持会议，主席团成员由企业工会与职工代表大会各团（组）协商提出候选人名单（其中，工人、技术人员、管理人员不少于百分之五十），经职工代表大会预备会议表决通过。职工代表大会选举和表决相关事项，必须按照少数服从多数的原则，经全体职工代表的过半数通过。对重要事项的表决，应当采用无记名投票的方式分项表决。职工代表大会在其职权范围内，依法审议通过的决议和事项具有约束力，非经职工代表大会同意不得变更或撤销。企业应当提请职工代表大会审议、通过、决定的事项，未按照法定程序审议、通过或者决定的，无效。

企业工会委员会是职工代表大会的工作机构，负责职工代表大会的日常工作。企业工会委员会就是实际中人们称之的"工会"。严格地说工会是全体会员的群众性组织，它由职代会选举产生。企业工会委员会履行下列职责：（一）提出职工代表大会代表选举方案，组织职工选举职工代表和代表团（组）长；（二）征集职工代表提案，提出职工代表大会议题的建议；（三）负责职工代表大会会议的筹备和组织工作，提出职工代表大会的议程建议；（四）提出职工代表大会主席团组成方案和组成人员建议名单；提出专门委员会（小组）的设立方案和组成人员建议名单；（五）向职工代表大会报告职工代表大会决议的执行情况和职工代表大会提案的办理情况、厂务公开的实行情况等；（六）在职工代表大会闭会期间，负责组织专门委员会（小组）和职工代表就企业职工代表大会决议的执行情况和职工代表大会提案的办理情况、厂务公开的实行情况等，开展巡视、检查、质询等监督活动；（七）受理职工代表的申诉和建议，维护职工代表的合法权益；（八）向职工进行民主管理的宣传教育，组织职工代表开展学习和培训，提高职工代表素质；（九）建立和管理职工代表大会工作档案。

就职工代表大会的实践情况看，职工代表大会的工作制度应包括职工代表大会的会议制度、职工代表大会专门小组工作制度、职工代表大会团（组）和专门小组负责人联席会议制度、职工代表活动制度以及民主管理考评制度。其中，职工代表大会会议制度的工作应包括决定职工代表大会的届期、每年召开会议的次数、会议议题、议程、决议形成与修改等事项。

3. 职工代表的产生和权利义务

与企业签订劳动合同建立劳动关系以及与企业存在事实劳动关系的职工，有选举和被选举为职工代表大会代表的权利。依法终止或者解除劳动关系的职工代表，其代表资格自行终止。职工代表应当以班组、工段、车间、科室等为基本选举单位由职工直接选举产生，规模较大、管理层次较多的企业的职工代表，可以由下一级职工代表大会代表选举产生。选举、罢免职工代表，应当召开选举单位全体职工会议，会议应有三分之二以上职工参加。选举、罢免职工代表的决定，应经全体职工的过半数通过方为有效。职工代表实行常任制，职工代表任期与职工代表大会届期一致，可以连选连任。职工代表出现缺额时，原选举单位应按规定的条件和程序及时补选。职工代表向选举单位的职工负责并报告工作，接受选举单位职工的监督。

职工代表享有下列权利：（一）选举权、被选举权和表决权；（二）参加职工代表大会及其工作机构组织的民主管理活动；（三）对企业领导人员进行评议和质询；（四）在职工代表大会闭会期间对企业执行职工代表大会决议情况进行监督、检查。

职工代表应当履行下列义务：（一）遵守法律法规、企业规章制度，提高自身素质，积极参与企业民主管理；（二）依法履行职工代表职责，听取职工对企业生产经营管理等方面的意见和建议，以及涉及职工切身利益问题的意见和要求，并客观真实地向企业反映；（三）参加企业职工代表大会组织的各项活动，执行职工代表大会通过的决议，完成职工代表大会交办的工作；（四）向选举单位的职工报告参加职工代表大会活动和履行职责情况，接受职工的评议和监督；（五）保守企业的商业秘密和与知识产权相关的保密事项。

职工代表履行职责受法律保护，任何组织和个人不得阻挠和打击报复。职工代表在法定工作时间内依法参加职工代表大会及其组织的各项活动，企业应当正常支付劳动报酬，不得降低其工资和其他福利待遇。

9.3.2 厂务公开制度

1. 厂务公开的含义

厂务公开制度是企业通过职工代表大会和其他形式，将企业生产经营管理的重大事项、涉及职工切身利益的规章制度和经营管理人员廉洁从业的相关情况，按照一定程序向职工公开，听取职工意见，接受职工监督的民主管理制度。

2002 年《关于在国有企业、集体企业及其控股企业深入实行厂务公开制度的通知》规定，"国有企业、集体企业及其控股的企业都要实行厂务公开"；2012 年的《企业民主管理规定》规定，"企业应当建立和实行厂务公开制度"。可见，我国将厂务公开制度推广到所有企业。《企业民主管理规定》第三十三条规定："企业实行厂务公开应当遵循合法、及时、真实、有利于职工权益维护和企业发展的原则。实行厂务公开应当保守企业商业秘密以及与知识产权相关的保密事项。"这确定了厂务公开与企业商业秘密保守的关系，也确立了厂务公开的边界。

2. 厂务公开的内容

《企业民主管理规定》第三十四条规定，企业应当向职工公开下列事项：（1）经营管理的基本情况；（2）招用职工及签订劳动合同的情况；（3）集体合同文本和劳动规章制度的内容；（4）奖励处罚职工、单方解除劳动合同的情况以及裁员的方案和结果，评选劳动模范和优秀职工的条件、名额和结果；（5）劳动安全卫生标准、安全事故发生情况及处理结果；（6）社会保险以及企业年金的缴费情况；（7）职工教育经费提取、使用和职工培训计划及执行的情况；（8）劳动争议及处理结果情况；（9）法律法规规定的其他事项。

国有企业、集体企业及其控股企业除了要公开以上事项外，还应当公开下列事项：（1）投资和生产经营管理重大决策方案等重大事项，企业中长期发展规划；（2）年度生产经营目标及完成情况，企业担保，大额资金使用、大额资产处置情况，工程建设项目的招投标，大宗物资采购供应，产品销售和盈亏情况，承包租赁合同履行情况，内部经济责任制落实情况，重要规章制度制定等重大事项；（3）职工提薪晋级、工资奖金收入分配情况，专业技术职称的评聘情况；（4）中层领导人员、重要岗位人员的选聘和任用情况，企业领导人员薪酬、职务消费和兼职情况，以及出国出境费用支出等廉洁自律规定执行情况，职工代表大会民主评议企业领导人员的结果；（5）依照国家有关规定应当公开的其他事项。此外，国有企业、集体企业及其控股企业还要通过职代会公开关于职代会行使职权的相关事项。

3. 厂务公开的形式

厂务公开的主要载体是职工代表大会。企业要按照有关规定，认真落实职代会的各项职权；要通过实行厂务公开，不断充实和丰富职代会的内容，提高职代会的质量和实效，落实好职工群众的知情权、审议权、通过权、决定权和评议监督权，建立符合现代企业制度要求的民主管理制度。在职代会闭会期间，要发挥职工代表团（组）长联席会议的作用。车间、班组的内部事务也要实行公开，应依照厂务公开的规定，制定车间、班组内部事务公开的实施办法。

厂务公开的日常形式还应包括厂务公开栏、厂情发布会、党政工联席会和企业内部信息网络、广播、电视、厂报、墙报等，并可根据实际情况不断创新。同时，在公开后应注意通过意见箱、接待日、职工座谈会、举报电话等形式，了解职工反映的情况，不断改进工作。

 **案例 9-3**

山东能源枣矿集团付煤公司厂务公开的"E览无余""E键对接"

山东能源枣矿集团付煤公司将互联网信息技术应用到厂务公开民主管理工作中，在矿区首家实施了"'E+'线上审核公示 + 线下建账存档"厂务公开新模式。该公司通过公开事项线上申报、审核、公示的闭合流程和线下建账、存档的厂务公开新机制，记录各职能科室厂务公开情况，从而将信息全面覆盖到工会组织和纪委监督员。借助云端存储，实时上传审批全公司厂务公开数据自动生成职能科室（车间工会）工作人员确认是否缺少"申报"等内容、分管领导审核通过、公示情况拍照上传等可视化信息，让每项厂务公开工作动态"E览无余"。

公司职工食堂工会主席陈超介绍："只要打开'钉钉'，点击'厂务公开公示审批单'，就可以将需公开事项的时间、地点、内容等输入钉钉系统，部门（区队）负责人、分管领导审核通过后即可予以公示，有了这个'E+'模块，就好比身边多了一个工作小助手，简直太方便了。"公司工会主席杨位栋说："'E+'模块的应用一改以往厂务公开中职工处于被动接受的状态，真正为强化职工民主权利的行使，为实现民主管理、民主监督、民主决策提供了及时、全面的信息。"公司工会副主席刘继伟认为："和以往相比，电子设备的容量大、时效性强，且操作简单，更有利于丰富厂务公开的内容、范围和项目，同时也促进了工会民主管理走上更加规范的信息化轨道。"

陈艳姣，郜勇. "E览无余""E键对接"：山东能源枣矿集团付煤公司开启厂务公开新模式[J]. 班组天地，2022，71(4)：84.

9.3.3 职工董事和职工监事制度

1. 职工董事和职工监事制度概述

《企业民主管理规定》规定，"公司制企业应当依法建立职工董事和职工监事制度，支持职工代表大会选举产生的职工代表作为董事会、监事会成员参与公司决策、管理和监督，代表和维护职工合法权益，促进企业健康发展。"《公司法》也对不同类型公司中董事、监事进行一系列规定。2016 年，中华全国总工会发布的《关于加强公司制企业职工董事制度、职工监事制度建设的意见》指出，职工董事制度、职工监事制度，是指依照《公司法》《公司登记管理条例》设立的有限责任公司和股份有限公司通过职工代表大会（或职工大会，简称职代会）民主选举一定数量的职工代表，分别进入董事会、监事会，代表职工从源头参与公司决策和监督的基层民主管理形式。可见：职工董事制度、职工监事制度是公司制企业民主参与管理制度性安排；职工董事、职工监事是职代会选举出来的职工代表；职工董事、职工监事要代表职工利益参与公司决策和监督工作。

职工董事、职工监事是相对于产权所有者的代表而言的，他们由职工选举产生不是由出资人委派产生。因此，他们虽然称为"职工董事""职工监事"，并享有与资方董事和监事相同的权利，但他们的代表性非常明确，即在董事会和监事会上代表职工的利益。当然这种代表并不意味着与资方代表形成利益的对立，而是通过参与高层次的决策，协调劳资双方的利益，促成企业利益共同体的实现。

我国上市公司职工董事比较普遍由公司、控股股东高级管理人员、党委或工会中高级干部担任，鲜有一般员工担任职工董事[①]。上市公司中，担任职工董事的工会主席（负

---

① 李雪峰. 数据解密上市公司职工董事席位分布图[N]. 证券时报，2014-10-24(A05).

责人）最多，其次为纪委书记，职工董事的多重身份使其难以真正履行职责①。监事会的地位和影响力远没有董事会高，职工监事的地位和待遇远没有职工董事高。监事会在企业的作用有待提高，职工监事则在监事会的地位有待提高②。

2. 职工董事制度

（1）职工董事制度。《企业民主管理规定》第三十六条规定，公司制企业应当依法建立职工董事和职工监事制度。各级工会应当依据《公司法》等法规政策的规定，推动和督促国有及国有控股公司率先依法建立职工董事制度。

（2）董事会及其成员构成。根据《公司法》规定，有限责任公司设董事会，其成员为三人至十三人；但是股东人数较少或者规模较小的有限责任公司，可以设一名执行董事；国有独资公司设立董事会，董事会成员为三人至九人。股份有限公司设董事会，其成员为五人至十九人。

两个以上的国有企业或者两个以上的其他国有投资主体投资设立的有限责任公司，其董事会成员中应当有公司职工代表；其他有限责任公司、股份有限公司董事会成员中可以有公司职工代表。这里的"应当"是必须项，而"可以"是选择项。

公司应当依法在公司章程中明确规定职工董事的具体比例和人数。

（3）职工董事的产生。有限责任公司和股份有限公司中的职工董事由职工通过职工代表大会、职工大会或者其他形式民主选举产生。职工董事候选人由公司工会根据自荐、推荐情况，在充分听取职工意见的基础上提名，经职工代表大会全体代表的过半数通过方可当选，并报上一级工会组织备案。工会主席、副主席应当作为职工董事候选人人选。

职工董事不履行职责或者有严重过错的，经三分之一以上的职工代表联名提议，职工代表大会全体代表的过半数通过可以罢免。职工董事出现空缺时，由公司工会依照规定提出替补人选，提请职工代表大会民主选举产生。

（4）职工董事的任期。董事任期由公司章程规定，但每届任期不得超过三年。职工董事的任期与公司其他董事的任期相同，董事任期届满，连选可以连任。

（5）职工董事任职的资格。《公司法》第一百四十六条规定："有下列情形之一的，不得担任公司的董事、监事、高级管理人员。（一）无民事行为能力或者限制民事行为能力；（二）因贪污、贿赂、侵占财产、挪用财产或者破坏社会经济秩序，被判处刑罚，执行期满未逾五年，或者因犯罪被剥夺政治权利，执行期满未逾五年；（三）担任破产清算的公司、企业的董事或者厂长、经理，并对该公司、企业的破产负有个人责任的，自该公司、企业破产清算完结之日起未逾三年；（四）担任因违法被吊销营业执照、责令关闭的公司企业的法定代表人，并负有个人责任的，自该公司、企业被吊销营业执照之日起未逾三年；（五）个人所负数额较大的债务到期未清偿。公司违反前款规定选举、委派董事、监事或者聘任高级管理人员的，该选举、委派或者聘任无效。"

这一条是关于董事任职资格的规定，对职工董事同样适用，但是职工董事必须是职工代表。根据《企业民主管理规定》第二十三条规定："与企业签订劳动合同建立劳动关

① 萧伟. 被边缘的民主：中国A股上市公司职工董监事调查[J]. 董事会，2011(9)：42-47.
② 严学锋，易剑飞. "不作为"的拷问[J]. 董事会，2011(9)：48-51.

系以及与企业存在事实劳动关系的职工，有选举和被选举为职工代表大会代表的权利。"职工代表必须是与企业签订劳动合同建立劳动关系以及与企业存在事实劳动关系的职工。而股东代表可以不是与企业签订劳动合同建立劳动关系以及与企业存在事实劳动关系的职工。由此可见，职工董事必须是与企业签订劳动合同建立劳动关系以及与企业存在事实劳动关系的职工。

（6）职工董事的权利。职工董事依法行使的权力有：（一）参加董事会会议，行使董事的发言权和表决权；（二）就涉及职工切身利益的规章制度或者重大事项，提请召开董事会会议，反映职工的合理要求，维护职工合法权益；（三）列席与其职责相关的公司行政办公会议和有关生产经营工作的重要会议；（四）要求公司工会、公司有关部门和机构通报有关情况并提供相关资料；（五）法律法规和公司章程规定的其他权利。

（7）职工董事应当履行的义务。《公司法》第一百四十七条规定，董事应当履行的一般义务是：遵守法律、行政法规和公司章程，对公司负有忠实义务和勤勉义务，不得利用职权收受贿赂或者其他非法收入，不得侵占公司的财产。

《企业民主管理规定》规定，职工董事应当履行义务有：（一）遵守法律法规，遵守公司章程及各项规章制度，保守公司秘密，认真履行职责；（二）定期听取职工的意见和建议，在董事会、监事会上真实、准确、全面地反映职工的意见和建议；（三）定期向职工代表大会述职和报告工作，执行职工代表大会的有关决议，在董事会、监事会会议上，对职工代表大会作出决议的事项，应当按照职工代表大会的相关决议发表意见，行使表决权；（四）法律法规和公司章程规定的其他义务。

公司应当保障职工董事、职工监事依照法律法规和公司章程开展工作，为职工董事、职工监事履行职责提供必要的工作条件。职工董事、职工监事在任职期间，除法定情形外，公司不得与其解除劳动合同。职工董事、职工监事与公司的其他董事、监事享有同等的权利，承担相应的义务。

3. 职工监事制度

（1）职工监事制度。《企业民主管理规定》第三十六条规定："公司制企业应当依法建立职工董事和职工监事制度，支持职工代表大会选举产生的职工代表作为董事会、监事会成员参与公司决策、管理和监督，代表和维护职工合法权益，促进企业健康发展。"各级工会应当依据《公司法》等法规政策的规定，督促设立了监事会的各类公司依法建立职工监事制度。

（2）监事会及其成员构成。根据《公司法》规定，有限责任公司设监事会，其成员不得小于三人。股东人数较少或者规模较小的有限责任公司，可以设一至二名监事，不设监事会。监事会应当包括股东代表和适当比例的公司职工代表，其中职工代表的比例不得低于三分之一，具体比例由公司章程规定。国有独资公司监事会成员不得少于五人，其中职工代表的比例不得低于三分之一，具体比例由公司章程规定。

股份制有限公司设监事会，其成员不得少于三人。监事会应当包括股东代表和适当比例的公司职工代表，其中职工代表的比例不得低于三分之一，具体比例由公司章程规定。

（3）职工监事的产生。有限责任公司和股份有限公司中的职工监事由职工通过职工代表大会、职工大会或者其他形式民主选举产生。职工监事候选人由公司工会根据自荐、推荐情况，在充分听取职工意见的基础上提名，经职工代表大会全体代表的过半数通过方可当选，并报上一级工会组织备案。工会主席、副主席应当作为职工监事候选人人选。

（4）职工监事的任职期限。监事的任期每届为三年。监事任期届满，连选可以连任。监事的任期是每届不超过三年，职工董事与职工监事任期稍有差别。

（5）职工监事任职的资格。《公司法》第一百四十六条规定，有下列情形之一的，不得担任公司的董事、监事、高级管理人员：（一）无民事行为能力或者限制民事行为能力；（二）因贪污、贿赂、侵占财产、挪用财产或者破坏社会经济秩序，被判处刑罚，执行期满未逾五年，或者因犯罪被剥夺政治权利，执行期满未逾五年；（三）担任破产清算的公司、企业的董事或者厂长、经理，并对该公司、企业的破产负有个人责任的，自该公司、企业破产清算完结之日起未逾三年；（四）担任因违法被吊销营业执照、责令关闭的公司企业的法定代表人，并负有个人责任的，自该公司、企业被吊销营业执照之日起未逾三年；（五）个人所负数额较大的债务到期未清偿。公司违反前款规定选举、委派董事、监事或者聘任高级管理人员的，该选举、委派或者聘任无效。

与职工董事同理，职工监事必须是与企业签订劳动合同建立劳动关系以及与企业存在事实劳动关系的职工。

（6）职工监事的职权。《公司法》第五十三条规定，监事会、不设监事会的公司的监事行使下列职权：（一）检查公司财务；（二）对董事、高级管理人员执行公司职务的行为进行监督，对违反法律、行政法规、公司章程或股东会决议的董事、高级管理人员提出罢免的建议；（三）当董事、高级管理人员的行为损害公司的利益时，要求董事、高级管理人员予以纠正；（四）提议召开临时股东会会议，在董事会不履行本法规定的召集和主持股东会会议职责时，召集和主持股东会会议；（五）向股东会会议提出提案；（六）依照本法的规定对董事、高级管理人员提起诉讼；（七）公司章程规定的其他职权。

《企业民主管理规定》规定，职工监事依法行使下列权利：（一）参加监事会会议，行使监事的发言权和表决权；（二）就涉及职工切身利益的规章制度或者重大事项，提议召开监事会会议；（三）监督公司的财务情况和公司董事、高级管理人员执行公司职务的行为；监督检查公司对涉及职工切身利益的法律法规、公司规章制度贯彻执行情况；劳动合同和集体合同的履行情况；（四）列席董事会会议，并对董事会决议事项提出质询或者建议；列席与其职责相关的公司行政办公会议和有关生产经营工作的重要会议；（五）要求公司工会、公司有关部门和机构通报有关情况并提供相关资料；（六）法律法规和公司章程规定的其他权利。

（7）职工监事应当履行的义务。《公司法》第一百四十七条规定，监事应当履行的一般义务是：遵守法律、行政法规和公司章程，对公司负有忠实义务和勤勉义务，不得利用职权收受贿赂或者其他非法收入，不得侵占公司的财产。

《企业民主管理规定》规定，职工监事应当履行义务有：（一）遵守法律法规，遵守公司章程及各项规章制度，保守公司秘密，认真

案例 9-4　职工董事、职工监事必须是本公司职工吗？

履行职责；（二）定期听取职工的意见和建议，在董事会、监事会上真实、准确、全面地反映职工的意见和建议；（三）定期向职工代表大会述职和报告工作，执行职工代表大会的有关决议，在董事会、监事会会议上，对职工代表大会作出决议的事项，应当按照职工代表大会的相关决议发表意见，行使表决权；（四）法律法规和公司章程规定的其他义务。

复习思考题

1. 什么是员工参与？员工参与的形式有哪些？
2. 我国的职工民主参与的含义是什么？其发展历程和法律依据是什么？
3. 我国职工民主参与的形式有哪些？
4. 评估你所在企业的职工民主参与状况，并提出改进措施。

劳动争议处理

本章对劳动争议的概念、分类、法律依据、受案范围、处理原则进行了概述，对劳动争议的调解、仲裁、诉讼及集体劳动争议的基本制度、时效、处理程序分别进行了分析。学习本章，可以掌握企业劳动争议处理的基本要求。

◆ 引导案例

处理加班费争议如何分配举证责任

基本案情： 林某于 2020 年 1 月入职某教育咨询公司，月工资为 6000 元。2020 年 7 月，林某因个人原因提出解除劳动合同，并向劳动人事争议仲裁委员会（简称仲裁委员会）申请仲裁。林某主张其工作期间每周工作 6 天，并提交了某打卡 App 打卡记录（显示林某及某教育咨询公司均实名认证，林某每周一至周六打卡；每天打卡两次，第一次打卡时间为上午 9 时左右，第二次打卡时间为下午 6 时左右；打卡地点均为某教育咨询公司所在位置，存在个别日期未打卡情形），工资支付记录打印件（显示曾因事假扣发工资，扣发日期及天数与打卡记录一致，未显示加班费支付情况）。某教育咨询公司不认可上述证据的真实性，主张林某每周工作 5 天，但未提交考勤记录、工资支付记录。

申请人请求： 请求裁决某教育咨询公司支付加班费 10000 元。

处理结果： 仲裁委员会裁决某教育咨询公司支付林某加班费 10000 元（裁决为终局裁决）。

案例分析： 本案的争议焦点是如何分配林某与某教育咨询公司的举证责任。

《劳动争议调解仲裁法》第六条规定："发生劳动争议，当事人对自己提出的主张，有责任提供证据。与争议事项有关的证据属于用人单位掌握管理的，用人单位应当提供；用人单位不提供的，应当承担不利后果。"《最高人民法院关于审理劳动争议案件适用法律问题的解释（一）》（法释〔2020〕26 号）第四十二条规定："劳动者主张加班费的，应当就加班事实的存在承担举证责任。但劳动者有证据证明用人单位掌握加班事实存在的证据，用人单位不提供的，由用人单位承担不利后果。"从上述条款可知，主张加班费的劳动者有责任按照"谁主张谁举证"的原则，就加班事实的存在提供证据，或者提供证据，证明相关证据属于用人单位掌握管理。用人单位应当提供而不提供有关证据的，可以推定劳动者加班事实存在。

本案中，虽然林某提交的工资支付记录为打印件，但与实名认证的 App 打卡记录互相印证，能够证明某教育咨询公司掌握加班事实存在的证据。某教育咨询公司虽然不认可上述证据的真实性，但未提交反证或者作出合理解释，应承担不利后果。故仲裁委员会依法裁决某教育咨询公司支付林某加班费。

典型意义： 我国劳动法律将保护劳动者的合法权益作为立法宗旨之一，在实体和程序方面都作出了相应规定。在加班费争议处理中，要充分考虑劳动者举证能力不足的实际情况，根据"谁主张谁举证"原则、证明妨碍规则，结合具体案情合理分配用人单位与劳动者的举证责任。

资料来源：人力资源和社会保障部 最高人民法院关于联合发布劳动人事争议典型案例（第二批）https://www.court.gov.cn/zixun-xiangqing-319151.html.

10.1 劳动争议处理概述

10.1.1 劳动争议的概念和分类

1. 劳动争议的概念

劳动争议（labor dispute）又称为劳动纠纷，它是劳动关系当事人因劳动权利义务发生分歧而引起的争议，其中劳动者一方可以是单个的劳动者，也可以是劳动者组成的团体[①]。

劳动争议作为一种法律关系，由主体、内容、客体三要素构成。①劳动争议的主体是指劳动关系的当事人包括用人单位和劳动者。②劳动争议的内容是指劳动权利和劳动义务。③劳动争议的客体是指劳动争议所要达到的目的与结果，包括行为、物及与人身相联系的物质财富。劳动争议实质上是劳动关系当事人之间利益矛盾、利益冲突的表现。

2. 劳动争议的特征

劳动争议与其他社会关系纠纷相比，具有以下特征。

（1）当事人的特定性。劳动争议的当事人是由《劳动法》确定的用人单位和劳动者。

（2）内容的特定性。劳动争议的内容是依据劳动法律法规、劳动合同、集体合同确定的权利和义务。例如：劳动关系、就业、工资、工时、劳动条件、保险福利、培训等方面。劳动权利义务之外的争议不属于劳动争议。

（3）表现形式特定。一般社会关系纠纷影响通常局限在争议主体之间，而重大的集体劳动争议、团体劳动争议有时会以罢工、示威、请愿等形式出现，涉及面广，涉及范围大，对社会影响很大。

3. 劳动争议的分类

根据主体不同，一般可以分为个别劳动争议和集体劳动争议两种。

（1）个别劳动争议。个别劳动争议是指个别雇主与个别员工因为劳动合同关系所产

---

① 唐鑛，汪鑫. 企业劳动关系管理基础[M]. 大连：东北财经出版社，2015：254.

生的争议。

（2）集体劳动争议。集体劳动争议是指工会与雇主，或工会与雇主团体之间因为劳动条件或劳资关系相关事项所产生的争议。它以劳动者团体即工会为主体，是在集体谈判过程中发生的争议。

根据劳动争议性质不同，劳动争议可分为权利争议和利益争议[①]。

（1）权利争议。权利争议的内容主要是劳资双方当事人基于相关法律法规、集体协议或劳动合同而主张现在的权利是否受损，或者权利是否存在，涉及"既有规范的解释和应用"。

（2）利益争议。利益争议是指"劳资双方当事人对于劳动条件主张继续维持或变更的争议"。也就是说，是劳资双方当事人基于事实状况，尤其是经济、社会状况的变动，而主张未来劳动条件的调整，涉及"新规则的修订或制定"，比如是涨薪还是不涨薪。

根据上述争议内容的性质与当事人交叉区分，争议类型可以分为：个别权利争议；个别利益争议；集体权利争议；集体利益争议。理论上，个别争议可能涉及权利事项与利益事项争议，不过个别争议通常是权利事项争议，在极少的情况下，个别劳动者向雇主争取新的权益而发生争议。集体争议通常是以利益事项为主，多发生在集体协议签订时，劳资双方要求变更既有的劳动条件。当然，集体争议也可能有权利事项的争议，例如劳资双方对集体协议内容的解释和履行有不同看法，或者雇主不遵守劳动法律法规。具体例子如下。

（1）老张与雇主签订劳动合同时，约定工作地点在上海总公司，之后雇主擅自将老张调至成都分公司。老张不同意，雇主将其解雇，引发纠纷。这是个别争议，也是权利争议。

（2）某公司的工会与雇主签订集体协议时，公司同意提供给工会某项福利，之后不久，公司要将该福利收回，工会与雇主遂起争执。这种争议是集体争议，也是权利争议。

（3）老王认为他在公司的工作负担越来越重，因此要求公司加薪，公司不同意，双方发生纠纷。这是个别争议，也是利益争议。

（4）某公司的工会与雇主所签订的集体协议到期，在签订新协议时，工会要求调高加班费的计算标准，雇主拒绝，双方产生争议。这种争议是集体争议，也是利益争议。

在多数国家，因为争议的种类不同而设置不同的解决争议的机构，采用不同的法律程序。权利争议的处理多采用仲裁、诉讼的方法解决，因为既定权利的确认相对容易；利益争议则由于其复杂性和专业性特点，通常由政府或专业人士出面进行调解仲裁，很少采用诉讼途径。因此这一分类具有法律意义。

在我国，把劳动争议分为"一般劳动争议"和"因签订、履行集体合同发生的争议"。一般劳动争议是发生在劳动者与用人单位之间，因为适用国家法律、法规与订立、履行、变更、终止和解除合同等劳动权利义务而产生的争议。而且，根据劳动者一方人数的多少和争议理由是否相同，进一步规定，发生劳动争议的职工一方在十人以上，并有共同理由的，应当推举代表参加调解或者仲裁活动。《劳动争议调解仲裁法》第七条规定："发

[①] 程延园. 劳动关系[M]. 4 版. 北京：中国人民大学出版社，2016：294-295.

生劳动争议的劳动者一方在十人以上，并有共同请求的，可以推举代表参加调解、仲裁或诉讼活动。"于是将劳动者一方当事人十人以上，且因共同理由与用人单位发生的争议称之为集体争议；十人以下的称之为个体争议。这个界定主要是从权利争议的角度来进行的，即发生了法律规定权利范围内的劳资争议。而且，集体劳动争议仅仅从人数上来界定是不合理的，如果十人以下，但劳动者委托工会或工人代表与雇主协商谈判并因此而产生劳动争议，就不属于集体劳动争议范围，这显然与集体劳动争议的学理相悖。欧洲、美国、日本和韩国，判断集体劳动争议的标志为工会是否参与[①]。此外，由于我国很多企业签订的集体合同形式化，几乎没有因为集体合同签订、变更和履行而发生劳动争议的案例。因此，十人以上有共同诉求的集体争议与集体合同争议是不同的概念。集体合同争议是基于集体合同发生的争议，通常发生在工会与用工单位之间。

4. 劳动争议的法律依据

在我国，有关劳动争议处理的法律法规主要有《劳动法》《劳动合同法》《劳动争议调解仲裁法》《最高人民法院关于审理劳动争议案件适用法律问题的解释（一）》（法释〔2020〕26号），等等。这些法律对劳动争议处理的基本规则和程序作出了规定。

虽然我国制定了有关劳动争议处理的法律，但从实践的角度来看，无论法律如何完善和周密都不能避免劳动争议的发生，同时也不能以劳动立法完全解决所有的劳资争议问题。现代社会，从事经济活动的劳动者与用人单位之间存在纠纷是正常的现象，如果毫无纠纷发生，这说明劳动者处于绝对低下和被奴役的境地，这种情况必然会导致社会的停滞不前[②]。

10.1.2　劳动争议受案范围

1. 劳动争议受案范围的一般规定

准确地界定劳动争议的受案范围是劳动争议处理的前提。

《劳动争议调解仲裁法》第二条规定："中华人民共和国境内的用人单位与劳动者发生的下列劳动争议适用本法。（一）因确认劳动关系发生的争议；（二）因订立、履行、变更、解除和终止劳动合同发生的争议；（三）因除名、辞退和辞职、离职发生的争议；（四）因工作时间、休息休假、社会保险、福利、培训以及劳动保护发生的争议；（五）因劳动报酬、工伤医疗费、经济补偿或者赔偿金等发生的争议；（六）法律、法规规定的其他劳动争议。"

上述规定，原则性地列举了劳动争议的范围。在实践中，还需要根据不同的情况进行具体分析，最高人民法院根据审理劳动争议案件的需要，陆续作出了一系列重要的司法解释，对于一些复杂且存在争议的劳动争议事项，是否属于法院受理的范围的问题作出了细化规定。

2. 劳动争议受案范围的其他规定

（1）社会保险争议。社会保险争议主要包括两类：一是劳动者与用人单位之间基于

① 刘婷，杨正喜，李敏，集体劳动争议是权利之争还是利益之争？[J]. 中国人力资源开发，2014(17): 97-102.
② 程延园，王甫希.劳动关系[M]. 5版. 北京：中国人民大学出版社，2021.

劳动关系而产生的社会保险待遇争议；二是用人单位、劳动者和社会保险经办机构之间因征收与缴纳社会保险而产生的争议。

《最高人民法院关于审理劳动争议案件适用法律问题的解释（一）》（法释〔2020〕26号）第一条规定，劳动者退休后，与尚未参加社会保险统筹的原用人单位，因追索养老金、医疗费、工伤保险待遇和其他社会保险待遇而发生的纠纷，人民法院应当受理。劳动者以用人单位未及时办理社会保险手续，且社会保险经办机构不能补办，导致其无法享受社会保险待遇为由，要求用人单位赔偿损失而发生的争议，人民法院应予受理。

对于用人单位劳动者和社保机构就欠费等发生争议，是征收与缴纳之间的纠纷，属于行政管理的范畴，带有社会管理的性质，因用人单位欠缴、拒缴社会保险费或因缴费年限、缴费基数等发生的争议，应由社会保险管理部门解决，不纳入人民法院受理范围。

（2）企业改制引发的争议。《最高人民法院关于审理劳动争议案件适用法律问题的解释（一）》（法释〔2020〕26号）规定，企业自主进行改制引发争议的劳动纠纷，人民法院应当受理。而政府主导的企业改制，带来的职工下岗，整体拖欠职工工资等问题引发的争议不在法院受理范围之内。

（3）加付赔偿金争议。《劳动合同法》第八十五条规定："用人单位有下列情形之一的，由劳动行政部门责令限期支付劳动报酬、加班费或者经济补偿；劳动报酬低于当地最低工资标准的，应当支付其差额部分；逾期不支付的，责令用人单位按应付金额百分之五十以上百分之一百以下的标准向劳动者加付赔偿金。（一）未按照劳动合同的约定或者国家规定及时足额支付劳动者劳动报酬的；（二）低于当地最低工资标准支付劳动者工资的；（三）安排加班不支付加班费的；（四）解除或终止劳动合同，未依照本法规定向劳动者支付经济补偿的。"《最高人民法院关于审理劳动争议案件适用法律问题的解释（一）》（法释〔2020〕26号）规定，劳动者依据劳动合同法第八十五条规定，要求用人单位支付加付赔偿金，发生纠纷，人民法院应予受理。但加付赔偿金诉讼有一个前提，即劳动者必须将用人单位拖欠其劳动报酬、加班费或者经济补偿的违法行为，先向劳动行政部门投诉，劳动行政部门责令用人单位限期支付后，用人单位仍未支付的，才存在加付赔偿金；如果未经过这一前提程序，劳动者主张加付赔偿金的，法院将不受理。

（4）退休人员再就业争议。《最高人民法院关于审理劳动争议案件适用法律问题的解释（一）》（法释〔2020〕26号）第三十二条第一款规定："用人单位与其招用的已经依法享受养老保险待遇或者领取退休金的人员发生用工争议而起诉的，人民法院应当按劳务关系处理。"劳动者在用人单位工作期间达到法定退休年龄，非因用人单位原因不能享受基本养老保险待遇的，鉴于劳动者不能享受基本养老保险待遇不可归咎于用人单位，此时应不认定其与用人单位之间构成劳动关系，应按照劳务关系处理。劳动者在用人单位工作期间达到法定退休年龄，且因用人单位原因不能享受基本养老保险待遇的，故应当继续认定双方之间构成劳动关系，直至劳动者符合享受基本养老保险待遇时止。

（5）停薪留职、内退、待岗及放长假人员再就业争议。《最高人民法院关于审理劳动争议案件适用法律问题的解释（一）》（法释〔2020〕26号）第三十二条第二款规定："企业停薪留职人员，未达到法定退休年龄的人员，下岗待岗人员以及企业经营性停产放长假人员，因与新的用人单位发生用工争议而提起的诉讼，人民法院应当按劳动关系处理。"

（6）扣押保证金、抵押金转移人事档案，社会保险关系争议。《最高人民法院关于审理劳动争议案件适用法律问题的解释（一）》（法释〔2020〕26号）第一条第四款规定："劳动者与用人单位解除或终止劳动关系后，请求用人单位返还其收取的劳动合同定金、保证金、抵押金、抵押物发生的纠纷，或者办理劳动者的人事档案、社会保险关系转移等手续发生的纠纷，经劳动仲裁委员会仲裁后，当事人起诉的人民法院应予受理。"

3. 劳动争议仲裁机构不予受理的争议

《最高人民法院关于审理劳动争议案件适用法律问题的解释（一）》（法释〔2020〕26号）第二条规定："下列纠纷不属于劳动争议。（一）劳动者请求社会保险机构发放社会保险金的纠纷；（二）劳动者与用人单位因住房制度改革产生的公有住房转让纠纷；（三）劳动者对劳动能力鉴定委员会的伤残等级鉴定结论或者对职业病诊断鉴定委员会的职业病诊断鉴定结论的异议纠纷；（四）家庭或者个人与家政服务人员之间的纠纷；（五）个体工匠与帮工、学徒之间的纠纷；（六）农村承包经营户与受雇人之间的纠纷。"上述所列情形的当事人并不是《劳动法》确定的用人单位，因而不受劳动法的调整，纠纷不属于劳动争议。

10.1.3 劳动争议处理的原则

劳动争议处理是为了公正、及时解决劳动争议，保护当事人合法权益，促进劳动关系和谐稳定。如果不能及时预防和有效解决劳动者和用人单位之间发生的各种劳动争议，可能对国家经济和社会的发展带来不利后果，因此事先预防和事后公正处理劳动争议具有十分重要的意义，这就需要建立解决劳动纠纷的相应机构，确定劳动争议的处理原则，通过合适的方法解决纠纷。

1. 着重调解，及时处理原则

调解是处理劳动争议的基本手段，贯穿劳动争议处理的全过程。企业劳动仲裁调解委员会处理劳动争议的工作程序全部是进行调解；仲裁委员会和人民法院处理劳动争议也应当先行调解；在裁决和判决前还要为当事人提供一次调解解决劳动争议的机会。调解应在当事人自愿的基础上依法进行，不得强制调解。企业劳动争议调解委员会对争议案件调解不成的，应当在规定的时间内及时结案，避免当事人丧失申请仲裁的权利；劳动仲裁委员会对案件先行调解不成的应及时裁决；人民法院在调解不成时，应及时判决。

2. 查清事实，依法处理原则

调查取证是劳动争议处理机构的权利和责任，举证是当事人应尽的义务和责任，两者有机结合才能达到查清事实的目的。处理劳动争议既要依法，又要依程序进行。

3. 适用法律，一律平等原则

劳动争议当事人的法律地位平等，双方具有平等的权利和义务，任何一方当事人不得有超越法律规定的特权，当事人双方在适用法律上一律平等、一视同仁，对任何一方都不偏袒、不歧视，对被侵权或受害的任何一方都同样予以保护。

实践中，裁审工作中仍然存在争议受理范围不够一致、法律适用标准不够统一、程序衔接不够规范等问题，影响了争议处理的质量和效率，降低了仲裁和司法的公信力，需要进一步加强劳动人事争议裁审衔接机制建设。同时也应看到，不同省（区、市）对同一类型的案例，由于地方政策、判法尺度的不统一，裁审可能会出现不一致的情形，需要企业人力资源管理者或法务工作者进一步了解地方的法规和政策。

10.1.4 劳动争议基本程序

《劳动争议调解仲裁法》第五条规定："发生劳动争议，当事人不愿协商、协商不成或者达成和解协议后不履行的，可以向调解组织申请调解；不愿调解、调解不成或者达成调解协议后不履行的，可以向劳动争议仲裁委员会申请仲裁；对仲裁裁决不服的，除本法另有规定外，可以向人民法院提起诉讼。"

我国现行的劳动争议处理基本程序可以大致概括为"一调一裁二审"。对部分劳动争议案件实行有限制的一裁终局制。

1. 协商和解

劳动争议发生后，劳动者可以与用人单位自行协商和解，也可以请工会或第三方共同与用人单位协商和解。《最高人民法院关于审理劳动争议案件适用法律问题的解释（一）》（法释〔2020〕26号）第三十五条规定："劳动者与用人单位就解除或者终止劳动合同办理相关手续、支付工资报酬、加班费、经济补偿或者赔偿金等达成的协议，不违反法律、行政法规的强制性规定，且不存在欺诈、胁迫或者乘人之危情形的，应当认定有效。前款协议存在重大误解或者显失公平情形，当事人请求撤销的，人民法院应予支持。"这一条款明确了特定事项达成和解协议的法律效力。

协商解决劳动争议纠纷不是基于法律的强制，而是基于当事人的自主选择。以协商方式解决劳动争议的优越性在于：在没有任何外面的压力氛围下，可以充分表达当事人的内心意愿，双方不伤和气，不丢面子，不至于闹翻，不会影响今后的合作，反而会促进双方的理解。协商解决争议的方式简易、灵活、快捷，有利于在短时间内化解矛盾、解决纠纷。由于当事人最熟悉纠纷的起因和争议的焦点，有利于真正解决争议，便于协议的执行。

2. 劳动仲裁

当事人不愿调解、调解不成或者达成调解协议后不履行的，可以向劳动争议仲裁委员会申请仲裁，劳动仲裁是劳动争议处理机制的核心，原则上是处理劳动争议的必经程序，经劳动仲裁的案件区分两种情况，作出不同的处理。

（1）终局裁决。根据《劳动争议调解仲裁法》第四十七条规定："下列劳动争议除本法另有规定的外，仲裁裁决为终局裁决，裁决书自作出之日起发生法律效力。（一）追索劳动报酬、工伤医疗费、经济补偿或者赔偿金，不超过当地月最低工资标准十二个月金额的争议；（二）因执行国家的劳动标准在工作时间、休息休假、社会保险等方面发生的争议。"《最高人民法院关于审理劳动争议案件适用法律问题的解释（一）》（法释〔2020〕26号）第十九条规定："仲裁裁决书未载明该裁决为终局裁决或者非终局裁决，劳动者依据调解仲裁法第四十七条第一项规定，追索劳动报酬、工伤医疗费、经济补偿或赔偿金，如果仲裁裁决涉及数项，每项确定的数额均不超过当地月最低工资标准十二个月金额的，应当按照终局裁决处理。"

（2）非终局裁决。《最高人民法院关于审理劳动争议案件适用法律问题的解释（一）》（法释〔2020〕26号）第二十条规定："劳动争议仲裁机构作出同一仲裁裁决同时包含终局裁决事项和非终局裁决事项，当事人不服仲裁裁决向人民法院提起诉讼的，应当按照非终局裁决处理。"对于《劳动争议调解仲裁法》第四十七条规定以外的情形，仲裁裁决作出后并非立即生效，裁决自作出之日起，十五日内双方均可起诉，在此期限内无论仲裁裁决是否生效。

3. 诉讼

劳动者不服仲裁裁决，用人单位不服对《劳动争议调解仲裁法》第四十七条规定以外情形所作的仲裁裁决，可以依法向人民法院起诉。当事人不服一审判决，还可以上诉，二审判决为生效判决。

10.2　劳动争议调解

10.2.1　劳动争议调解概述

1. 劳动争议调解的概念

劳动争议调解是指调解组织对劳动者与用人单位之间发生的劳动争议，在查明事实、分析是非、明确责任的基础上，依照国家劳动法律法规，以及依法制定的企业规章制度和劳动合同，通过民主协商的方式推动双方互相谅解、达成协议，消除纷争的一种活动。

劳动争议调解是一种力求达成一致的过程，把矛盾纠纷化解在基层，促进劳动关系的和谐稳定。调解人不偏袒任何一方，不把自己的决定强加于当事人，而是帮助双方找到都可以接受的解决办法，调解劳动争议的依据是有关劳动法律法规、依法制定的规章制度和劳动合同。当事人不愿意协商、双方协调不成，或者达成和解协议尚未履行的，可以向调解组织申请调解。

2. 调解不是劳动争议处理的必经程序

《劳动争议调解仲裁法》第三条规定，"解决劳动争议，应当根据事实，遵循合法、公正、及时、着重调解的原则，依法保护当事人的合法权益。"第四条规定，"发生劳动争议，劳动者可以与用人单位协商，也可以请工会或者第三方共同与用人单位协商，达成和解协议。"第五条规定，"发生劳动争议，当事人不愿协商、协商不成或者达成和解协议后不履行的，可以向调解组织申请调解；不愿调解、调解不成或者达成调解协议后不履行的，可以向劳动争议仲裁委员会申请仲裁；对仲裁裁决不服的，除本法另有规定的外，可以向人民法院提起诉讼。"可见，我国倡导"着重调解"的原则，但不愿调解的，可以直接提请仲裁。

10.2.2　企业劳动争议调解与员工申诉

《中华人民共和国劳动争议调解仲裁法》第十条规定："发生劳动争议，当事人可以到下列调解组织申请调解。（一）企业劳动争议调解委员会；（二）依法设立的基层人民调解组织；（三）在乡镇、街道设立的具有劳动争议调解职能的组织。"根据这一规定，我国劳动争议调解组织主要包括三类。劳动者与用人单位发生劳动纠纷后，可以根据自愿的原则，向三种调解组织中的任何一方申请调解。

1. 劳动争议调解组织

（1）企业劳动争议调解委员会。企业劳动争议调解委员会是建立在企业内部，从事劳动争议调解工作的专门组织，对发生在本单位的劳动争议案件，经当事人自愿提出调解后，在查清事实、分清是非、明确责任的基础上，运用法律法规和说服教育、规劝疏导的方法，使劳动争议及时得到解决。企业劳动争议仲裁调解委员会由职工代表和企业代表组成。职工代表由工会成员担任或全体职工推举产生，企业代表由企业负责人指定，企业劳动争议调解委员会主任由工会成员或者双方推举的人员担任。

（2）基层人民调解组织。基层人民调解组织（又称人民调解委员会）是我国解决民间纠纷的组织，人民调解委员会是村民委员会和居民委员会下设的调解民间纠纷的群众性组织，也可以是工业园区、企业集中的楼宇建立的调解组织；可能是区域性的，也可能是行业性的。基层人民调解组织在基层人民政府和基层人民法院指导下进行工作。人民调解委员会的任务是解决民间纠纷，并通过调解工作宣传法律、法规、规章和政策，教育公民遵纪守法，尊重社会公德。通过基层人民调解组织解决劳动争议，在企业外部提供了解决争议的途径，成本低、效率高，有利于提高劳动争议处理的总体效率，也有利于节约司法资源和成本。

（3）在乡镇街道设立的具有合法劳动争议调解职能的组织。在乡镇街道设立劳动争议调解组织，通常与乡镇一级的人民调解委员会合署办公，甚至两块牌子一套人马。

基层调解组织与企业劳动争议调解委员会衔接。与企业调解委员会相比，基层区域性、行业性调解组织的调解员与企业没有利害关系，调解更加具有权威性，行业性劳动争议调解组织熟悉行业情况，与成员单位联系紧密，为及时解决劳动争议提供了便利条件。

2. 企业劳动争议调解与员工申诉

2015 年，中共中央、国务院印发《关于构建和谐劳动关系的意见》（中发〔2015〕10 号）强调建立劳动关系源头治理机制，提出健全劳动争议调解仲裁机制，"坚持预防为主、基层为主、调解为主的工作方针，加强企业劳动争议调解委员会建设，推动各类企业普遍建立内部劳动争议协商调解机制。大力推动乡镇（街道）、村（社区）依法建立劳动争议调解组织，支持工会、商（协）会依法建立行业性、区域性劳动争议调解组织。"企业劳动争议调解委员会是劳动关系源头治理的最前沿的一环，建立和完善这一制度具有重要意义。

员工申诉是指员工认为自己在工作中的权利受到侵犯，要求得到解决的行为。申诉通常是在员工认为企业违反了集体协议、劳动法律，或者违背了过去的惯例、规章制度，企业应承担相应的责任时发生的。建立申诉制度，为处理劳资之间的纠纷、分歧和不满提供了有效的途径。它用一种正式的协商解决劳动冲突。申诉通常可以分为两类：个人申诉和集体申诉。个人申诉多是由于管理方对员工进行惩处引起的，通常由个人或工会的代表提出。个人申诉的范围包括从管理方的书面警告开始到最终员工被解雇整个过程中可能引发的任何争议。集体申诉是为了集体利益而提起的政策性申诉，通常是工会针对管理方（在某些情况下，也可能是管理方针对工会）违反协议条款的行为提出的质疑。集体申诉虽不直接涉及个人权利，但影响整个集体谈判单位的团体利益，通常由工会委员会的成员

案例 10-1　员工申诉处理程序

代表工会的利益提出。

我国的企业劳动争议委员会是处理员工申诉的重要制度，也是劳动关系源头治理的最前"端口"。我国企业员工还可以向人力资源部、党委纪检系统、其他职能部门进行申诉。建立健全企业员工申诉制度，可以将劳动争议化解在企业内部。

10.2.3　劳动争议调解程序

劳动争议调解的程序为：当事人首先应当提出调解申请，可以以书面的形式申请，也可以口头申请。口头申请的，调解组织应当场记录申请人的基本情况，申请人调解争议事项、理由和时间。调解申请应本着自愿原则，是否申请调解由双方当事人自行决定，对任何一方均不得强迫。

调解组织经审查受理当事人的申请后，应当充分听取双方当事人对事实和理由的陈述，耐心疏导，帮助其达成协议。实施调解的一般形式是：调解组织召开争议双方当事人参加的调解会议，基于事实，依法在当事人之间进行调和。调解达成协议的应当制作调解协议书，调解协议书由双方当事人签名或盖章，经调解员签名并加盖调解组织印章后生效。在调解过程中应始终贯彻自愿、协商的原则，不能强迫当事人达成协议。自调解组织收到调解申请之日起 15 日内未达成调解协议的，当事人可以依法申请仲裁。调解不是劳动争议必经程序，如果一方当事人申请调解，另一方向仲裁委员会申请仲裁，则仲裁委员会应予受理。

10.2.4　劳动争议调解协议的效力

由双方当事人签名或盖章的调解协议书对双方当事人具有约束力，当事人应当履行，这种约束力只是合同的约束力。达成调解协议后，一方当事人在协议约定期限内不履行，调解协议的另一方当事人不能直接申请强制执行，但是案件进入诉讼程序后，调解协议将作为法律裁判的重要参考。

《最高人民法院关于审理劳动争议案件适用法律问题的解释（一）》（法释〔2020〕26号）第五十一条规定："当事人在调解仲裁法第十条规定的调解组织主持下达成的具有劳动权利义务内容的调解协议，具有劳动合同的约束力，可以作为人民法院裁判的根据。"第五十二条规定："当事人在人民调解委员会主持下仅就给付义务达成的调解协议，双方认为有必要的，可以共同向人民调解委员会所在地的基层人民法院申请司法确认。"《劳动争议调解仲裁法》第十六条规定："因支付拖欠劳动报酬、工伤医疗、经济补偿或者赔

偿金事项达成调解协议，用人单位在协议约定期限内不履行的，劳动者可以持调解协议书，依法向人民法院申请支付令。人民法院应当依法发出支付令。"这一规定增强了调解协议的效力，有助于调解发挥更大的作用。

10.3 劳动争议仲裁

10.3.1 劳动争议仲裁的概念

劳动争议仲裁是指劳动争议仲裁委员会对用人单位与劳动者之间发生的劳动争议，在查明事实、明确是非、分清责任的基础上，依法作出对双方具有约束力的裁决。

劳动争议仲裁制度是处理劳动争议的核心制度，是劳动争议处理的中间环节，具有以下特点。

（1）公正性。仲裁是由中立的第三方居中裁决，因此有利于实现公正，为保证第三方能公正处理劳动纠纷，劳动争议仲裁委员会由政府、工会和企业的三方代表组成，仲裁程序实行回避、合议等制度。

（2）及时性。劳动争议仲裁具有较强的专业性及程序性，与司法程序相比，较为简便、及时，仲裁申请受理、审理和作出裁决，不如诉讼烦琐、严格。

（3）强制性。在程序的启动环节，不需要当事人达成一致，只要一方当事人申请仲裁，另一方没有权利拒绝。劳动争议案件处理，必须经过仲裁才能进入诉讼程序。

10.3.2 劳动争议仲裁机构

劳动争议仲裁机构，包括劳动争议委员会及其办事机构，仲裁庭及仲裁员。

1. 劳动争议仲裁委员会

劳动争议仲裁委员会是国家授权，依法独立处理劳动争议的专门机构，劳动争议仲裁委员会按照统筹规划、合理布局，适应实际需要的原则设立。省、自治区人民政府可以决定在市、县设立；直辖市人民政府可以决定在区、县设立。直辖市、设区的市也可以设立一个或者若干个劳动争议仲裁委员会。劳动争议仲裁委员会不按行政区域划分，层层设立，需要设立仲裁委员会的，由省、自治区、直辖市人民政府确定。各级仲裁委员会独立裁决本行政区域内发生的劳动争议案件，各自向同级人民政府负责并报告工作，相互不存在行政隶属关系。省（区、市）人民政府劳动行政部门对本行政区域的劳动争议仲裁工作进行指导。

劳动争议仲裁委员会的组成采用"三方"原则。即由劳动行政部门代表、工会代表和企业方代表组成，仲裁委员会组成人员应当是单数，仲裁委员会按照少数服从多数原则作出决定，仲裁委员会由主任一名，副主任和委员若干名组成，主任由劳动行政部门代表担任。

2. 劳动争议仲裁委员会办事机构

劳动争议仲裁委员会办事机构负责办理劳动争议仲裁委员会的日常工作，主要有两种形式，一种是设在劳动行政部门的内部办事机构，另一种是实体化的办事机构。目前多数省份设立了以劳动人事争议仲裁院为主要形式的实体化机构，具体承担争议调解仲裁的日常工作，以提高劳动争议处理的效能。

3. 仲裁庭和仲裁员

劳动争议仲裁委员会处理争议案件实行仲裁庭制度，即按照"一案一庭"的原则组成仲裁庭，受理劳动争议案件。仲裁庭的组织形式可以分为独任制和合议制两种。独任制是由仲裁委员会指定一名仲裁员独任审理仲裁，适用于事实清楚、案情简单、法律适用明确的劳动争议案件。合议制是由仲裁委员会指定三名或三名以上单数仲裁员共同审理，对10人以上集体劳动人事争议、有重大影响的争议案件，或仲裁委员会认为应当由三名仲裁员组庭处理的其他案件，应当实行合议制。

仲裁员是由劳动争议仲裁委员会依法聘任的，可以成为仲裁委员会组成人员而从事劳动人事争议处理工作的工作人员。仲裁员有专职仲裁员和兼职仲裁员两种，二者在执行职务时享有同等权利，劳动争议仲裁委员会应当设立仲裁员名册。仲裁员必须具备法定的资质，《劳动争议调解仲裁法》规定，仲裁员应当公道正派，并符合下列条件之一：（一）曾任审判员的；（二）从事法律研究、教学工作并具有中级以上职称的；（三）具有法律知识、从事人力资源管理或者工会等专业工作满五年的；（四）律师执业满三年的。

10.3.3 劳动争议仲裁的管辖

劳动争议仲裁委员会负责管辖本地区域内发生的劳动争议。劳动争议仲裁主要实行地域管辖，劳动争议由劳动合同履行地或者用人单位所在地的劳动争议仲裁委员会管辖。双方当事人分别向劳动合同履行和用人单位所在地的劳动争议仲裁委员会申请仲裁的，由劳动合同履行地的劳动争议仲裁委员会管辖。此外，发生争议的企业与职工不在同一个仲裁委员会管辖区域的，由职工当事人工资关系所在地的劳动争议仲裁委员会管辖。我国公民与国外企业签订劳动合同，履行地在我国领域的，因履行该合同发生争议的，由合同履行地仲裁委员会受理。劳动合同履行地通常指履行劳动合同义务的实际工作场所。用人单位所在地为用人单位的注册地。注册地与经常营业的地方不一致的，以用人单位经常营业地为用人单位所在地，用人单位未经注册的，其出资人、开办单位或者主管部门所在地为用人单位所在地。多个仲裁委员会都有管辖权的，由先受理的仲裁委员会管辖。

由于劳动争议仲裁委员会并不是按行政区域层层设立，彼此也不存在领导关系，因此仲裁的级别管辖并不明显，法律并无明确规定。实际情况是，有两种级别管辖方法：一是直辖市，其市辖区仲裁委员会处理本辖区内劳动争议案件，直辖市仲裁委员会则受理在本市有重大影响、案情复杂以及外商投资企业及大型企业的劳动争议。二是省、自治区，一般省一级仲裁委员会不直接受理劳动争议案件，只负责指导全省（自治区）的劳动争议仲裁工作，而计划单列市、省辖市乃至地区一级仲裁委员会受理本行政区域内有重大影响、案件复杂以及外商投资企业和大型企业的劳动争议。

正确确立仲裁案件的管辖权，便于正确行使申诉权，保证劳动争议得到及时处理。

10.3.4 劳动争议仲裁的时效

时效是指在规定的期限内，劳动争议当事人不行使申诉权，申诉权因期满而归于消灭的制度。劳动争议仲裁时效是指发生劳动争议后，劳动者和用人单位在法定期限内不向劳动争议仲裁机构申请仲裁，就将丧失通过仲裁程序保护自己合法权益的制度。仲裁时效实际上是当事人通过仲裁裁决劳动纠纷的程序性权利的有效期限。通常也把仲裁时效称之为申诉时效。时效期限届满，当事人即丧失上诉请求保护其权利的申诉权，仲裁委员会对其仲裁申请不予受理。

1. 仲裁时效的期限及起始时间

《劳动调解仲裁法》第二十七条规定："劳动争议申请仲裁的时效期限为一年。仲裁时效期间从当事人知道或者应当知道其权利被侵害之日起计算。前款规定的仲裁时效，因当事人一方向对方当事人主张权利，或者向有关部门请求权利救济，或者对方当事人同意履行义务而中断。从中断时起，仲裁时效期间重新计算。因不可抗力或者有其他正当理由，当事人不能在本条第一款规定的仲裁时效期间申请仲裁的，仲裁时效中止。从中止时效的原因消除之日起，仲裁时效期间继续计算。劳动关系存续期间因拖欠劳动报酬发生争议的，劳动者申请仲裁不受本条第一款规定的仲裁时效期间的限制；但是，劳动关系终止的，应当自劳动关系终止之日起一年内提出。"

当事人应当在知道其权利被侵害之日起，一年内以书面形式向仲裁委员会申请仲裁。如期限届满，即丧失上诉请求保护其权利的申诉权，仲裁委员会对仲裁申请不予受理。时效的规定是针对正常情况做出的，无论对劳动争议当事人还是劳动争议仲裁委员会都非常重要。时效的规定有利于及时解决纠纷，便于及时查清事实真相，避免由于时间太长难以收集到证据。

争议发生之日是指"知道或者应当知道权利被侵害之日"。也就是说，争议发生之日并不是以双方当事人产生正面冲突为标志。但知道自己的权利被侵害时在法律上就被认为是产生争议之日，也就是仲裁时效的起算之日。

2. 仲裁时效中断

仲裁时效中断是指在具备一定的事由时，已经计算的仲裁时效归零，重新计算。劳动仲裁时效中断的原因有：（1）当事人一方向对方当事人主张权利；（2）当事人一方向有关部门请求权利救济；（3）对方当事人同意履行义务。符合任何一种情况，仲裁时效即发生中断，从中断时起，仲裁时效重新计算。

3. 仲裁时效中止

仲裁时效中止是指具备一定的事由使当事人申请仲裁存在障碍时，暂停时效的计算，待上述事由消除后再继续计算时效。仲裁时效中止的原因，一是不可抗力，即不能预见，不能避免和不能克服的客观情况。比如地震，海啸，水灾或者因战争、交通中断，当事人无法完成仲裁时效内应当完成的行为。二是其他正当理由，比如无民事行为能力或者限制民事行为能力的劳动者的

案例 10-2 加班费的仲裁时效应当如何认定

法定代理人未确定等，使权利人无法行使请求权的客观情况。从中止时效的原因消除之日起，仲裁时效期间继续计算。但时效中止的时间不计入仲裁时效，而将仲裁时效中止前后的时效期间合并计算为仲裁时效期间。

10.3.5 劳动争议仲裁的程序

《劳动争议调解仲裁法》对仲裁程序进行了规范，《劳动人事争议仲裁办案规则》对劳动争议仲裁程序规则作了更细化的规定。具体程序如下。

1. 申请

申请人申请仲裁，应当提交书面仲裁申请。并按照被申请人人数提交副本。仲裁申请书应当载明下列事项。

（1）劳动者姓名、性别、年龄、职业，工作单位和住所，用人单位的名称、住所和法定代表人或主要负责人姓名、职务。

（2）仲裁请求和所根据的事实、理由。

（3）证据和证据来源、证人姓名和住所。书写仲裁申请确有困难的，可以口头申请，由劳动争议仲裁委员会记入笔录并告知对方当事人。

2. 受理

劳动争议仲裁委员会收到仲裁申请之日起五日内，认为符合受理条件的，应当受理并通知申请人。认为不符合受理条件的，应当书面通知申请人不予受理并说明理由。劳动争议仲裁委员会决定不予受理或者逾期未作出决定的，申请人可以就该劳动争议事项向人民法院提起诉讼。仲裁委员会在申请人申请仲裁时，可以引导当事人通过协商、调解的方式解决劳动争议，并给予必要的法律解释及风险提示。

3. 开庭准备

劳动争议仲裁委员会受理仲裁申请后，将在五日内将仲裁申请书副本送达被申请人。被申请人收到仲裁申请书副本后，在十日内向劳动争议仲裁委员会提交答辩书。劳动争议仲裁委员会收到答辩书后，应当在五日内将答辩书副本送达申请人。被申请人未提交答辩书的，不影响仲裁程序的进行。被申请人可以在答辩期间提出反申请，仲裁委员会应当自收到被申请人反申请之日起五日内，决定是否受理并通知被申请人。决定受理的，仲裁委员会可以将反申请和申请合并处理。劳动争议仲裁委员会应当在受理仲裁之日起五日内组成仲裁庭，并将仲裁庭的组成情况，书面通知当事人。仲裁庭应当在开庭五日前，将开庭日期、地点书面通知双方当事人。当事人有正当理由的，可以在开庭三日前请求延期开庭。是否延期由劳动争议仲裁委员会决定。

4. 审理

仲裁庭在正式审理之前，应首先在当事人之间进行调解。达成调解协议的制作调解书结案；当事人不同意调解的，继续审理。审理的基本程序是：开庭审理时，仲裁员听取申请人的陈述和被申请人的答辩，主持庭审调查、质证和辩论，征询当事人最后意见并进行调解。

申请人收到书面开庭通知，无正当理由拒不到庭或者未经仲裁庭同意中途退庭的，视为撤回仲裁申请；申请人重新申请仲裁的，仲裁委员会不予受理。被申请人收到书面开庭通知，无正当理由拒不到庭，或者未经仲裁庭同意中途退庭的，可以缺席裁决。因出现案件处理依据不明确而请示有关机构或者案件处理需要等待工伤认定、伤残等级鉴定、司法鉴定结论，公告送达以及其他需要中止仲裁审理的客观情形，经仲裁委员会主任批准，可以中止案件审理并书面通知当事人。中止审理的客观情形消除后，仲裁庭应当恢复审理。

当事人在裁决过程中有权进行质证和辩论。质证是双方当事人之间对彼此提供的证据，真实性、合法性、关联性以及有无证明力、证明力大小进行说明和质辩。质证的程序一般是申请人出示证据，被申请人进行质证，被申请人出示证据，申请人进行质证；第三人出示证据，申请人和被申请人对第三人出示的证据进行质证。第三人对申请人或被申请人出示的证据进行质证。仲裁庭辩论是在庭审调查事实的基础上，双方当事人对案件事实的认定、各自的责任和适用法律等提出自己的主张。辩论的重点应着重在责任的分析和运用法律上，辩论应围绕案件的事实是否清楚、责任是否明晰，以及如何适用法律等进行。为充分保障当事人发表意见的权利，质证和辩论终结时，首席仲裁员或者独任仲裁员应当征询当事人的最后意见。

关于仲裁中的举证责任，以"谁主张谁举证"为基本原则。同时考虑到举证能力等因素，在特定情况下按照有利于劳动者的特别原则进行举证。举证责任是当事人在仲裁、诉讼中对自己的主张加以证明，并在自己的主张最终不能得到证明时，承担不利法律后果的责任。《中华人民共和国劳动争议调解仲裁法》第六条规定："发生劳动争议，当事人对自己提出的主张，有责任提供证据。"第三十九条第二款规定："劳动者无法提供由用人单位掌握管理的与仲裁请求有关的证据，仲裁庭可以要求用人单位在指定的期限内提供。用人单位在指定的期限内不能提供的，应当承担不利后果。"仲裁庭可以根据公平的原则和诚实信用原则，通过当事人举证能力等因素确定举证责任的承担。对劳动者而言要更加注重保存证据；对用人单位而言，对规范管理提出了更高的要求，用人单位要高度重视和完善档案管理工作，同时要加强对档案资料的保管，尤其是对用人单位有利的档案资料。

5. 裁决

当事人申请劳动争议仲裁后，可以自行和解。达成和解协议的，可以撤回仲裁申请，或者请求仲裁委员会制作调解书。仲裁庭在审理后作出裁决前，应当事先调解，达成协议的，仲裁庭应当制作调解书，调解书经双方当事人签收后发生法律效力，任何一方不得反悔。《最高人民法院关于审理劳动争议案件适用法律问题的解释（一）》（法释〔2020〕26号）第十一条规定："劳动争议仲裁机构作出的调解书已经发生法律效力，一方当事人反悔提起诉讼的，人民法院不予受理；已经受理的，裁定驳回起诉。"

调解不成或调解书送达前一方当事人反悔的，仲裁庭应当及时作出裁决。裁决应当按照多数仲裁员的意见作出，少数仲裁员的不同意见，应当记入笔录。仲裁庭不能形成多数意见时，裁决应当按照首席仲裁员的意见作出，对特殊重大、疑难案件可提交仲裁委员会决定。仲裁庭裁决案件时，裁决内容同时涉及终局裁决和非终局裁决的，应当分别作出裁决并告知当事人相应的救济权利。

仲裁庭裁决劳动争议案件时，其中一部分事实已经清楚，可以就该部分先行裁决。仲裁庭对追索劳动报酬、工伤医疗费、经济补偿或者赔偿金的案件，根据当事人的申请可以裁决先予执行，移交人民法院执行。仲裁庭裁决先予执行的，应当符合下列条件：（1）当事人之间权利义务关系明确；（2）不先予执行将影响申请人的生活。劳动者申请先予执行的，可以不提供担保。先行裁决和先予执行制度是保护劳动者利益而设计的制度。涉及劳动者基本生活、部分事实清楚的仲裁，请求先行裁决，先予执行，可以缓解劳动者燃眉之急，有利于及时保护劳动者合法权益。

仲裁庭裁决劳动争议案件，应当自劳动争议仲裁委员会受理案件申请之日起45日内结束。案情复杂、需要延期的，经劳动仲裁委员会主任批准，可以延期并书面通知当事人，但延长期限不得超过15日。逾期未作出仲裁裁决的，当事人可以就该劳动争议事项向人民法院提起诉讼。

劳动争议仲裁委员会的经费由财政予以保障，无论是劳动者还是用人单位，申请仲裁都无须负担任何费用。

10.3.6　劳动争议仲裁裁决的效力

劳动争议仲裁裁决的生效时间分为两种，一种是裁决一经作出立即生效；除此之外的其他裁决自当事人收到裁决之日起15日内不起诉后生效。

《劳动争议调解仲裁法》第四十七条规定："下列劳动争议除本法另有规定的外，仲裁裁决为终局裁决，裁决书自作出之日起发生法律效力。（一）追索劳动报酬、工伤医疗费、经济补偿或者赔偿金，不超过当地月最低工资标准十二个月金额的争议；（二）因执行国家的劳动标准在工作时间、休息休假、社会保险等方面发生的争议。"《最高人民法院关于审理劳动争议案件适用法律问题的解释（一）》（法释〔2020〕26号）第十九条规定："仲裁裁决书未载明该裁决为终局裁决或者非终局裁决，劳动者依据调解仲裁法第四十七条第一项规定，追索劳动报酬、工伤医疗费、经济补偿或赔偿金，如果仲裁裁决涉及数项，每项确定的数额均不超过当地月最低工资标准十二个月金额的，应当按终局裁决处理。"但根据《劳动争议调解仲裁法》第四十九条规定："用人单位有证据证明，一裁终局案件的仲裁裁决有下列情形之一，可以自收到仲裁裁决书之日起三十日内向劳动争议仲裁委员会所在地的中级人民法院申请撤销裁决。（一）适用法律、法规确有错误的；（二）劳动争议仲裁委员会无管辖权的；（三）违反法定程序的；（四）裁决所根据的证据是伪造的；（五）对方当事人隐瞒了足以影响公正裁决的证据的；（六）仲裁员在仲裁该案时有索贿受贿、徇私舞弊、枉法裁决行为的。人民法院经组成合议庭审查核实裁决有前款规定情形之一的，应当裁定撤销。仲裁裁决被人民法院裁定撤销的，当事人可以自收到裁定书之日起十五日内就该劳动争议事项向人民法院提起诉讼。"

当事人对《劳动争议调解仲裁法》第四十七条规定以外的其他劳动争议案件的仲裁裁决不服的，可以自收到仲裁裁决书之日起，十五日内向人民法院提起诉讼。同一仲裁裁决，同时包含终局裁决事项和非终局裁决事项，当事人不服该仲裁裁决，而向人民法院提起诉讼的，应当按照非终局裁决处理。仲裁调解书自送达之日起生效。

生效的仲裁调解书、裁决书对当事人具有法律约束力，当事人应当依照规定的期限履行。一方当事人逾期不履行的，另一方当事人可以向人民法院申请执行，维护自身的合法权益。

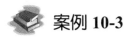 **案例 10-3**

仲裁"绿色通道"快速处理拖欠农民工工资劳动争议

基本案情： 2018 年，王某等 142 名农民工与某汽车配件公司签订劳动合同，从事汽车配件制作、销售等工作。2019 年 4 月，该公司全面停工停产，并开始拖欠工资。2019 年 9 月 3 日以后，该公司陆续邮寄了书面解除劳动合同通知，但未涉及拖欠工资事项。2019 年 9 月 15 日，王某等 142 名农民工向劳动人事争议仲裁委员会申请仲裁。

申请人请求： 裁决汽车配件公司支付拖欠的工资等。

处理结果： 经劳动人事争议仲裁委员会调解，王某等 142 名农民工与汽车配件公司当庭达成调解协议，由该公司于调解生效后 10 日内支付工资等共计 145 万元。

案例分析： 本案中，劳动人事争议仲裁委员会采取的快速处理拖欠农民工工资的集体劳动争议方法值得借鉴。一是建立拖欠农民工工资争议快速处理机制。《关于实施"护薪"行动全力做好拖欠农民工工资争议处理工作的通知》（人社部发〔2019〕80 号）提出："仲裁委员会要对拖欠农民工工资争议实行全程优先处理。"《劳动人事争议仲裁办案规则》第五十八条规定："简易处理的案件，经与被申请人协商同意，仲裁庭可以缩短或者取消答辩期。"本案中，仲裁委员会为王某等 142 名农民工开通了"绿色通道"，于收到仲裁申请当日立案，通过简化优化仲裁程序，对能合并送达的开庭、举证通知等仲裁文书一并送达。此外，在征询双方当事人同意后，对本案取消了答辩期，于立案后两个工作日即开庭审理，并当庭达成调解协议，当庭制作、送达调解书。二是应用要素式办案方式。要素式办案是指围绕案件争议要素加强案前引导、优化庭审程序、简化裁决文书的仲裁处理方式，对于创新仲裁办案方式，优化仲裁程序，提升办案效能，满足当事人快速解决争议的需要具有重要意义。本案中，仲裁庭以仲裁申请书为基础，提炼案件要素并梳理总结争议焦点，考虑到案件同质性强且涉及劳动者人数较多的实际情况，在开庭前对农民工代表及委托代理人制作要素式谈话笔录，明确入职时间、工资标准、拖欠工资数额、劳动合同解除时间等要素，并在开庭前安排汽车配件公司代理人逐一核对王某等农民工请求事项，对于无争议的要素由代理人签字确认，对于有争议的要素由代理人当场写明理由及依据。三是发挥工会、企业代表组织协商作用。根据要素谈话笔录反映的信息，仲裁委员会理清了案件脉络，由社会力量会同当地总工会、工商联等启动集体劳动争议应急预案，由总工会、工商联派人与农民工代表、汽车配件公司反复沟通协商，充分解答双方咨询法律问题，释明法律风险，为仲裁调解奠定了良好基础。四是通过调解化解争议。《劳动人事争议仲裁办案规则》第六十六条规定："仲裁庭处理集体劳动人事争议，开庭前应当引导当事人自行协商，或者先行调解。"2019 年 9 月 18

日仲裁庭审中，仲裁庭分别进行了"面对面"和"背对背"调解，对涉及停工停产后劳动报酬的支付问题，劳动争议的"一裁两审"程序进行了解释说明，从经济成本、时间成本、社会诚信以及和谐劳动关系等角度引导双方当事人协商，最终双方就工资支付数额、期限和方式达成一致，并当庭制作142份调解书送达了双方当事人。

典型意义：依法及时有效保障农民工工资权益，关系到人民群众的切身利益，关系到社会和谐稳定，是实现社会公平正义的必然要求，是践行立党为公、执政为民的具体体现。人社部、最高人民法院等下发的《关于实施"护薪"行动全力做好拖欠农民工工资争议处理工作的通知》（人社部发〔2019〕80号）要求完善协商、调解、仲裁、诉讼相互协调、有序衔接的多元处理机制。发生拖欠农民工工资集体劳动争议时，要根据国家有关保障工资支付法律和政策规定，先行引导当事人到专业性劳动争议调解组织进行调解；调解不成的，则需及时引导进入仲裁程序，要充分发挥协商、调解在劳动争议处理中的基础性作用和仲裁准司法的优势，发挥人社部门、工会和企业代表组织等有关部门合力及司法的联动效能，共同解决好拖欠农民工工资集体劳动争议，实现政治效果、法律效果与社会效果的统一。

资料来源：人社部函〔2020〕62号人力资源和社会保障部 高级人民法院关于联合发布第一批劳动人事争议典型案例的通知.

10.4　劳动争议诉讼

10.4.1　劳动争议诉讼概述

1. 劳动争议诉讼的含义与特征

（1）劳动争议诉讼的含义。劳动争议诉讼是指人民法院在劳动争议当事人和其他诉讼参与人的参加下，以审理、裁定、判决、执行等方式解决劳动争议的活动，以及由这些活动产生的各种诉讼关系的总和[1]。

劳动争议诉讼是解决劳动争议的最终程序，它通过司法程序保证了劳动争议的最终彻底解决。由人民法院参与处理的劳动争议从根本上将劳动争议处理工作纳入了法治轨道，有利于保障当事人的诉讼权，有助于监督仲裁委员会的裁决，有利于生效的调解协议、仲裁裁决和法院判决的执行[2]。

（2）劳动争议诉讼的特征。劳动争议诉讼具有4个特征。①公权性。劳动争议诉讼是民事诉讼法、劳动法共同作用的领域，是以司法方式解决劳动争议当事人之间的纠纷，由人民法院代表国家行使审判权的公力救济方式，因而劳动争议诉讼具有公权性。②强制性。只要当事人（原告）起诉符合劳动争议调解仲裁法和民事诉讼法等相关规定的条件，无论被告是否愿意，均可以启动诉讼程序。当事人不履行人民法院的裁判所确定的义务的，权利主体可以依法请求人民法院强制执行。③程序性。无论是人民法院还是当

---

① 中国就业培训技术指导中心. 企业人力资源管理师（一级）[M]. 北京：中国劳动社会保障出版社，2020.
② 程延园，王甫希. 劳动关系[M]. 5版. 北京：中国人民大学出版社，2021.

事人，或其他诉讼参与人都必须按照民事诉讼设定的程序实施诉讼行为，违反诉讼程序要承担一定的法律责任，劳动争议诉讼与非诉劳动争议相比，具有最为严谨的程序性。④终结性。劳动争议诉讼是解决劳动争议的终结性程序。它通过司法程序保证了劳动争议的最终彻底解决。

2. 劳动争议诉讼的当事人

劳动争议诉讼的当事人与劳动争议仲裁的当事人一致。《劳动争议调解仲裁法》第二十二条规定："发生劳动争议的劳动者和用人单位为劳动争议仲裁案件的双方当事人。劳务派遣单位或用工单位与劳动者发生劳动争议的，劳务派遣单位和用工单位为共同当事人。"其中起诉人称为原告，应诉人称为被告。

在当事人的认定方面应当注意以下 10 点。

（1）用人单位与其他单位合并的，合并前发生的劳动争议由合并后的用人单位为当事人；单位分立为若干单位的，其分立前发生的劳动争议，由分立后的实际用人单位为当事人。用人单位分为若干单位后，对承担劳动权利义务的单位不明确的，后分立的单位均为当事人。

（2）用人单位招用尚未解除劳动合同的劳动者，原用人单位与劳动者发生劳动争议，可以将新的用人单位列为第三人。原用人单位以新的用人单位侵权为由向人民法院起诉的，可以将劳动者列为第三人。原用人单位以新的用人单位和劳动者共同侵权为由，向人民法院起诉的，新的用人单位和劳动者列为共同被告。

（3）劳动者与有字号的个体工商户产生劳动争议诉讼的，人民法院应当以营业执照上登记的字号为当事人，应同时注明该字号业主的自然情况。

（4）劳动者因履行劳务派遣合同产生的劳动争议而起诉的，以派遣单位为被告；争议内容涉及接受单位的，以派遣单位和接受单位为共同被告。

（5）劳动者和用人单位均不服劳动争议仲裁委员会作出的同一裁决，向同一人民法院起诉的，人民法院应当并案审理，双方当事人互为原告和被告。在诉讼过程中，一方当事人撤诉的，人民法院应当根据另一方当事人的诉讼请求继续审理。

（6）劳动者与未办理营业执照、营业执照被吊销或者营业期限届满仍继续经营的用人单位发生争议的，应当将用人单位或者出资人列为当事人。

（7）未办理营业执照、营业执照被吊销或者营业期限届满仍继续经营的用人单位，以挂靠等方式借他人的营业执照经营的，应当将用人单位和营业执照出借方列为当事人。

（8）当事人不服劳动仲裁委员会作出的裁决，依法向人民法院提起诉讼，人民法院审理认为仲裁裁决遗漏了必须共同参加仲裁的当事人的，应当依法追加遗漏的人为诉讼当事人，被追加的当事人应当承担责任的，人民法院应当一并处理。

（9）企业停薪留职人员、未达到法定退休年龄的内退人员、下岗待岗人员以及企业经营性停产放长假人员，因与新的用人单位发生用工争议，依法向人民法院提出诉讼的，人民法院应当按劳动关系处理。

（10）劳动者在用人单位与其他平等主体之间的承包经营期间，与发包方和承包方双方或者一方发生劳动争议，依法向人民法院起诉的，应当将承包方和发包方作为当事人。

10.4.2　劳动争议诉讼的管辖

劳动争议诉讼管辖是指各级法院之间以及同级法院之间受理第一审劳动争议案件的分工和权限。

《最高人民法院关于审理劳动争议案件适用法律问题的解释（一）》（法释〔2020〕26号）第三条规定："劳动争议案件由用人单位所在地或者劳动合同履行地的基层人民法院管辖。劳动合同履行地不明确的，由用人单位所在地的基层人民法院管辖。对另有规定的，依照其规定。"

劳动争议当事人不服仲裁裁决，可向仲裁委员会所在地的人民法院提起诉讼。但是如果有涉外因素或者根据案件性质、繁简程度、影响范围，对于难度大、影响范围大的案件也可由中级人民法院或者高级人民法院作为第一审法院进行审理。

当事人双方就同一仲裁裁决，分别向有管辖权的人民法院起诉的，后受理的人民法院应当将案件移送给先受理的人民法院。

10.4.3　劳动争议诉讼条件

1. 劳动争议诉讼条件

根据《劳动争议调解仲裁法》《最高人民法院关于审理劳动争议案件适用法律问题的解释（一）》（法释〔2020〕26号）等相关法律法规，下列劳动争议可以进入诉讼程序，向人民法院提起诉讼：①当事人对仲裁裁决、终局裁决不服的。②劳动争议仲裁委员会逾期未作出受理决定或仲裁裁决的（特定事由除外）。③申请支付令被人民法院裁定终结督促程序后。④依据《劳动合同法》第八十五条规定，要求用人单位支付加付赔偿金的。⑤劳动争议仲裁委员会有管辖权（人民法院审查通知后），仍不受理仲裁的。未经劳动仲裁的劳动争议案件，除特定的案件外，人民法院一般不予受理。

2. 人民法院受理劳动争议诉讼案件的条件

人民法院受理劳动争议诉讼案件的条件是：①起诉人必须是劳动争议的当事人，当事人有正当理由不能起诉的，可以委托代理人起诉。②必须有明确的被告、具体的诉讼请求和事实依据。③必须是符合劳动争议诉讼条件的劳动争议案件。④起诉的时间必须在规定的时效范围内。⑤必须向有管辖权的人民法院提出。

10.4.4　劳动争议诉讼的程序

根据民事诉讼法的规定，劳动争议诉讼的流程一般分为7个步骤。

1. 提起诉讼

劳动争议当事人提起诉讼时，应当提交书面起诉状，起诉状应当列明原因，被告的情况以及诉讼请求、事实和理由，也可以写明证据、证据来源和证人姓名，并按照被告人数提交起诉状副本和证据副本。用人单位提起诉讼时，还应提交企业营业执照复印件，法定代表人身份证明等材料。原告委托了诉讼代理人的，应当提交授权委托书。委托书应当注明委托事项和权限。诉讼代理人全权代理的，原告应当在委托书上注明诉讼代理人可以代为承认、放弃、变更诉讼请求，进行和解、调解，提起反诉或者上诉的相关内容。

2. 受理

人民法院接到诉状后，应当在 7 日内进行审查，对符合下列条件的案件予以立案：①原告是劳动关系中的一方当事人，与本案有直接利害关系。②有明确的被告，且被告为劳动关系的另一方当事人。③有具体的诉讼请求和事实、理由。④属于人民法院受理民事诉讼的范围和受诉人民法院管辖。

经审查立案的，向原告送达受理案件通知书、举证通知书、预交诉讼费通知书及其他诉讼文书，并向被告送达应诉通知书、举证通知书及其他诉讼文书。对不符合条件的案件不予受理。

3. 预交诉讼费

原告在接到人民法院预交诉讼费用通知书后，7 日内缴纳诉讼费的，案件进入审理程序；原告在 7 日内未预交诉讼费用，又未提出缓交申请或者缓交申请未获批准仍不预交的，人民法院裁定按自动撤回起诉处理。

4. 庭前准备

①人民法院在立案之日起，5 日内将起诉状副本送达被告；被告在收到之日起，15 日内，提出答辩状，也可以不事先答辩。②合议庭组成人员确定后，人民法院在 3 日内告知当事人。③提交证据，即法院要求当事人提供证据；有些法院也可能不要求当事人事先提交证据，而是在开庭时再提交。④人民法院应当在开庭 3 日前通知当事人开庭的时间和地点。

5. 开庭审理

庭审程序依次分为法庭调查、法庭辩论、合议庭评议等。

6. 调解

在作出判决前，应当先对当事人双方的争议进行调解，调解成功的制作调解书，调解书一经当事人双方签字便发生法律效力。

7. 判决

对于调解不成的，人民法院应当依法作出判决。

若当事人一方对一审判决不服的，可以自收到一审判决之日起，十五日内，向上一级人民法院提起上诉。二审人民法院作出的判决为终审判决，终审判决一经作出即发生法律效力，当事人必须履行。如果当事人认为生效判决有错误的，可以向作出生效判决的人民法院的上一级法院提起申诉，对符合法定条件的，人民法院应当安排再审。

10.5　集体劳动争议处理

由于集体争议是与集体协议（集体合同）有关的争议，因此，凡不以缔结或修订集体协议为目的的争议，均不得称为"集体争议"。发达市场经济国家大多采用当事人自主解决原则，国家处于援助地位。解决争议遵循的原则包括诚实原则、自主性原则和政府积极合作原则。而且，各国立法尽量避免激烈的对立和对抗，尽量延长和谐义务的期限。在具体做法上多以各种机制尽可能防止或限制公开的冲突，比如对争议权的主体进行限制，规定军队、警察及公共事业不能行使争议权，限制对国民日常生活重要的公用事业单位的争议权的行使。还有其他一些限制：如德国法律规定只有工会才有罢工权，不承认工会会员的罢工权；有些国家规定权利事项不得罢工，只能遵循司法途径解决，只有利益争议（调整事项）才允许罢工；规定合同期内的和平义务；规定冷却期间，进行强制调解、斡旋及实情调查等①。

我国《劳动法》第八十四条规定："因签订集体合同发生争议，当事人协商解决不成的，当地人民政府劳动行政部门可以组织有关各方协调处理。因履行集体合同发生争议，当事人协商解决不成的，可以向劳动争议仲裁委员会申请仲裁。"这说明，我国集体合同争议包括因签订集体合同发生的争议、履行集体合同发生的争议。

1. 因签订集体合同发生的争议

因签订集体合同发生的争议，是围绕劳动者未来利益的争议，通过协商和协调处理，而不是通过司法或准司法途径裁决。根据《劳动法》第八十四条与《工会法》第五十三条的规定，因签订集体合同发生争议的，应由政府介入，依法协调处理。其原因在于集体合同协商过程中的争议不是一般意义上的权利争议，而是利益争议。《集体合同规定》第四十九条规定："集体协商过程中发生争议，双方当事人不能协商解决的，当事人一方或双方可以书面向劳动保障行政部门提出协调处理申请；未提出申请的，劳动保障行政部门认为必要时也可以进行协调处理。"工会具有代表职工与用人单位进行集体合同协商的权力。我国《劳动合同法》第五十六条规定，"用人单位违反集体合同，侵犯职工劳动权益的，工会可以依法要求用人单位承担责任；因履行集体合同发生争议，经协商解决不成的，工会可以依法申请仲裁、提起诉讼。"

劳动保障行政部门应当组织同级工会和企业组织（企联、工商联）等三方面的人员，共同协调处理集体协商争议。协调处理集体协商争议，应当自受理协调处理申请之日起30日内结束协调处理工作。期满未结束的，可以适当延长协调期限，但延长期限不得超过15日。协调处理因签订集体合同发生的争议结束后，由劳动行政部门制作《协调处理协议书》。《协调处理协议书》应当载明协调处理申请、争议的事实和协调结果，双方当事人就某些协商事项不能达成一致的，应将继续协商的有关事项予以载明。《协调处理协议书》由集体协商争议协调处理人员和争议双方首席代表签字盖章后生效。争议双方均应遵守生效后的《协调处理协议书》。

2. 因履行集体合同发生的争议

因履行集体合同发生的争议，是指在履行集体合同过程中当事人双方就如何将协议条款付诸实现所发生的争议，其标的是实现协议中已经设定并表现为权利义务的利益。它通常是由于解释协议条款有分歧或违约所致。

---

① 程延园.劳动关系[M]. 4 版. 北京：中国人民大学出版社，2016：315.

　　我国法律规定，因履行集体合同发生的争议，当事人协商解决不成的，可以依法向劳动人事争议仲裁委员会申请仲裁，对仲裁裁决不服的可以在法定期限内向人民法院提起诉讼。因履行集体合同发生的争议是以工会作为主体的，以既存权利义务为标的的争议，在处理程序上适用法律规定的个别劳动争议处理程序。在现实中，我国履行集体合同争议案件很少。

复习思考题

　　1. 试述劳动争议的概念、种类和特征。

　　2. 处理劳动争议的方法有哪些？

　　3. 试述劳动争议的调解机制。

　　4. 试述劳动争议仲裁受案范围。

　　5. 如何预防劳动争议的发生？

　　6. 结合企业人力资源管理实践，谈谈处理劳动争议的策略。

　　7. 什么是集体劳动争议？如何处理？

案例分析题

谁应该承担责任？

1. "隐孕闪辞"您怎么看？

　　2017 年 9 月，多家媒体报道了浙江一家公司女员工入职 3 天就宣布怀孕，产假结束提出辞职。一年多时间，公司照发工资、照交社保，事后表示"很受伤"。该女职工的行为是否合法？用人单位是不是有点"亏"？如何避免类似个案再发生？（资料来源 https://news.china.com/socialgd/10000169/20170910/31341889.html）

2. 入职前未进行体检，在岗期间查得职业病，最后的用人单位承担工伤责任吗？

　　2011 年 11 月 24 日至 2012 年 5 月 25 日期间，田某在某公司从事电焊工作，工作中接触电焊烟尘。2012 年 10 月 12 日，经职业病防治所诊断，确诊其患"电焊工尘肺 I 期"。事后，田某向所在地人力资源社会保障局提起工伤认定，人力资源社会保障局于 2012 年 12 月 4 日作出《工伤认定决定书》，以田某受到职业病伤害，认定为工伤。某公司不服上述工伤认定决定，遂诉至法院。人力资源社会保障局的《工伤认定决定书》符合法律法规及法定程序吗？电焊工尘肺 I 期在 6 个月内可能形成吗？如果你是用人单位代表，如何为用人单位辩护？用人单位入职前未进行体检，在岗期间查得职业病，最后的用人单位承担工伤责任吗？

第 11 章

灵活用工管理

本章介绍劳务派遣、劳务外包、非全日制用工、新就业形态用工管理，学习理解其不同于传统用工的特征，掌握这些类型用工的要求。

◆ 引导案例

京东合并德邦承诺缴齐员工五险一金

2022 年 11 月 22 日，京东集团创始人、董事会主席刘强东发布内部信，提出：要以高管降薪等多种方式提升员工待遇；集团将拿出 100 亿元人民币，为包括全体德邦员工在内的所有集团基层员工设立"住房保障基金"，"这是循环无息贷款基金，意味着未来十年，集团累积投入资金总额高达数百亿元"；不管是外包还是自有员工，从 2023 年 1 月 1 日起，将逐步为十几万德邦员工缴齐五险一金，确保每个德邦员工都能"老有所养，病有所医"。信的原文如下。

各位京东兄弟们：

我想大家已经看到了集团以及物流、健康相继发布的第三季度业绩或简报！历经十几年埋头苦干，京东终于迎来了全面盈利的重要时刻，这表明我们以客户体验为核心的长期战略是正确的，我们团队坚持长期主义、脚踏实地执行公司的战略是有效的。展望未来，我对我们国家经济发展和集团各个业务前景充满信心和期待！我们一定会越来越好！

所有成功都离不开兄弟们的努力和坚持，在成功合并德邦之后，我们的员工总数已经突破了 54 万。我相信我们的"35711"梦想一定可以实现：那时我们可以为国家和社会直接带来超过 100 万就业岗位。在高兴之余，我一直在思考应该为兄弟们做点什么？

经过深入调研和仔细论证，集团决定：

一、德邦现有的员工，不管是外包还是自有的，都是我们的兄弟，自 2023 年 1 月 1 日起，逐步为十几万德邦的兄弟们缴齐五险一金，确保每个德邦兄弟都能"老有所养，病有所医"，为兄弟们提供基础保障。过去，德邦的做法虽然合规合法，而且缴纳的五险一金比例远远超过其他同类公司，但依然有很多外包兄弟不能像自有员工一样享受全额五险一金待遇。我们会按照一定条件，逐步把外包兄弟转化为德邦自己的员工！让大家更有保障！

我知道这会造成对德邦的短期财务压力，但是我相信在实施"精兵简政、强化协同、激活员工、提升效率"的多种管理举措后，德邦会迎来更好的财务表现。对此集团和德邦管理层都充满信心。

二、集团拿出 100 亿元人民币，为包括全体德邦兄弟们在内的所有集团基层员工设立"住房保障基金"，我希望此举能为工作满五年以上全体员工，包括每一个快递兄弟和客服兄弟实现购房愿望。这是循环无息贷款基金，意味着未来十年，集团累计投入资金总额高达数百亿元人民币！

我希望此举能让工作一定年限的兄弟们都能有一个温暖的、稳定的、自己的"家"。

三、我本人再捐款 1 个亿元人民币，集团以及各个 BGBU 也会拿出一定比例的现金，大幅扩充"员工子女救助基金"的规模，为任何一个在职的京东（包括德邦等）兄弟，哪怕你是为京东（包括德邦等）工作一天，无论是因为工伤还是非工伤，只要发生重大不幸导致丧失劳动能力或失去了生命，你的孩子们将由这只基金抚养最长可达 22 周岁，直至大学毕业！此举是为了确保每一个京东兄弟们都有坚强的保障，确保在任何情况下都不应该返贫或者让家庭难以为继！

我们用实际行动践行"一日京东人，一生京东情"的企业理念！

四、为了提高基层员工福利待遇，同时尽量减轻公司压力，集团决定自 2023 年 1 月 1 日起，京东集团副总监以上以及相对应的 P/T 序列以上全部高级管理人员，现金薪酬全部降低 10%～20% 不等，职位越高降得越多。希望高管们能够理解和支持这一决定！对不起这两千多号高管兄弟们，我向你们道歉！如果两年之内，京东业绩重回高增长状态，集团随时可以恢复大家的现金报酬。

兄弟们，各种福利待遇很好设计，但是不要忘记我们的股东。他们很多人和我们一样都是普通百姓，拿着终生积蓄购买了我们京东包括德邦的股票，那也是他们省吃俭用积攒来的血汗钱、养老钱！如果我们经营不善，他们就会亏钱。我们虽然无法影响短期股价，但是只要我们业绩长期向好，终究可以回报我们的股东。希望兄弟们继续努力工作，不断回报我们的股东们。

祝兄弟们身体健康，工作愉快！

你们的东哥

2022 年 11 月 22 日

快递员五险一金问题在行业中一直存在。各大快递公司通常以加盟制来扩展市场，员工常常不直接由快递公司总部管理，每个网点自己决定用人安排，自负盈亏，快递员常是外包模式，网点尽量降低成本、降低员工福利。快递员职业伤害引发大量劳动争议。

顺丰、京东基本采取自营模式。时任京东物流 CEO 余睿表示，京东物流自创立起就开始为快递小哥缴纳五险一金。2017 年年初，部分快递网点出现爆仓之际，京东董事会主席 CEO 刘强东狠批"以克扣配送员和卖家从业人员的福利带来的快递业、电商表面'繁荣'该停止了",直指"90%以上的电商从业人员没有五险一金或者少得可怜的五险一金",京东 2016 年为包括基层配送员的员工缴纳五险一金超过 27 亿元人民币。面对京东的隔空喊话,2017 年 5 月 22 日马云在全球智慧物流峰会上表示:如果基本社保无法保障,中国快递业走不了三年。在 2017 年年底的菜鸟联盟年度会议上,马云再次呼吁快递企业应该保障基层快递员的尊严和待遇,该次会议倡议"提升快递员待遇,给快递员更多尊严,同时提升快递服务能力,破解末端压力"。2018 年 2 月 2 日,刘强东通过微博表示,京东坚持全员全额缴纳五险一金,2017 年共缴纳了 60 亿元人民币的保险费和公积金,如果通过劳务外包或者少缴,一年至少可以多赚 50 亿元人民币。直营模式也给企业带来了较大的成本开支。2021 年,京东物流的运营成本达到 989 亿元,相较于 2020 年增长 47.4%,其中仓储管理、分拣、拣配、打包、运输、配送及客服等运营员工的员工薪酬福利开支增加 37.3%至 358 亿元。在 2018—2020 年,人力成本分别占据经营费用及营业成本总额的 48.4%、44.8%及 41.0%,2021 年继续下降至 36.2%,虽然增长率有所下降,但人力成本总额仍在攀升。

顺丰的情况与此相同,2021 年一季度人力成本甚至成为顺丰首次季度亏损的主要原因之一。顺丰在其 2021 年财报中也提到,2021 年年初疫情期间响应春节原地过年号召,留岗员工人数和补贴增加导致人工成本上升。

除了五险一金等福利外,派费是快递员的主要收入。对比"通达系",京东物流和顺丰对快递员的要求更多,派费也高于"通达系"快递员。快递员薪酬和福利的保障,直接关系到行业的稳定性。据此前中国邮政快递报社发布的《2020 年全国快递员基层从业现状及从业满意度调查报告》,超五成快递员月收入不超过 5000 元,月收入超过 1 万元的仅占 1.3%。这一数据与此前网络盛传的快递员月入上万的信息有所出入。这几年快递员的薪酬逐步下滑,网点罚款增加、派费减少,导致最终收入不及预期,快递员流失率高达 70%。与此同时,国内快递业务量逐年上涨,2021 年我国快递业务量已经达到 1083 亿件,日均快递量将近 3 亿件。而末端劳动力的供给没有明显增长,导致末端的配送压力增加。

根据多文改编:合并德邦后,京东承诺缴齐员工五险一金,界面新闻,2022-11-22;叶飒. 为何顺丰、京东的客户满意度高?原来霸道总裁都熟读"弗里施法则"[J]. 商讯,2018(6):17-18;夏曼. 快递物流产业人力资源困境与对策研究[J]. 电子商务,2020(6):32-34.

11.1　劳动用工的灵活性与安全性

11.1.1　灵活用工的界定

用工或雇佣是从企业角度的用语;就业是从劳动者和社会角度的用语。因此,灵活用工与灵活就业实际上是指同一事物,只是角度不同。灵活用工是相对于标准用工来说的。所谓标准用工或者标准雇佣(standard employment)、典型雇佣(typical employment),是雇员与雇主直接建立的、全日制的、无终止期的劳动关系,可见,标准雇佣相当于我国的无固定期限合同制。在工业化社会中,标准雇佣是主流的雇佣形式,是劳动者就业的标准形态。灵活用工被称为"非典型雇佣"（atypical employment）或"非标准雇佣"（non-standard employment），是指标准雇佣之外的用工形式。灵活性用工（就业）多种多样。由于各国的经济社会背景和历史传统不同，灵活用工形式也不完全相同。概括起来主要包括 5 种：临时工、有固定期限的合同工、劳务派遣工、非全日制工和老年工。这些本质上属于劳动关系性质的用工形式。当然，灵活用工还包括一些不具有劳动关系性质的形式，如自雇型和个人承包形式等，这些属于传统的不具有劳动关系性质的用工[①]。

鉴于我国无固定期限合同劳动者占比少、大量为固定期限合同用工的现实，我们不宜将固定期限合同用工归类为非标准用工或灵活用工。因此，本书将灵活用工界定为：我国全日制用工且构成雇主与雇员从属关系的雇佣形式之外的用工方式，包括劳务派遣、劳务外包、非全日制用工、新就业形态用工等。

11.1.2 就业的灵活性与安全性

就业的灵活性和安全性是一组相对应的概念。根据经济合作与发展组织（OECD）的研究，就业的灵活性包括 4 个维度：①外部数值灵活性，又称就业灵活性，指企业针对当前需要调整雇佣数量的能力，该维度对企业而言表明其雇佣和解雇工人的难易程度；还有企业通过各类商业合同，在不签订劳动合同的情况下获得外部劳动者或企业服务的自由。②内部数值灵活性，指在不改变雇员数量的前提下企业调整和分配工作时间的能力。③功能灵活性，又称工作结构灵活性，指企业调动员工工作或改变其工作内容的自由程度，该维度反映工人在企业内流动的情况。④工资灵活性，该维度反映企业随劳动力市场或竞争条件调整工资的自由度。

就业的安全性主要包括 4 个维度：①工作安全性，该维度确保雇员在被解雇和工作条件改变时，可以获得必要保护，是就业保护立法的主要目标。②就业或就业能力安全性，该维度意味着，企业的冗余人员或失业者的任职资格及就业经历符合一定要求的，就能及时获得工作岗位。③收入或社会安全性，即在失业时可以获得收入保护。④组合安全性，即能够协调好工作和其他社会责任间的关系，包括工作和生活的平衡或工作和家庭的平衡。

就业灵活性和安全性需要兼顾平衡，比如既要实行解雇保护以实现就业安全性；又要给予雇主解雇权利以实现就业灵活性。通常，灵活性主要体现于劳动法（最典型的是解雇保护制度）当中；安全性尤其是就业安全、收入安全和综合安全，不仅体现于劳动法，也体现在失业保险等社会保障（社会保护）制度中。而且，劳动力市场的政策或法律也往往通过不同的制度实现灵活性和安全性的配合协调。

从国际上看，劳动力市场保护主要有两类，一类是对就业的保护，另一类是对失业的保护或社会保护。就业保护通常使用法律制度限制企业裁员，因此对劳动力市场灵活性的影响较大，就业保护程度越高，劳动力市场的灵活性就越低；而社会保护对劳动力市场灵活性的影响较小。世界各国的劳动力市场上一般都是两类保护同时并存，但在不

---

① 李坤刚. 就业灵活化的世界趋势及中国的问题[J]. 四川大学学报（哲学社会科学版），2017(2)：146-153.

同国家因两类保护程度不同而产生了不同的劳动力市场保护模式。总体看来，低就业保护、高社会保护的保障模式更能够兼顾到劳动力市场灵活性、安全性和保障水平及经济增长之间的关系，低就业保护意味着劳动力市场灵活性高，通过高社会保护可以弥补其不足[1]。

发达国家的劳动关系均曾经历过从无规制的灵活性就业向有规制的稳定性、安全性就业的转化。即直接签订的、全日制的、终身制的劳动合同关系，成为了雇用形式的主流。2004年英国的一项调查中，有92%的雇员说其工作是永久性的。在达到稳定性、安全性就业之后，由于经济全球化的速度加快，劳动关系出现了明显的灵活性的趋势。间接的（如劳务派遣）、不稳定的（如临时工、固定期限合同工）、非全日制的就业形式增加。伴随着灵活的、非典型就业趋势的增长，各国的稳定就业率一直在下降。例如，日本在20世纪七八十年代，无固定期合同的终身制就业劳动者占90%，但在2010年下降到了61.3%；德国1991年稳定的无固定期劳动合同占的就业劳动者71%，2007年则下降到了60.1%[2]。

我国劳动力市场改革经历了计划经济时期过度的安全性和缺乏灵活性；到1995年实施《劳动法》，推动签订劳动合同、"破三铁"，逐步提高灵活性；到灵活性有余、安全性不足，2008年实施《劳动合同法》，逐步提高安全性、降低灵活性的波浪式改革历程。就目前来说，我国的就业灵活性与安全性问题仍旧同时存在。一是我国劳动关系远未达到稳定性的程度，不存在从稳定性走向灵活性的基础。固定期限劳动合同是我国的主要用工形式；而且我们有大量的农民工，农民工市场灵活性有余、安全性不足；非全日制用工存在同样问题。我国的失业保障和社会保护水平较低，就业的安全性不足。二是我国又确实面临就业灵活性不足问题，《劳动合同法》对劳动合同解除和变更进行了较严的规制，设立解雇保护。同时我国又面临新的全球化的灵活就业趋势、新技术带来的就业灵活性冲击等问题。因此我们需要平衡好就业灵活性与安全性。

11.2 劳务派遣用工管理

11.2.1 劳务派遣的含义与特征

劳务派遣是指劳务派遣单位与被派遣劳动者建立劳动关系，并将劳动者派遣到用工单位，被派遣劳动者在用工单位的指挥、监督下从事劳动的新型用工形式。

劳务派遣是一种由"三方当事人"和"两种契约"构成的非典型雇佣形式：即劳务派遣公司、被派遣企业或单位、劳动者"三方当事人"；劳务派遣公司与劳动者签订劳动合同；被派遣企业或单位与劳动者签订劳务派遣协议"两种契约"。这种雇佣关系与传统的雇佣关系不同，劳务派遣出现了劳动力雇佣与使用的分离，"用人单位"与"用工单位"的分离，形成劳务派遣公司、用人单位、劳动者的三方关系，如图11-1[3]。

① 谢增毅. 劳动力市场灵活性与劳动合同法的修改[J]. 法学研究，2017, 39(2)：95-112.
② 李坤刚. 就业灵活化的世界趋势及中国的问题[J]. 四川大学学报（哲学社会科学版），2017(2)：146-153.
③ 白永亮. 劳务派遣的实质判定：雇佣与使用相分离的视角[J]. 社会科学研究，2017, 233(6)：54-60.

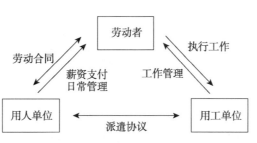

图 11-1　劳务派遣三方关系

11.2.2　国外劳务派遣模式

国外的派遣就业起源于 20 世纪 20 年代的美国。在开始阶段，派遣就业机构的发展在很多国家受到了严格的限制，甚至被禁止和废除。20 世纪六七十年代，发达国家在经历了战后经济繁荣后失业问题日益严重，扩大就业的任务十分繁重，经济自由化和国际竞争也为劳务派遣业提供了发展机遇。20 世纪 90 年代国际劳工组织通过了《私营就业机构公约》（第 181 号）后，劳务派遣机构的合法性终于被承认。派遣就业占全部劳动力比例也被称为渗透率，2010 年整个欧洲的派遣就业平均渗透率为 1.6%[①]；日本的劳务派遣工在 2010 年占就业总量的 3%[②]。

劳务派遣可以分为：雇佣型派遣、登录型派遣、共同雇主模式、混合模式[③]。

1. 雇佣型派遣

雇佣型派遣模式中，派遣机构根据市场需要招工，并与派遣劳动者签订无固定期限劳动合同。"雇佣模式"主要由派遣机构承担雇佣风险，并且不得以企业经营需要为由解雇劳动者。派遣机构在无法为派遣劳动者寻得派遣机会期间，仍然必须给付派遣劳动者工资和提供其他劳动条件。该模式的典型代表是德国。2004 年前的《德国劳务派遣法》规定出借方（即派遣机构）与劳动者不得签订固定期限的劳动合同。2004 年新的《德国劳务派遣法》的规定，出借方和劳动者可以签订固定期限劳动合同，在结束派遣后如无新的就业机会，出借方原则上可以因经营原因解除与派遣劳动者的合同，但一旦接到新的派遣委托，可以重新录用该劳动者。尽管放松了对订立固定期限劳动合同的限制，但出借方与劳动者之间订立的固定期限劳动合同仍然要受《非全日制和固定期限劳动合同法》的约束。根据该法第 14 条第 1～3 款，订立固定期限的劳动合同原则上必须有客观理由。一旦形成无固定期限合同，派遣机构有权决定同一劳动者向不同借用方（即要派机构）提供劳务和派遣期限，但要承担无工作期间劳动者的工资、社会保险等费用支出。无工可派属于派遣机构应该承担的经营风险，不得转嫁给劳动者，不能构成《非全日制和固定期限劳动合同法》第 14 条第 1 款意义上的客观事由。德国联邦政府和劳动法院也认为，无固定期限劳动合同带来的不确定性属于经营风险范围，要派机构不能通过订立

---

① 陈玉萍. 国外劳务派遣用工制度研究[J]. 兰州学刊，2013(8)：142-146.

② 李坤刚. 就业灵活化的世界趋势及中国的问题[J]. 四川大学学报（哲学社会科学版），2017(2)：146-153.

③ 王林清. 劳务派遣中雇主责任的分配[J]. 清华法学，2016,10(3)：105-122.

固定期限的劳动合同将这种风险转嫁给劳动者。在雇佣型派遣中，劳动者对派遣机构的依赖程度大于对要派机构的依赖程度，故以劳动者与派遣机构的劳动关系为主，雇主责任也以派遣机构为主。

2. 登录型派遣

登录型派遣模式中，派遣机构与派遣劳动者之间签订固定期限劳动合同，一旦派遣期限届满，该劳动合同随之消灭。派遣前劳动者只做登记，派遣机构在受到要派机构委托后才与劳动者订立劳动合同，劳动者与派遣机构、要派机构之间的关系都具有临时性，且同时发生和终止，故也被称为临时性派遣。登录型派遣的典型代表为法国。根据《法国劳动法典》，劳务派遣只能适用于临时性工作岗位，在长期性、持续性的工作岗位上禁止使用派遣劳动力。用工者（即要派机构）只有为完成明确的、临时性工作时，才能与派遣机构签订一份书面的工作安排合同。相对于雇佣型派遣，在登录型派遣中，劳动者对于要派机构的依赖程度大于对派遣机构的依赖程度，以劳动者与要派机构的用工关系为主，要派机构承担更多的雇主责任。

大多数国家采用登录型派遣模式。

3. 共同雇主模式

共同雇主模式以美国为代表。20 世纪 70 年代之前，美国劳动关系仍是以长期直接雇佣为基础，但之后临时工作的出现逐渐改变了这种状况，劳务派遣这种临时工作方式渐趋扩大，于是谁是"雇主"这一新的法律问题随之产生。契约自由理念引导美国派遣机构和劳动者对劳动合同期限作出自由选择，劳务派遣协议没有任何适用条件的限制。但是，为避免某些不诚实的雇主逃避劳动法的规制，美国发展出了"共同雇主"规则。《美国劳工关系法》规定雇主有义务与劳工代表进行集体谈判，如果要派机构和派遣机构对派遣劳动者都实施了充分的控制，就被视为劳动者的共同雇主，都负有与其进行集体谈判的义务。美国法院在"共同雇主"（joint employer）概念下，认定要派机构有时也要承担雇主责任，主要判定标准为"要派企业平日对派遣劳动者行使监督管理权的程度"。要派机构所承担的共同雇主责任主要是最低工资保障、职业安全健康、就业歧视、职业灾害补偿等事项。如果派遣机构没有为派遣劳动者购买职业灾害保险，要派机构须承担次要雇主责任。由于派遣劳动者是由派遣机构直接雇佣，因此，几乎在所有事项上，派遣机构都必须承担雇主责任。然而，"共同雇主"并不意味着要派机构与劳动者建立劳动关系；也不意味着这种模式对劳动者的保护力度更大。英国也采用这种模式。

4. 混合模式

纯粹采用雇佣型模式的国家很少，大多数国家采取登录型模式为主，雇佣型模式为辅的模式，实际上是混合模式。以日本为代表，根据日本的《劳动者派遣法》，派遣劳动者的就业方式分为两种类型：一类是登记型派遣就业。求职者在派遣单位处登记备案，派遣单位以登记备案的劳动者信息为基础，依照用工单位的需求从库中挑选符合条件的劳动者实施派遣。劳动者在未从事派遣工作期间，劳务派遣单位不用支付工资。登记型劳务派遣是日本劳务派遣的主流用工形式，大约占 80%。另一类是雇用型派遣就业，派遣劳动者作为劳务派遣公司长期雇用的正式员工，这种员工即使在没有派遣任务时，派遣公司依然要依照一定标准向其支付工资，具有相对稳定性[①]。

各种模式（以代表国家为例）中劳务派遣雇主责任比较如表 11-1 所示。

表 11-1　各国的雇主责任比较

	责任主体	责 任 内 容
德国	派遣机构（出借方）	遵守社会保险、劳动保护方面的规定；代扣代缴个人所得税；保证派遣劳动者在借用方获得同等工作条件和工资待遇；履行其他的劳动法义务，出借方有义务在与借用方书面订立的派遣合同中明确约定相关内容，如果派遣劳动者未能享受到与出借方同类劳动者相同的基本劳动条件，则审批机关可以拒绝发放劳动者派遣许可
	要派机构（借用方）	给予派遣劳动者的工作条件和工资待遇不低于本企业的同类劳动者；遵守劳动保护的法律规定
	连带责任	支付劳动报酬
法国	派遣机构	依法承担有关劳动保健医疗的义务；提供单人使用的保护设备；偿还派遣劳动者同等享受要派机构集体交通工具及食堂等集体设施所增加的开支；支付合同终止补偿金、就业不稳定补偿金和带薪休假补偿金等。有义务在派遣合同中明确劳动报酬、劳动条件
	要派机构	提供法定的劳动条件；负责派遣劳动者所从事的工作要求的专门医疗监护；提供单人用保护设备；允许派遣劳动者同等享受集体交通工具及食堂等集体设施；给予派遣劳动者的工资和其他待遇与要派企业员工平等。如果派遣劳动者造成对第三人的损害，通常先由要派机构承担赔偿责任；如果损害是派遣机构没有按照要求派遣合格的劳动者造成的，可以再由派遣机构赔偿要派机构损失
	连带责任	派遣机构有义务缴纳保证金以保证支付工资及附加工资、补偿金、社会保险费等，如提供的保证不足，由要派机构取代派遣机构支付劳动者报酬及社会保险款项
美国	派遣机构	承担所有劳动法规定的雇主责任
	要派机构	与派遣劳动者就工资、职业安全、歧视禁止、社会保障等方面进行集体谈判 必须遵循最低工资标准；联邦没有平等待遇要求，但有些州有
	连带责任	要派机构对劳动者进行实际控制过程中的劳动者保护承担连带责任
日本	派遣机构	采取措施确保要派机构遵守劳动基准法等相关法律；保证派遣劳动者取得被保险人资格；选派人员处理派遣劳动者的劳动权益事项、处理派遣劳动者申诉等
	要派机构	遵守劳动基准法等劳动保护规定和劳工派遣契约的约定；与派遣机构共同处理派遣劳动者申诉，并维持适当的就业环境，提供诊疗、供餐等设施等
	连带责任	派遣期间解约，要派机构负有对派遣劳动者帮助义务

不管是哪种模式，各国对劳务派遣用工都有严格规制。

（1）严格界定劳务派遣用工的定义和范围、期限。例如，日本对劳务派遣的定义非常严格，认为"所谓劳务派遣，就是将自己所雇佣的劳动者，在该雇佣关系下，让该劳动者接受第三方的指挥命令并让其为第三方提供劳动，但是这种劳动并不包含约定让第三方雇佣该劳动者从事劳动"。日本还列出禁止使用劳务派遣的行业，包括港口运输业、建筑业、医疗业、保安服务业，劳务派遣用工期限为 3 年。大多数国家对劳务派遣用工的临时性进行了规定，通过规定，使用劳务派遣必须在偶然的情况下，必须是工作目标和用工需求都具有临时性；规定"临时就业合同不能完全替代长期或正规工作"。

---

① 刘璐，宋晓波. 日本劳务派遣的发展现状与问题[J]. 中国劳动，2013, 333(9)：31-33.

（2）规定劳务派遣工的劳动权益。各国都规定了劳务派遣工拥有同工同酬权利。法国规定了派遣工人在用人单位享有平等对待权，在派遣公司享有接受培训的权利、集体谈判的权利等。

（3）有劳务派遣工由临时雇佣关系转为长期雇佣关系的机制。第一种是派遣劳动者与派遣机构的劳动关系长期化。在一些国家，派遣劳动者可以与派遣机构签订无固定期限合同（如澳大利亚、芬兰、德国、荷兰和瑞典），如果签订的是固定期限劳动合同，则有一定的转化机制，如荷兰规定，派遣工连续工作 3.5 年后，最后一份合同将成为与临时雇佣机构签订的不定期合同。第二种是派遣劳动者与要派机构劳动关系自动直接化或长期化。例如，根据韩国《劳动派遣保护法》第 6 条，如果派遣劳动者在要派机构的工作时间超过 2 年，劳动者从 2 周年届满之际被视为直接受雇于该公司。日本规定，用工单位超过派遣期限（3 年）使用劳务派遣劳动者的，有与被派遣劳动者签订劳动合同，雇用其为企业正式员工的法定义务，即"转雇用"。

（4）对劳务派遣公司进行准入限制。设立许可证制度以严格控制劳务派遣公司的准入门槛。在经济合作与发展组织允许劳动派遣的 38 个成员国中，要求劳务派遣公司获得行政许可的国家有 25 个。美国有 10 个州的法律要求劳务派遣公司在开业前必须向州登记；对劳务派遣公司市场准入的监管相当严格，包括对公司所有者和控制人都有监管的要求；在财务方面，劳务派遣公司必须提供一定资金，用于担保被派遣劳动者工资和其他福利费用的支付。

11.2.3　我国劳务派遣用工管理

1. 我国劳务派遣的产生与发展

我国劳务派遣萌芽于 20 世纪八十年代的外商代表处用工。受当时计划体制下的人事政策所限，国家规定外企驻华机构招聘中国员工必须由指定机构统一派遣。1999 年 6 月，北京市劳动和社会保障局、北京市财政局、北京市工商局制定了《北京市劳务派遣组织管理暂行办法》。2002 年，中共中央、国务院联合发布了《关于进一步做好下岗失业人员再就业工作的通知》，通知中提出了从 6 个方面努力开辟就业和再就业渠道，其中第五个就是"鼓励下岗失业人员通过非全日制、临时性、季节性、弹性工作等灵活多样的形式实现就业。通过发展劳务派遣、就业基地等组织形式，为他们灵活就业提供服务和帮助"。该通知中使用了"劳务派遣"一词，之后，我国官方文件一般使用"劳务派遣"。2008 年 1 月 1 日施行的《劳动合同法》中，辟专节对劳务派遣制度部分进行了比较具体的规定，《劳动合同法实施条例》又对劳务派遣相关规定做了进一步的解释[①]。2012 年《劳动合同法》（修正案）将劳务派遣严格界定为"补充用工形式"。2014 年人力资源社会保障部颁布《劳务派遣暂行规定》，进一步对劳务派遣进行规范。

2. 我国劳务派遣用工管理

我国对劳务派遣用工的管理采用了一种特殊的混合模式。一方面，我国《劳动合同

---

① 张新民. 我国劳务派遣用工制度研究[J]. 中国劳动，2012, 322(10)：9-12.

法》规定，劳务派遣单位应该向被派遣劳动者"按月支付劳动报酬"；"被派遣劳动者在无工作期间，劳务派遣单位应当按照所在地人民政府规定的最低工资标准，向其按月支付报酬"。这类似于雇佣型劳务派遣模式中，将被派遣劳动者视为被雇佣的员工。另一方面，我国规定，"劳务派遣单位应当与被派遣劳动者订立二年以上的固定期限劳动合同"，并不是长期合同，这类似于登录型派遣的短期特征。我国更没有关于劳务派遣员工订立无固定期限合同的规定，我国的劳务派遣单位（用人单位）和被派遣单位（用工单位）都免于承担长期雇主的责任。

对劳务派遣工的劳动权益，我国《劳动合同法》规定了：①知情权，劳务派遣单位应当将劳务派遣协议的内容告知被派遣劳动者。②同工同酬权，被派遣劳动者享有与用工单位的劳动者同工同酬的权利。用工单位无同类岗位劳动者的，参照用工单位所在地相同或者相近岗位劳动者的劳动报酬确定。③参加工会权，被派遣劳动者有权在劳务派遣单位或者用工单位依法参加或者组织工会，维护自身的合法权益。④社会保障权，劳务派遣公司依法为劳务派遣工缴纳社会保险。⑤培训权，劳务派遣公司应该建立培训制度，对被派遣劳动者进行上岗知识、安全教育培训。⑥劳务派遣公司还要督促用工单位依法为被派遣劳动者提供劳动保护和劳动安全卫生条件；协助处理被派遣劳动者与用工单位的纠纷。

对劳务派遣的规制，我国也有相关规定。①"三性"规定。《劳动合同法》规定，劳务派遣一般在临时性、辅助性或者替代性的工作岗位上实施。2014年的《劳务派遣暂行规定》第三条规定："临时性工作岗位是指存续时间不超过6个月的岗位；辅助性工作岗位是指为主营业务岗位提供服务的非主营业务岗位；替代性工作岗位是指用工单位的劳动者因脱产学习、休假等原因无法工作的一定期间内，可以由其他劳动者替代工作的岗位。""用工单位决定使用被派遣劳动者的辅助性岗位，应当经职工代表大会或者全体职工讨论，提出方案和意见，与工会或者职工代表平等协商确定，并在用工单位内公示。"②数量限制。《劳务派遣暂行规定》第四条规定："用工单位应当严格控制劳务派遣用工数量，使用的被派遣劳动者数量不得超过其用工总量的10%"。③对劳务派遣协议的规定。劳务派遣协议应当载明下列内容：派遣的工作岗位名称和岗位性质；工作地点；派遣人员数量和派遣期限；按照同工同酬原则确定的劳动报酬数额和支付方式；社会保险费的数额和支付方式；工作时间和休息休假事项；被派遣劳动者工伤、生育或者患病期间的相关待遇；劳动安全卫生以及培训事项；经济补偿等费用；劳务派遣协议期限；劳务派遣服务费的支付方式和标准；违反劳务派遣协议的责任；法律、法规、规章规定应当纳入劳务派遣协议的其他事项。对劳务派遣员工退回、劳务派遣协议的解除，也作了相应规定。④在用工所在地本地缴纳劳务派遣工社保，限制劳务派遣工的"异地社保"（在社保金缴纳低的地方缴纳）。⑤对劳务派遣公司进行规制。《劳动合同法》规定，劳务派遣单位应当依照公司法的有关规定设立，注册资本不得少于50万元；2012年修正案规定不得低于200万元。2020年以来，各省制定劳务派遣服务规范，对劳务派遣业务的基本要求、服务内容、服务流程、服务要求、服务评价与改进等提出行业的地方标准。

然而，我国劳务派遣用工仍旧存在一些问题，一是劳务派遣违背"三性"的滥用，劳务派遣工占用工总量的比例也超过10%。根据人力资源社会保障部《2021年度人力资源和社会保障事业发展统计公报》，2021 年，我国人力资源服务行业共有人力资源服务机构 5.91 万家，为 3.04 亿人次劳动者提供了各类就业服务，为 5099 万家次用人单位提供了专业支持，其中为 58.77 万家用人单位提供劳务派遣服务，派遣人员 1956.48 万人。二是一些劳务派遣工的劳动权益得不到保障，最严重的是同工不同酬、不按照规定缴纳社保。三是劳务派遣公司的责任难落实，一些劳务派遣公司如同"影子公司"，等等。落实劳务派遣相关法律规定、保障劳务派遣工劳动权益，任重道远。

11.3　劳务外包用工管理

11.3.1　劳务外包的含义

"外包"（outsourcing）概念最早出现在 1900 年《哈佛商业评论》上的《企业的核心竞争力》一文中，原意是企业在自身资源有限的情况下，利用外部资源，在保留其最具竞争力的核心资源的前提下，把其他非核心资源利用外部最优秀的专业化资源予以整合和运作，降低运营成本，提高企业效率，从而提升企业在行业中的核心竞争力以及企业对经济环境应变能力的一种管理模式[①]。

我国《企业内部控制应用指引第 13 号——业务外包》（以下简称《指引》）（财政部、中国证券监督管理委员会、审计署、中国银行业监督管理委员会、中国保险监督管理委员会 2010 年 4 月 15 日发布）第二条规定，业务外包（不涉及工程项目外包），是指企业利用专业化分工优势，将日常经营中的部分业务委托给本企业以外的专业服务机构或其他经济组织（以下简称承包方）完成的经营行为。"指引"第七条还规定："企业应当按照批准的业务外包实施方案选择承包方。承包方至少应当具备下列条件：①承包方是依法成立和合法经营的专业服务机构或其他经济组织，具有相应的经营范围和固定的办公场所。②承包方应当具备相应的专业资质，其从业人员符合岗位要求和任职条件，并具有相应的专业技术资格。③承包方的技术及经验水平符合本企业业务外包的要求。"

劳务外包是发包单位为解决其用工需求，将部分业务或职能工作，实质是以劳务性质的工作为主，发包给外包单位，由该外包单位自行安排员工按照发包单位要求完成的一种非典型用工形式。一般情况下，劳务外包与业务外包、服务外包概念等同，和业务外包相比，在法律上核心意涵较相似，即都是企业将其部分业务或职能工作发包给企业外主体（承包方）完成。但二者也有细微区别，表现为：一是目的不同。业务外包的目的是让"专业的机构"做"专业的事"，提升核心竞争力，提高生产效率；劳务外包的目的是为解决企业大量劳务用工需求。二是业务范围不同。业务外包通常专业性较强，根据《指引》，业务外包的业务通常包括研发、资信调查、可行性研究、委托加工、物业管理、客户服务、IT 服务等；劳务外包业务多是非核心、辅助性、季节性强、低端重复性的体力劳务工作。三是承包主体不同。业务外包承包方多为生产性或服务性的市场主体，本身提供独立的产品或服务，需要投入专业技术人员、生产工具、资本、基础设施设备

---

① 杨镇煌. 论我国企业劳务外包的法律风险[J]. 北京化工大学学报（社会科学版），2017(4)：42-48+54.

等；劳务外包的承包方类型多样，以人力资源服务公司为主，一般只投入劳动力[①]。无论如何，二者的用工管理具有相似性。

11.3.2 劳务外包的用工管理

劳务外包中的三方关系：发包方与承包方订立劳务外包合同的民事法律行为，双方存在合同关系，受《合同法》及相关法律法规调整；承包方与劳动者形成劳动用工关系。

我国对劳务外包没有专门的法律规定，散见于《劳动合同法》及其他规范性文件中。如《劳动合同法》第九十四条规定："个人承包经营违反本法规定招用劳动者，给劳动者造成损害的，发包的组织与个人承包经营者承担连带赔偿责任。"2005 年人力资源社会保障部《关于确立劳动关系有关事项的通知》第四条规定："建筑施工、矿山企业等用人单位将工程（业务）或经营权发包给不具备用工主体资格的组织或自然人，对该组织或自然人招用的劳动者，由具备用工主体资格的发包方承担用工主体责任。"但这些都是关于个人承包中责任的法律规定。我国《建筑法》《招标投标法》《保障农民工工资支付条例》等法律主要规范建筑行业发包方责任、承包方资质、工资支付保障等方面。

2008 年《劳动合同法》实施后，劳务派遣用工大量增加，被派遣劳动者权益受到损害。2012 年《劳动合同法》（修正案）强调，劳动合同用工是我国企业的基本用工形式，劳务派遣用工是补充形式，只能在临时性、辅助性或者替代性的工作岗位上实施，用工单位要保障劳务派遣工同工同酬、参加或组织工会等权利规定。2014 年人力资源社会保障部颁布的《劳务派遣暂行规定》严控企业使用劳务派遣工数量，要求企业使用劳务派遣工不得超过用工总量的 10%，以保证劳动合同用工基本形式。在这种情况下，大量依赖劳务派遣用工的各类企业，把派遣劳动者承担的部分工作外包，选择劳务外包方式以达到派遣劳动者用工数量控制的要求。《劳务派遣暂行规定》第二十七条规定："用人单位以承揽、外包等名义，按劳务派遣用工形式使用劳动者的，按照本规定处理"。这说明，即使企业以劳务外包的方式将劳务派遣工转为外包工，仍旧要按照劳务派遣进行用工管理。

根据人力资源社会保障部《2021 年度人力资源和社会保障事业发展统计公报》，2021 年，我国人力资源服务行业共有人力资源服务机构 5.91 万家，为 116.33 万家用人单位提供人力资源服务外包，外包人数 2211.81 万人，外包人数超过劳务派遣人数（1956.48 万人）。

11.3.3 劳务外包与劳务派遣的区别

劳务外包与劳务派遣有区别。劳务派遣情况下，用工单位实施劳动力的使用，接受劳动者的劳动给付，对于劳动者的劳动过程有完整的指挥管理权；劳务外包情况下，由外包单位实施劳动力的使用，接受劳动者的劳动给付，指挥管理权转由外包单位行使。这是"劳务派遣"和"劳务外包"的本质区别。此外，二者还在合同主体、合同内容、法律责任方面存在差异。

---

① 张立新，柴芳墨. 劳务外包用工泛化对劳动者权益的影响[J]. 山东工会论坛，2022，28(2)：38-46+77.

首先，二者合同主体不同。劳务派遣的合同方即劳务派遣机构，是通过政府相关部门特许经营的法人单位。而劳务外包的合同方即承包（或承揽）方既可以是法人，也可以是其他组织或自然人，但因承包、承揽业务所需，往往由具有特定资格资质的主体担任。

其次，二者合同内容不同。例如，合同标的不同：劳务派遣合同标的是劳动力，即"自然人"；劳务外包合同的标的是劳务，即"业务"或是"事项"。合同费用的计算与支付方式不同：劳务外包一般按照事先确定的劳务单价和完成的工作量来计算报酬；劳务派遣则按照派遣时间长短和派遣人数来计算报酬。劳务派遣的情形下，给被派遣劳动者发工资和各种福利的主体既有劳务派遣单位也有用工单位，而劳务外包的情形下，给劳动者发工资和各种福利的主体只有劳动承包单位。

最后，承担法律责任的主体有所不同。在劳务派遣中，被派遣劳动者受到损害的，劳务派遣单位与用工单位承担连带赔偿责任。而在劳务外包中，用工单位让渡了劳动关系的建立，不对劳动者进行管理，除承包人为个人的情况外，发包人不对劳动者承担连带赔偿责任[①]。

为杜绝"假外包、真派遣"问题，我国一些省份进行了探索。

2020年广东省人力资源社会保障厅《关于进一步规范劳务派遣管理的指导意见》厘清了人力资源服务外包与劳务派遣的边界。各地要防止借"劳务外包"之名行"劳务派遣"之实，规避劳务派遣规制，积极防范"假外包、真派遣"。要紧紧抓住劳动者在谁的监督指挥下从事劳动这一关键环节，认定"假外包、真派遣"，如人力资源服务外包符合以下情形的，应当进一步深入调查双方是否构成劳务派遣关系：在外包的业务方面，发包方对劳动者的工作业务量、内容等与业务直接相关的内容进行指挥管理；在对劳动者管理方面，劳动者的工作时间、休息休假、加班、日常考核与处罚等与劳动者相关的事项由发包方监督管理；在劳动纪律方面，劳动者需遵守发包方制定的劳动纪律。对"假外包、真派遣"的用工行为，要按照《劳务派遣暂行规定》第二十七条规定进行处理。

2022年《长三角地区劳务派遣合规用工指引》提出，劳务外包是指用人单位（发包单位）将业务发包给承包单位，由承包单位自行安排人员按照用人单位（发包单位）要求完成相应的业务或工作内容的用工形式。主要特征：发包单位与承包单位基于外包合同形成民事上的契约关系；发包单位和承包单位约定将发包单位一定工作交付给承包单位完成，由发包单位支付承包单位一定的费用；承包单位与所雇用的劳动者建立劳动关系并对劳动者进行管理和支配；发包单位不能直接管理与支配承包单位的劳动者。劳务派遣与劳务外包的主要区别如下。①主体方面：经营劳务派遣业务需要一定的资质，应取得《劳务派遣经营许可证》后方可经营劳务派遣业务；在劳务外包关系中，外包的项目不涉及国家规定的特许内容，无须办理行政许可，没有特别的资质要求。②岗位要求方面：劳务派遣用工只能在临时性、辅助性或者替代性岗位上实施；劳务外包对岗位没有特殊限定和要求。③法律关系方面：劳务派遣涉及三方关系，劳务派遣单位与用工单位之间的劳务派遣合同关系，劳务派遣单位与被派遣劳动者之间的劳动合同关系，用工

① 吕凤丽. 劳务派遣与劳务外包用工方式比较研究：以人力资源法务管理为视角[J]. 法制博览，2016(10)：181+180.

单位与被派遣劳动者之间的实际用工关系；劳务外包涉及两方关系，发包单位与承包单位之间的合同关系，承包单位与劳动者的劳动合同关系。④支配与管理方面：用工单位直接对被派遣劳动者日常劳动进行指挥管理，被派遣劳动者受用工单位的规章制度管理；劳务外包的发包单位不参与对劳动者指挥管理，由承包单位直接对劳动者进行指挥管理。⑤工作成果衡量标准方面：在劳务派遣中，用工单位根据劳务派遣单位派遣的劳动者数量、工作内容和时间等与被派遣劳动者直接相关的要素，向劳务派遣单位支付服务费；在劳务外包关系中，发包单位根据外包业务的完成情况向承包单位支付外包费用，与承包单位使用的劳动者数量、工作时间等没有直接关系。⑥法律适用方面：劳务派遣主要适用《劳动合同法》《劳务派遣行政许可实施办法》《劳务派遣暂行规定》；劳务外包主要适用《民法典》。

案例 11-1 黄某是劳务派遣工还是外包工？

因此，用工单位在实行劳务外包时，①应注意劳务外包与劳务派遣的区别，避免出现名为劳务外包实为劳务派遣的情形。比如，企业将其业务发包给其他单位，但承包单位的劳动者接受企业的指挥管理、按照企业的安排提供劳动，或者以企业的名义提供劳动等，可能会被认定为劳务派遣而非劳务外包。②发包单位应履行相关社会责任，选择具备合法经营资质、信誉良好的外包单位，并督促外包单位落实劳动者权益保障责任，严格执行劳动保障法律法规，依法依规用工，与建立劳动关系的劳动者签订劳动合同，参加社会保险，缴纳社会保险费。③外包单位违规用工，损害劳动者权益的，根据发包单位与外包单位之间具体法律关系确定两个单位应当承担的法律责任。

案例 11-2 外卖骑手撞伤他人责任如何承担？

11.4 非全日制用工管理

11.4.1 非全日制用工的界定及发展

非全日制用工（part-time work）是一种与全日制用工相对应的灵活用工模式，国际劳工组织《非全日制工作公约》将非全日制劳动者定义为"正常工作时间少于全日制劳动者"的劳动者。国际劳工组织指出，在过去的几十年里，非全日制用工形式愈发多样，包括大量型（每周21～34小时）、短时型（每周20小时或以下）、边缘型（每周少于15小时），甚至存在很短时的工作或没有可预测的固定工作时间的随叫随到型[①]。

我国《劳动合同法》的界定为：非全日制用工，是指以小时计酬为主，劳动者在同一用人单位一般平均每日工作时间不超过四小时，每周工作时间累计不超过二十四小时的用工形式。

可见，非全日制用工都是从工作时间角度进行界定的。

非全日制用工的历史可以追溯至 19 世纪中叶英国的半天工作制，最初制度内容较

---

① ILO: What are Part-time and On-call Work?[EB/OL]. https://www.ilo.org/global/topicshon-standard-employment/ WCMS_534825/lang--enindex.html.

少，主要针对童工等特定工。一战、二战爆发后，社会经济与就业市场发生明显转变使大量妇女进入劳动市场，失业问题逐渐凸显，各国政府开始将非全日制用工作为解决失业问题的重要手段。20 世纪 90 年代以来，世界经济在相当大范围内经历了震荡性调整导致了失业问题日益尖锐，为缓解就业压力，各国纷纷采取各种调节劳动力市场的平衡和促进就业的劳动市场政策，非全日制就业进一步增加。欧盟劳动力调查（EULFS）显示，2012 年，德国总就业人数（15～64 岁）为 3925 万人，其中非全日制就业人数为 1007万人，占 25.65%，达到历史最高水平[①]。2010 年，日本的非全日制就业在整体就业中占22.9%。

我国在计划经济时代以传统正规就业为主，有少量临时工。20 世纪 90 年代进行的国企改制产生了下岗职工，旧的终生用工模式大规模解体，市场又一时无法提供足够的全日制工作岗位，出现了灵活用工需求。2002 年，国务院《关于进一步做好下岗失业人员再就业工作的通知》中提出，"鼓励下岗失业人员通过非全日制、临时性、季节性、弹性工作等灵活多样形式实现就业。"为了扩大就业和规范非全日制用工，2003 年颁布的《关于非全日制用工若干问题的意见》对非全日制用工采用的是绝对劳动时间定义模式，规定非全日制用工"指以小时计酬、劳动者在同一用人单位平均每日工作时间不超过 5 小时累计每周工作时间不超过 30 小时的用工形式"。2008 年的《劳动合同法》基本沿用了该意见对非全日制用工的定义，只是将劳动时间进一步降低到每天不超过 4 小时，每周不超过 24 小时[②]。为应对疫情的冲击，2020 年 7 月国务院办公厅发布《关于支持多渠道灵活就业的意见》，进一步要求"增加非全日制就业机会"。

相比欧盟和日本等国近 1/4 的非全日制用工，我国的比例较低，2017 年大约只占总体劳动者的 1%[③]。

11.4.2　非全日制用工管理

为规范非全日制用工，欧盟早在 1998 年就通过了保护非全日制工人平等权的 97/81号指令。该指令的首要目的是"消除针对非全日制工人的歧视以及提高非全日制工作的质量"；其基本原则是"非歧视"，即在劳动条件上，非全日制工人和相对应的全日制工人相比，不能受到不利待遇，除非差别待遇具有正当和客观的理由。一些国家采取专门立法的形式对非全日就业进行规制。日本 1993 年制定《非全日制工劳动法》，并于 2003年和 2013 年两次进行修订。德国于 2001 制定《非全日制和固定期限就业法》。关于非全日制用工的规制有：①平等待遇，包括同样可以享用加班工资。②解雇保护：如德国对已工作 6 个月的非全日制工人解雇须提前两周预通知；英国规定，如非全日制工人完成的工时等于或超过规定的最低标准，不得在劳动合同期内随意解雇；非全日制工人解雇后，按照累计工龄同样可以领取失业保险金。③根据其纳税或工作收入情况，非全日

① 孙秀明，李清海. 德国部分工时工作的现状及保障：基于平衡女性工作与家庭冲突视角的分析[J]. 德国研究，2014，29(3)：56-70+142.

② 李志锴. 我国非全日制用工规制的困境及对策：以灵活用工为视角[J]. 社会科学家，2022(4)：113-119.

③ 中国产业信息网，中国灵活用工市场未来发展趋势分析，https://www.chyxx.com/industry/201901/711604.html.

工人也可以享有退休金。④非全日制工人一般都有权平等地享受建立工会、参加工会活动和当选工会领导人的权利。⑤一些国家更进一步规定了非全日制工作的优先权。如法国劳动法规定，非全日制工作的雇员希望在同一机构或企业内从事或恢复全时工作，或全日制工作的雇员希望在同一机构或企业内改为或恢复非全日制工作，在分配属于其专业门类的工作或类似工作时，享有优先权。⑥签订书面合同，非全日制劳动合同一般都要采取书面形式，合同双方当事人可以对劳动时间、工作内容、劳动报酬及支付形式、保守用人单位商业秘密等内容进行约定。

相比来说，我国对于非全日制用工的法律规定，仍接近一种放任的状态①。我国《劳动合同法》规定，非全日制用工双方当事人可以订立口头协议；非全日制用工双方当事人任何一方都可以随时通知对方终止用工。终止用工，用人单位不向劳动者支付经济补偿。这种放任状态反而不利于非全日制用工的发展。为此，有学者提出：我国应该对非全日制用工签订书面合同；按比例享有社会保险；有参与企业规章制度制定权；对非全日制工与全日制工的转换做出规定②。

案例 11-3 超过用工时长，非全日制劳动合同不能成为免责挡箭牌

11.5 新就业形态劳动用工管理

11.5.1 新就业形态劳动者界定

新就业形态劳动者是随着数字经济的产生而产生的。数字经济（digital economy）这一概念最早是在 20 世纪 90 年代由美国学者唐·泰普斯科特（Don Tapscott）提出，并经过不断延伸与发展。2016 年 G20 杭州峰会发布的《二十国集团数字经济发展与合作倡议》提出，作为一种新经济形态，数字经济有着不同于农业经济和工业经济的重要特征，如网络化、数字化、智能化等。除数字经济概念外，共享经济（sharing economy）、零工经济（gig economy）、平台经济（platform economy）等也是被广泛使用的术语，这些概念所代表的经济模式之间并没有本质区别，均是以互联网为依托的经济模式；而借助互联网平台就业的劳动者，有的称之为平台工人（platform workers），有的称之为数字劳动者（digital labours）。

我国称之为新就业形态劳动者。根据 2021 年 7 月人力资源社会保障部等八部门《关于维护新就业形态劳动者劳动保障权益的指导意见》（简称《意见》），新就业形态劳动者是指"依托互联网平台就业的网约配送员、网约车驾驶员、货车司机、互联网营销师等"。广东省的《关于维护新就业形态劳动者劳动保障权益的实施意见》对这一概念界定得更清楚：新就业形态劳动者是指依托互联网平台实现就业的劳动者，包括与平台企业或加盟、代理、外包平台业务的合作企业、劳务派遣企业形成符合确立劳动关系情形的就业

① 林嘉. 审慎对待《劳动合同法》的是与非[J]. 探索与争鸣，2016(8)：56-61.
② 李坤刚. 就业灵活化的世界趋势及中国的问题[J]. 四川大学学报（哲学社会科学版），2017(2)：146-153.

人员；依托平台完成工作和接受新业态企业劳动管理的不完全符合确立劳动关系情形的灵活就业人员；依托平台自主开展经营活动或自主从事劳务、咨询等自由职业活动，与新业态企业形成平等民事关系的就业人员。

11.5.2 新就业形态劳动者劳动关系

新就业形态劳动者的劳动关系如何界定？世界各国都在探索中。比如，加拿大魁北克省，依据"依赖性承包商"法律界定送餐员等平台工人为雇员；加拿大联邦则依赖判例进行探索规范。2021 年 6 月 24 号，英国高等法院 3 名法官一致裁定 Deliveroo 的所有骑手，均为自雇从业者，而非工人。这已经是英国法院第四次判决 Deliveroo 的骑手们为自雇从业者了[①]。Deliveroo 就是国外版的美团，英国的这个裁决意味着，Deliveroo 不用再给骑手支付养老金、带薪休假等一系列雇员福利。而在西班牙，Deliveroo 被判和所有骑手属于直接雇佣关系。优步（Uber）在英国和司机们打官司，最后法院判定所有司机都属于优步员工。

根据 2021 年 7 月我国人力资源社会保障部等八部门《关于维护新就业形态劳动者劳动保障权益的指导意见》（简称《意见》），新就业形态劳动者的劳动关系包括三类：劳动关系、不完全劳动关系、民事关系。

（1）劳动关系。《意见》要求，新就业形态劳动者，"符合确立劳动关系情形的，企业应当依法与劳动者订立劳动合同"。这一类劳动者包括平台自雇员工如顺丰、京东物流自雇的快递员；加盟、代理、外包平台业务的合作企业，劳务派遣企业雇佣的网络配送员、网约车司机、网络营销师等。平台企业直接管理或委托其他用工单位代为管理新就业形态劳动者的，平台企业承担劳动者权益保障责任。平台企业采用劳务派遣方式用工的，依法履行劳务派遣用工单位责任。平台企业采取加盟、代理、外包等方式将业务委托或发包给合作企业，由合作企业组织劳动者完成平台发布的工作的，平台企业应选择具备合法资质的企业并对其保障劳动者权益情况进行监督，劳动者权益受到损害的，平台企业依法承担相应责任。

（2）不完全劳动关系。《意见》要求，新就业形态劳动者，"不完全符合确立劳动关系情形但企业对劳动者进行劳动管理的，指导企业与劳动者订立书面协议，合理确定企业与劳动者的权利义务。"不完全劳动关系是最具有新型用工特征的劳动关系，因此有的称为"新型用工关系"。如何界定不完全劳动关系呢？广东省的《关于维护新就业形态劳动者劳动保障权益的实施意见》提出：一是劳动者从事的工作依赖于平台企业提供的信息，并以平台企业名义提供劳动或服务；二是平台企业对劳动者进行劳动管理，但劳动者对决定是否或何时提供劳动或服务具有较大自由度；三是劳动者从一个或多个平台企业获得报酬，报酬的算法及支付周期取决于平台交易规则，符合这三点就是不完全劳动关系。对这一类新就业形态劳动者，平台企业要承担相应的主体责任，保障新就业形态劳动者取得从业报酬、休息休假、社会保险、职业安全等基本权益。

---

① 英国法院裁定"骑手"为"自由职业者"Deliveroo 股价上涨 4%，新浪科技，2021-06-24，https://baijiahao.baidu.com/s?id=1703457860054286685&wfr=spider&for=pc，2023 年 2 月 23 日浏览.

（3）民事关系。《意见》提出，"个人依托平台自主开展经营活动、从事自由职业等，按照民事法律调整双方的权利义务"。平台企业不得将自身应依法履行的责任转嫁由劳动者或个体工商户承担。平台企业不得通过诱导、强迫等方式要求劳动者注册个体工商户或个人独资企业等，以规避用工主体责任。

但是我国新就业形态劳动者确定劳动关系的在少数，大量为劳务派遣、劳务外包且可能层层分包，甚至只有口头协议；缴纳五险一金的很少，缴纳工伤保险的都不多，一般缴纳雇主责任险等商业保险。新就业形态劳动者劳动关系的乱象，其实是劳务派遣、劳务外包等灵活用工老问题在新领域的体现。

案例 11-4 骑手是不是打工人

11.5.3 从新就业形态劳动者劳动权益

党的二十大报告提出，要"加强灵活就业和新就业形态劳动者权益保障"。新就业形态劳动者权益保障被提到了国家战略的高度。新就业形态劳动者拥有公平就业权、报酬权、休息休假权、社会保险权、劳动卫生安全权、组建工会及参与管理权等。

（1）公平就业权。企业招用劳动者不得违法设置性别、民族、年龄等歧视性条件，不得以缴纳保证金、押金或者其他名义向劳动者收取财物，不得违法限制劳动者在多平台就业。

（2）合理报酬权。一方面，新就业形态劳动者提供了正常劳动的，报酬不得低于当地最低工资标准；节假日工作的，企业应支付高于正常工作时间劳动报酬的合理报酬。另一方面，平台企业科学合理制定进入退出、订单分配、计件单价、抽成比例、报酬支付、工作时间、职业安全、奖惩等直接涉及劳动者权益的制度规则和平台算法，优先保障劳动者权益，合理设定绩效考核标准，不得将"最严算法"作为考核要求。浙江省《关于维护新就业形态劳动者劳动保障权益的实施意见》要求，"合理确定劳动定额和接单报酬标准""确定的劳动定额应当使本企业同岗位 90%以上的劳动者在法定工作时间内能够完成"。

（3）休息休假权。平台企业要合理控制新就业形态劳动者劳动强度和在线工作时长。广东省《关于维护新就业形态劳动者劳动保障权益的实施意见》规定，"对连续送单超过 4 小时的，适当安排休息时间；对于网约车驾驶员，平台企业应当确保其连续工作 4 小时至少休息 20 分钟；对于其他工作种类的劳动者，平台企业要合理确定并严格按照约定时长执行，对超出约定时长的应采取限制措施；提倡原则上每周至少休息 1 天"。

（4）社会保险权。新就业形态劳动者可以灵活就业人员身份参加职工养老保险、职工医疗保险，或参加城乡居民基本养老保险、城乡居民基本医疗保险；探索新就业形态劳动者的单项工伤险，企业还可以购买人身意外、雇主责任、医疗等商业保险，多方面提高职业伤害保障。

（5）劳动安全卫生权。企业应制定劳动安全卫生规章制度和操作规程，提供劳动安全卫生设施和劳动防护用品；防范高温、恶劣天气下的职业危害；落实女性劳动者特殊劳动保护措施。

案例 11-5 企业承接平台业务应根据用工事实承担用工主体责任

（6）组建工会及参与管理权。新就业形态劳动者可以组建工会，与行业协会、头部平台企业或企业代表组织就劳动保障权益核心事项开展集体协商，签订行业集体合同或协议，制定行业劳动定额标准；工会或劳动者参与平台企业或用人单位规章制度制定及平台算法等重大事项的管理。

然而，新就业形态劳动者的权益，依赖司法实践的创新，尤其对"不完全劳动关系"，究竟如何认定？其权益到底包含哪些？亟待更详细的法律规定和判例的推进。

复习思考题

1. 如何理解就业灵活性与安全性的平衡？
2. 劳务派遣模式有哪些？我国劳务派遣用工管理有哪些要求？
3. 劳务派遣与劳务外包有什么区别？劳务外包用工管理有哪些要求？
4. 你认为非全日制用工应该如何规范？
5. 什么是"不完全劳动关系"？如何保障新就业形态劳动者劳动权益？

案例分析题

外卖小哥蒙某与某网络科技公司是劳动关系吗？

某网络科技公司系外卖配送服务商，负责某外卖平台苏州吴江步行街站点的配送业务。蒙某某在该站点从事外卖配送工作。2018 年 10 月 4 日，蒙某某在送外卖过程中发生交通事故。根据工商登记，蒙某某于 2018 年 10 月 10 日领取个体工商户营业执照，名称为昆山市某工作室。后蒙某某申请劳动仲裁，请求确认其与某网络科技公司自 2018 年 3 月 1 日起存在事实劳动关系。蒙某某提供的证据能够证明某网络科技公司对其进行考勤、派单等管理，双方之间的关系符合劳动关系的法律特征。某网络科技公司提供昆山市某工作室签订的《项目转包协议》一份，主张蒙某某已成立个体工商户，故不应认定双方之间存在劳动关系，但该协议上无蒙某某的签字，也无昆山市某工作室的盖章，公司亦未提供证据证明该《项目转包协议》已实际履行。且该个体工商户的成立时间为 2018 年 10 月 10 日，系在蒙某某发生交通事故之后。

案例思考题：

蒙某某的诉求能得到支持吗？

参 考 文 献

[1] 常凯. 劳动关系学[M]. 北京：中国劳动社会保障出版社，2005.

[2] 常凯. 中华人民共和国劳动合同法释义[M]. 北京：中国劳动社会保障出版社，2007.

[3] 程延园. 劳动关系[M]. 4 版. 北京：中国人民大学出版社，2016.

[4] 程延园. 员工关系管理[M]. 北京：中国人民大学出版社，2021.

[5] 程延园，王希甫. 劳动关系[M]. 5 版. 北京：中国人民大学出版社，2022.

[6] 法律出版社法规中心. 公司法及司法解释汇编[M]. 6 版. 北京：法律出版社，2019.

[7] 范丽娜. 新时代企业民主管理实务操作指南[M]. 北京：人民日报出版社，2022.

[8] 冯同庆. 劳动关系理论[M]. 北京：中国劳动社会保障出版社，2009.

[9] 菲利普·李维斯，阿德里安·桑希尔，马克·桑得斯，等. 雇员关系：解析雇佣关系[M]. 大连：东北财经大学出版社，2005.

[10] 郭庆松. 企业劳动关管理[M]. 天津：南开大学出版社，2004.

[11] 哈里·C.卡茨，托马斯·A.科钱，亚历山大·J.S.科尔文，等. 集体谈判与产业关系概论[M]. 大连：东北财经大学出版社，2010.

[12] 刘晓霞. 劳动法及司法解释新编[M]. 北京：中国法制出版社，2022.

[13] 乔健.中国劳动关系报告（2021—2022）[M]. 北京：社会科学文献出版社，2022.

[14] 唐鑛，刘兰. 企业劳动关系管理[M]. 2 版. 北京：中国人民大学出版社，2017.

[15] 唐鑛，汪鑫. 企业劳动关系管理基础[M]. 大连：东北财经大学出版社，2015.

[16] 王桦宇. 劳动争议实务操作与案例精解[M]. 8 版. 北京：中国法制出版社，2022.

[17] 王勤伟. 劳动争议实务操作与案例精解[M]. 6 版. 北京：中国法制出版社，2022.

[18] 王全兴. 劳动法[M]. 北京：法律出版社，2017.

[19] 王兆国. 大力发展社会主义和谐劳动关系推动科学发展、社会和谐[M]//中华全国总工会编. 构建社会主义和谐劳动关系[M]. 北京：中国工人出版社，2012.

[20] 吴建平. 中国式员工参与制度与实践变迁[M]. 北京：社会科学文献出版社，2020.

[21] 谢玉华. 集体协商与集体谈判：类型比较与形成机制[M]. 长沙：湖南大学出版社，2019.

[22] 谢玉华. 劳动关系的治理变革：中国产业民主与职工参与实证研究[M]. 北京：中国工人出版社，2017.

[23] 杨体仁，李丽林. 市场经济国家劳动关系：理论·制度·政策[M]. 北京：中国劳动社会保障出版社，2000.

[24] 杨志明. 中华人民共和国劳动合同法实施条例解读[M]. 北京：中国劳动社会保障出版社，2008.

[25] 约翰·W.巴德. 人性化的雇佣关系：效率，公平与发言权之间的平衡[M]. 解格先，马振英，译. 北京：北京大学出版社，2007.

[26] 中国就业培训技术指导中心. 企业人力资源管理师（一级）[M]. 北京：中国劳动社会保障出版社，2020.